COLECCIÓN 12 LIBROS

APRENDE INGLÉS

UN PROGRAMA ESTRUCTURADO PARA LLEVARTE DE BÁSICO A AVANZADO

1 LIBRO POR MES
¡Y EN 1 AÑO ERES BILINGÜE!

APRENDE INGLÉS
COLECCIÓN 12 LIBROS

1a. edición: febrero de 2024

Desarrollo de contenidos: Gregorio García Marín
Diseño de interior: Marina García / Griselda Muñiz
Diseño de cubierta: Natalia Urbano
Fotografías de cubierta e interior:
© Freepik | Freepik / © Goodluz, © Monkey Business Images, © Monkey Business Images Ltd, © Vadimgozhda, © Georgerudy,© Chernetskaya, © Antonio Guillem, © Vadymvdrobot, © Evgenyatamanenko, © Kadettmann| Dreamstime.com

Impreso en Estados Unidos / Printed in the USA

ISBN: 978-1-681658-16-2

APRENDE INGLÉS

Niveles de Dominio: Desde Básico (A1) hasta Avanzado (B2)

- **Progresión gradual:** aprende a tu propio ritmo, desde lo básico hasta niveles avanzados.
- **Estructura organizada:** cursos planificados para una progresión lógica y sólida.
- **Éxito comprobado:** los más vendidos en Estados Unidos desde 2002, según Nielsen.
- **Contenidos cuidadosamente elaborados:** lecciones adaptadas a cada nivel para un aprendizaje enriquecedor.
- **Avalados internacionalmente:** sigue los lineamientos curriculares del MCERL, y los pedagógicos de ACTFL y TESOL.
- **Adaptabilidad garantizada:** desarrolla habilidades para cualquier situación.
- **Resultados prácticos:** enfoque en aplicar el idioma en situaciones reales.
- **Soporte continuo:** recursos y asesoramiento para alcanzar tus metas.

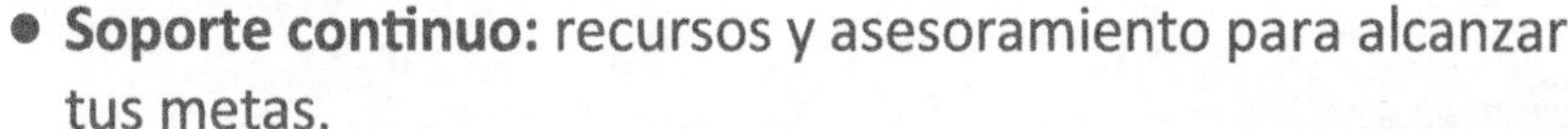

Esta colección de 12 libros pertenece a:

____

ÍNDICE DE LIBROS

NIVEL BÁSICO (A1)

Libro 1 ..... **11**
Unidades 1 a 5

Libro 2 ..... **63**
Unidades 6 a 10

Libro 3 ..... **115**
Unidades 11 a 15

NIVEL INTERMEDIO (A2)

Libro 4 ..... **167**
Unidades 16 a 20

Libro 5 ..... **219**
Unidades 21 a 25

Libro 6 ..... **271**
Unidades 26 a 30

NIVEL AVANZADO (B1)

Libro 7 ..... **323**
Units 31 to 35

Libro 8 ..... **375**
Units 36 to 40

Libro 9 ..... **427**
Units 41 to 45

NIVEL BILINGÜE (B2)

Libro 10 ..... **479**
Units 46 to 50

Libro 11 ..... **531**
Units 51 to 55

Libro 12 ..... **583**
Units 56 to 60

REGISTRA TU PROGRESO

Anota en la planilla adjunta los resultados obtenidos en el **CURSO ONLINE** compañero de este libro.

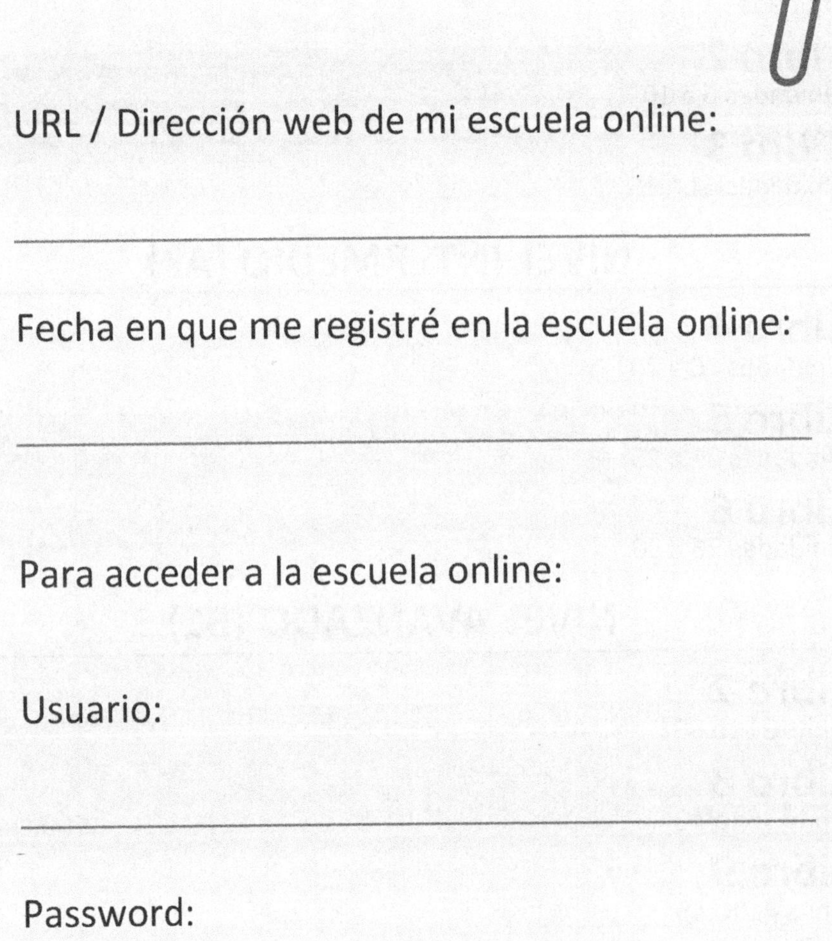

URL / Dirección web de mi escuela online:

____

Fecha en que me registré en la escuela online:

____

Para acceder a la escuela online:

Usuario:

____

Password:

____

NIVEL A1

★ CURSO 1 ★

INICIO: / /
FIN: / /

PUNTUACIÓN POR **UNIDAD:**
- Unit 1:
- Unit 2:
- Unit 3:
- Unit 4:
- Unit 5:

PUNTUACIÓN **CHECK POINTS:**
Anota aquí LA SUMA de tu puntuación en cada Check Point
- A:
- B:
- C:
- D:
- E:

TOTAL: sobre máximo de 75 puntos

★ CURSO 2 ★

INICIO: / /
FIN: / /

PUNTUACIÓN POR **UNIDAD:**
- Unit 6:
- Unit 7:
- Unit 8:
- Unit 9:
- Unit 10:

PUNTUACIÓN **CHECK POINTS:**
Anota aquí LA SUMA de tu puntuación en cada Check Point
- A:
- B:
- C:
- D:
- E:

TOTAL: sobre máximo de 75 puntos

★ CURSO 3 ★

INICIO: / /
FIN: / /

PUNTUACIÓN POR **UNIDAD:**
- Unit 11:
- Unit 12:
- Unit 13:
- Unit 14:
- Unit 15:

PUNTUACIÓN **CHECK POINTS:**
Anota aquí LA SUMA de tu puntuación en cada Check Point
- A:
- B:
- C:
- D:
- E:

TOTAL: sobre máximo de 75 puntos

FINAL EXAM A1: ________ sobre máximo de 100 puntos

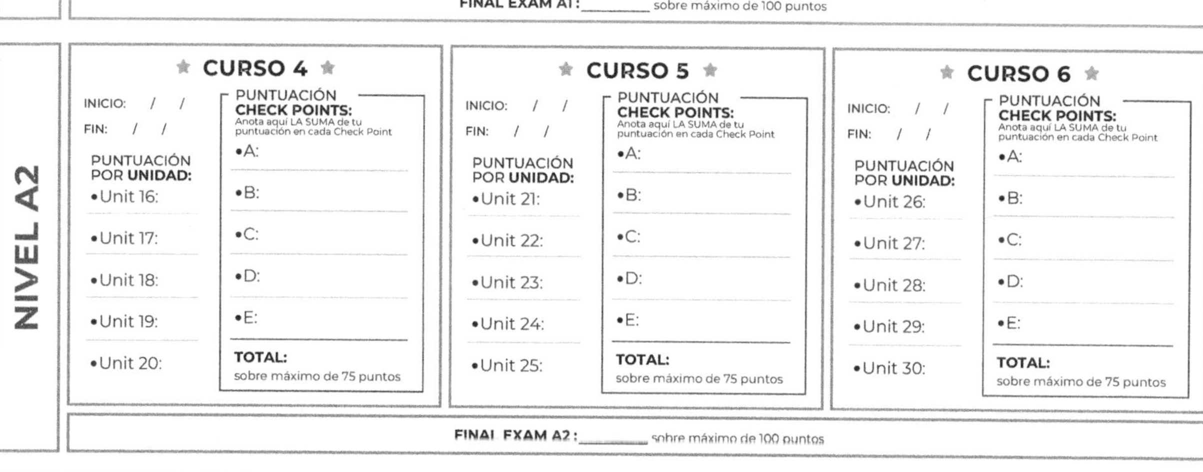

NIVEL A2

★ CURSO 4 ★

INICIO: / /
FIN: / /

PUNTUACIÓN POR **UNIDAD:**
- Unit 16:
- Unit 17:
- Unit 18:
- Unit 19:
- Unit 20:

PUNTUACIÓN **CHECK POINTS:**
Anota aquí LA SUMA de tu puntuación en cada Check Point
- A:
- B:
- C:
- D:
- E:

TOTAL: sobre máximo de 75 puntos

★ CURSO 5 ★

INICIO: / /
FIN: / /

PUNTUACIÓN POR **UNIDAD:**
- Unit 21:
- Unit 22:
- Unit 23:
- Unit 24:
- Unit 25:

PUNTUACIÓN **CHECK POINTS:**
Anota aquí LA SUMA de tu puntuación en cada Check Point
- A:
- B:
- C:
- D:
- E:

TOTAL: sobre máximo de 75 puntos

★ CURSO 6 ★

INICIO: / /
FIN: / /

PUNTUACIÓN POR **UNIDAD:**
- Unit 26:
- Unit 27:
- Unit 28:
- Unit 29:
- Unit 30:

PUNTUACIÓN **CHECK POINTS:**
Anota aquí LA SUMA de tu puntuación en cada Check Point
- A:
- B:
- C:
- D:
- E:

TOTAL: sobre máximo de 75 puntos

FINAL EXAM A2: ________ sobre máximo de 100 puntos

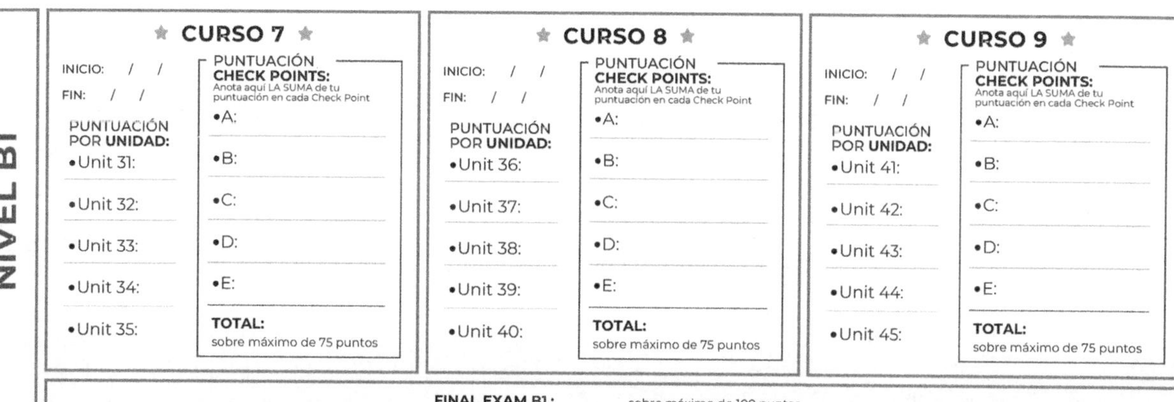

NIVEL B1

★ CURSO 7 ★

INICIO: / /
FIN: / /

PUNTUACIÓN POR **UNIDAD:**
- Unit 31:
- Unit 32:
- Unit 33:
- Unit 34:
- Unit 35:

PUNTUACIÓN **CHECK POINTS:**
Anota aquí LA SUMA de tu puntuación en cada Check Point
- A:
- B:
- C:
- D:
- E:

TOTAL: sobre máximo de 75 puntos

★ CURSO 8 ★

INICIO: / /
FIN: / /

PUNTUACIÓN POR **UNIDAD:**
- Unit 36:
- Unit 37:
- Unit 38:
- Unit 39:
- Unit 40:

PUNTUACIÓN **CHECK POINTS:**
Anota aquí LA SUMA de tu puntuación en cada Check Point
- A:
- B:
- C:
- D:
- E:

TOTAL: sobre máximo de 75 puntos

★ CURSO 9 ★

INICIO: / /
FIN: / /

PUNTUACIÓN POR **UNIDAD:**
- Unit 41:
- Unit 42:
- Unit 43:
- Unit 44:
- Unit 45:

PUNTUACIÓN **CHECK POINTS:**
Anota aquí LA SUMA de tu puntuación en cada Check Point
- A:
- B:
- C:
- D:
- E:

TOTAL: sobre máximo de 75 puntos

FINAL EXAM B1: ________ sobre máximo de 100 puntos

NIVEL B2

★ CURSO 10 ★

INICIO: / /
FIN: / /

PUNTUACIÓN POR **UNIDAD:**
- Unit 46:
- Unit 47:
- Unit 48:
- Unit 49:
- Unit 50:

PUNTUACIÓN **CHECK POINTS:**
Anota aquí LA SUMA de tu puntuación en cada Check Point
- A:
- B:
- C:
- D:
- E:

TOTAL: sobre máximo de 75 puntos

★ CURSO 11 ★

INICIO: / /
FIN: / /

PUNTUACIÓN POR **UNIDAD:**
- Unit 51:
- Unit 52:
- Unit 53:
- Unit 54:
- Unit 55:

PUNTUACIÓN **CHECK POINTS:**
Anota aquí LA SUMA de tu puntuación en cada Check Point
- A:
- B:
- C:
- D:
- E:

TOTAL: sobre máximo de 75 puntos

★ CURSO 12 ★

INICIO: / /
FIN: / /

PUNTUACIÓN POR **UNIDAD:**
- Unit 56:
- Unit 57:
- Unit 58:
- Unit 59:
- Unit 60:

PUNTUACIÓN **CHECK POINTS:**
Anota aquí LA SUMA de tu puntuación en cada Check Point
- A:
- B:
- C:
- D:
- E:

TOTAL: sobre máximo de 75 puntos

FINAL EXAM B2: ________ sobre máximo de 100 puntos

Solicita el Examen Final a tus maestros tras superar los 12 cursos nivelados.

FINAL EXAM: ________ sobre máximo de 100 puntos

APRENDE INGLÉS

LIBRO 1

Unidades 1 a 5

UNIDAD 1

En esta unidad estudiaremos:

LET'S SPEAK ENGLISH:
a) Saludos.
b) Entregar algo a alguien.
c) Agradecimientos.
d) Expresiones útiles.

GRAMÁTICA FÁCIL:
a) Pronombres personales sujeto.
b) Presente del verbo «to be» (forma afirmativa).

Diálogo

Maggie quiere matricularse en un curso de pintura y acude a un centro donde poder realizarlo.

Tom: **Good afternoon!**
Maggie: **Good afternoon! I am** Maggie Smith and **I am** interested in a painting course.
Tom: My name is Tom Roberts and **I am** the director of this art institute. How can we help you?
Maggie: I need some information about painting courses: levels, timetable, price.... But **I am** in a hurry now.
Tom: Don't worry. We can send you all the information by mail or e-mail. **Please**, fill out this form.
Maggie: **Excuse me?**
Tom: We need your personal information.
Maggie: Ah! ...yes....**I'm sorry** but I don't have a pen.
Tom: **Here you are.**
Maggie: **Thank you very much.**
Tom: **You're welcome.**
Maggie: Name.....address......telephone number.....e-mail address...... That's it! **Here you are**, Mr. Roberts.
Tom: **Thank you.** ....Ms. Smith, where are you from?
Maggie: **I am** from San Francisco.
Tom: I see. **I am** from New York.
Maggie: Well, **excuse me** but, as I said before, **I am** in a hurry and have to go.
Tom: Don't worry. We will send you all the information you need.
Maggie: **Thank you very much.**
Tom: **You're welcome.**
Maggie: **Goodbye!**
Tom: **Goodbye!**

Diálogo

(traducción)

POP-ART

Este movimiento artístico llegó a los Estados Unidos a finales de los años '50 y se impuso en los '60. Algunos de los artistas más destacados fueron: Andy Warhol, Keith Haring, Jasper Johns y Roy Lichtenstein.

Tom: *¡Buenas tardes!*

Maggie: ***¡Buenas tardes! Soy*** *Maggie Smith y estoy interesada en un curso de pintura.*

Tom: *Me llamo Tom Roberts y* ***soy*** *el director de esta escuela de arte. ¿Cómo podemos ayudarla?*

Maggie: *Necesito información sobre cursos de pintura: niveles, horario, precio..; pero ahora* ***tengo*** *prisa.*

Tom: *No se preocupe. Podemos enviarle toda la información por correo o por correo electrónico.* ***Por favor****, rellene este formulario.*

Maggie: ***¿Perdón?***

Tom: *Necesitamos sus datos personales.*

Maggie: *¡Ah, sí!* ***Lo siento,*** *pero no tengo bolígrafo.*

Tom: ***Aquí tiene.***

Maggie: ***Muchas gracias.***

Tom: ***De nada.***

Maggie: *Nombre.......dirección....número de teléfono....dirección de correo electrónico..... ¡Ya está!* ***Aquí tiene****, Sr. Roberts.*

Tom: ***Gracias****. Srta. Smith, ¿de dónde es usted?*

Maggie: ***Soy*** *de San Francisco.*

Tom: *Bien. Yo* ***soy*** *de Nueva York.*

Maggie: *Bueno,* ***disculpe****, pero como dije antes,* ***tengo*** *prisa y he de irme.*

Tom: *No se preocupe. Le enviaremos toda la información que necesita.*

Maggie: ***¡Muchas gracias!***

Tom: ***De nada.***

Maggie: ***¡Adiós!***

Tom: *¡Adiós!*

a

Saludos - Greetings

La expresión más utilizada cuando dos personas se saludan es «Hello!» (¡Hola!). De forma coloquial, también podemos decir «Hi!»

Let's speak English

Otras alternativas son:

Si el saludo tiene lugar por la mañana, «**Good morning!**» (*¡Buenos días!*)

Si es a partir del mediodía, «**Good afternoon!**» (*¡Buenas tardes!*)

Y si es a partir de media tarde, «**Good evening!**» (*¡Buenas tardes! o ¡Buenas noches!, según corresponda*)

Para despedirnos, también podemos utilizar distintas fórmulas.

La más usual es «**Goodbye!**» (*¡Adiós!*), que, de forma coloquial, puede quedar en «**Bye**» o «**Bye-bye**».

Si es de noche y nos despedimos de alguien a quien no veremos más esa noche, o bien nos despedimos para ir a dormir, usamos

«**Good night!**»
(*¡Buenas noches!*)

También podemos usar «See you!» (¡Hasta la próxima!) y otras expresiones derivadas:

See you later! (*¡Hasta luego!*)

See you soon! (*¡Hasta pronto!*)

See you tomorrow!
(*¡Hasta mañana!*)

Recuerda

Como podemos ver, al escribir debemos tener en cuenta que, en inglés, sólo se usa un signo de exclamación (!) al final de la frase o expresión.

Let's speak English

b Entregar algo a alguien

Cuando hacemos entrega de algo a alguien, pagamos algo, etc., solemos acompañar el gesto con las expresiones «Here you are» o «There you are» (Aquí tiene).	- The shirt is $30. - Ok, **here you are.** *- La camisa cuesta $30.* *- De acuerdo, aquí tiene.*

c Agradecimientos - Thanking

Para dar las gracias por algo, podemos decir:	*Y para responder:*
Thanks / *Gracias*	**You're welcome** *De nada*
Thank you / *Gracias*	**Not(hing) at all** *De nada*
Thanks a lot *Muchas gracias*	**Don't mention it!** *No hay de qué*
Thank you very much *Muchas gracias*	
Thank you very much, indeed! *¡Muchísimas gracias!*	

Thank you note

Luego de una celebración, se considera un buen gesto de cortesía social el enviar a los asistentes «tarjetas de agradecimiento», para reconocer la presencia y los regalos recibidos.

Thanksgiving Day

El último jueves de noviembre se celebra el «Día de Acción de Gracias», que recuerda la ayuda que los primeros colonos (peregrinos ingleses) recibieron de la tribu Wampanoag; gracias a la cual pudieron sobrevivir en América. La cena típica incluye pavo asado, pan de maíz, calabazas, arándanos y otros productos de otoño.

Let's speak English

d Expresiones útiles - Useful expressions

*Cuando se solicita algo, se suele acompañar de «**please**» (por favor).*

Show me your card, **please**.
Muéstreme su tarjeta, por favor.

Si no se entiende algo que nos dicen, podemos utilizar:

«**Excuse me?**» (*¿Cómo?*), «**Pardon?**» (*¿Perdón?*), o simplemente, «**What?**» (*¿Qué?*) y así pedimos que nos lo repitan.

Para pedir disculpas por algo:

«**Sorry**» o «**I'm sorry**» (*Lo siento / perdón / disculpe*).

Otros usos de "Excuse me"

Además del uso mencionado cuando queramos que nos repitan algo que se ha dicho, "Excuse me" también se utiliza para disculparnos ante alguien por haberle molestado, interrumpido, por haber chocado con él o haberle pisado, por ejemplo, o cuando hemos hecho algo un tanto embarazoso o inadecuado, como puede ser estornudar o eructar ante alguien.

Gramática fácil

a Pronombres personales sujeto

Los pronombres personales los usamos para sustituir a los nombres de personas, animales, cosas, lugares, etc, cuando éstos funcionan como sujeto de una oración.

Las formas singulares son:

I	(*)	*yo*
you	(**)	*tú, usted*
he		*él*
she		*ella*
it	(***)	-

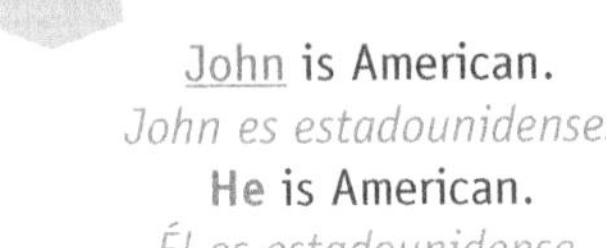

John is American.
John es estadounidense.
He is American.
Él es estadounidense.

Sarah speaks English
Sarah habla inglés.
She speaks English
Ella habla inglés.

*

El pronombre «I» siempre se escribe en mayúscula.

I am a student.
Yo soy estudiante.

**

*El pronombre «**you**», en singular, equivale tanto a «**tú**» como a «**usted**».*

You live in the USA.
Tú vives en los EEUU.
Usted vive en los EEUU.

***

*El pronombre «**it**» designa animales, cosas o lugares. En español, este pronombre no tiene equivalente.*

Miami is a big city.
Miami es una gran ciudad.

It is a big city.
Es una gran ciudad.

Tobby is a dog.
Tobby es un perro.

It is a dog. / *Es un perro*

We the People of the United States...

Con estas palabras comienza el preámbulo de la Constitución de los Estados Unidos y es allí donde se establece la intención y propósito de la Carta Magna.

Gramática fácil

Las formas plurales son:

we	*nosotros, nosotras*
you	*ustedes*
they (*)	*ellos, ellas*

El pronombre ***«they»*** *es la forma plural de* ***«he»***, ***«she»*** *e* ***«it»***.

John and Sarah are American.
John y Sarah son estadounidenses.

They are American.
Ellos son estadounidenses.

The door and the table are white.
La puerta y la mesa son blancas.

They are white.
Son blancas.

b El verbo «to be»

El verbo «to be» equivale a los verbos «ser» y «estar».

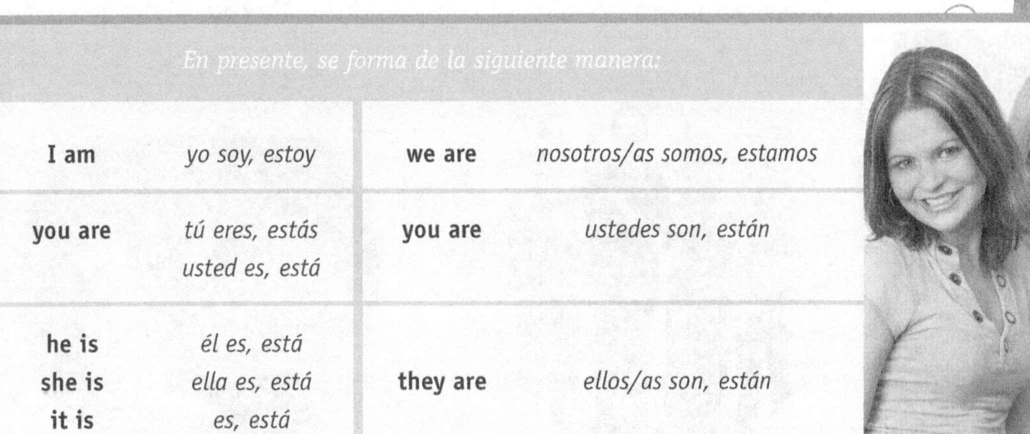

En presente, se forma de la siguiente manera:

I am	*yo soy, estoy*	**we are**	*nosotros/as somos, estamos*
you are	*tú eres, estás* *usted es, está*	**you are**	*ustedes son, están*
he is **she is** **it is**	*él es, está* *ella es, está* *es, está*	**they are**	*ellos/as son, están*

Gramática fácil

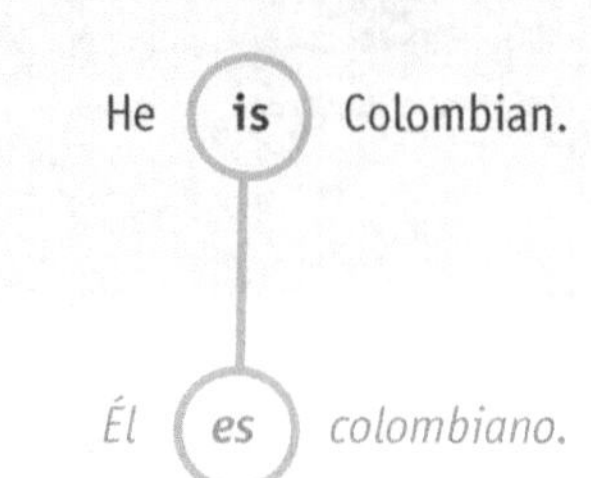

He **is** Colombian.

*Él **es** colombiano.*

He **is** at home.

*Él **está** en casa.*

Ser:	Estar:
I am Víctor. *Yo soy Víctor.*	**I am** in Miami. *Yo estoy en Miami.*
You are a student. *Tú eres (Usted es) estudiante.*	**She is** ill. *Ella está enferma.*
It is a chair. *Es una silla.*	**It is** on the floor. *Está en el suelo.*
We are Spanish. *Nosotros somos españoles.*	**You are** in Mexico. *Tú estás (Usted está / Ustedes están) en México.*
They are American. *Ellos son americanos.*	**They are** at school. *Ellos están en la escuela.*

Sweet 16

Así como en la cultura hispánica se acostumbra a celebrar -como antiguo ritual de presentación en sociedad- el quinceavo cumpleaños de las niñas, en EEUU ese festejo se realiza al cumplir los dieciséis.

Gramática fácil

Hemos de tener en cuenta que, en español, en muchos casos no se hace uso de los pronombres personales, ya que basta el verbo para saber quién realiza la acción, pero, en inglés, dichos pronombres sí son necesarios.

~~(Yo)~~ Soy mejicano.	**I** am Mexican.
~~(Tú)~~ Eres Michael.	**You** are Michael.
~~(Nosotros)~~ Somos altos.	**We** are tall.
~~(Ustedes)~~ Están en casa.	**You** are at home.
~~(Un libro)~~ Está en la mesa.	**It** is on the table.
~~(Ella)~~ Es argentina.	**She** is Argentinian.

Hay algunas expresiones en las que el verbo «to be» también puede tener otros significados en español, como «tener»:

You are 22 years old.	*Tú **tienes** (Usted **tiene**) 22 años.*
We are lucky.	*Nosotros/as **tenemos** suerte.*
They are hungry.	*Ellos/as **tienen** hambre.*
I am thirsty.	***Tengo** sed.*
She is in a hurry.	*Ella **tiene** prisa.*
He is hot and **I am** cold.	*Él **tiene** calor y yo **tengo** frío.*

Ejercicios

1

¿Cuál de estas frases es incorrecta?

a) They are Brenda and John.

b) I am a student.

c) He are Mexican.

d) It is a table.

2

Completa con la forma correcta del presente del verbo «to be».

a) My name ________ Robert.

b) Linda ________ tall.

c) Peter and Bill _______ at school.

d) I ________ thirsty.

3

Encuentra cinco pronombres sujeto en la sopa de letras.

E	L	O	P	A	S	H	U
T	A	R	E	I	S	W	O
S	A	M	Y	B	D	E	L
P	H	T	O	N	C	Z	Q
V	K	E	U	H	A	R	M

Sundance Festival

El Festival de Cine de Sundance se celebra anualmente en Park City, Utah. El evento surgió como fruto del apoyo de Robert Redford a los jóvenes creadores del cine. En 1983 se realizó la primera edición y hoy es considerado como el festival de cine independiente más importante del mundo.

SOLUCIONES 1.- c / 2.- **a)** is; **b)** is; **c)** are; **d)** am / 3.- I, you, he, she, we

UNIDAD 2

En esta unidad estudiaremos:

LET'S SPEAK ENGLISH:
a) Saludos. b) Presentaciones. c) Agradecimientos.

GRAMÁTICA FÁCIL:
a) Contracciones del verbo «to be» en presente (forma afirmativa).
b) Presente del verbo «to be» (preguntas).
c) Adjetivos posesivos: my, your.
d) Adjetivos demostrativos: this, that, these, those.
e) Adjetivos calificativos.

Diálogo

Jane invita a su amigo David a su casa.

Jane: **Hi, David! How are you?**
David: **Hello! I'm fine, thanks. And you?**
Jane: **Very well, thank you. Thanks for coming!**
David: That's okay. **I'm** pleased to see you!
Jane: **I'd like to introduce you to** ... *(She shows a photo of a baby)* **This is** Laura, my **new** baby niece.
David: Wow, **she's beautiful! Is she** really **your** niece?
Jane: Yes, **she is.**
David: How old **is** she?
Jane: **She's** 3 days old.
David: Her eyes **are blue,** like yours.
Jane: Yes, and I think she'll be **tall**, like **my** brother.
(Looking outside) What**'s that** in front of the house?
David: Oh, **that's my** car!
Jane: **Is it new?**
David: Yes.
Jane: **It's very nice.** It looks **expensive!**
David: **It is;** but I love it.
Jane: Do you want some tea?
David: Yes, please.
Jane: And a cookie?
David: Mmm, yes! **I'm** a little hungry!

(After a while)

David: Well, Jane, **it's** time to go. **Thanks for inviting me**!
Jane: **You're** welcome. Then, see you soon!
David: Bye-bye!

Diálogo

(traducción)

Cookies

Las famosas galletas con chips de chocolate son obra de Ruth Wakefield, cocinera del Toll House, una antigua posada de Massachusetts. Allá por 1930, Ruth reemplazó el cacao en polvo de su receta de galletas de manteca, por trozos de chocolate semiamargo. Así nació este gran favorito de la gastronomía americana.

Jane: ¡Hola, David! ¿Cómo estás?
David: **¡Hola! Estoy bien, gracias. ¿Y tú?**
Jane: **Muy bien, gracias. Gracias por venir.**
David: De nada. Es un placer verte.
Jane: **Quisiera presentarte a**......(muestra la foto de un bebé). **Esta es** Laura, mi **nueva** sobrinita.
David: ¡Caramba! **Es preciosa.** ¿**Es** realmente **tu** sobrina?
Jane: **Sí.**
David: ¿Qué edad **tiene**?
Jane: **Tiene** tres días.
David: Sus ojos **son azules**, como los tuyos.
Jane: Sí, y creo que será **alta**, como **mi** hermano.
(Mirando fuera) ¿Qué **es eso** que hay delante de la casa?
David: ¡Ah! **Es mi** auto.
Jane: **¿Es nuevo?**
David: Sí.
Jane: **Es muy bonito**. Parece **caro**.
David: **Lo es;** pero me encanta.
Jane: ¿Quieres un té?
David: Sí, por favor.
Jane: ¿Y unas galletas?
David: Mmm, ¡sí! **Tengo** un poco de hambre.

(Tras un rato)

David: Bueno, Jane, **es** hora de irme. **Gracias por invitarme.**
Jane: De nada. Hasta pronto, entonces.
David: ¡Adiós!

a Saludos – Greetings

* A modo de saludo, así como para preguntar por alguien, habitualmente se utiliza la expresión:

How are you?
¿Cómo estás?, ¿Cómo está usted?

*** Estas expresiones suelen ir acompañadas de «**And you?**» (¿Y tú/usted?) para devolver la pregunta.

- **How are you?**
¿Cómo estás tú? (¿Cómo está usted?)

- **Fine, thanks. And you?**
- Bien, gracias. ¿Y tú? (¿Y usted?)

** Y para responder podemos decir:

(I'm) fine, thanks.
Estoy bien, gracias.

(I'm) OK, thanks.
Estoy bien, gracias.

(I'm) very well, thank you.
Estoy muy bien, gracias.

(I'm) great, thank you.
Estoy fenomenal, gracias.

Quite well, thank you.
Perfectamente, gracias.

(I'm) so, so.
Estoy así, así. (más o menos)

Let's speak English

b Presentaciones - Introductions

Para presentarse uno a sí mismo, se pueden utilizar distintas expresiones:

Hello, **I'm** Michael. (informal)
Hola, soy Michael.

My name is Michael. (formal)
Mi nombre es Michael.

Business are business

El protocolo para las presentaciones y reuniones de trabajo suele ser formal en EEUU. Es muy importante la puntualidad y la claridad para expresar ideas, para no perder tiempo. Se estila vestir traje o talleur y el trato usual -a menos que el interlocutor indique lo contrario- es de Mr. o Miss.

Let's speak English

Para presentar a otra persona se puede decir:

Mark, **this is** Susan. (informal)
Mark, ella es Susan.

Let me introduce you to Susan. (formal)
Permítame presentarle a Susan.

I'd like to introduce you to Susan. (formal)
Me gustaría presentarle a Susan.

Al saludarse las personas que se han presentado, suelen decir:

(It's) **nice to meet you.** (informal)
Mucho gusto / Encantado de conocerte.

(I'm) **pleased / glad to meet you.** (informal)
Mucho gusto / Encantado de conocerte.

How do you do?* (formal)
Es un placer conocerle.

* Esta pregunta se responde formulando la misma pregunta.

C Agradecimientos - Thanking

*Para agradecer a alguien alguna acción usamos la preposición «**for**» y dicha acción en **gerundio** (infinitivo + ing).*

Thank you **for coming**.
Gracias por venir.

Thank you **for helping** me.
Gracias por ayudarme.

Thanks **for carrying** these parcels.
Gracias por llevar estos paquetes.

a Contracciones del verbo «to be» en presente

En la unidad anterior vimos cómo se forma el presente del verbo «to be» de forma afirmativa. A continuación vamos a ver cómo se usa de forma contraída. Para ello, unimos el verbo al sujeto y sustituimos la primera letra del verbo por un apóstrofe. Así:

I am ▶ **I'm**	**I'm** a gardener.	*Soy jardinero.*
you are ▶ **you're**	**You're** a good student.	*Tú eres un buen estudiante.*
he is ▶ **he's**	**He's** American.	*Él es estadounidense.*
she is ▶ **she's**	**She's** really pretty.	*Ella es muy linda.*
it is ▶ **it's**	**It's** a red table.	*Es una mesa roja.*
we are ▶ **we're**	**We're** from Mexico.	*Somos de México.*
you are ▶ **you're**	**You're** at work.	*Ustedes están en el trabajo.*
they are ▶ **they're**	**They're** Alex and Eric.	*Ellos son Alex y Eric.*

La forma «is» también puede contraerse con el sujeto cuando éste es un nombre propio.

John's at home. = **John is** at home.
John está en casa.

Brenda's your sister. = **Brenda is** your sister.
Brenda es tu hermana.

Gramática fácil

The way you are...

Billy Joel es uno de los músicos americanos con más ventas en EEUU. Su éxito «Just the way you are» fue un regalo de cumpleaños para su primera esposa. Este bello tema ganó un Grammy como mejor canción (1978) y tiene numerosas versiones, entre las que se destaca la de Barry White.

The Grand Canyon

El Gran Cañón está considerado como una de las maravillas naturales del mundo. Se ubica el norte de Arizona, dentro del Parque Nacional del Gran Cañón (uno de los primeros de Estados Unidos). El cañón fue formado por el río Colorado, cuyo cauce socavó el terreno durante millones de años. Actualmente tiene unos 350 km de longitud, cuenta con cordilleras de entre 6 a 29 km de ancho y alcanza profundidades de más de 1.600 metros.

Gramática fácil

Preguntas con el presente del verbo «to be»

Para hacer preguntas con el verbo «to be», lo colocamos delante del sujeto.

De esta manera:

He is your teacher. *Él es tu profesor.*

Is he your teacher? *¿Es él tu profesor?*

Hemos de tener en cuenta que, al escribir, sólo se utiliza un signo de interrogación al final de la pregunta (?).

Is she an actress?
¿Es ella actriz?

Is it an expensive car?
¿Es un auto caro?

Are we happy?
¿Estamos nosotros contentos?

Are they in Miami?
¿Están ellos en Miami?

Are you Mexican?
¿Son ustedes mejicanos?

Gramática fácil

C Adjetivos posesivos: my – your (mi -tu/su)

Estos adjetivos indican posesión y siempre van seguidos de un nombre. En este capítulo estudiaremos los correspondientes a las dos primeras personas.

I	*(yo)*	**my**	*(mi, mis)*
you	*(tú)*	**your**	*(tu, tus)*
you	*(usted)*	**your**	*(su, sus, de usted)*

Los adjetivos posesivos en inglés son invariables, bien se utilicen con un nombre en singular o en plural.

It's **my** dog.
Es mi perro.

They're **my** dogs.
Son mis perros

My name is Tom.
Mi nombre es Tom / Me llamo Tom.

This is **your** house.
Esta es tu casa.

My brothers are James and Paul.
Mis hermanos son James y Paul.

Your parents are Dominican.
Tus padres son dominicanos.

*Ya hemos visto que el adjetivo posesivo «**your**» equivale al posesivo de «**tú**» y de «**usted**». En español hay diferencia entre ambos, pues uno es «**tu/tus**» (tú) y el otro, «**su/sus**» (usted), pero en inglés será el contexto el que marque dicha diferencia. Veamos un ejemplo. Imaginemos que nos mudamos a vivir a un sitio nuevo y nos queremos presentar a algunos vecinos. Si encontramos a un adolescente, le podemos decir:*

Hello! I am **your** new neighbor.
(¡Hola! Soy tu nuevo vecino.)

Pero si encontramos a una persona mayor o a alguien con quien debamos o queramos mantener un tono de formalidad, le diríamos exactamente lo mismo:

Hello! I am **your** new neighbor.
(¡Hola! Soy su nuevo vecino.)

Adjetivos demostrativos: this, that, these, those

Los adjetivos demostrativos acompañan a un nombre y se utilizan para mostrar la distancia entre el hablante y el objeto del que se habla.

Gramática fácil

Sus formas en singular son:	*Sus formas en plural son:*
this *este, esta, esto*	**these** *estos, estas*
that *ese, esa, eso,* *aquel, aquella, aquello*	**those** *esos, esas, aquellos, aquellas*

Estos adjetivos tienen la misma forma con nombres masculinos o femeninos.

This man is my father.
***Este** hombre es mi padre.*

This woman is my mother.
***Esta** mujer es mi madre.*

That boy is John.
***Ese/aquel** chico es John.*

That girl is your cousin.
***Esa/aquella** muchacha es tu prima.*

These books are interesting.
***Estos** libros son interesantes.*

Those girls are Linda and Betty.
***Esas/aquellas** muchachas son Linda y Betty.*

El demostrativo «that» puede contraerse con «is»:

That is my car ▶ **That's** my car
Ese/aquel es mi auto.

e

Adjetivos calificativos

Estos adjetivos se usan para describir personas, animales, cosas, lugares, circunstancias, etc., indicando características de los mismos. Así, pueden indicar color, tamaño, procedencia, peso, aspecto, etc.

She is **tall**. *Ella es alta.*

That girl is very **intelligent**. *Esa muchacha es muy inteligente.*

Los adjetivos no tienen marca de género ni número, es decir, son invariables para el masculino, femenino, singular y plural.

This car is **expensive**.
*Este auto es **caro**.*

These cars are **expensive**.
*Estos autos son **caros**.*

This house is **expensive**.
*Esta casa es **cara**.*

These houses are **expensive**.
*Estas casas son **caras**.*

Cuando los adjetivos acompañan a un nombre, se colocan delante de él.

It's a **difficult** <u>exercise</u>.
Es un ejercicio difícil.

They are **good** <u>students</u>.
Ellos/as son buenos/as estudiantes.

That **slim** <u>boy</u> is my brother.
Ese muchacho delgado es mi hermano.

Los adjetivos también pueden llevar delante palabras que los intensifican. La más común es «very» (muy).

That film is **<u>very</u> boring**.
Esa película es muy aburrida.

This is **<u>very</u> easy**.
Esto es muy fácil.

Gramática fácil

Teacher's Day

También llamado «Teacher Appreciation Day» es el día en que alumnos y padres reconocen la importante labor de los maestros y profesores. Se estila agasajarlos con regalos y celebrar con divertidas actividades grupales.

Ejercicios

1

¿Cuáles de estas frases son incorrectas?

a) These is my books.

b) Is that your cell phone?

c) Those are my photos.

d) Are these my house?

e) This is your car.

2

Usa la forma correcta del presente del verbo «to be», utilizando las contracciones siempre que sea posible.

a) She ____ in the garden.

b) I ____ George.

c) Bob and I ____ friends.

d) He ____ a teacher.

e) We ____ hungry.

3

Relaciona con flechas (en algunos casos hay más de una respuesta correcta):

a) Am	Mexican?
b) Are we	a cat?
c) Is	in Italy?
d) Is she	I a student?
e) Is it	students?
f) Are	he Michael?
g) Are you	you thirsty?

SOLUCIONES

1.- a) y d) / **2.- a)** 's; **b)** 'm; **c)** are; **d)** 's; **e)** 're / **3.- a)** Am I a student?; **b)** Are we Mexican? / Are we in Italy? / Are we students?; **c)** Is he Michael?; **d)** Is she Mexican? / Is she in Italy?; **e)** Is it a cat? / Is it Mexican? ; **f)** Are you thirsty?; **g)** Are you Mexican? / Are you in Italy? / Are you students?

UNIDAD 3

En esta unidad estudiaremos:

LET'S SPEAK ENGLISH:
a) Saludos y despedidas. b) Invitaciones.
c) Sugerencias. d) Países, nacionalidades e idiomas.

GRAMÁTICA FÁCIL:
a) Presente del verbo «to be» (forma negativa).
Contracciones. b) El gerundio. c) El presente continuo.
d) Pronombres personales objeto.

Diálogo

John llega a casa de su hermana Sarah y hablan sobre sus asuntos recientes.

Sarah: **Hi, John! Come on in! How are things?**
John: **Great, thanks! And you?**
Sarah: **Fine, thank you. Let's** sit down. Well, tell **me** about you.
John: Well, at the moment a friend **is staying** at home with **me. He's from France** and he speaks **French, English and Spanish.**
Sarah: Wow! **Are you practicing** your **French** with **him?**
John: Not a lot. His **English** is excellent and my **French isn't** very good.
Sarah: **Are you showing him** the city?
John: Yes. Today **we're going** to see the cathedral and the museum. Tomorrow **we're going** to the movies.
Sarah: That's great! But the museum **isn't** very nice.
John: Are you kidding? It's interesting!
Sarah: And **are you making him** typical meals?
John: Well, **I'm not** very good at **cooking**. Today **we're going** to eat out.
Sarah: **Let's** have dinner at my house on Sunday!
John: That sounds wonderful! Thanks a lot, Sarah!
Sarah: Don't mention it.
John: And what's your news?
Sarah: Well, **I'm studying Spanish** in the evenings and **I'm taking** aerobics classes, too. I'm very busy.
John: **I'm trying** to learn **Spanish** as well, but **I'm not** a very good student! **Let's** study together.
Sarah: Okay.
John: Well, I'd better go. **Till next time!**
Sarah: **Have a nice day** with your friend! Bye!

Diálogo

(traducción)

American History

El Museo Nacional de Historia Estadounidense se encuentra en Washington D.C. Allí se pueden visitar, entre otras, las exposiciones: "America on the Move" sobre la historia del transporte y "A Glorious Burden" con objetos curiosos los presidentes de EEUU.

Sarah:	¡Hola, John! ¡Pasa! ¿Cómo van las cosas?
John:	**Perfectamente, gracias. ¿Y a ti?**
Sarah:	**Bien, gracias. Sentémonos.** Bueno, cuénta**me** de ti.
John:	Bien, en este momento un amigo **se está quedando** en casa con**migo**. **Él es de Francia** y habla **francés, inglés y español**.
Sarah:	Muy bien. ¿**Estás practicando** tu **francés** con **él**?
John:	No mucho. Su **inglés** es excelente y mi **francés no es** muy bueno.
Sarah:	¿**Le estás mostrando** la ciudad?
John:	Sí. Hoy **vamos a** ver la catedral y el museo. Mañana **vamos** al cine.
Sarah:	¡Muy bien! Pero el museo **no es** muy bonito.
John:	¿Bromeas? Es interesante.
Sarah:	¿Y **le estás haciendo** comida típica?
John:	Bueno, **no soy** muy bueno **cocinando**. Hoy **vamos** a comer fuera.
Sarah:	¡Pues **cenemos** en mi casa el sábado!
John:	Suena maravilloso. ¡Muchas gracias, Sarah!
Sarah:	No hay de qué.
John:	¿Y qué hay de ti?
Sarah:	Bueno, **estoy estudiando español** por las tardes y **tomando** clases de aerobic también. Estoy muy ocupada.
John:	Yo **estoy intentando** aprender **español** también, pero **no soy** un estudiante muy bueno. **Estudiemos** juntos.
Sarah:	De acuerdo.
John:	Bueno, me debería ir ahora. **¡Hasta la próxima!**
Sarah:	**¡Que pases un buen día** con tu amigo! ¡Adiós!

a

Saludos - Greetings

Let's speak English

En las unidades anteriores hemos estudiado distintas formas de saludos. En ésta, vamos a aprender más maneras de saludar y despedirse.

Al saludarse:	*Y podemos responder:*
How are you doing? *¿Cómo estás?*	**(I'm doing) well, thanks.** *Bien, gracias.*
How is it going? *¿Cómo va todo?, ¿Qué tal?*	**(It's going) ok, thank you.** *Bien, gracias.*
How are things? *¿Cómo van las cosas?*	**Fine, thank you.** *Bien, gracias.*
What's up? *Hola, ¿Qué tal?*	
Are you all right? *¿Todo bien?*	**Great! Thank you.** *¡Fenomenal! Gracias.*

Para despedirse, además de las formas ya aprendidas, encontramos:

Have a nice day!
¡Que tengas un buen día!

Have a nice weekend!
¡Que pases un buen fin de semana!

Till next time!
¡Hasta la próxima!

Let's speak English

b Invitaciones – Invitations

Al invitar a alguien a pasar a casa, se pueden utilizar estas expresiones:

Come in, please!
Come on in, please!

Pasa/pase, por favor.

c Sugerencias – Suggestions

Existen varias maneras de expresar sugerencias en inglés. En esta ocasión veremos el uso de «let's + infinitivo». En este tipo de sugerencias, el hablante tomará parte en las mismas.

To go (ir)	▶	**Let's** go to the movies.	*Vayamos al cine.*
To buy (comprar)	▶	**Let's** buy the newspaper.	*Compremos el diario.*
To speak (hablar)	▶	**Let's** speak English!	*¡Hablemos inglés!*

American Indian Tribes

Estas son las principales tribus de habitantes nativos en los Estados Unidos: Cherokee, Navajo, Sioux, Chippewa, Choctaw, Pueblo, Apache, Iroquois, Creek, Blackfeet, Seminole, Cheyenne, Arawak, Shawnee, Mohegan, Huron, Oneida, Lakota, Crow, Teton, Hopi e Inuit.

d Países, nacionalidades e idiomas - Countries, nationalities and languages

Countries (*países*)	***Nationalities*** (*nacionalidades*)	***Languages*** (*idiomas*)
The United States	American	English
England	English	English
Canada	Canadian	English/French
Australia	Australian	English
Mexico	Mexican	Spanish
Colombia	Colombian	Spanish
Venezuela	Venezuelan	Spanish
Dominican Republic	Dominican	Spanish
Cuba	Cuban	Spanish
Argentina	Argentinian	Spanish
Spain	Spanish	Spanish
Brazil	Brazilian	Portuguese
Germany	German	German
France	French	French
Italy	Italian	Italian
Japan	Japanese	Japanese
China	Chinese	Chinese

Para indicar ***procedencia*** *usamos la preposición* ***«from»*** (de, desde):

I'm **from Mexico**. I'm **Mexican**. / *Soy de México. Soy mejicano.*

He's **from Australia.** He's **Australian.**
Él es de Australia. Es australiano.

We're **from the United States**. We speak **English**.
Somos de EEUU. Hablamos inglés.

Let's speak English

Recuerda

Los países, nacionalidades e idiomas siempre se escriben con letra mayúscula.

Gramática fácil

a Presente del verbo «to be» (forma negativa). Contracciones.

Para expresar el verbo «to be» en frases negativas, añadimos «not» después del verbo. Es muy común el uso de las contracciones, que, en este caso, se pueden realizar de dos maneras, excepto para la primera persona:

I **am not**	▶	I'**m not**	*yo no soy/estoy*
you **are not**	▶	you'**re not** - you **aren't**	*tú no eres/estás* *usted no es/está*
he **is not**	▶	he'**s not** - he **isn't**	*él no es/está*
she **is not**	▶	she'**s not** - she **isn't**	*ella no es /está*
it **is not**	▶	it'**s not** - it **isn't**	*no es/está*
we **are not**	▶	we'**re not** - we **aren't**	*nosotros/as no somos/estamos*
you **are not**	▶	you'**re not** - you **aren't**	*ustedes no son/están*
they **are not**	▶	they'**re not** - they **aren't**	*ellos/as no son/están*

I'm not Italian. / *No soy italiano.*

You **aren't** a teacher. / *Usted no es profesor.*

He'**s not** tired. / *Él no está cansado.*

She **isn't** Margaret. / *Ella no es Margaret.*

It **isn't** my house. / *No es mi casa.*

We **aren't** Brazilian. / *No somos brasileños.*

You **'re not** happy. / *Ustedes no son felices.*

They **aren't** here. / *Ellos no están aquí.*

In Cold Blood

Truman Capote (1924 - 1984) fue uno de los más destacados escritores americanos. Su novela-documental «A sangre fría» dió origen al término «non-fiction-novel», creando un referente para lo que luego sería el «nuevo periodismo» estadounidense. La novela llegó a vender más de 300.000 ejemplares, permaneciendo en el top ten de ventas durante 37 semanas.

Statue of Liberty

«La libertad iluminando el mundo», conocida como la Estatua de la Libertad fue un regalo hecho por los franceses en 1886 a los estadounidenses para conmemorar el centenario de la Declaración de Independencia de los Estados Unidos y como un signo de amistad entre las dos naciones. Es obra del escultor francés Frédéric Auguste Bartholdi.

Gramática fácil

b El gerundio

El gerundio tiene distintas funciones en inglés. Una de ellas es que forma parte de los tiempos continuos. Equivale en español a las formas acabadas en «-ando» e «-iendo» (saltando, corriendo). Se forma añadiendo «-ing» al infinitivo del verbo (infinitivo + ing), aunque a veces se producen ligeros cambios, que pasamos a ver.

1 *La regla general es «infinitivo + ing»:*

work + ing = working
(trabajar - trabajando)

2 *Si el infinitivo acaba en «e» muda, ésta desaparece al añadir «ing»:*

live + ing = living *(vivir – viviendo)*

3 *Si el infinitivo acaba en «e» sonora, ésta no desaparece:*

see + ing = seeing *(ver – viendo)*

4 *Si el infinitivo acaba en «ie», estas vocales cambian a «y»:*

lie + ing = lying
(mentir – mintiendo)

5 *Si el infinitivo acaba en «y», ésta permanece y se añade «ing»:*

study + ing = studying
(estudiar-estudiando)

6 *Si el infinitivo acaba en la sucesión «consonante-vocal-consonante» y la última sílaba es la acentuada, la última consonante se duplica antes de añadir «ing»:*

begin + ing = beginning
(comenzar – comenzando)

A continuación veremos el uso del gerundio en el presente continuo y, más adelante, trataremos otras funciones del mismo.

El presente continuo

Se forma con el presente del verbo «to be» y el gerundio del verbo que se trate. Sus formas afirmativa, negativa e interrogativa son:

Gramática fácil

[To eat: comer]

afirmativa	negativa	interrogativa
I am eating	I'm not eating	Am I eating?
you are eating	you aren't eating	Are you eating?
he is eating	he isn't eating	Is he eating?
she is eating	she isn't eating	Is she eating?
it is eating	it isn't eating	Is it eating?
we are eating	we aren't eating	Are we eating?
you are eating	you aren't eating	Are you eating?
they are eating	they aren't eating	Are they eating?
Yo estoy comiendo	*Yo no estoy comiendo*	*¿Estoy comiendo?*
Tú estás comiendo	*Tú no estás comiendo*	*¿Estás comiendo?*
Él está comiendo	*Él no está comiendo*	*¿Está él comiendo?*
Ella está comiendo	*Ella no está comiendo*	*¿Está ella comiendo?*
Está comiendo	*No está comiendo*	*¿Está comiendo?*
Nosotros estamos comiendo	*No estamos comiendo*	*¿Estamos comiendo?*
Ustedes están comiendo	*Ustedes no están comiendo*	*¿Están ustedes comiendo?*
Ellos están comiendo	*Ellos no están comiendo*	*¿Están ellos comiendo?*

Apple Pie

El pastel de manzana es una de las especialidades tradicionales de la cocina de EEUU. Si bien la receta llegó como herencia de los inmigrantes europeos, se fue perfeccionado al gusto americano a traves del tiempo, al punto que la expresión "as American as apple pie" se aplica a aquellas cosas tipicamente estadounidenses.

1 *El presente continuo indica una acción que está ocurriendo en el momento en que se habla.*

I am speaking to you.
Estoy hablando contigo.

Is she phoning a friend now?
¿Está ella llamando a una amiga ahora?

The cat is eating.
El gato está comiendo.

It isn't raining.
No está lloviendo.

2 *También indica una acción que transcurre en un momento cercano al actual, aunque no sea en el momento preciso de hablar.*

He's reading «War and Peace».
Él está leyendo «Guerra y Paz».

We're studying French.
Estamos estudiando francés.

3 *El presente continuo también se utiliza para expresar futuro, pero este apartado se tratará más adelante.*

d Pronombres personales objeto

Al tratarse de pronombres, sustituyen a nombres, pero, a diferencia de los pronombres personales sujeto, los pronombres objeto no realizan la acción, sino que la reciben.

Pronombres sujeto (preceden al verbo)		Pronombres objeto (siguen al verbo)	
I	▶	**me**	*(me, a mí)*
you	▶	**you**	*(te, a ti, le, a usted)*
he	▶	**him**	*(le, lo, a él)*
she	▶	**her**	*(le, la, a ella)*
it	▶	**it**	*(le, lo, a ello)*
we	▶	**us**	*(nos, a nosotros/as)*
you	▶	**you**	*(les, a ustedes)*
they	▶	**them**	*(les, a ellos/as)*

Gramática fácil

Podemos ver que tres pronombres tienen la misma forma, bien sean sujeto u objeto [you (singular), it, you (plural)]. Los pronombres personales objeto se colocan:

I *Tras el verbo:*

She is helping **me.**
Ella me está ayudando.

I am loving **you.**
Te estoy amando.

They are giving **him** a book.
Ellos le están dando un libro (a él).

You are teaching **us** English.
Tú nos estás enseñando inglés.

II *Tras una preposición:*

He's looking at **us.**
Él está mirándonos.

They are going to the movies with **her.**
Ellos van al cine con ella.

This present is for **you.**
Este regalo es para ti (usted).

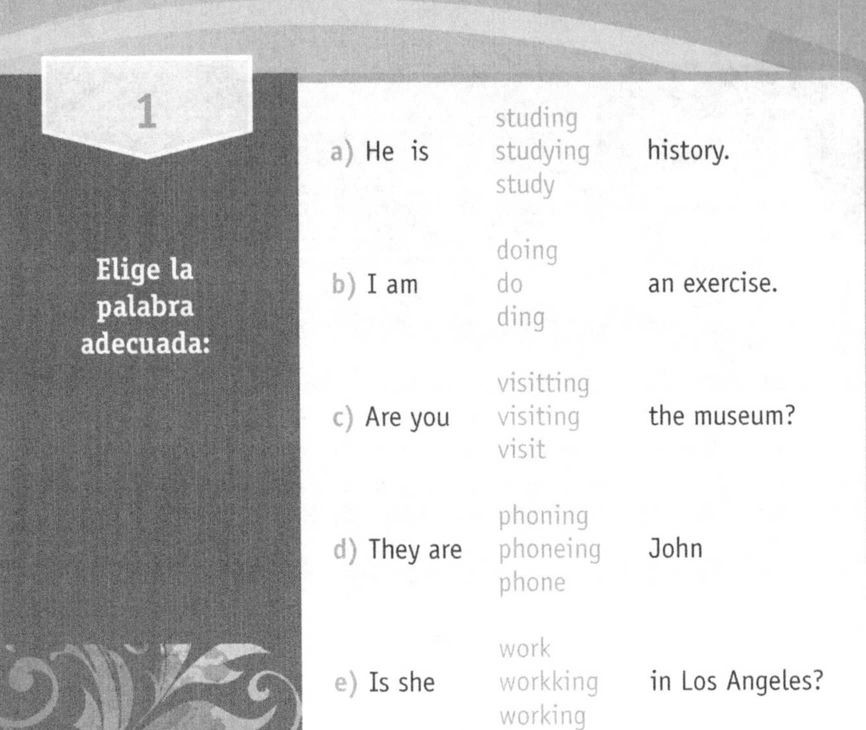

Ejercicios

1

Elige la palabra adecuada:

a) He is studing / studying / study history.

b) I am doing / do / ding an exercise.

c) Are you visitting / visiting / visit the museum?

d) They are phoning / phoneing / phone John

e) Is she work / workking / working in Los Angeles?

2

¿Cuáles de estas frases son correctas?

a) They are reading the newspaper.

b) She isn't studing English.

c) Am I eatting a sandwich?

d) You aren't going to the movies.

e) Is it raining?

3

Completa los espacios en blanco con pronombres objeto.

a) I am helping John. / I am helping _____

b) He is giving Mary a pencil.
He is giving ______ a pencil.

c) I like chocolate. / I like _____

d) This present is for you and your parents.
This present is for _____

e) I am living with Brenda and Peter.
I am living with _____

SOLUCIONES

1.- a) studying; b) doing; c) visiting; d) phoning; e) working / 2.- a), d) y e) / 3.- a) him; b) her; c) it; d) you; e) them

UNIDAD 4

En esta unidad estudiaremos:

LET'S SPEAK ENGLISH:
a) Vocabulario: La familia. b) Descripción de la cara. c) Números del 1 al 50. d) Preguntar y responder acerca de la edad.

GRAMÁTICA FÁCIL:
a) El artículo indeterminado «a / an» (un, una). b) Presente del verbo «to have» (tener, haber). «To have» y « to have got» (I). c) Adjetivos posesivos. d) Los verbos «be like» y «look like». e) Adjetivos relativos a la personalidad y al aspecto físico.

Diálogo

Mike tiene una charla con Linda, su compañera de trabajo, sobre sus familias.

Mike: **Do you have** any **brothers** or **sisters**, Linda?
Linda: Yes, **I have two brothers** and **a sister.**
Mike: Do they **look like** you?
Linda: **My sister looks like** me, but **my brothers have dark hair** and **brown eyes.** They **look like my father.**
Mike: And **what does your mother look like**?
Linda: **She has long blond hair** and **blue eyes**, like me.
Mike: **How old are your brothers and sister?**
Linda: **My sister is twenty-eight years old**, and **my brothers are thirty and thirty- five. My brothers** are **funny** and **extroverted**, but **my sister** is **shy** and **quiet.**
Mike: Well, **I'm like my father. My face** is **long**, like his. **He's sixty-three years old** and **he's** very **tall** and **thin.**
Linda: **Are** you **like your mother**?
Mike: Yes. **I'm talkative like her**, but she's **blonde** and I'm **dark.**
Linda: **I'm like my grandmother**. She's **cheerful** and **absent-minded, like** me. **My grandfather** is **quiet** and **intelligent.**
Mike: **How old are you**, Linda?
Linda: **I'm thirty-six years old.** And you?
Mike: **I'm thirty-one.**
Linda: **Do you have a** pet?
Mike: Yes, **I have a** cat. It's very **fat. It looks like me**!
Linda: You're not **fat!**
Mike: Ha, ha. Thanks, Linda!
Linda: **I have a** dog and **a** goldfish. I like animals.
Mike: Me, too. **My cat is three years old. How old is your dog?**
Linda: **«Rusty» is only eight months old**. He's very young.

Diálogo

(traducción)

Mike: ¿**Tienes algún hermano** o **hermana**, Linda?

Linda: Sí, **tengo dos hermanos** y una **hermana**.

Mike: ¿Se **parecen** a ti?

Linda: **Mi hermana se parece** a mí, pero **mis hermanos tienen el cabello oscuro** y los **ojos** marrones. Ellos **se parecen a mi padre**.

Mike: ¿Y **cómo es tu madre**?

Linda: **Ella tiene el cabello rubio** y los **ojos azules**, como yo.

Mike: ¿**Qué edad tienen tus hermanos y tu hermana**?

Linda: **Mi hermana tiene veintiocho años** y **mis hermanos tienen treinta y treinta y cinco. Mis hermanos** son **divertidos** y **extrovertidos**, pero **mi hermana** es **tímida** y **callada**.

Mike: Bueno, **yo soy como mi padre. Mi cara** es **alargada**, como la suya. **Él tiene sesenta y tres años** y es muy **alto** y **delgado**.

Linda: ¿**Te pareces a tu madre**?

Mike: Sí, soy **hablador como ella**, pero ella es **rubia** y yo soy **moreno**.

Linda: **Yo soy como mi abuela**. Ella es **alegre** y **distraída**, como yo. **Mi abuelo es tranquilo** e **inteligente.**

Mike: ¿**Qué edad tienes**, Linda?

Linda: **Tengo treinta y seis años**. ¿Y tú?

Mike: **Tengo treinta y uno**.

Linda: ¿**Tienes** mascota?

Mike: Sí, **tengo un** gato. Está muy **gordo**. ¡**Se me parece**!

Linda: ¡No estás **gordo**!

Mike: Ja, ja. Gracias, Linda.

Linda: Yo **tengo un** perro y **un** pez. Me gustan los animales.

Mike: A mí, también. **Mi gato tiene tres años. ¿Qué edad tiene tu perro?**

Linda: **«Rusty» tiene sólo ocho meses**. Es muy joven.

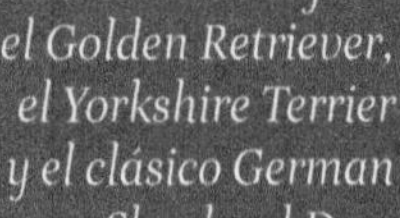

Good dog

Según el American Kennel Club, la raza de perros favorita en EEUU es el Labrador Retriever, que desde 1991 ostenta el primer puesto del TOP TEN canino. Le siguen el Golden Retriever, el Yorkshire Terrier y el clásico German Shepherd Dog.

Let's speak English

a Vocabulario: La familia - The family

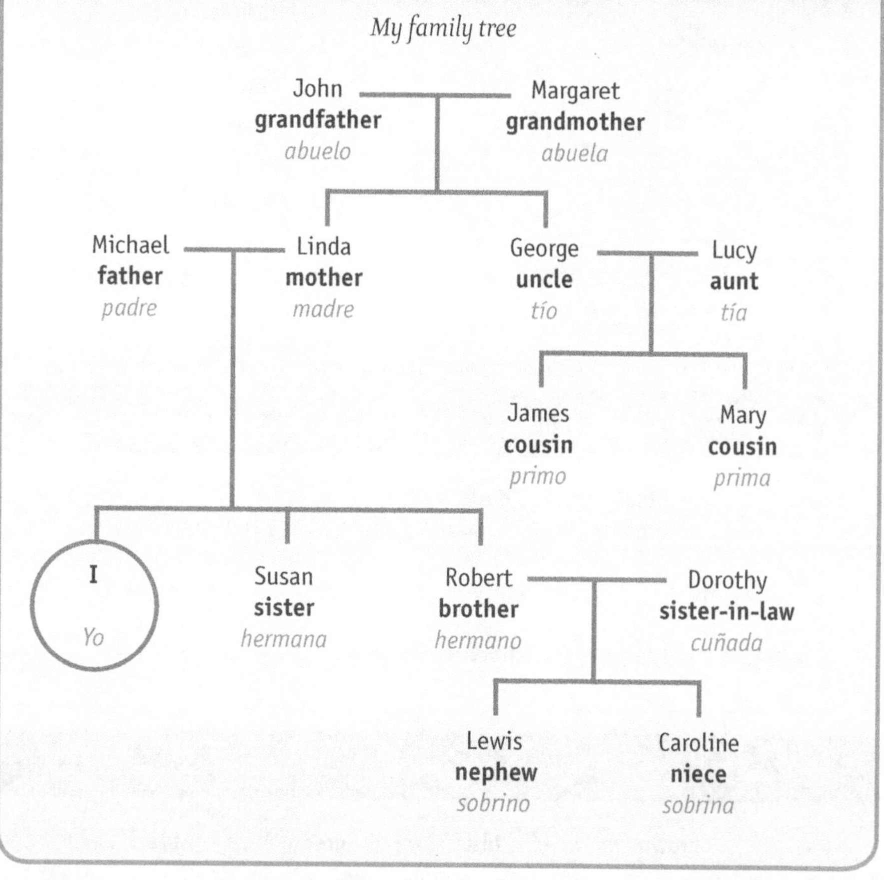

Hay más términos relacionados con la familia:

parents	*padres*	**wife**	*esposa*
children	*hijos*	**brother-in-law**	*cuñado*
son	*hijo*	**sister-in-law**	*cuñada*
daughter	*hija*	**father-in-law**	*suegro*
grandparents	*abuelos*	**mother-in-law**	*suegra*
grandchildren	*nietos*	**boyfriend**	*novio*
husband	*esposo*	**girlfriend**	*novia*

Let's speak English

Sexiest man alive

Cada año la revista People elige al hombre más atractivo del momento. El primero fue Mel Gibson (1985), y otros han sido Sean Connery (1989) y Denzel Washington (1996), que ha sido el único afroamericano elegido hasta el momento. Brad Pitt, George Clooney, Richard Gere y Johnny Depp han sido galardonados dos veces cada uno.

b Descripción de la cara

A continuación estudiaremos el vocabulario relativo a las partes de la cara y algunos adjetivos para su descripción.

face: *cara*
hair: *cabello, pelo*
forehead: *frente*
eyebrow: *ceja*
eyelashes: *pestañas*
eye: *ojo*
nose: *nariz*
ear: *oreja*
cheek: *mejilla*
mouth: *boca*
lips: *labios*
teeth: *dientes* (**tooth:** *diente*)
chin: *mentón, barbilla*

Al hablar sobre el cabello es frecuente usar alguno de los siguientes adjetivos:

color: **black** *(negro)*, **dark** *(oscuro)*, **brown** *(castaño)*, **blond / fair** *(rubio)*, **red** *(pelirrojo)*.

forma: **straight** *(liso, lacio)*, **curly** *(enrulado, rizado)*, **wavy** *(ondulado)*.

tamaño: **long** *(largo)*, **short** *(corto)*.

Si hablamos de los ojos, éstos pueden ser:

color: **brown** *(marrones)*, **blue** *(azules)*, **green** *(verdes)*, **black** *(negros)*.

tamaño: **big** *(grandes)*, **small** *(pequeños)*.

Cuando usemos varios de estos adjetivos en una frase, el orden de dichos adjetivos será: ***«tamaño – forma – color»***

She has **long curly blond** hair.
Ella tiene el pelo largo, enrulado y rubio.

I have **small brown** eyes.
Tengo los ojos pequeños y marrones.

Place Names

La legislación estadounidense es bastante abierta respecto a nombre propios. Podrás ver que nombres de ciudades y estados son usados también para personas, por ejemplo: Boston, Dakota, Dallas, Brooklyn, Houston, Memphis, Lincoln, Logan, Georgia, Phoenix, Hudson o Chelsea.

Let's speak English

c Números del 1 al 50:

1 one	11 eleven	21 twenty-one
2 two	12 twelve	22 twenty-two
3 three	13 thirteen	23 twenty-three
4 four	14 fourteen	24 twenty-four
5 five	15 fifteen	30 thirty
6 six	16 sixteen	31 thirty-one
7 seven	17 seventeen	37 thirty-seven
8 eight	18 eighteen	40 forty
9 nine	19 nineteen	49 forty nine
10 ten	20 twenty	50 fifty

A partir del número 21, entre las decenas y las unidades aparece un guión.

d Preguntar y responder acerca de la edad

Para preguntar la edad de alguien usamos «how old?» (¿qué edad?) y el verbo «to be»:

How old are you?
¿Qué edad tienes?

How old is your mother?
¿Qué edad tiene tu madre?

Para responder:

I am twenty-seven (years old).
Tengo 27 años.

My mother is fifty-nine (years old).
Mi madre tiene 59 años.

Vimos al final del unidad 1 que el verbo «to be» podía equivaler a «tener» en algunas expresiones, como ocurre en este caso, al hablar sobre la edad.

Gramática fácil

a El artículo indeterminado «a/an» (un/una)

1 Se utiliza delante de un nombre contable en singular, cuando nos referimos a él por primera vez:

This is **a** book.
Esto es un libro.

He is **a** boy.
Es un muchacho.

2 También se usa al hablar de profesiones u ocupaciones (cuando el sujeto sea singular):

She is **a** teacher.
Ella es profesora.

I'm **a** student.
Soy estudiante.

3 En muchos casos equivale a «one» (uno):

I have **a** car.
Tengo un auto.

4 Se utiliza **«a»** delante de palabras que comienzan por consonante (sonido consonántico):

It is **a** dog. / *Es un perro.*

They have **a** big house.
Ellos tienen una casa grande.

5 Se utiliza **«an»** delante de palabras que comiencen por vocal (sonido vocálico) o «h» muda.

It is **an** egg. / *Es un huevo.*

He is **an** architect. / *Él es arquitecto.*

I exercise for **an** hour.
Hago ejercicio durante una hora.

Poor Richard, 1733.
AN
Almanack
For the Year of Chrift
1733,
Being the Firft after LEAP YEAR:
And makes fince the Creation — Years
By the Account of the Eastern *Greeks* — 7241
By the Latin Church, when ☉ ent. ♈ — 6932
By the Computation of *W. W.* — 5742
By the *Roman* Chronology — 5682
By the *Jewish* Rabbies — 5494

Poor Richard's Almanack

Fue un almanaque anual publicado por Benjamin Franklin (bajo el seudónimo de Richard Saunders). Se editó desde 1732 hasta 1758 con gran éxito de ventas. Esta clase de libros fue muy popular entre la gente de las colonias, que los usaba como guía práctica y entretenimiento, ya que incluía pronósticos del clima, juegos de palabras, consejos para el hogar, etc.

Up in the air

El aeropuerto internacional Hartsfield-Jackson, ubicado en la ciudad de Atlanta (Georgia), es considerado el aeropuerto con más operaciones aéreas del mundo, con casi un millón al año. Cuenta con 5 pistas de aterrizaje, 151 puertas de embarque para vuelos nacionales y 28 para los internacionales, por las que pasan 90 millones de pasajeros.

Gramática fácil

b Presente del verbo «to have» (tener, haber). «To have» y «have got» (I)

Por el momento vamos a considerar a «to have» como «tener».
La forma afirmativa del presente del verbo «to have» es:

I	**have**	*yo tengo*	we	**have**	*nosotros/as tenemos*
you	**have**	*tú tienes, usted tiene*	you	**have**	*ustedes tienen*
he she it	**has** **has** **has**	*él tiene* *ella tiene* *tiene*	they	**have**	*ellos/as tienen*

*Podemos ver que el verbo **«have»** es igual para todas las personas, excepto para la tercera del singular (he, she, it), que es **«has»**.*

I **have** a brother and a sister.	*Tengo un hermano y una hermana.*
She **has** an old car.	*Ella tiene un auto antiguo.*
They **have** a pet.	*Ellos tienen una mascota.*

*Los verbos **«to have»** y **«to have got»** son sinónimos. Así, podemos decir:*

We **have** a small apartment. We **have got** a small apartment.	*Tenemos un apartamento pequeño.*
He **has** big black eyes. He **has got** big black eyes.	*Él tiene los ojos grandes y negros.*

*En la forma afirmativa hay una pequeña diferencia entre ellos: «to have» no se puede contraer con el sujeto pero «to have got», sí. Las contracciones son **«'ve got»** (have got) y **«'s got»** (has got).*

We**'ve got** a small apartment.

He**'s got** big black eyes.

Gramática fácil

En este punto hay que tener cuidado de no confundir la contracción de «is» con la de «has (got)», ya que ambas son iguales: «'s».

He**'s** a good athlete. (is)	*Él es un buen atleta.*
He**'s** got a camera. (has)	*Él tiene una cámara.*

«To have» y «to have got» también son un poco diferentes en negaciones y preguntas también son un poco diferentes:

I **don't have** a racing car = I **haven't got** a racing car
Yo no tengo un auto de carreras

She **doesn't have** a good computer = She **hasn't got** a good computer
Ella no tiene una buena computadora

Do you **have** a credit card? = **Have** you **got** a credit card?
¿Tienes tarjeta de crédito?

Does he **have** a sister? = **Has** he **got** a sister?
¿Tiene él una hermana?

Maple syrup

El jarabe de arce es un producto típico del norte de Estados Unidos. Se utiliza como endulzante (similar a la miel) para postres, pancakes, waffles y tostadas. Se extrae de la savia del arce de azúcar (Acer saccharum) y del arce negro (Acer nigrum). Este producto ya era utilizado por los pueblos originarios y fue adoptado luego por los inmigrantes europeos.

C Adjetivos posesivos

Como ya indicamos en la unidad 2, estos adjetivos indican posesión y siempre acompañan a un nombre. En dicho capítulo estudiamos sólo dos de ellos (my, your), pero a continuación los trataremos todos.

my	*mi, mis*
your	*tu, tus, su, sus (de usted)*
his	*su, sus (de él)*
her	*su, sus (de ella)*
its	*su, sus (de ello)*
our	*nuestro/a/os/as*
your	*su, sus (de ustedes)*
their	*su, sus (de ellos/as)*

That's **your** coat.
Ése es tu abrigo.

Peter isn't **his** cousin.
Peter no es su primo.

Her name is Susan.
Su nombre (de ella) es Susan.

Is this **our** classroom?
¿Es ésta nuestra clase?

Michael is **their** son.
Michael es su hijo (de ellos).

The Star-Spangled Banner

Es el himno nacional de los Estados Unidos. La letra (originalmente un poema llamado «Defense of Fort McHenry») fue escrita en 1814 por Francis Scott Key, un abogado y poeta de 35 años. La música se le atribuye al compositor inglés John Stafford Smith, autor de "The Anacreontic Song", tema del cual se tomaron los acordes. La pieza completa fue declarada himno nacional el 3 de marzo de 1931.

Gramática fácil

d Los verbos «to be like» y «to look like»

Estos dos verbos significan «parecerse a / ser como», pero «to be like» se refiere a la personalidad o al carácter, mientras que «to look like» se refiere al parecido físico.

She **is like** her mother: shy and quiet.
Ella es como su madre: tímida y callada.

We **look like** our grandfather.
Nos parecemos físicamente a nuestro abuelo.

e Adjetivos relativos a la personalidad y al aspecto físico

Personalidad		Aspecto físico	
shy	*tímido*	tall	*alto*
extroverted	*extrovertido*	short	*bajo*
quiet	*callado, tranquilo*	thin, slim	*delgado*
talkative	*hablador*	fat, overweight	*gordo*
nice	*simpático, agradable*	handsome	*bello (hombre)*
funny	*divertido*	pretty	*bella (mujer)*
intelligent	*inteligente*	ugly	*feo*
cheerful	*alegre*		
absent-minded	*distraído*		

They are very **talkative.** / *Ellos son muy habladores.*

She looks like me. We are **tall** and **thin.**
Ella se parece a mí. Somos altas y delgadas.

William is very **funny.** / *William es muy divertido.*

Brenda is **pretty** but she isn't **extroverted.**
Brenda es linda pero no es extrovertida.

Ejercicios

1

Completa en número o en letra:

a) 36: ______________

b) ____: twenty-eight

c) 12: ______________

d) ____: forty-nine

e) 34: ______________

f) 21: ______________

g) ____: sixteen

h) 40: ______________

i) 14: ______________

j) ____: eleven

2

Brenda está preparando la cena del Día de Acción de Gracias...

Adivina cuántas personas van a comer, sabiendo que asistirán: *a grandfather, a grandmother, two fathers, two mothers, three children, two sons, a daughter, two grandchildren, a brother, a sister, a father-in-law and a mother-in-law.*

(Nota: Algunos de estos miembros aparecen más de una vez en esta lista, ya que, después de todo, un padre también es un hijo, etc).

Pennies from Heaven

En EEUU cada una de las monedas de menos de un dólar tiene un nombre específico: 1 centavo = penny; 5 centavos = nickel; 10 centavos = dime; 25 centavos = quarter; 50 centavos = half dollar.

3

¿Cuáles de estas partes del cuerpo no se encuentran en la cara?

a) the legs

b) the eyebrows

c) the mouth

d) the nose

e) the shoulders

4

Rellena los espacios con el adjetivo posesivo correspondiente, que concuerde con el sujeto.

a) I live with ______ boyfriend.

b) We have a big picture in ________ house.

c) Lina or Linda? What's ________ name?

d) The dog has ______ toys.

SOLUCIONES

1.- **a)** thirty-six; **b)** 28; **c)** twelve; **d)** 49; **e)** thirty-four; **f)** twenty-one; **g)** 16; **h)** forty; **i)** fourteen; **j)** 11. / 2.- Six people / 3.- the legs, the shoulders / 4.- **a)** my; **b)** our; **c)** her/your; **d)** its.

UNIDAD 5

En esta unidad estudiaremos:

LET'S SPEAK ENGLISH:
a) Preguntar y responder sobre el trabajo.
b) Expresiones al recibir invitados.

GRAMÁTICA FÁCIL:
a) El presente simple.
b) Adverbios de frecuencia.
c) Pronombres interrogativos.

Diálogo

Bill es un amigo de Mark, el marido de Mary, y es el primero en llegar a la fiesta que éstos celebran en su casa.

Mary: Hello! You must be Bill. **Come in, please. Can I take your coat?**
Bill: Yes, please. It's nice to meet you, Mary. Mark **talks** a lot about you.
Mary: Mark **is** at the supermarket buying some wine. He'll be back soon. **Help yourself to** a drink. There's beer or fruit juice.
Bill: I **think** I'll have a beer. Tell me, Mary, **what's your job?**
Mary: **I'm a** primary school teacher. It's good because I **like** children. **Do you like** children?
Bill: Yes, but I **don't think** I could be **a** teacher. By the way, Mary, this is a lovely place.
Mary: Come on, **I'll show you around the house.** This is the living room.
Bill: **What beautiful pictures**! **Who** is the artist?
Mary: My brother. He **usually paints** on weekends. He **sells** his paintings in a gallery, but **sometimes** he **gives** them to us.
Bill: **Do you paint** as well?
Mary: No, I **don't like** painting, but I **sometimes play** the piano.
Bill: How interesting! And, is this your bedroom?
Mary: Yes, it is.
Bill: **What a lovely view**!
Mary: Yes. We **always see** the park and the trees when we **wake up**. It's nice. **Where** do you live, Bill?
Bill: I **live** downtown, but I **don't like** it very much. It's very noisy.
Mary: Yes, it's very quiet here.
Bill: **What a lovely house**, Mary! You're very lucky.
Mary: Thank you very much Bill. Let's sit down and have a drink before the other guests arrive.
Bill: **Do** you **want** me to help you with the food?
Mary: Well... Yes, please! Let's go to the kitchen then.

Diálogo

(traducción)

Mary:	Hola. Debes ser Bill. **Pasa, por favor**. ¿**Me puedes dar tu abrigo**?
Bill:	Sí, por favor. Encantado de conocerte, Mary. Mark **habla** mucho de ti.
Mary:	Mark **está** en el supermercado, comprando vino. Volverá pronto. ¡**Sírvete** una bebida! Hay cerveza o jugo de frutas.
Bill:	**Creo** que tomaré una cerveza. Dime, ¿**a qué te dedicas**?
Mary:	**Soy** profesora de una escuela primaria. Está bien porque **me gustan** los niños. ¿**Te gustan** los niños a ti?
Bill:	Sí, pero **no creo** que pudiera ser profesor. Por cierto, Mary, este es un lugar encantador.
Mary:	Vamos, **te enseñaré la casa**. Este es el salón.
Bill:	¡**Qué cuadros tan bonitos**! ¿**Quién** es el artista?
Mary:	Mi hermano. Él **normalmente pinta** los fines de semana. **Vende** sus pinturas en una galería, pero, **a veces**, nos las **da**.
Bill:	¿**Pintas tú** también?
Mary:	No, **no me gusta** la pintura, pero **a veces toco** el piano.
Bill:	¡Qué interesante! Y, ¿es este vuestro dormitorio?
Mary:	Sí.
Bill:	¡**Qué vista tan bonita**!
Mary:	Sí, **siempre vemos** el parque y los árboles cuando nos **despertamos**. Es bonito. ¿**Dónde** vives tú, Bill?
Bill:	**Vivo** en el centro de la ciudad, pero **no me gusta** mucho. Hay mucho ruido.
Mary:	Sí, aquí esto es muy tranquilo.
Bill:	¡**Qué casa tan bonita**, Mary! Tenéis mucha suerte.
Mary:	Muchas gracias, Bill. Sentémonos y bebamos algo antes de que lleguen los otros invitados.
Bill:	¿**Quieres** que te ayude con la comida?
Mary:	Bueno... ¡Sí, por favor! Vayamos entonces a la cocina.

Bon appétit!

Julia Child (1912-2004) fue una destacada cocinera y escritora estadounidense. Estudió en «Le Cordon Bleu», en Paris, y se le considera pionera en la difusión de la cocina francesa en EEUU. Fue autora de 17 libros y realizó más de 12 ciclos televisivos, siendo «The French Chef» el más conocido.

a Preguntar y responder sobre trabajo

Para preguntar a alguien cuál es su trabajo, podemos utilizar:

What is your job? = What's your job?
¿Cuál es tu trabajo?

What do you do?
¿Qué haces?, ¿A qué te dedicas?

Y a ambas preguntas se puede responder: «I am a + profesión».

I am a student (teacher, painter,...)
Soy estudiante (profesor, pintor,...)

Let's speak English

Recuerda que al hablar de profesiones u ocupaciones hay que colocar el artículo «a/an» delante de la profesión, siempre que el sujeto sea una sola persona. Este artículo no se traduce en español.

What's your job? I'm **a** designer.
¿Cuál es tu trabajo? Soy diseñador.

What's her job? She's **an** artist.
¿Cuál es su trabajo? Ella es artista.

Pero este artículo no aparece cuando el sujeto es plural:

What's their job?
They are carpenters.
¿Cuál es su trabajo (de ellos)?
Ellos son carpinteros.

Let's speak English

b Expresiones al recibir invitados

Al recibir invitados en casa podemos utilizar distintas expresiones:

Al recibirlos:

Welcome to my home!
¡Bienvenido/s a mi casa!

Come in, please!
¡Pase/n, por favor!

Can I take your coat?
¿Pueden darme sus abrigos?

Let me take your umbrellas.
Permítanme sus paraguas.

Al invitarlos a que se sirvan comida o bebida:

Si es una persona:
Help yourself!
¡Sírvete! / ¡Sírvase! (usted)

Si son varias personas:
Help yourselves!
¡Sírvanse! (ustedes)

*Si añadimos la comida o bebida, aparece **«to»**:*

Help yourselves to a drink, please.

Sírvanse algo para beber, por favor.

The West Wing

El «Ala Oeste» de la Casa Blanca es el lugar donde está situado el Despacho Oval (despacho presidencial), la sala de reuniones del Gabinete y la Sala de Situaciones (central de inteligencia), ubicada en el sótano. El «Ala Este», por su parte, alberga un cine privado y las oficinas de la Primera Dama.

The Great Lakes

Los Grandes Lagos son una formación natural ubicada en la frontera de los Estados Unidos con Canadá. Son el mayor grupo de lagos de agua dulce de todo el mundo, con un total de 245.200 km². De oeste a este se encuentran los lagos Superior, Michigan, Hurón, Erie y Ontario. El sistema incluye también los ríos Santa María, Saint Clair, Detroit, así como el río Niágara y sus famosas cataratas.

Let's speak English

Para mostrarles la vivienda:

I'll show you around the house. (informal)
Te mostraré la casa.

Let me show you around the house. (formal)
Permítanme mostrarle la casa.

Los invitados pueden corresponder con expresiones como éstas:

¡Qué + nombre + más / tan + adjetivo!

What + **a/an** + adjetivo + nombre!

What a lovely house! *¡Qué casa más bonita!*

What a nice view! *¡Qué vista tan bella!*

What an expensive vase! *¡Qué jarrón tan caro!*

Pero si el nombre es plural, no aparece el artículo «a».

What big rooms!
¡Qué habitaciones tan grandes!

What beautiful pictures!
¡Qué cuadros tan bonitos!

Gramática fácil

a El presente simple

Ya hemos estudiado el presente simple del verbo «to be» para situaciones o estados y del verbo «to have» para posesiones.

My uncle **is** a teacher.	*Mi tío es profesor.*
They **have** two children.	*Ellos tienen dos hijos.*

A continuación veremos que el presente simple de los verbos se usa para expresar acciones habituales o rutinarias.

I

En frases afirmativas se forma con el ***infinitivo*** *del verbo (sin «to»), que es invariable para todas las personas, excepto para la 3ª persona del singular (he, she, it), donde se añade una* ***«s»***. *Así:*

[To eat: comer]

I	**eat**	*yo como*
you	**eat**	*tú comes, usted come*
he	**eats**	*él come*
she	**eats**	*ella come*
it	**eats**	*come*
we	**eat**	*nosotros/as comemos*
you	**eat**	*ustedes comen*
they	**eat**	*ellos/as comen*

We **eat** a lot of fish.	*Nosotros comemos mucho pescado.*
She **lives** in New Mexico.	*Ella vive en Nuevo México.*
I **play** basketball.	*Yo juego al baloncesto.*
He **works** from Monday to Friday.	*Él trabaja de lunes a viernes.*
The dog **drinks** a lot of water.	*El perro bebe mucha agua.*
They **study** English.	*Ellos estudian inglés.*

Charging Bull

El Toro de Wall Street es una escultura de bronce creada por el artista Arturo Di Modica. La impactante obra está situada en el parque Bowling Green, cerca de Wall Street, en la ciudad de Nueva York. Según el artista, la postura y expresión del animal representan el optimismo, la agresividad y la prosperidad financiera americana.

Gramática fácil

2

*En frases negativas se utiliza el auxiliar **«don't»** delante del **infinitivo** para todas las personas, excepto para la 3ª persona del singular (he, she, it), que usa **«doesn't»**. En este último caso, el infinitivo no añade «s». Tanto «don't» como «doesn't» equivalen a «no» en español.*

I **don't like** wine.	*No me gusta el vino.*
You **don't live** in Spain.	*Tú no vives en España.*
He **doesn't play** the piano.	*Él no toca el piano.*
She **doesn't get up** at seven.	*Ella no se levanta a las siete.*
The machine **doesn't work** properly.	*La máquina no funciona correctamente.*
We **don't study** German.	*No estudiamos alemán.*
You **don't do** exercise.	*Ustedes no hacen ejercicio.*
They **don't work** in Miami.	*Ellos no trabajan en Miami.*

3

*En preguntas se coloca el auxiliar **«do»** delante del sujeto, o **«does»** si es 3ª persona del singular (he, she, it), y el **verbo en infinitivo**. En este caso, ni «do» ni «does» tienen traducción en español, sino que son la marca de pregunta.*

Do I **spend** a lot of money?	*¿Gasto mucho dinero?*
Do you **understand**?	*¿Comprendes?*
Does he **have** a blue car?	*¿Tiene él un auto azul?*
Does she **like** vegetables?	*¿Le gustan los vegetales (a ella)?*
Does it **rain** in winter?	*¿Llueve en invierno?*
Do we **go** to bed late?	*¿Nos vamos a la cama tarde?*
Do you **speak** French?	*¿Hablan ustedes francés?*
Do they **watch** television?	*¿Ven ellos la televisión?*

Gramática fácil

Adverbios de frecuencia

Estos adverbios nos indican la frecuencia con la que tiene lugar una acción.

Entre ellos están:

always	*siempre*
generally	*generalmente*
usually	*normalmente*
sometimes	*a veces*
rarely	*pocas veces*
hardly ever	*casi nunca*
never	*nunca*

Se colocan detrás del verbo «to be», si éste aparece en la frase, o delante del verbo, si éste es otro.

I am **usually** at work at nine.
Normalmente estoy en el trabajo a las nueve.

You **rarely** wash your car.
Lavas tu auto pocas veces.

He is **never** late.
Él nunca llega tarde.

Does she **always** buy the newspaper?
¿Ella siempre compra el periódico?

They **sometimes** watch the news on TV.
Ellos a veces ven las noticias en TV.

El adverbio «sometimes» también se puede usar al principio o al final de la oración.

I **sometimes** go to the gym =
Sometimes I go to the gym =
I go to the gym **sometimes**
A veces voy al gimnasio.

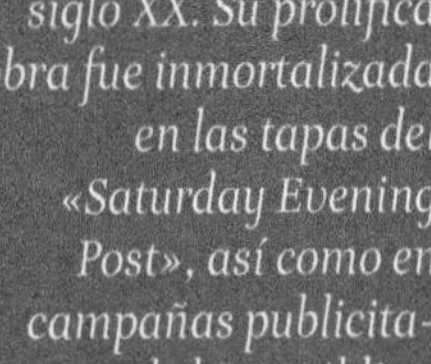

Cover Story

Norman Rockwell (1894-1978) fue un célebre ilustrador, fotógrafo y pintor norteamericano. Su estilo costumbrista y humano logró retratar como ninguno la sociedad americana del siglo XX. Su prolífica obra fue inmortalizada en las tapas del «Saturday Evening Post», así como en campañas publicitarias y de bien público.

Motown Sound

Motown Records, también conocida como Tamla-Motown, es una discográfica estadounidense dedicada a la música de artistas afroamericanos. Fue fundada por Berry Gordy en Detroit (Michigan) el 12 de enero de 1959. Ha jugado un papel fundamental en la música pop estadounidense, logrando enorme repercusión en los estilos actuales. Para este sello grabaron artistas como Stevie Wonder, Marvin Gaye, Diana Ross y Michael Jackson.

Gramática fácil

C Pronombres interrogativos

Los pronombres interrogativos son palabras que utilizamos al principio de las preguntas para demandar información acerca de cosas, personas, lugares, momentos, etc. Básicamente son:

What?	*¿Qué?, ¿Cuál?*
Who?	*¿Quién?*
Where?	*¿Dónde?*
When?	*¿Cuándo?*
Why?	*¿Por qué?*
Whose?	*¿De quién?*
Which?	*¿Qué?, ¿Cuál?*
How?	*¿Cómo?*

What is your name?
¿Cuál es tu nombre?

Who is that woman?
¿Quién es esa mujer?

Where is the car?
¿Dónde está el auto?

When is your birthday?
¿Cuándo es tu cumpleaños?

Why are they here?
¿Por qué están ellos aquí?

Whose are those books?
¿De quién son esos libros?

Which is your pencil?
¿Cuál es tu lápiz?

How are you? / *¿Cómo estás?*

Ejercicios

1

Elige la respuesta correcta:

a) I doesn't get / gets / don't get up late.

b) Are / Do / Does you speak Spanish?

c) He doesn't / don't / isn't live in Colombia.

d) What is / do / does she do?

e) They don't / aren't / doesn't write books.

2

Coloca el adverbio de frecuencia en el espacio apropiado.

a) He ________ listens to the radio ________ (never)

b) I ________ go ________ to the movies. (often)

c) They ________ are ________ tired. (always)

d) We _______ watch _______ the news. (sometimes)

e) She ________ is ________ at home in the morning. (usually)

3

Encuentra cinco pronombres interrogativos en la sopa de letras.

W	H	A	T	W
H	O	W	H	O
N	N	E	H	W
P	R	Y	W	H
E	S	A	H	W
W	H	T	A	O

SOLUCIONES

1.- **a)** I don't get up late; **b)** Do you speak Spanish?; **c)** He doesn't live in Colombia; **d)** What does she do?; **e)** They don't write books.
2.- **a)** He never listens to the radio; **b)** I often go to the movies; **c)** They are always tired; **d)** We sometimes watch the news; **e)** She is usually at home in the morning.
3.- What, when, where, who, how.

APRENDE INGLÉS

LIBRO 2

Unidades 6 a 10

UNIDAD 6

En esta unidad estudiaremos:

LET'S SPEAK ENGLISH:

a) Partes del día.
b) Preguntar la frecuencia con que se realizan acciones.
c) Actividades físicas y deporte.

GRAMÁTICA FÁCIL:

a) Tercera persona del presente simple.
b) Expresar agrado y desagrado.
c) «Also», «too» y «as well».

Diálogo

Susan y James se encuentran en el centro deportivo.

Susan: Wow! It's hard work **doing exercise in the morning**!
James: Yes, it is! **How often** do you come to the gym?
Susan: **Twice a week**. And you?
James: I come to the gym **four times a week, usually in the afternoon**. I really **enjoy** it.
Susan: I **enjoy** the gym **as well.**
James: Do you do any other exercise?
Susan: I **play tennis once a week**, with my sister. She works during the week, so we play **on weekends**.
James: I **like** tennis **too**, but I **rarely** play. I **usually** watch it on television.
Susan: Do you **like playing baseball**?
James: No. I **hate baseball.**
Susan: Me, **too.** I **don't like watching** it on television, either. It's boring. I **like going swimming.**
James: I **love** swimming **as well**! **How often** do you **go swimming**, Susan?
Susan: Mmm, I **usually** go swimming **three times a week,** when I have time. My husband **comes too**, but he only **watches** because he **doesn't like** swimming.
James: **How often** does your husband **do exercise**?
Susan: Well, he **plays** tennis with me and my sister **on weekends.** He **also likes doing karate**.
James: Does he **do karate**?
Susan: Yes, he does. He **takes** classes here, at the sports centre, **every Thursday.**
James: I **enjoy** karate**.** I think I'll come to the classes **as well.**
Susan: My husband **says** they're very good. He **likes** them a lot.
James: Well, I'm going home now. Nice talking to you, Susan.
Susan: To you, **too**, James. Bye!

Diálogo

(traducción)

Boston Marathon

La maratón de Boston es una competencia anual que se celebra desde 1897. Cubre 42,195 kilómetros y es la más antigua del mundo (en 2010 será su 114ª edición). Es una de las cinco pruebas que configuran la World Marathon Majors, competición internacional que agrupa a las 5 grandes maratones del mundo: Nueva York, Chicago, Berlín, Londres y Boston.

Susan: *¡Uf! Es duro **hacer ejercicio por la mañana**.*

James: *¡Sí que lo es! **¿Con qué frecuencia** viene usted al gimnasio?*

Susan: ***Dos veces a la semana**. ¿Y usted?*

James: *Yo vengo al gimnasio **cuatro veces a la semana, normalmente por la tarde**. Realmente lo **disfruto**.*

Susan: *Yo **también disfruto** del gimnasio.*

James: *¿Hace usted otro ejercicio?*

Susan: ***Juego al tenis una vez a la semana**, con mi hermana. Ella trabaja durante la semana, por lo que jugamos **los fines de semana**.*

James: *A mí **también me gusta** el tenis, pero juego **pocas veces**. **Normalmente** lo veo por televisión.*

Susan: *¿Le **gusta jugar al béisbol**?*

James: *No. **Odio el béisbol**.*

Susan: *Yo, **también**. **No me gusta verlo** en televisión, tampoco. Es aburrido. Me **gusta ir a nadar**.*

James: *Me **encanta** nadar, **también**. **¿Con qué frecuencia va a nadar**, Susan?*

Susan: *Mmm. **Normalmente** voy a nadar **tres veces a la semana**, cuando tengo tiempo. Mi marido viene **también**, pero él sólo **mira** porque **no le gusta** la natación.*

James: ***¿Con qué frecuencia hace ejercicio** su marido?*

Susan: *Bueno, él **juega** al tenis conmigo y con mi hermana **los fines de semana**. A él **también le gusta practicar karate**.*

James: ***¿Practica él karate**?*

Susan: *Sí. **Toma** clases aquí en el centro deportivo **todos los jueves**.*

James: *Me **gusta** el karate. Creo que vendré a las clases, **también**.*

Susan: *Mi marido dice que son muy buenas. A él le **gustan** mucho.*

James: *Bien, me voy a casa ahora. Un placer hablar con usted, Susan.*

Susan: *Con usted también, James. ¡Adiós!*

Let's speak English

a Partes del día

Para expresar las distintas partes del día se usan estas expresiones:

in the morning *por la mañana*	I usually get up at seven **in the morning.** *Normalmente me levanto a las siete de la mañana.*
in the afternoon *por la tarde*	They work **in the afternoon.** *Ellos trabajan por la tarde.*
in the evening *por la noche (equivale a la tarde-noche)*	She comes back home **in the evening.** *Ella vuelve a casa por la tarde-noche.*
at night / *por la noche*	People sleep **at night.** *La gente duerme por la noche.*

b Preguntar la frecuencia con que se realizan acciones

Para preguntar por la frecuencia con que tienen lugar las acciones, utilizamos «how often?» (¿con qué frecuencia?).

How often do you go to the theater? I **rarely** go to the theater.
¿Con qué frecuencia vas al teatro? Voy poco (pocas veces) al teatro.

How often does he play chess? He **never** plays chess.
¿Con qué frecuencia juega él al ajedrez? Él nunca juega al ajedrez.

How often does it rain here? It **usually** rains here.
¿Con qué frecuencia llueve aquí? Normalmente llueve aquí.

Let's speak English

Una forma de responder a estas preguntas es con los adverbios de frecuencia, que estudiamos en la unidad anterior, pero otra forma es indicando la cantidad de veces que tiene lugar la acción. Así:

once *una vez*

twice *dos veces*

A partir de «tres veces», se usa el numeral y la palabra «times» (veces):

three times *tres veces*

seven times *siete veces*

Pero para indicar la cantidad de veces que se realiza la acción en un período de tiempo, se utiliza el artículo «a» y dicho período de tiempo:

once **a** month
una vez al mes

twice **a** year
dos veces al año

four times **a** week
cuatro veces a la semana

How often do you visit your grandparents? I visit them **three times a month.**
¿Con qué frecuencia visitas a tus abuelos? Los visito tres veces al mes.

How often does she go to the gym? She goes to the gym **twice a week.**
¿Con qué frecuencia va ella al gimnasio? Ella va al gimnasio dos veces a la semana.

In God We Trust

"En Dios confiamos" es uno de los lemas nacionales de los Estados Unidos. Fue elegido por el Congreso en el año 1956. Apareció por primera vez en la moneda de dos centavos de 1864, pero desde 1957 esta frase puede verse en todas las monedas y billetes de uso corriente. También se puede ver este lema en la bandera de los estados de Florida y Georgia.

Let's speak English

C Actividades físicas y deporte

Para expresar actividades físicas y deportes usamos diferentes verbos, dependiendo de la actividad. De esta manera:

*Si se practica con pelota, se usa el verbo **«to play»**:*

play	soccer	***jugar al***	*fútbol*
	basketball		*baloncesto*
	baseball		*béisbol*
	tennis		*tenis*

He **plays** basketball on weekends.
Él juega al baloncesto los fines de semana.

*Si no se practica con pelota, se usa el verbo **«to go»** y la actividad en gerundio:*

go	swimming	*(ir a) nadar*
	skating	*(ir a) patinar*
	horse-riding	*(ir a) montar a caballo*
	cycling	*(ir a) montar en bicicleta*

My sister **goes** swimming once a week.
Mi hermana va a nadar una vez a la semana.

*Para otras actividades se utiliza **«to do»**:*

do	yoga	*hacer yoga*
	pilates	*hacer pilates*
	exercise	*hacer ejercicio*
	judo, karate, etc.	*practicar judo, karate, etc.*

I usually **do** exercise in the morning.
Normalmente hago ejercicio por la mañana.

Gramática fácil

a La tercera persona del singular del presente simple

Como ya vimos en la unidad anterior, la 3ª persona del singular (he, she, it) del presente simple, en frases afirmativas, se forma añadiendo una «-s» al infinitivo del verbo. Ésta es la regla general, pero hay algunas excepciones:

Si el infinitivo acaba en ***-s, -sh, -ch, -x, -o, -z,*** *se añade* ***«-es».***

To pass *(aprobar)*:
He always **passes** his exams.
Él siempre aprueba sus exámenes.

To wash *(lavar)*:
She **washes** her hands before eating.
Ella se lava las manos antes de comer.

To watch TV *(ver la TV)*:
He **watches** TV every evening.
Él ve la TV todas las noches.

To do *(hacer)*:
She never **does** her homework.
Ella nunca hace sus deberes.

To go *(ir)*:
My father **goes** to work by car.
Mi padre va a trabajar en auto.

Si el infinitivo acaba en «-y» precedida de vocal, se añade ***«-s»,*** *pero si va precedida de una consonante, la «y» se transforma en «i» y se añade* ***«-es».***

To play *(jugar, tocar un instrumento)*:
He **plays** tennis.
Él juega al tenis.

To cry *(llorar)*:
The baby **cries** a lot.
El bebé llora mucho.

Pledge of Allegiance

El «juramento de lealtad» se suele recitar como ritual cotidiano en acontecimientos públicos y, especialmente, en los colegios. El texto dice: «Yo juro lealtad a la Bandera de los Estados Unidos de América y a la República que representa, una nación bajo Dios, indivisible, con libertad y justicia para todos.»

I love NY

Nueva York es la ciudad más poblada de los Estados Unidos y la segunda del continente. Sus cinco boroughs (distritos), son famosos por muchas obras de literatura, cine y televisión: El Bronx, Brooklyn, Manhattan, Queens y Staten Island. Es una ciudad muy cosmopolita, donde casi el 40% de su población es inmigrante y se hablan unos 170 idiomas.

Gramática fácil

b Expresar agrado y desagrado

Para expresar que algo o una acción nos agrada o desagrada, utilizamos los siguientes verbos:

love	**like**	**enjoy**	**hate**
(encantar)	*(gustar)*	*(disfrutar [de])*	*(odiar)*

Estos verbos pueden ir seguidos:

De un nombre o un pronombre:

I **love** old cars. *Me encantan los autos antiguos.*	I **love** them. *Me encantan (ellos).*
She **likes** coffee. *A ella le gusta el café.*	She **likes** it. *A ella le gusta.*
We **don't like** beer. *No nos gusta la cerveza.*	We **don't like** it. *No nos gusta.*
They **enjoy** their free time. *Ellos disfrutan de su tiempo libre.*	They **enjoy** it. *Ellos lo disfrutan.*
Your mother **hates** mice. *Tu madre odia los ratones.*	Your mother **hates** them. *Tu madre los odia.*

Gramática fácil

De un verbo, es decir, de una acción. En este caso, esta acción se expresa en gerundio (infinitivo + ing), aunque en español suela expresarse en infinitivo.

Your brother **loves** swimming.
A tu hermano le encanta nadar.

I **like** getting up early.
Me gusta levantarme temprano.

He **doesn't like** skating.
A él no le gusta patinar.

Does she **enjoy** dancing at the disco?
¿Disfruta ella bailando en la discoteca?

They **hate** cooking.
Ellos odian cocinar.

Black Friday

Se llama «Viernes Negro» al día que inaugura la temporada de compras navideñas. Tiene lugar el día siguiente al Día de Acción de Gracias. Además de las ofertas especiales, las tiendas abren muy temprano (incluso de madrugada) o permanecen abiertas por 24 horas.

C «Also», «too» y «as well» (también)

Tanto «also» como «too» y «as well» significan «también». La diferencia radica en su posición en la frase.

*«**Also**» se utiliza delante del verbo:*

They have three children and they **also** have a dog.
Ellos tienen tres hijos y también tienen un perro.

I like baseball and I **also** like soccer.
Me gusta el béisbol y también me gusta el fútbol.

Social Security famous number

En 1938, los fabricantes de billeteras E.H.Ferree usaron una reproducción de una tarjeta de seguridad social para promover la venta de un nuevo modelo. Si bien se indicaba que era de muestra, ésta mostraba un número real, por lo que muchos la tomaron como válida. La oficina de Seguridad Social tuvo que intervenir y, desde entonces, el 078-05-1120 pasó a ser el primer número ficticio de seguridad social, cuyo uso es permitido en publicidad y medios de comunicación.

Gramática fácil

*«**Also**» se coloca detrás del verbo si éste es «to be»:*

She is **also** working here.
Ella también está trabajando aquí.

Your parents are **also** Mexican.
Tus padres son también mejicanos.

*«**Too**» y «**as well**» se colocan al final de la oración:*

They love parties.
I love them, **too**.
A ellos les encantan las fiestas.
A mí me encantan, también.

I speak English and French, **as well**.
Hablo inglés y también francés.

Peter enjoys singing, and dancing, **too**.
Peter disfruta cantando y también bailando.

We like pizza and pasta, **as well**.
Nos gusta la pizza y también la pasta.

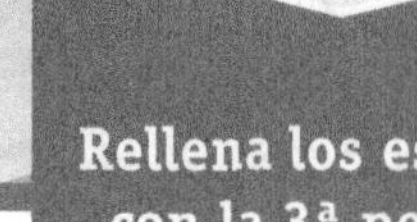

Ejercicios

1

Rellena los espacios con la 3ª persona singular del presente de los siguientes verbos: *go, read, study, wash, buy*.

a) My father ______ his car twice a month.

b) She rarely ______ to the theater.

c) Sarah ______ English at school.

d) Peter ______ fresh milk everyday.

e) Your cousin ______ the newspaper.

2

Elige la expresión adecuada en cada caso.

a) They don't like / love / hate dance / dancing / to dance at the disco. They have a great time.

b) He likes / doesn't like / loves that chair. It's very uncomfortable.

c) My mother enjoy / enjoyes / enjoys swimming / swim / swiming

d) I like / love / don't like plaing / to play / playing baseball. It's boring.

3

Rellena sólo los espacios necesarios con «also», «too» o «as well».

a) He ________ is ________ a tennis player.

b) I study ________ English ________

c) They ________ go to the gym.

d) I ________ am living in Miami ________

SOLUCIONES

1.- **a)** washes; **b)** goes; **c)** studies; **d)** buys; **e)** reads. 2.- **a)** They love dancing; **b)** He doesn't like that chair; **c)** My mother enjoys swimming; **d)** I don't like playing baseball. 3.- **a)** He is also a tennis player; **b)** I study English too / as well; **c)** They also go to the gym; **d)** I am living in Miami too / as well.

UNIDAD 7

En esta unidad estudiaremos:

LET'S SPEAK ENGLISH:

a) Información sobre el trabajo.
b) Información sobre los hobbies o pasatiempos.
c) Expresiones útiles.

GRAMÁTICA FÁCIL:

a) Respuestas cortas.
b) Preguntas con pronombres interrogativos.

Diálogo

Chris está esperando el autobús y comienza a hablar con la señora que está sentada junto a él.

Chris: Do you often take this bus to town?
Lisa: **Yes, I do.** I use it every day to get to work.
Chris: **What's your job**?
Lisa: **I'm a** teacher. **I work for** a language school. I teach English to people from all over the world.
Chris: **Sounds like fun! Where** do your students come from?
Lisa: They come from China, Japan, France, Spain, Mexico...a lot of different countries.
Chris: Are they young?
Lisa: **No, they aren't.** They are adults.
Chris: Do you teach any other languages?
Lisa: **No, I don't.** I speak some French but I'm not very good. **What do you do?**
Chris: **I work as an** actor.
Lisa: **Sounds interesting!** Do you always go to work by bus?
Chris: **No, I don't.** I usually drive, but my car is in the garage today.
Lisa: And **what's your name**?
Chris: I'm Chris, and you?
Lisa: I'm Lisa. Pleased to meet you!
Chris: Pleased to meet you, too. So, do you like your job?
Lisa: **Yes, I do.** I love meeting different people from different countries.
Chris: And do they learn English quickly?
Lisa: **Yes, they do.** Well.... not all of them. Chris, the bus is here and I need to get to work.
Chris: Okay. See you soon!
Lisa: Goodbye!

Diálogo

(traducción)

Laissez les bon temps rouler!

El «Mardi Gras» es el principal día de carnaval que se celebra en Nueva Orleans (Luisiana) y Mobile (Alabama), durante el mes de febrero o marzo. El evento es típico de la cultura creole y fruto de la influencia cultural de los africanos llegados de las colonias francesas. Durante esos días se realizan llamativos desfiles de carrozas y bailes de disfraces que son de gran atractivo turístico.

Chris:	*¿A menudo toma este autobús a la ciudad?*
Lisa:	***Sí,*** *lo utilizo todos los días para ir a trabajar.*
Chris:	***¿Cuál es su trabajo?***
Lisa:	***Soy*** *profesora.* ***Trabajo en*** *una escuela de idiomas. Enseño inglés a gente de todo el mundo.*
Chris:	***Suena divertido.*** *¿De* ***dónde*** *vienen sus estudiantes?*
Lisa:	*Vienen de China, Japón, Francia, España, México,...muchos países diferentes.*
Chris:	*¿Son jóvenes?*
Lisa:	***No, no lo son.*** *Son adultos.*
Chris:	*¿Enseña otros idiomas?*
Lisa:	***No.*** *Hablo algo de francés pero no soy muy buena.* ***¿A qué se dedica usted?***
Chris:	***Trabajo como*** *actor.*
Lisa:	***Parece interesante.*** *¿Siempre va al trabajo en autobús?*
Chris:	***No.*** *Normalmente conduzco mi auto, pero hoy está en el taller.*
Lisa:	*¿Y* ***cuál es su nombre****?*
Chris:	*Soy Chris. ¿Y usted?*
Lisa:	*Soy Lisa. Encantada de conocerle.*
Chris:	*Encantado de conocerle, también. Entonces, ¿le gusta su trabajo?*
Lisa:	***Sí.*** *Me encanta conocer diferentes personas de diferentes países.*
Chris:	*¿Y aprenden inglés rápido?*
Lisa:	*Sí. Bueno...no todos ellos. Chris, el autobús está aquí y yo necesito llegar al trabajo.*
Chris:	*De acuerdo. ¡Hasta pronto!*
Lisa:	*¡Adiós!*

a Información sobre el trabajo

En una unidad anterior ya estudiamos cómo preguntar acerca del trabajo:

What's your job?	*¿Cuál es tu trabajo?*
What do you do?	*¿A qué te dedicas? / ¿Qué haces?*
What does she do?	*¿A qué se dedica ella?*

A estas preguntas se les puede responder con:

I'm a plumber.	*Soy fontanero.*
I work as a plumber.	*Trabajo como fontanero.*
She's a translator.	*Ella es traductora.*
She works as a translator.	*Ella trabaja como traductora.*

Y se puede añadir información:

I fix drains, faucets, gas pipes, etc.
Arreglo desagües, grifos, cañerías de gas, etc.

She translates articles and books.
Ella traduce artículos y libros.

Let's speak English

Let's speak English

Si se quiere decir para quién o para qué empresa se trabaja:

I work for «Simpson Limited».
Trabajo para «Simpson Limited».

She works for a Spanish company.
Ella trabaja para una compañía española.

b Información sobre los hobbies o pasatiempos

Para preguntar por los pasatiempos podemos usar alguna de estas estructuras:

What are your hobbies? / *¿Cuáles son tus hobbies?*

What do you do in your spare / free **time?**

¿Qué haces en tu tiempo libre?

A estas preguntas se les puede reponder:

My hobbies are: going to the movies, listening to music and dancing.
Mis hobbies son: ir al cine, escuchar música y bailar.

In my spare time I go swimming.
En mi tiempo libre voy a nadar.

I like playing cards with my friends.
Me gusta jugar a las cartas con mis amigos.

Boston Tea Party

La noche del 16 de diciembre de 1773 tuvo lugar en Boston el denominado «Motín del té», en el que, como acto de protesta contra un aumento de impuestos, se lanzó al mar todo el cargamento de té inglés de los barcos apostados en la bahía. Este evento revolucionario es considerado un precedente de la Guerra de Independencia de los Estados Unidos.

Let's speak English

Si preguntamos por una actividad o pasatiempo en particular podemos responder de forma corta:

Do you like reading? Yes, I do.
¿Te gusta leer? Sí, me gusta.

Does she like soccer?
No, she doesn't.
¿Le gusta el fútbol a ella?
No, no le gusta.

C Expresiones útiles – Useful expressions

Para mostrar interés por algún tema o comentario se puede decir:

Sounds good! *¡Suena bien!*

Sounds interesting! *¡Suena interesante!*

Sounds like a lot of fun! *¡Suena muy divertido!*

Estas expresiones no precisan del sujeto («it»).

Carl: I work as a translator.
Carl: Soy traductor.

Mike: **Sounds interesting!**
Mike: Suena interesante.

Gramática fácil

a Respuestas cortas

Son aquellas que se suelen utilizar cuando la pregunta se responde con un «sí» o un «no». Para ello, la pregunta ha de comenzar con un auxiliar. Hasta ahora, los auxiliares que conocemos son el verbo «to be» y la partícula «do/does» [no confundir con el verbo «to do» (hacer), que no es auxiliar].

Are they Italian? *¿Son ellos italianos?*

Do you speak English? *¿Hablas inglés?*

Al responder a estas preguntas de forma afirmativa, utilizamos «Yes», el pronombre sujeto que corresponda y el auxiliar, que será afirmativo.

Are they Italian?
Yes, they are.

Do you speak English?
Yes, I do.

Does he live in New York?
Yes, he does.

En estos casos, la traducción de la respuesta corta puede ser simplemente «Sí».

En respuestas cortas, el auxiliar «to be» no se puede contraer con el sujeto.

Is he an architect?
Yes, he is. ~~(he's)~~
¿Es él arquitecto? Sí (lo es).

Are you at work?
Yes, I am. ~~(I'm)~~
¿Estás en el trabajo? Sí (lo estoy).

Rockefeller Center

Este famoso complejo comercial fue construido por la familia Rockefeller a finales de los años '20. Está ubicado entre la Quinta y la Sexta Avenida de la ciudad de Nueva York. Cuenta con 19 edificios realizados en estilo Art Decó, además de espacios comerciales y culturales. Fue declarado «Monumento Histórico Nacional» en 1988.

Mens et manus

El MIT (Massachusetts Institute of Technology) es considerado como uno de los centros docentes de ciencia e ingeniería mas prestigiosos del mundo. El MIT fue fundado en 1861 por William Barton Rogers y cuenta con numerosos premios Nobel entre sus profesores y ex-alumnos. Su lema es «mente y mano».

Gramática fácil

Al responder a las preguntas cortas de forma negativa utilizamos «No», el pronombre sujeto que corresponda y el auxiliar, que será negativo.

Is he a doctor? **No, he isn't.**
¿Él es médico? No, (no lo es).

Do they have a car?
No, they don't.
¿Tienen ellos auto?
No, (no lo tienen).

El auxiliar y la negación pueden ir contraídos o no, aunque se suelen usar de forma contraída.

Is she your mother?
No, she isn't / No, she is not.

Does your father smoke?
No, he doesn't. / No, he does not.

Como ejemplos de respuestas cortas afirmativas y negativas, tenemos:

Are you studying English? **Yes, I am.**
¿Estás estudiando inglés? Sí.

Is he from Brazil? **No, he isn't.**
¿Es él de Brasil? No.

Am I a teacher? **Yes, you are.**
¿Soy profesor? Sí (lo eres).

Are they playing tennis?
No, they aren't.
¿Están ellos jugando al tenis? No.

Do you usually watch TV? **Yes, I do.**
¿Ves normalmente la TV? Sí.

Does it rain in winter?
Yes, it does.
¿Llueve en invierno? Sí.

Do they have a pet?
No, they don't.
¿Tienen ellos mascota? No.

Does she get up early?
No, she doesn't.
¿Ella se levanta temprano? No.

Gramática fácil

Preguntas con pronombres interrogativos

Los pronombres interrogativos ya fueron tratados en una unidad anterior, pero ahora los estudiaremos con más detalle. Como ya dijimos, estos pronombres son palabras que utilizamos al principio de las preguntas para demandar información acerca de cosas, personas, lugares, momentos, etc.

What?	*¿Qué?, ¿Cuál?*
Who?	*¿Quién?*
Where?	*¿Dónde?*
When?	*¿Cuándo?*
Why?	*¿Por qué?*
Whose?	*¿De quién?*
Which?	*¿Qué?, ¿Cuál?*
How?	*¿Cómo?*

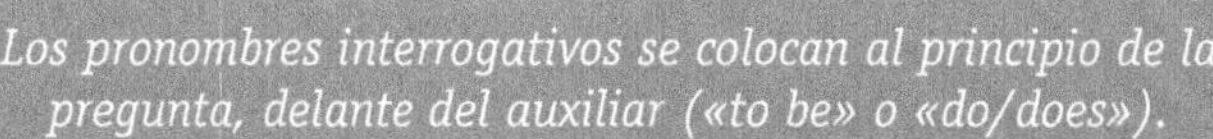

Los pronombres interrogativos se colocan al principio de la pregunta, delante del auxiliar («to be» o «do/does»).

What do you do?	*¿Qué haces?, ¿A qué te dedicas?*
Who is your boss?	*¿Quién es tu jefe?*
Where do you live?	*¿Dónde vives?*
When is your birthday?	*¿Cuándo es tu cumpleaños?*
Why are you studying English?	*¿Por qué estás estudiando inglés?*
Whose are those books?	*¿De quién son esos libros?*
Which is your coat?	*¿Cuál es tu abrigo?*
How do you go to work?	*¿Cómo vas al trabajo?*

The Golden Gate Bridge

El «Golden Gate» es uno de los puentes más famosos de EEUU. Está ubicado California, entre la península de San Francisco y el sur de Marin. La construcción de este puente colgante se inició el 5 de enero de 1933, durante el gobierno del presidente Franklin D. Roosevelt. El ingeniero jefe del proyecto fue Joseph Strauss. Esta magnífica obra de ingeniería fue inaugurada el 27 de mayo de 1937.

Gramática fácil

Los pronombres interrogativos también van delante de «to be» en preguntas con el presente continuo:

What <u>are</u> you doing?
¿Qué estás haciendo?

Where <u>is</u> he going?
¿Dónde va él?

Estas preguntas no se pueden responder con un «sí» o un «no», por lo que no se pueden usar las respuestas cortas, sino que se necesitan respuestas más elaboradas.

Where do you live?
I live in Puerto Rico.
¿Dónde vives?
Vivo en Puerto Rico.

What are you doing?
I'm studying.
¿Qué estás haciendo?
Estoy estudiando.

How are you?
I'm fine, thanks.
¿Cómo estás?
Estoy bien, gracias.

*«**What**», «**who**» y «**where**» pueden formar contracciones con «**is**»:*

What is = What's
What's your name?
¿Cuál es tu nombre?

Who is = Who's
Who's that woman?
¿Quién es esa mujer?

Where is = Where's
Where's the car?
¿Dónde está el auto?

Ejercicios

1

Completa con respuestas cortas:

a) Is she a doctor? Yes, __________

b) Do you speak English? Yes, __________

c) Are you Dominican? No, __________

d) Does he work at home? No, __________

e) Am I a teacher? Yes, __________

2

Rellenar los espacios con pronombres interrogativos.

a) _____ is your English lesson? It's in the evening.

b) _____ is my car? It's there.

c) _____ book do you prefer? I prefer the history book.

d) _____ is your mother? She's fine, thanks.

e) _____ is that girl? She's my sister.

f) _____ are they doing? They're playing tennis.

3

Unir preguntas y respuestas

a) Does she like doing aerobics?	1) Yes, I am.
b) Where are they from?	2) They're from Germany.
c) What's he reading?	3) They're Jimmy and Gordon.
d) Are you from Florida?	4) Yes, she does.
e) Who are they?	5) A novel.

SOLUCIONES

1.- **a)** Yes, she is; **b)** Yes, I do / Yes, we do; **c)** No, I'm not / No, we aren't; **d)** No, he doesn't; **e)** Yes, you are. 2.- **a)** When; **b)** Where; **c)** Which/What; **d)** How; **e)** Who; **f)** What. 3.- **a)** 4; **b)** 2; **c)** 5; **d)** 1; **e)** 3.

UNIDAD 8

En esta unidad estudiaremos:

LET'S SPEAK ENGLISH:
a) Preguntar significados.
b) Expresar habilidades.
c) Vocabulario: Profesiones.

GRAMÁTICA FÁCIL:
a) Expresar habilidad.
b) Expresar obligación.
c) Adjetivos.

Diálogo

Joseph ha conocido a Naomi, que está interesada en conocer muchas cosas sobre él.

Naomi: What is your job, Joseph?
Joseph: I'm a **lawyer**.
Naomi: And is your job **hard?**
Joseph: **Sorry,** it's noisy and **I don't understand. Could you repeat that, please?**
Naomi: Of course. Is your job **hard?**
Joseph: Yes, my job is sometimes hard. I **have to be** very **efficient** and **responsible** because I have a lot of work.
Naomi: **Do** you **have to** get up very early?
Joseph: Yes, I **have to** get up at 6.30am every day so I **can** catch the bus to work.
Naomi: That's very early! **Can** you drive?
Joseph: Yes, I **can**, but I don't have a car.
Naomi: **Are** you **good at** your job?
Joseph: Yes, I think so. **I'm good at** it because I'm very **hardworking.**
Naomi: **Do** you **have to** speak Spanish in your job?
Joseph: **No, I don't**. In fact, I don't speak Spanish.
Naomi: But you **can** have more «clientes» if you **can** speak Spanish.
Joseph: **What does** «clientes» **mean**?
Naomi: **It means** «clients».
Joseph: Yes, **I can** have more clients but I'm **not very good at** languages.
Naomi: You **don't have to** be brilliant at languages. You just need to study!
Joseph: That's my problem. I don't have time.
Naomi: Ok. I know it's **difficult** for you.
Joseph: Well, I **have to** go now. Next time you'll tell me about you.
Naomi: Ok. Bye-bye!
Joseph: Bye!

Diálogo

(traducción)

Supreme Court

La Corte Suprema de EEUU es el máximo órgano judicial del país. Se compone de un juez presidente y ocho jueces asociados, que son nombrados de modo vitalicio por el Presidente de EEUU y confirmados con el "consejo y consentimiento" del Senado. Se suele referir a esta institución como SCOTUS (Supreme Court of the United States) o USSC (United States Supreme Court).

Naomi: ¿Cuál es su trabajo, Joseph?
Joseph: Soy **abogado**.
Naomi: ¿Y es **duro** su trabajo?
Joseph: Perdone, hay ruido y **no comprendo. ¿Podría repetir, por favor?**
Naomi: Por supuesto. ¿Es **duro** su trabajo?
Joseph: Sí, mi trabajo es duro a veces. **Tengo que** ser muy **eficaz** y **responsable** porque tengo mucho trabajo.
Naomi: ¿**Tiene que** levantarse temprano?
Joseph: Sí, **tengo que** levantarme a las 6:30 todos los días y así **puedo** tomar el autobús para el trabajo.
Naomi: ¡Es muy temprano! ¿**Sabe** manejar?
Joseph: Sí, **sé**, pero no tengo auto.
Naomi: ¿**Es bueno en** su trabajo?
Joseph: Sí, creo que sí. **Soy bueno** porque soy muy **trabajador**.
Naomi: ¿**Tiene que** hablar español?
Joseph: **No**. De hecho, no hablo español.
Naomi: Pero **puede** tener más «clientes» si **sabe** hablar español.
Joseph: ¿**Qué significa** «clientes»?
Naomi: **Significa** «clients».
Joseph: Sí, **puedo** tener más clientes, pero **no se me dan bien** los idiomas.
Naomi: **No es necesario que** sea brillante con los idiomas. Sólo necesita estudiar.
Joseph: Ése es mi problema. No tengo tiempo.
Naomi: Ya. Sé que es **difícil** para usted.
Joseph: Bueno, **tengo que** irme ahora. La próxima vez me hablará de usted.
Naomi: De acuerdo. ¡Adiós!
Joseph: ¡Adiós!

a Preguntar significados

Let's speak English

1

Para preguntar por el significado de alguna palabra o expresión podemos usar distintas fórmulas:

[To mean: *significar*]

What does «grammar» **mean?**
¿Qué significa «grammar»?

What is the meaning of «grammar»?
¿Cuál es el significado de «grammar»?

Para responder:

It means... / *Significa...*

«Grammar» **means...**
«Grammar» significa...

2

Si lo que queremos es que nos repitan algo que no hemos entendido:

[To understand: *entender, comprender*]
[To repeat: *repetir*]

Sorry, **I don't understand.**
Disculpe, no entiendo.

Can you repeat, please?
¿Puedes repetir, por favor?

Can you speak more slowly, please?
¿Puedes hablar más despacio, por favor?

Estas últimas preguntas podrían ser más formales si sustituimos «can» por «could»:

Could you repeat, please?
¿Podría usted repetir, por favor?

Could you speak more slowly, please?
¿Podría hablar más despacio, por favor?

Let's speak English

b Expresar habilidades

En la sección de «Gramática fácil» estudiaremos también este tema, pero ahora veremos algunas expresiones que denotan habilidad.

To be	**(very) good at**	*ser bueno, dársele bien hacer algo*
	(very) bad at	*ser malo, dársele mal hacer algo*

I am very good at tennis.
Se me da bien el tenis.

She isn't good at mathematics.
Ella no es buena en matemáticas.

They're bad at French.
Se les da mal el francés. (Son malos en francés).

Si en lugar de sustantivos usamos acciones (verbos) tras dichas expresiones, éstas han de expresarse en gerundio:

I'm bad at cooking.
Soy malo cocinando.
No se me da bien cocinar.

He's very good at swimming.
Él es muy bueno nadando.

We aren't good at singing.
No se nos da bien cantar.

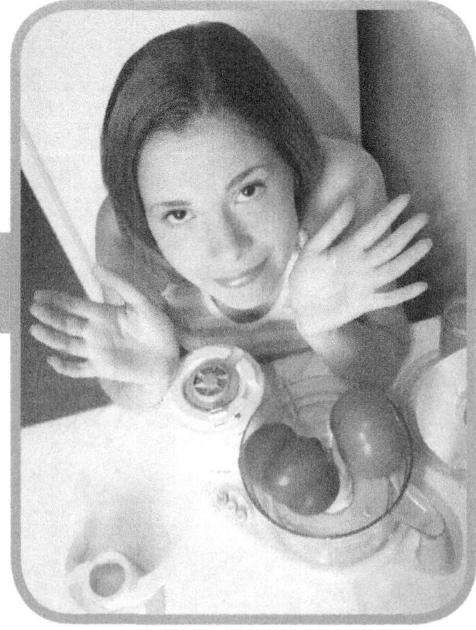

Lady Lindy

Amelia Mary Earhart (1897-1937) fue una piloto pionera estadounidense, célebre por sus récords de vuelo y viajes transatlánticos. Su fama y compromiso con la aviación ayudaron a difundir este medio de transporte y a promover la participación de las mujeres en la aeronáutica.

Mammoth Cave

El Parque Nacional de Mammoth Cave está ubicado en el centro del estado de Kentucky y posee la mayor red de cavernas y galerías naturales subterráneas del mundo. El espectacular laberinto formado entre la piedra caliza desde épocas prehistóricas cuenta con corrientes de agua y más de 591 kilómetros de pasadizos. El parque es «Patrimonio de la Humanidad» desde 1981 y «Reserva de la Biosfera» desde 1990.

Let's speak English

C Vocabulario: *Profesiones* - *Jobs*

lawyer: *abogado/a*
architect: *arquitecto/a*
fireman: *bombero*
taxi driver: *taxista*
butcher: *carnicero/a*
baker: *panadero/a*
postman: *cartero*
scientist: *científico/a*
cook: *cocinero/a*
shop assistant: *dependiente/a*
electrician: *electricista*
bank clerk: *empleado/a de banco*
plumber: *fontanero/a*
engineer: *ingeniero/a*
gardener: *jardinero/a*
vet: *veterinario/a*
translator: *traductor/a*
secretary: *secretario/a*

teacher: *profesor/a*
policeman: *policía*
painter: *pintor/a*
pilot: *piloto*
journalist: *periodista*
mechanic: *mecánico*
student: *estudiante*
manager: *gerente*
accountant: *contador/a*
hairdresser: *peluquero/a*

Recordemos que cuando el sujeto es singular hemos de utilizar «a» delante de la profesión.

She is **a** nurse. *Ella es enfermera.*	They are nurses. *Ellas son enfermeras.*

Gramática fácil

a Expresar habilidad

En esta misma unidad ya hemos tratado algunas fórmulas para expresar habilidad, pero la manera más común de hacerlo es por medio del verbo «can» (poder, saber).

*«**Can**» es un verbo modal, auxiliar, con unas características peculiares. En primer lugar, no admite la partícula «to» ni delante ni detrás de él, por lo que precede a un infinitivo sin dicha partícula.*

I **can** swim.
Sé nadar.

I **can** drive a bus.
Sé (puedo) conducir un autobús.

He **can** teach Portuguese.
Él sabe (puede) enseñar portugués.

We **can** run very fast.
Podemos correr muy rápido.

You **can** solve this problem.
Tú sabes (puedes) resolver este problema.

They **can** understand.
Ellos pueden comprender.

*Otra peculiaridad es que tiene la misma forma para todas las personas. No admite «s» en 3ª persona del singular (he, she, it). Así, en **frases afirmativas:***

I	**can**	*yo sé, puedo*
you	**can**	*tú sabes, puedes* *usted sabe, puede*
he	**can**	*él sabe, puede*
she	**can**	*ella sabe, puede*
it	**can**	*sabe, puede*
we	**can**	*nosotros/as sabemos, podemos*
you	**can**	*ustedes saben, pueden*
they	**can**	*ellos/as saben, pueden*

Super Bowl

El «Super Bowl» es el partido final de la «National Football League», principal campeonato profesional de fútbol americano en EEUU. El juego se disputa el primer domingo de febrero. Además de su importancia deportiva, el Super Bowl es una de las transmisiones de TV más vistas en todo el país.

Mr. Postman

El código ZIP es el sistema de códigos postales que utiliza el Servicio Postal de los EEUU (USPS). Las letras ZIP provienen de Zone Improvement Plan (Plan de Mejora de Zonas), con lo que se indica que el servicio es más eficiente cuando se utiliza el código. El formato básico consta de cinco dígitos; por ejemplo, 33145 pertenece a Miami, Florida.

Gramática fácil

*En **frases negativas** añadimos **«not»** detrás de **«can»**. La negación admite tres formas: **can not**, **cannot** y **can't**. De ellas, la más usual es la forma contraída.*

I **can't** speak Italian.
No sé hablar italiano.

He **can not** type.
Él no sabe escribir a máquina.

We **cannot** play the piano.
No sabemos tocar el piano.

You **can't** dance salsa.
Ustedes no saben bailar salsa.

They **can't** use that machine.
Ellos no saben usar esa máquina.

*En **frases interrogativas**, al tratarse de un verbo auxiliar, **«can»** invierte el orden con el sujeto:*

He **can** play baseball.
Can he play baseball?

Can you skate? / *¿Sabes patinar?*

Can they sing opera?
¿Saben ellos cantar ópera?

What **can** you do?
¿Qué sabes hacer?,
¿Qué puedes hacer?

What languages **can** you speak?
¿Qué idiomas sabe usted hablar?

Can she use a computer?
¿Sabe ella usar una computadora?

Para responder de forma corta usaremos «Yes» o «No», el sujeto y «can» o «can't».

Can you play chess? **Yes, I can.**
¿Sabes jugar al ajedrez? Sí, (sé).

Can he teach German? **No, he can't.**
¿Sabe él enseñar alemán? No, (no sabe).

Can we build a house? **No, we can't.**
¿Sabemos construir una casa? No, (no sabemos).

Can they make an omelette? **Yes, they can.**
¿Saben ellos hacer una tortilla? Sí, (saben).

Atención

Además del que acabamos de estudiar, el verbo «can» tiene otros usos en inglés, que se irán detallando más adelante.

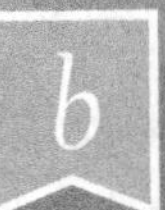

Expresar obligación

Una de las maneras de expresar obligación en inglés es por medio del verbo «have to» (tener que).

I **have to** do my homework. / *Tengo que hacer mis deberes.*

Gramática fácil

«Have to» va siempre seguido de un infinitivo.

La forma afirmativa en presente es:

I	**have to**	*yo tengo que*
you	**have to**	*tú tienes que* *usted tiene que*
he	**has to**	*él tiene que*
she	**has to**	*ella tiene que*
it	**has to**	*tiene que*
we	**have to**	*nosotros/as tenemos que*
you	**have to**	*ustedes tienen que*
they	**have to**	*ellos/as tienen que*

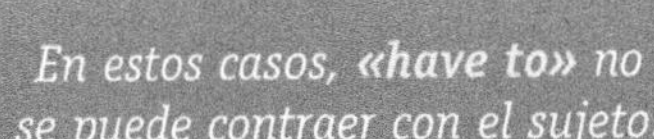

*En estos casos, **«have to»** no se puede contraer con el sujeto.*

You **have to** buy a cell phone.
Tienes que comprar un celular.

She **has to** study hard.
Ella tiene que estudiar duro.

We **have to** visit the museum.
Tenemos que visitar el museo.

They **have to** get up early.
Ellos tienen que levantarse temprano.

He **has to** see this.
Él tiene que ver esto.

*La **forma negativa** es **«don't / doesn't have to»**.*

Esta forma implica falta de obligación, es decir, que no es necesario hacer algo.

I **don't have to** get up early on Sundays.
No tengo que madrugar los domingos.

You **don't have to** go.
No tienes que ir (no es necesario que vayas).

She **doesn't have to** take that bus.
Ella no tiene por qué tomar ese autobús.

We **don't have to** buy a new car.
No tenemos que comprar un auto nuevo.

They **don't have to** clean.
Ellos no tienen que limpiar (no es necesario que limpien).

*Para realizar **preguntas** se usa **«do/does»** delante del sujeto y **«have to»**:*

Do you **have to** send an email?
¿Tienes que mandar un correo electrónico?

Does she **have to** help you?
¿Tiene ella que ayudarte?

Do I **have to** stay here?
¿Tengo que quedarme aquí?

What **do** we **have to** do?
¿Qué tenemos que hacer?

Where **does** he **have to** go?
¿Dónde tiene que ir él?

Para responder de forma corta:

Do you have to work overtime? *¿Tienes que trabajar horas extras?* **Yes, I do** / *Sí* **No, I don't** / *No*	Does he have to call the police? *¿Tiene él que llamar a la policía?* **Yes, he does** / *Sí* **No, he doesn't** / *No*

Gramática fácil

C Adjetivos

Vamos a estudiar algunos adjetivos acerca del trabajo, pero antes vamos a tratar dos palabras que pueden llevar a confusión: «work» y «job».

*«**Work**» significa «trabajo» y es un término con significado general. También se usa como verbo (to work:* trabajar*).*

*«**Job**» también significa «trabajo», pero como «empleo» o «puesto de trabajo». No se puede usar como verbo.*

Entre los adjetivos que pueden describir un trabajo están:

interesting	*interesante*	**boring**	*aburrido*	**difficult**	*difícil*
easy	*fácil*	**tiring**	*cansado*	**relaxing**	*relajado*
hard	*duro*	**risky**	*arriesgado*	**safe**	*seguro*
dangerous	*peligroso*	**amusing**	*entretenido*	**demanding**	*absorbente*

Estos adjetivos pueden ir delante del sustantivo:

I have an **amusing** job.
Tengo un trabajo entretenido.

He has a **boring** job.
Él tiene un trabajo aburrido.

O después del verbo «to be»:

My job is **relaxing.**
Mi trabajo es relajado.

Her job is **interesting.**
Su trabajo (de ella) es interesante.

Con respecto al trabajo, las personas pueden ser:

hardworking / *trabajador/a*
reliable / *fiable*
responsible / *responsable*
efficient / *eficiente*
creative / *creativo/a*
lazy / *holgazán/a*

They are **efficient** workers.
Son trabajadores eficientes.

He is **hardworking** and **reliable.**
Es trabajador y fiable.

Todos los adjetivos que hemos tratado pueden ir precedidos por un intensificador, como «very».

I have a **very dangerous** job.
Tengo un trabajo muy peligroso.

She is **very creative** at work.
Ella es muy creativa en el trabajo.

Ejercicios

1

Responde a esta pregunta: ***What do «butchers» do?***

a) They sell vegetables

b) They sell fish

c) They sell meat

d) They sell cars

2

Pon las palabras en el orden correcto para formar frases.

a) can Chinese I speak.

b) her do homework to she has.

c) buy they can't computer that

d) come he to does have?

e) we can what do?

3

Corrige los errores en las siguientes oraciones.

a) It's a job very interesting.

b) Can he plays the violin?

c) They has to study grammar.

d) Does he has to come with us?

e) Her bother have to bring his books.

SOLUCIONES

1.- c) They sell meat. **2.- a)** I can speak Chinese; **b)** She has to do her homework; **c)** They can't buy that computer; **d)** Does he have to come?; **e)** What can we do? **3.- a)** It's a very interesting job; **b)** Can he play the violin?; **c)** They have to study grammar; **d)** Does he have to come with us?; **e)** Her brother has to bring his books.

UNIDAD 9

En esta unidad estudiaremos:

LET'S SPEAK ENGLISH:
a) El alfabeto. b) El lenguaje telefónico. c) Números telefónicos. d) Los días de la semana. e) Tratamientos formales.

GRAMÁTICA FÁCIL:
a) Peticiones (can-could). b) Peticiones formales (would like to). c) Deletreo. d) Los verbos «to take» y «to leave».

Diálogo

Hannah está llamando a NB Telephones, tras leer un anuncio con una oferta de trabajo. Quiere concertar una cita. Primero habla con la secretaria, Margaret, y luego con el gerente, Stuart Smith.

***Margaret*:**	Good afternoon, NB Telephones. Margaret speaking. How can I help you?
***Hannah*:**	Good afternoon. **Could I speak to Mr.** Stuart Smith, please?
***Margaret*:**	One moment, please. **Who's calling**?
***Hannah*:**	**This is** Hannah Fairweather, **I'm calling about** the job advertised in the newspaper.
***Margaret*:**	**Hold on, please. I'll put you through to him.**
***Hannah*:**	Thank you.
***Stuart*:**	Good morning. Stuart Smith. **Who's calling** please?
***Hannah*:**	Hello, **this is** Hannah Fairweather. **I'm calling about** the accountant job advertised in the newspaper.
***Stuart*:**	Ok, Hannah. I'll just take some details from you and we'll arrange an interview. **Could you spell** your surname for me, please?
***Hannah*:**	Yes, it's F-A-I-R-W-E-A-T-H-E-R.
***Stuart*:**	And your phone number, please?
***Hannah*:**	It's 07963 157862.
***Stuart*:**	**Can you** repeat the last three digits, please?
***Hannah*:**	Eight - six - two.
***Stuart*:**	Thank you. So, the work schedule is from 9am to 5pm, from **Monday** to **Friday**. Could you come for an interview at 10 on **Wednesday** morning?
***Hannah*:**	I'm very sorry, but it's impossible on Wednesday. I've got a doctor's appointment. But I'm free on **Tuesday** morning.
***Stuart*:**	That's fine. I'll see you at 10am on **Tuesday,** then. Our office is at 15, Key Road, near the sports centre.
***Hannah*:**	**Could you** repeat that, please?
***Stuart*.**	15, Key Road. See you on **Tuesday** and thank you for calling.
***Hannah*:**	Thank you **Mr Smith**. Goodbye.

Diálogo

(traducción)

Margaret: ¡Buenas tardes! NB Telephones. Le habla Margaret. ¿En qué puedo ayudarle?
Hannah: ¡Buenas tardes! **¿Podría hablar con el señor** Stuart Smith, por favor?
Margaret: Un momento, por favor. **¿De parte de quién?**
Hannah: **Soy** Hannah Fairweather. **Llamo por** el trabajo que se anuncia en el periódico.
Margaret: **Espere, por favor. Le paso con él.**
Hannah: Gracias.
Stuart: Buenos días. Stuart Smith. **¿Quién habla?**
Hannah: Hola. **Soy** Hannah Fairwether. **Llamo por** el trabajo de contadora que se anuncia en el periódico.
Stuart: De acuerdo, Hannah. Tomaré unos detalles suyos y concertaremos una entrevista. ¿Me **podría deletrear** su apellido, por favor?
Hannah: Sí, es F-A-I-R-W-E-A-T-H-E-R.
Stuart: ¿Y su número de teléfono, por favor?
Hannah: Es el 07963157862.
Stuart: ¿**Puede** repetir los tres últimos dígitos?
Hannah: ocho – seis – dos.
Stuart: Gracias. El horario de trabajo es de 9am a 5pm, de **lunes** a **viernes**. ¿Podría venir para una entrevista el **miércoles** a las 10 de la mañana?
Hannah: Lo siento pero es imposible el miércoles. Tengo cita con el médico. Pero estoy libre el **martes** por la mañana.
Stuart: Está bien. Entonces la veré el **martes** a las 10am. Nuestra oficina está en Key Road, número 15, cerca del centro deportivo.
Hannah: **¿Podría** repetir, por favor?
Stuart: Key Road, número 15. Hasta el **martes** y gracias por llamar.
Hannah: Gracias, **Sr. Smith**. Adiós.

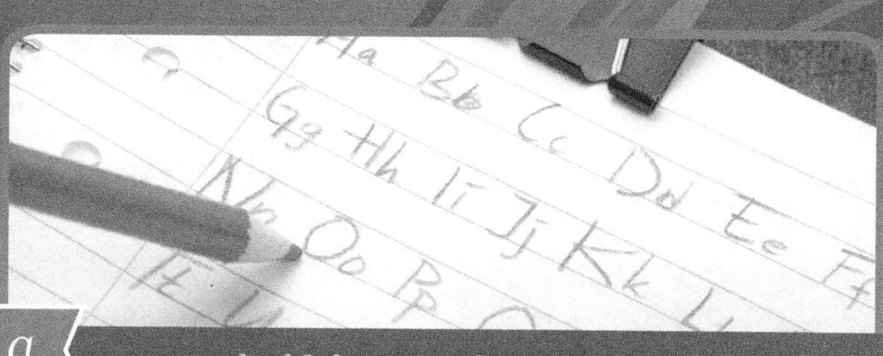

Let's speak English

a El alfabeto - The alphabet

Es importante aprender las distintas letras del alfabeto, ya que así podremos deletrear o pedir que deletreen palabras.

A	B	C	D	E	F	G	H	I
(ei)	(bi)	(si)	(di)	(i)	(ef)	(**sh**i)*	(éich)	(ai)
J	**K**	**L**	**M**	**N**	**O**	**P**	**Q**	**R**
(**sh**éi)*	(kéi)	(el)	(em)	(en)	(ou)	(pi)	(kiú)	(ar)
S	**T**	**U**	**V**	**W**	**X**	**Y**	**Z**	
(es)	(ti)	(iu)	(vi)	(dábliu)	(eks)	(wâi)	(zi)	

** La pronunciación **/sh/** de estas letras es la equivalente a la pronunciación de la «ll» en Argentina o Uruguay.*

Para pedir que alguien deletree una palabra se usan las siguientes expresiones:

[to spell: deletrear]

Can you spell .....? (informal)
¿Puedes deletrear........?

Could you spell...? (formal)
¿Podría usted deletrear...?

How do you spell...?
¿Cómo se deletrea...?

Can you spell the word «house»?
¿Puedes deletrear la palabra «house»?

Could you spell your name, please?
¿Podría deletrear su nombre, por favor?

How do you spell «house»?
¿Cómo deletreas «house»?, ¿Cómo se deletrea «house»?

Let's speak English

*La respuesta se dará letra a letra, excepto cuando encontremos dos letras iguales seguidas. En ese caso cabe la posibilidad de decirlas letra a letra, o bien usando **«double + letra»**:*

Can you spell the word «book»?
Yes. B-**O-O**-K (bi-**dábel ou**-kei).

¿Puedes deletrear la palabra «book»?
Sí. B-O-O-K.

b Lenguaje telefónico - Phone language

Cuando hablamos por teléfono solemos utilizar un vocabulario y unas expresiones particulares. Así:

Para pedir hablar con alguien:

Can I speak to Margaret?
¿Puedo hablar con Margaret?

Could I speak to Margaret Clark, please?
¿Podría hablar con Margaret Clark, por favor?

I'd like to speak to Margaret, please.
Quisiera (me gustaría) hablar con Margaret, por favor.

Para preguntar quién llama:

Who's calling?
¿Quién llama?
¿De parte de quién?

*Para identificarse uno mismo no se utiliza «I am...», sino **«This is...»**:*

- Who's calling?
¿Quién llama?

- **This is** Carlos Pérez.
Soy (habla) Carlos Pérez.

Phone Directory

La primera guía telefónica constaba de una sola página y cubría 50 usuarios de teléfono. Fue publicada el 21 de febrero de 1878 en New Heaven, Connecticut. La compañía de Reuben H. Donnelly afirma que publicó el primer directorio comercial (o páginas amarillas) para la ciudad de Chicago, Illinois, en 1886.

Ring a Bell

Durante mucho tiempo Alexander Graham Bell fue considerado el inventor del teléfono, cuando en realidad fue el primero en patentarlo (1876). En 2002 el Congreso de Estados Unidos reconoció como inventor del teléfono a Antonio Meucci. Por dificultades económicas, Meucci no pudo formalizar la patente en 1871 y sólo presento una breve descripción de su invento al que llamó «teletrófono».

Let's speak English

Cuando solicitamos que nos transfieran la llamada a otra persona:

Could you put me through to John Gates, please?
¿Podría pasarme con John Gates, por favor?

Cuando nos transfieren la llamada a otra persona nos dirán:

Just a moment.
I'll put you through (to him).
Un momento. Le paso (con él).

Just a minute.
I'll transfer your call.
Un momento. Le paso su llamada.

*Cuando pedimos hablar con alguien que ha atendido el teléfono, se identifica diciendo: «**Speaking**» (soy yo, al habla).*

- I'd like to speak to Mr. Evans, please.
- Quisiera hablar con el Sr. Evans, por favor.

- Speaking.
- Al habla (soy yo).

Para indicar el motivo de la llamada se puede usar:

I'm calling about a job interview.
Llamo por una entrevista de trabajo.

Si se dice que la otra persona espere en línea:

Hold on, please.
Espere, por favor.

Hold on a moment, please.
Espere un momento, por favor.

Could you **hold** a minute?
¿Podría esperar un momento?

Let's speak English

c Números telefónicos - Phone numbers

Para decir un número telefónico hemos de hacerlo número por número.

El número «0» puede decirse «oh» (/ou/, como la letra «o»), o bien «zero». Cuando el número contenga dos número iguales seguidos, podemos decirlos uno a uno o bien ***«double + número».***

What's your phone number?

It's **908 417 33 86**

(nine-**zero**-eight-four-one-seven-**three-three**-eight-six)

(nine-**oh**-eight-four-one-seven-**double three**-eight-six)

De una manera formal también nos pueden preguntar el número de teléfono con el verbo «to spell»:

Could you **spell** your phone number, please?
¿Podría darme (deletrear) su número de teléfono, por favor?

TGIF

"Thank God It's Friday" (Gracias a Dios, es viernes) es una expresión popular entre los americanos, a la espera del fin de semana. El término fue creado en los 70s por el DJ Jerry Healy, cuando trabajaba en la emisora radial WAKR de la ciudad de Akron, Ohio.

d Los días de la semana – The days of the week

Los días de la semana son:

Monday	Tuesday	Wednesday	Thursday	Friday	Saturday	Sunday
lunes	*martes*	*miércoles*	*jueves*	*viernes*	*sábado*	*domingo*

Los días de la semana siempre se escriben con letra mayúscula en inglés (no así en español).

The First Lady

La Primera Dama de los Estados Unidos es un título no oficial otorgado tradicionalmente a la esposa del Presidente. Cumple el rol de anfitriona de la Casa Blanca y se encarga de todas las ceremonias que allí se realizan. Cuenta con su propio equipo de trabajo y su oficina se ubica en el Ala Este.

Let's speak English

e Tratamientos formales

Hay tratamientos de cortesía que se utilizan comúnmente en el lenguaje, tanto oral como escrito. Así, encontramos:

Mr.	*(/míster/)*	se utiliza con el apellido de hombres adultos y equivale a Sr. (señor).
Mrs.	*(/míziz/)*	se utiliza con el apellido de mujeres casadas y equivale a Sra. (señora).
Miss	*(/mis/)*	se utiliza con el apellido de mujeres solteras y equivale a Srta. (señorita).
Ms	*(/miz/)*	se utiliza con el apellido de una mujer adulta, sin definir su estado civil y equivale a señora o señorita.

Mr. Brown is our boss. / *El Sr. Brown es nuestro jefe.*

Mrs. Smith has a dog and a cat. / *La Sra. Smith tiene un perro y un gato.*

Is **Miss Jones** in the office? / *¿Está la Srta. Jones en la oficina?*

***Sir** o **Madam** (coloquialmente **ma'am**) se usan para dirigirnos a un hombre o a una mujer, respectivamente, de manera respetuosa. Son palabras especialmente usadas por los empleados de restaurantes, hoteles, etc ...*

Goodbye, **sir**!
¡Adiós, señor!

Good morning, **madam**!
¡Buenos días, señora!

*Pero cuando hablamos a alguien de un señor o de una señora no usamos los términos «sir» y «madam», sino **«lady»** (dama, señora) y **«gentleman»** (caballero, señor).*

This **lady** is our teacher.
Esa señora es nuestra profesora.

That **gentleman** is very funny.
Ese señor es muy divertido.

Peticiones - Requests

Como ya hemos visto, cuando queramos pedir o solicitar algo usamos «can» y «could».

Can I speak to Jane, please?
¿Puedo hablar con Jane, por favor?

Could you spell your name, please?
¿Podría deletrear su nombre, por favor?

«Can» se usará en una situación más informal y «could» en otra más formal.

Gramática fácil

Para responder a estas preguntas afirmativamente, podemos decir:

De una manera informal:
«Sure» *(claro)*, **«OK»**, **«Yes»**...

- Can I speak to Jimmy?
- ¿Puedo hablar con Jimmy?

- Sure. Hold on.
- Claro (seguro). Espera.

De una manera formal:
«Of course» *(por supuesto)*, **«Certainly»** *(claro)*...

- Could I speak to Mr. Jones, please?
- ¿Podría hablar con el Sr. Jones, por favor?

- Certainly. I'll put you through to him.
- Claro. Le paso con él.

Algunos ejemplos más:

- **Can** you repeat, please? / *¿Puede repetir, por favor?*
- **Sure**. / *Claro.*

- **Could** you spell your name, please? / *¿Podría deletrear su nombre, por favor?*
- **Of course**. L-U-I-S. / *Por supuesto. L-U-I-S.*

Hemos de tener en cuenta que la palabra «name» puede significar «nombre» o «apellido».

Nombre		Apellido
Name	▶	Surname
Name	▶	Last name
First name	▶	Name (Family name)

Spelling bee

«Spelling bee» es un concurso donde los niños participan deletreando palabras de la legua inglesa. Es un evento nacional de gran importancia a nivel escolar en todo EEUU, aunque hoy ya se ha extendido a Reino Unido, Australia, Nueva Zelanda, Canadá e Indonesia.

b Peticiones formales – Formal requests

Ya hemos visto alguna expresión de petición formal (could), pero también se puede solicitar algo por medio de «I would like to + infinitivo» (quisiera, me gustaría). En este caso no realizamos una pregunta, sino que se trata de una oración afirmativa. Esta expresión se suele utilizar de forma contraída: «I'd like to».

I'd like to speak to Mrs. O'Hara, please.
Quisiera (me gustaría) hablar con la Sra. O'Hara, por favor.

I'd like to have a meeting with him.
Me gustaría tener una reunión con él.

Pero puede haber más sujetos:

He'd like to see her.	**We'd like to** leave a message.
A él le gustaría verla.	*Nos gustaría dejar un mensaje.*

Gramática fácil

c Deletreo – Spelling

Cuando se deletrea una palabra hay letras que suenan de forma parecida y pueden llevar a confusión, especialmente por teléfono. Para evitarlo se usa esta fórmula:

«G» **as in** Gregory ▶ *«G» de Gregory*
«T» **as in** «Tom» ▶ *«T» de Tom*

- My surname is Lean.
- Could you spell it, please?
- Certainly. L **as in** London, E **as in** Europe, A **as in** Alabama, N **as in** Nevada.

- Mi apellido es Lean.
- ¿Podría deletrearlo, por favor?
- Por supuesto. L de Londres, E de Europa, A de Alabama, N de Nevada.

En estos casos podemos utilizar las palabras de referencia que prefiramos.

d Los verbos «to take» y «to leave»

El verbo «to take», entre otros significados, equivale a «tomar» y «to leave» es «dejar». En lenguaje telefónico los usaremos mucho cuando hablemos de mensajes. Así:

Can I **take** a message?
¿Puedo tomar un mensaje?

Can I **leave** a message for him?
¿Puedo dejar un mensaje para él?

Ejercicios

1 Resuelve este crucigrama:

Horizontales:

1 – Pasado simple del verbo «to see».
2 – Día de la semana.
3 – Día de la semana.
4 – Verbo que expresa «habilidad».

Verticales:

a – Pronombre personal objeto.
b – Día de la semana.
c – Pronombre personal sujeto y objeto.

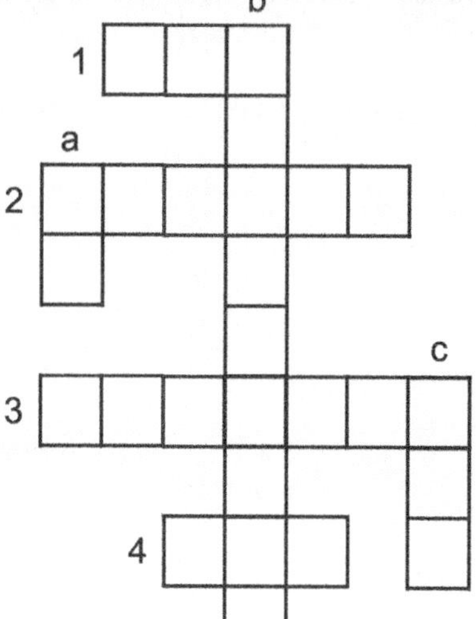

2 Corrige los errores en las frases que lo necesiten.

a) Can you help me, please?

b) Could you came here, please?

c) I'd like to visiting you.

d) He'd likes to see me.

e) I'd like to have the menu.

3 Ordena las palabras para formar frases.

a) favor could he me do a?

b) him I like to 'd to speak.

c) you please can a take message?

d) leave 'd to message a like I.

e) name please could you your spell?

SOLUCIONES

1.-

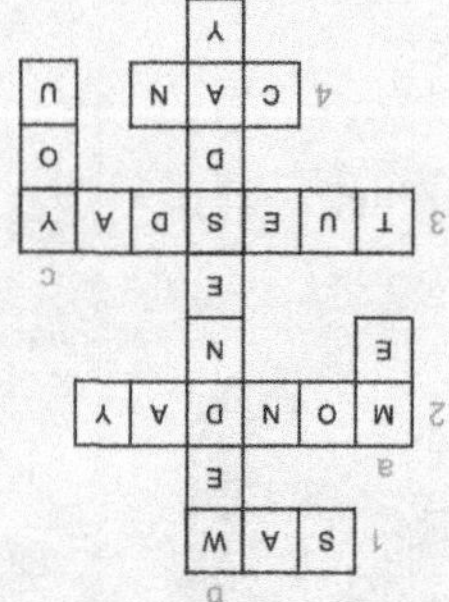

2.- **b)** Could you come here?; **c)** I'd like to visit you; **d)** He'd like to see me

3.- **a)** Could he do me a favor?; **b)** I'd like to speak to him; **c)** Can you take a message, please?; **d)** I'd like to leave a message; **e)** Could you spell your name, please?

UNIDAD 10

En esta unidad estudiaremos:

LET'S SPEAK ENGLISH:
a) Preguntar y responder acerca de la hora.
b) Los meses del año.

GRAMÁTICA FÁCIL:
a) El artículo determinado (the).
b) Ausencia de artículo.
c) Preposiciones de tiempo (in, on, at).

Diálogo

Jim y Lucy están intentando acordar una hora para ir a visitar el museo juntos.

Jim:	Hi, Lucy. How are you?
Lucy:	Hi, Jim. I'm okay, thanks. And you?
Jim:	I'm fine, thank you. Do you know? There's a good exhibition of modern art in the city. Would you like to visit **the** museum sometime this week?
Lucy:	Okay, but I'm quite busy. How about **on** Wednesday **at half past ten**?
Jim:	I can't **on** Wednesday. I have to get up **at a quarter after six** to go to a special meeting at work. **What time** do you usually get up?
Lucy:	I only work **in the afternoon**, so I usually get up **at ten**.
Jim:	That's very late! Well, we could go **on** Thursday **at eleven o'clock**.
Lucy:	Oh, I can't **on** Thursday. I'm going shopping to buy my sister a birthday present.
Jim:	How about **in the evening**?
Lucy:	The museum only opens **on** Tuesday evenings.
Jim:	Ok. Well, **on** Tuesday **at a quarter to seven**?
Lucy:	I'm sorry but it's impossible. My sister works **on** Tuesday evenings and I look after her baby.
Jim:	This is very complicated! Tell me when you're free.
Lucy:	Well, we can see the exhibition **on** Friday morning. I can get up early and meet you at the museum. How about **at ten o'clock**?
Jim:	Perfect! By the way, **what's the time**? Oh, no! **It's twenty after twelve.** I need to get back to work.
Lucy:	See you **on** Friday **at ten**, then.
Jim:	See you then!

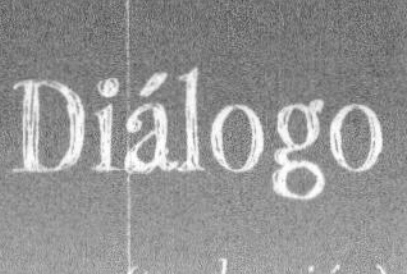

Diálogo

(traducción)

MoMA

El Museum of Modern Art está ubicado en Nueva York. Abrió sus puertas en 1929 y fue fundado por los filántropos estadounidenses Lillie P. Bliss, Mary Quinn Sullivan y Abby Aldrich Rockefeller. Es considerado uno de los santuarios del arte moderno y contemporáneo del mundo. Alberga entre otras, obras de Van Gogh, Mondrian, Picasso, Dalí, Pollock, Warhol y Hopper.

Jim: *¡Hola, Lucy! ¿Cómo estás?*

Lucy: Hola, Jim. Estoy bien, gracias. ¿Y tú?

Jim: *Bien, gracias. ¿Sabes? Hay una buena exposición de arte moderno en la ciudad. ¿Te gustaría visitar* ***el*** *museo en algún momento esta semana?*

Lucy: De acuerdo, pero estoy bastante ocupada. ¿Qué tal **el** miércoles **a las diez y media**?

Jim: *No puedo* ***el*** *miércoles. Tengo que levantarme* ***a las seis y cuarto*** *para ir a una reunión especial en el trabajo. ¿****A qué hora*** *te levantas tú normalmente?*

Lucy: Sólo trabajo **por la tarde**, así que normalmente me levanto **a las diez**.

Jim: *¡Es muy tarde! Podríamos ir* ***el*** *jueves* ***a las once****.*

Lucy: ¡Oh! No puedo **el** jueves. Voy a comprarle a mi hermana un regalo de cumpleaños.

Jim: *¿Qué tal* ***por la noche****?*

Lucy: El museo sólo abre las noches de **los** martes.

Jim: *De acuerdo. Bueno, ¿****el*** *martes* ***a las siete menos cuarto****?*

Lucy: Lo siento pero es imposible. Mi hermana trabaja los martes por la tarde y yo cuido a su bebé.

Jim: *¡Esto es muy complicado! Dime cuándo estás libre.*

Lucy: Bueno, podemos ver la exposición **el** viernes por la mañana. Puedo levantarme temprano y reunirme contigo en el museo. ¿Qué tal **a las diez en punto**?.

Jim: *¡Perfecto! A propósito,* ***¿qué hora es?*** *¡Oh, no!* ***Son las doce y veinte****. Necesito volver al trabajo.*

Lucy: Entonces, ¡hasta **el** viernes **a las diez**!

Jim: *¡Hasta entonces!*

Let's speak English

a Preguntar y responder acerca de la hora

Para preguntar la hora decimos:

What time is it?
What's the time? — *¿Qué hora es?*

Y para responder a esta pregunta, podemos decir:

It's twenty after two *(Son las dos y veinte)*.

*Como vemos en el ejemplo, primero expresamos los minutos y luego las horas. Entre los minutos y las horas usaremos **«after»**, si el minutero está entre las 12 y las 6, o **«to»**, si el minutero está entre las 6 y las 12, es decir, «after» corresponde a «y» y «to» corresponde a «menos».*

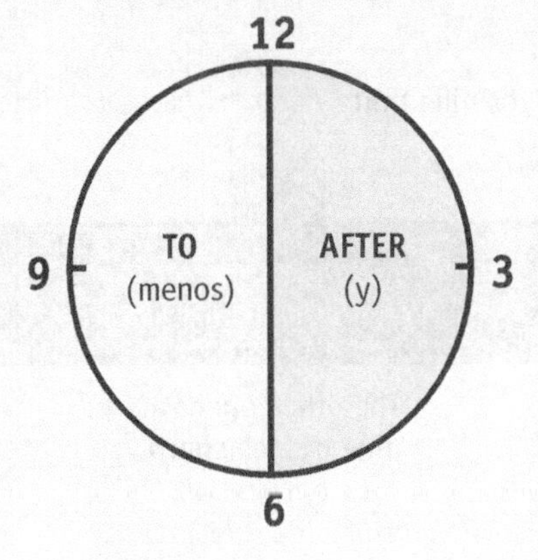

La forma completa es:
*It's + minutos + **after / to** + hora*

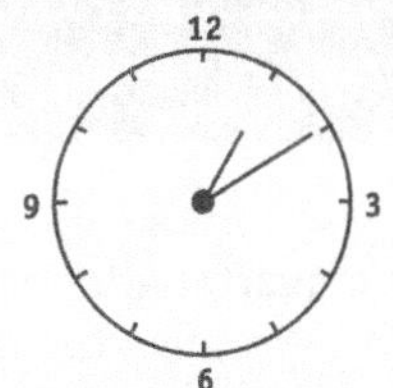

It's ten **after** one
*Es la una **y** diez.*

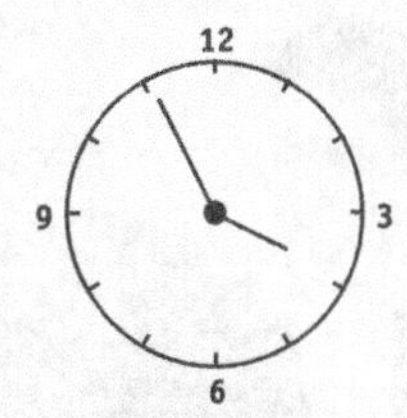

It's five **to** four
*Son las cuatro **menos** cinco.*

Let's speak English

Around the clock

El reloj de Dreger es una magnífica pieza de relojería y está ubicado actualmente en distrito histórico de Buena Park, California. Cuenta con 19 cuadrantes que indican la hora local y la de 12 ciudades del mundo, además de las fases de la luna, la fecha y el día se la semana. Fue construido por el alemán Andrew Dreger en 1933.

Para marcar las horas en punto:
*It's + hora + **o'clock***

2:00
It's two **o'clock**
Son las dos en punto

9:00
It's nine **o'clock**
Son las nueve en punto

Para marcar las horas y media:
*It's + **half past** + hora*

11:30
It's **half past** eleven
Son las once y media

4:30
It's **half past** four
Son las cuatro y media

Para marcar los cuartos:
*It's + **a quarter** + after / to + hora*

8:15
It's **a quarter** after eight
Son las ocho y cuarto

2:45
It's **a quarter** to three
Son las tres menos cuarto

*Al decir la hora de esta manera, usaremos **«am»** (/ei em/) desde las 12 de la noche hasta las 12 del mediodía y **«pm»** (/pi em/) desde las 12 del mediodía hasta las 12 de la noche, para evitar ambigüedades.*

It's twenty-five to five **am**
Son las 5 menos 25 de la mañana

It's twenty-five to five **pm**
Son las 5 menos 25 de la tarde

*En algunos países de lengua inglesa se utiliza **«past»** en lugar de «after»:*

7:20
It's twenty **past** seven
Son las siete y veinte

Pero las horas también pueden decirse como aparecen en relojes digitales, o sea, diciendo la hora y luego los minutos, sin decir nada entre ambos.

2:15
It's two fifteen / *Son las dos quince.*

6:55
It's six fifty-five
Son las seis cincuenta y cinco.

9:30
It's nine thirty / *Son las nueve treinta.*

*Cuando queramos expresar exactitud en una hora, usaremos **«sharp»**:*

The office opens at nine o'clock **sharp.**
La oficina abre exactamente a las nueve.

Más ejemplos:

10:05
It's five after ten / It's ten five
Son las diez y cinco

12:35
It's twenty-five to one
It's twelve thirty-five
Es la una menos veinticinco

3:50
It's ten to four / It's three fifty
Son las cuatro menos diez

6:30
It's half past six / It's six thirty
Son las seis y media

7:10 am
It's ten after seven /ei em/
It's seven ten /ei em/
Son las siete y diez de la mañana

8:15 pm
It's a quarter after eight /pi em/
It's eight fifteen /pi em/
Son las ocho y cuarto de la noche

4:05
It's five after four / It's four oh five
Son las cuatro y cinco

De esta manera podemos preguntar y decir la hora, así como la hora en que tiene lugar algún evento o acción. En este caso, aparece la preposición «at» (a las).

What time is it?
It's twenty-five to six.
¿Qué hora es?
Son las seis menos veinticinco

What time is the concert?
It's **at** nine o'clock.
¿A qué hora es el concierto?
Es a las nueve en punto.

What time do you get up?
I get up **at** seven thirty.
¿A qué hora te levantas?
Me levanto a las siete y media.

The lesson is **at** a quarter after four.
La clase es a las cuatro y cuarto.

Let's speak English

b Los meses del año - The months of the year

En inglés los meses del año se escriben siempre con letra mayúscula y son los siguientes:

January	*enero*	**July**	*julio*
February	*febrero*	**August**	*agosto*
March	*marzo*	**September**	*septiembre*
April	*abril*	**October**	*octubre*
May	*mayo*	**November**	*noviembre*
June	*junio*	**December**	*diciembre*

Gramática fácil

a El artículo determinado (the)

El artículo determinado «the» significa «el, la, los, las», es decir, se usa tanto para el masculino y femenino, como para el singular y plural.

the car, **the** cars
__el__ auto, __los__ autos

the house, **the** houses
__la__ casa, __las__ casas

«The» se utiliza:

Cuando el hablante y el oyente conocen aquello que se trata:

The book is interesting.
El libro es interesante (todos saben qué libro).

Al referirnos a algo mencionado anteriormente:

These are my children.
The boy is Tom.
Éstos son mis hijos.
El niño es Tom.

Al hablar de algo único:

He is **the** president.
Él es el presidente.

I can see **the** moon from here.
Puedo ver la luna desde aquí.

Con nombres de hoteles, restaurantes, museos, periódicos, teatros, etc.

I work at **the** Royal Hotel
Trabajo en el Hotel Royal

I often read **the** Miami Herald
A menudo leo el Miami Herald

Mayflower

Fue el nombre del barco que transportó en 1620 a los llamados «pilgrims» (peregrinos protestantes) desde Inglaterra hasta la costa de lo que hoy son los EEUU. La nave arribó con 102 personas, que se establecieron como los primeros colonos en Massachusetts, formando la colonia de Plymouth.

The Wright house

Frank Lloyd Wright (1867-1959) fue un arquitecto estadounidense, considerado uno de los principales maestros de la arquitectura del siglo XX. El estilo orgánico y funcional de sus diseños fue un aspecto notable de su obra. El edificio del Museo Guggenheim en NY, la casa Fallingwater y su estudio Taliesin son algunos de sus más bellos trabajos.

Gramática fácil

b Ausencia de artículo

No se utiliza artículo:

Al referirnos a un nombre de manera general:

Money is important.
El dinero es importante.

Cats are nice animals.
Los gatos son animales bonitos.

Con los días de la semana y las estaciones del año:

The classes are **on Mondays.**
Las clases son los lunes.

It usually snows **in winter.**
Normalmente nieva en (el) invierno.

Con la hora:

It's seven o'clock.
Son las siete en punto.

The match is **at 2:30.**
El partido es a las 2:30.

En algunas expresiones:

watch television:
ver la televisión

I never **watch television** at night.
Nunca veo la televisión por la noche.

have breakfast:
desayunar (tomar el desayuno)

have lunch:
almorzar (tomar el almuerzo)

have dinner:
cenar (tomar la cena)

She is **having breakfast.**
Ella está desayunando (tomando el desayuno).

Gramática fácil

*Cuando el verbo «to play» significa «jugar» no se usa **«the»** junto al juego o deporte, pero si significa «tocar» (música), el artículo sí aparece junto al instrumento:*

I want to **play baseball.**
Quiero jugar al béisbol.

He **plays** the **guitar** in a band.
Él toca la guitarra en una banda.

Ante una persona con título o tratamiento tampoco se usa artículo:

Mr. Jones
El Sr. Jones

President Sánchez
El presidente Sánchez

Mrs. Kelly is tall and pretty.
La Sra. Kelly es alta y bonita.

C Preposiciones de tiempo (in, on, at)

«In», «on» y «at» son preposiciones muy usadas en expresiones de tiempo.

In *se usa:*

Con meses, estaciones y años:

The exam is **in** April.
El examen es en abril.

It's hot **in** summer.
Hace calor en verano.

He was born **in** 1975.
Él nació en 1975.

Con partes del día:

in the morning
por la mañana

in the afternoon
por la tarde

in the evening
por la tarde/noche

pero: at night *por la noche*

They get up early **in** the morning.
Ellos se levantan temprano por la mañana.

Yellowstone National Park

El Parque Nacional de Yellowstone está situado al noroeste del estado de Wyoming. Fue creado en 1872 y es el parque nacional más antiguo del mundo. Es famoso por sus géiseres y fuentes calientes. La fauna del parque está compuesta por osos negros, osos pardos, coyotes, lobos, alces, ciervos, bisontes, uapitíes, etc. Este parque forma parte de las Reservas de la Biosfera desde 1976.

Gramática fácil

On se usa:

Al referirnos a un día o a una fecha determinada:

I go to the gym **on** Wednesdays.
Voy al gimnasio los miércoles.

My birthday is **on** July, 12th.
Mi cumpleaños es el 12 de julio.

Si nos referimos a un día y a una parte de ese día, se usa «on», pero desaparece «in the» delante de la parte del día:

I usually go out **on** Saturday evenings.
Normalmente salgo los sábados por la noche.

En expresiones como «on the weekend / on weekends» (el fin de semana/los fines de semana)

I never work **on** weekends.
Nunca trabajo los fines de semana.

At se usa:

Al hablar de horas:

I start work **at** 8:00.
Empiezo a trabajar a las 8:00.

They have lunch **at** noon.
Ellos almuerzan al mediodía.

Con ciertos períodos de tiempo:

at Christmas / *en Navidad*

at Easter
en Semana Santa

I usually visit my family **at** Christmas.
Normalmente visito a mi familia en Navidad.

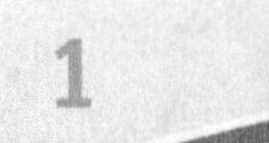

Ejercicios

1

Usa los artículos «a / an», «the» o deja el espacio en blanco.

a) She plays _____ guitar and her brother plays _____ basketball.

b) What _____ difficult exercise!

c) I usually go to the movies on ____ Fridays.

d) I'm staying at _____ Continental Hotel.

e) _____ planes are very fast

2

Rellena los espacios con las preposiciones «in», «on» y «at».

a) The TV program is _____ 8 o'clock _____ the evening.

b) They often go to the disco _____ Saturday evenings.

c) Do you visit your grandparents _____ weekends?

d) The exam is _____ September, 23rd.

e) I met her _____ 2007.

3

Une las horas en número y en letra.

a) 04:25	**1)** It's two forty-five
b) 02:15	**2)** It's twenty-five after four
c) 02:45	**3)** It's a quarter after two
d) 11:30	**4)** It's ten to six
e) 05:50	**5)** It's half past eleven
f) 06:10	**6)** It's six ten

4

¿Cuántos meses puedes encontrar en esta serie de letras?

AFSEMAYOFWMARHAUGUSTJULIMARCHOARYJUNETZWVERYSJANUARYSTP

SOLUCIONES

1.- **a)** the, - ; **b)** a; **c)** - ; **d)** the; **e)** - .
2.- **a)** at, in; **b)** on; **c)** on; **d)** on; **e)** in.
3.- **a)** 2; **b)** 3; **c)** 1; **d)** 5; **e)** 4; **f)** 6.
4.- May, August, March, June, January

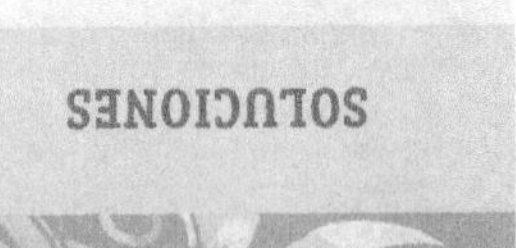

APRENDE INGLÉS

LIBRO 3

Unidades 11 a 15

UNIDAD 11

En esta unidad estudiaremos:

LET'S SPEAK ENGLISH:
a) Preguntar por lugares. b) Números del 60 al 999.
c) El número «o». d) Medios de transporte.

GRAMÁTICA FÁCIL:
a) El imperativo. Órdenes. b) Indicaciones de lugares.
c) Expresiones de lugar.
d) «Hay» (there is, there are).

Diálogo

Michael llega a una ciudad por primera vez. Encuentra una oficina de turismo y pregunta por algunos lugares. Natalie le atiende en la oficina.

Natalie: Good morning! How can I help you?
Michael: Good morning! **Where is** the town hall, please?
Natalie: The town hall is **at** 230, New Street, **on** the boardwalk.
Michael: **Is** it **far from here**?
Natalie: **On foot,** it's about thirty minutes. **By bus** or **by car,** it takes around ten minutes.
Michael: What number bus do I need to catch?
Natalie: The number 107. It stops just **in front of** the tourist office and stops just **across from** the town hall.
Michael: And **is there** a supermarket **near here**?
Natalie: No. The nearest supermarket is **next to** the church, **on** Smith Road.
Michael: **How can I get** there **on foot**?
Natalie: **Go along** this street up to the roundabout, then **turn right** and **walk up to** the post office. At the post office, **turn left** and **go straight ahead. Take the second right**, and the supermarket is **on the corner**.
Michael: Thank you very much.
Natalie: Can I help you with anything else?
Michael: Yes. **Are there** any good bookstores in the city?
Natalie: **Yes, there are.** One of them is **near** the supermarket, **on** Smith Road.
Michael: Thank you. And, finally, could you tell me **how to get to** the train station, please?
Natalie: The train station is **on** Dyke Road. **Take** the number 230 bus to the shopping mall, and when you get off the bus, **turn right, go straight** and you will see the train station **in front of** you.
Michael: Thank you very much for all your help. **Is there** a map of the city I can take with me?
Natalie: Yes, **there is.** One moment, please. *(She gets a map)*. Here you are.
Michael: Thank you. Goodbye.

Diálogo

(traducción)

Fifth Avenue

La Quinta Avenida es una de las principales arterias del centro de Manhattan, Nueva York. Repleta de apartamentos de lujo y de mansiones históricas, es un símbolo del bienestar económico de la ciudad. Su recorrido nace en Washington Square Park y discurre en dirección norte, terminando en el río Harlem, en la calle 142.

Natalie: ¡Buenos días! ¿En qué puedo ayudarle?

Michael: ¡Buenos días! ¿**Dónde** está el ayuntamiento, por favor?

Natalie: El ayuntamiento está **en** New Street, 230, **en** el paseo marítimo.

Michael: **¿Está lejos de aquí?**

Natalie: **A pie**, son unos treinta minutos. **En autobús** o **auto** se tardan unos diez minutos.

Michael: ¿Qué número de autobús necesito tomar?

Natalie: El número 107. Para justo **delante de** la oficina de turismo y justo **enfrente del** ayuntamiento.

Michael: ¿Y **hay** algún supermercado **cerca de aquí**?

Natalie: No. El supermercado más cercano está **junto a** la iglesia, **en** Smith Road.

Michael: **¿Cómo puedo llegar allí a pie?**

Natalie: **Siga** esta calle hasta a la rotonda, **doble a la derecha** y **camine hasta** la oficina de correos. En la oficina de correos, **doble a la izquierda** y **siga adelante**. Tome **la segunda a la derecha** y el supermercado **está en la esquina**.

Michael: Muchas gracias.

Natalie: ¿Puedo ayudarle en algo más?

Michael: Sí. ¿**Hay** buenas librerías en la ciudad?

Natalie: **Sí, las hay.** Una de ellas está **cerca** del supermercado, **en** Smith Road.

Michael: Gracias. Y, por último, ¿podría decirme **cómo llegar a** la estación de trenes, por favor?

Natalie: La estación de trenes está **en** Dyke Road. **Tome** el autobús número 230 hasta el centro comercial, y, cuando se baje del autobús, **doble a la derecha**, **siga recto** y verá la estación **delante de** usted.

Michael: Muchas gracias por su ayuda. ¿**Hay** algún mapa de la ciudad que me pueda llevar?

Natalie: **Sí.** Un momento, por favor. (Consigue un mapa). Aquí tiene.

Michael: Gracias. Adiós.

a Preguntar por lugares

Let's speak English

Para preguntar dónde se encuentra un lugar podemos decir:

Where is the post office?
¿Dónde está la oficina de correos?

Where's the bank?
¿Dónde está el banco?

Is there a school **near** here?
¿Hay una escuela cerca de aquí?

Is the shop **near** here?
¿Está la tienda cerca de aquí?

Is it **far from** here?
¿Está lejos de aquí?

Y si lo que queremos es preguntar cómo llegar a un lugar, la forma más habitual es:

How can I get to...?
¿Cómo puedo llegar a...?
¿Cómo se va a...?

How can I get to the bookstore?
¿Cómo puedo llegar a la librería?

How can I get to the stadium?
¿Cómo puedo llegar al estadio?

How can I get to the museum?
¿Cómo se va (puedo llegar) al museo?

Living in Hundred

Hundred es un pequeño pueblo del Condado de Wetzel, en Virginia Occidental. El nombre fue puesto en honor a su primer habitante, Henry Church, un soldado inglés retirado que vivió allí hasta los 109 años. Los vecinos lo conocían como «Old Hundred».

Let's speak English

b Números del 60 al 999

60	sixty	**300**	three hundred
70	seventy	**400**	four hundred
80	eighty	**500**	five hundred
90	ninety	**600**	six hundred
100	one hundred / a hundred	**700**	seven hundred
		800	eight hundred
101	one hundred one	**871**	eight hundred seventy-one
200	two hundred	**900**	nine hundred
227	two hundred twenty-seven	**999**	nine hundred ninety-nine

*La palabra **«hundred»** (cien) no tiene plural cuando le precede un número:*

I have three **hundred** eighty-two dollars.
Tengo trescientos ochenta y dos dólares.

644
six hundred forty-four

178
one / a hundred seventy-eight

506
five hundred six

431
four hundred thirty-one

*Hay países de lengua inglesa en los que se añade **«and»** entre «hundred» y las decenas:*

I have three hundred **and** eighty-two dollars.

c El número «o»

Veamos dos formas de decir y escribir este número:

zero	*oh*
(pronúnciese /zírou/) se utiliza en términos matemáticos, científicos o para decir la temperatura.	(pronúnciese /ou/) se usa para la hora, direcciones, habitaciones de hotel, etc.
The temperature is 0°C (**zero** degrees Celsius). *La temperatura es 0°C.*	It's 7:05 (seven **oh** five). *Son las siete y cinco.*

Como ya aprendimos en una unidad anterior, tanto «zero» como «oh» se usan para decir números telefónicos:

My phone number is 748 93021 (seven-four-eight-nine-three-**zero/oh**-two-one)

Let's speak English

Acela

Acela Express es un tren de alta velocidad que opera entre Washington DC y Boston, a través de Baltimore, Filadelfia y Nueva York, a lo largo de Corredor Nordeste (ECN). El diseño permite inclinar el tren para viajar a altas velocidades en las curvas sin molestar a los pasajeros.

d Medios de transporte – Means of transport

Para expresar el medio de transporte que utilizamos hacemos uso de «by» (en).

by
- car *(en coche)*
- taxi / cab *(en taxi)*
- bus *(en autobús)*
- train *(en tren)*
- bicycle *(en bicicleta)*
- plane *(en avión)*

pero: on foot *(a pie)*

She goes to school **by** bus.
Ella va al colegio en autobús.

They come home **by** car.
Ellos vienen a casa en coche.

I can go to your house **on** foot.
Yo puedo ir a tu casa a pie.

Gramática fácil

a El imperativo. Órdenes.

El imperativo es la estructura que usamos para dar órdenes o instrucciones. Se forma con el infinitivo del verbo, sin ningún pronombre delante.

Open the door!
¡Abre la puerta!

Shut up!
¡Cállate!

Shake before use.
Agitar antes de usar.

Cuando se quiera dar una orden o instrucción negativa hay que añadir ***«don't»*** *delante del infinitivo:*

Don't open the door!
¡No abras la puerta!

Don't say nonsenses!
¡No digas tonterías!

Don't phone before six.
No llame antes de las seis.

Prohibition

La «Ley Seca» fue establecida en 1919 por la Enmienda XVIII a la Constitución de los Estados Unidos. Esta ley prohibía la venta, elaboración y transporte de bebidas alcohólicas para consumo, ya que se consideraba que provocaban pobreza, enfermedades, demencia y delincuencia. Fue derogada en 1933 por la Enmienda XXI.

Route 66

La Ruta 66 se estableció el 11 de noviembre de 1926. Originalmente discurría desde Chicago (Illinois), a través Misuri, Kansas, Oklahoma, Texas, Nuevo México, Arizona y California, hasta finalizar en Los Ángeles, con un recorrido total de 3,939 km. Fue retirada de la "Red de Carreteras de Estados Unidos" en 1985 y reemplazada por la actual "Red de Autopistas Interestatales".

Gramática fácil

b Indicaciones de lugares

Cuando se indica cómo llegar a un lugar, se suelen utilizar las siguientes expresiones:

To **go along** the street
seguir la calle

To **go straight ahead / on**
seguir adelante / derecho

To **go across** the street
cruzar la calle

To **go / walk (up) to...**
ir hasta...

To **turn right / left**
doblar a la derecha / izquierda

To **take the second right / left**
tomar la segunda calle a la derecha / izquierda

Y se usan en imperativo:

Go straight ahead, take the second right, go across the street, turn left, go up to the square and there is the shoe shop.

Siga adelante, tome la segunda calle a la derecha, cruce la calle, doble a la izquierda, vaya hasta la plaza y allí está la zapatería.

Gramática fácil

C Expresiones de lugar

Estos adverbios se utilizan para describir la ubicación de un lugar. Entre ellos están:

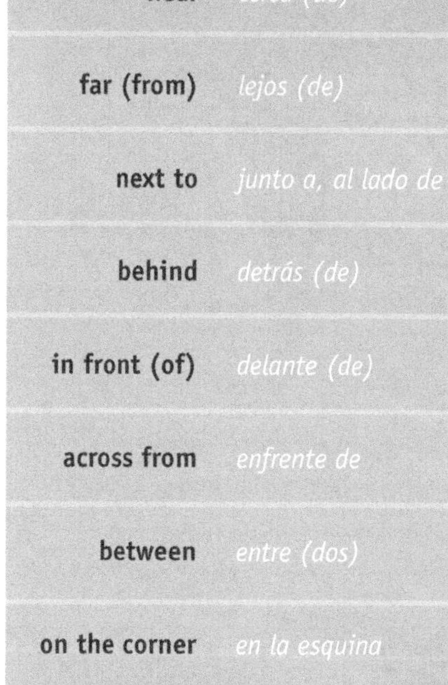

near	*cerca (de)*
far (from)	*lejos (de)*
next to	*junto a, al lado de*
behind	*detrás (de)*
in front (of)	*delante (de)*
across from	*enfrente de*
between	*entre (dos)*
on the corner	*en la esquina*

The hairdresser's is **on the corner**.
La peluquería está en la esquina.

The bank is **between** the bakery and the school.
El banco está entre la panadería y la escuela.

There's a gym **across from** the supermarket.
Hay un gimnasio enfrente del supermercado.

My house is **next to** the florist's.
Mi casa está junto a la floristería.

Her car is **near** the church.
Su coche está cerca de la iglesia.

I live **far from** you.
Yo vivo lejos de ti.

Para referirse a una calle se usa la preposición «on»:

The shopping mall is **on** Oak street.
El centro comercial está en la calle Oak.

Pero si es una dirección, es decir, calle y número, se usa «at»:

Her house is **at** 56, Madison Avenue.
Su casa está en la avenida Madison, nº 56.

Close to you

Esta canción fue escrita por Burt Bacharach y Hal David. Su primera versión fue grabada por Richard Chamberlain en 1963 y luego, con algunos arreglos, por Dionne Warwick en 1964. Sin embargo el éxito llegó con la versión de The Carpenters en 1970. El tema se mantuvo en el Billboard Hot 100 por cuatro semanas y les valió su primer Grammy.

The Five Points

Fue un barrio marginal ubicado en Manhattan, Nueva York. Después de algunos problemas de inundaciones, la mayoría de los habitantes abandonaron la zona, que fue ocupada por gran cantidad de inmigrantes de bajos recursos. El crisol de identidades (africanos, irlandeses, ingleses, judíos e italianos) dio origen al tap (claqué) y también al jazz. El vecindario fue el escenario de la película de Martin Scorsese, «Gangs of New York».

Gramática fácil

d «Hay» (there is, there are)

La expresión impersonal «hay» equivale a las formas «there is» y «there are».

*«There is» se utiliza con **nombres incontables o nombres contables en singular** y se puede contraer en **«there's»**:*

There's some milk in the glass.
Hay leche en el vaso.

There is a church on Galven Street.
Hay una iglesia en la calle Galven.

*«There are» se usa con **nombres contables en plural** y no se puede contraer:*

There are two shops near my house.
Hay dos tiendas cerca de mi casa.

*En negaciones se usan **«there isn't (there is not)»** y **«there aren't (there are not)»**:*

There isn't a bank there.
No hay un banco allí.

There aren't three hotels in the city.
No hay tres hoteles en la ciudad.

*Para realizar preguntas se invierte el orden: **Is there...?, Are there ...?***

Is there a post office near here?
¿Hay una oficina de correos cerca de aquí?

Are there any music stores?
¿Hay tiendas de música?

Las preguntas anteriores se pueden responder afirmativa y negativamente, de forma corta:

Is there a post office near here?
Yes, there is.
¿Hay una oficina de correos cerca de aquí? Sí, la hay.

Are there any music stores?
No, there aren't.
¿Hay tiendas de música? No, no hay.

Ejercicios

1

¿Cuál es la respuesta a la pregunta: *How are you traveling?*

a) On plane
b) With plane
c) By plane
d) In plane

2

Escribe estos números en letra:

a) 76: ____________
b) 864: ____________
c) 109: ____________
d) 543: ____________
e) 327: ____________

3

Ordena las palabras para formar frases.

a) up 's hurry late ! it.
b) the ! open don't window
c) your eat sandwich !
d) an don't car buy old.
e) me to listen !

4

Completa los espacios con: *between, next to, on, far, at.*

a) The bank is ________ the school and the post office.
b) China is ________ from Mexico.
c) I live ________ 23, Drafton Road.
d) Canada is ________ the United States.
e) The shop is ________ Daffodil Street.

5

Usa correctamente «there is» y «there are» en afirmaciones, negaciones y preguntas.

a) ____________ a gym near here?
b) ________ two pictures. _______ only one.
c) ____________ some money on the table.
d) ____________ sixty minutes in an hour.

SOLUCIONES

1.- **c)** By plane. 2.- **a)** 76: seventy-six; **b)** 864: eight hundred sixty-four; **c)** 109: a / one hundred nine; **d)** 543: five hundred forty-three; **e)** 327: three hundred twenty-seven. 3.- **a)** Hurry up! It's late.; **b)** Don't open the window!; **c)** Eat your sandwich!; **d)** Don't buy an old car.; **e)** Listen to me! 4.- **a)** between; **b)** far; **c)** at; **d)** next to; **e)** on. 5.- **a)** Is there; **b)** There aren't / There are not – There's / There is; **c)** There's / There is; **d)** There are

UNIDAD 12

En esta unidad estudiaremos:

LET'S SPEAK ENGLISH:
a) Llamar a alguien por el nombre.
b) La palabra «right».

GRAMÁTICA FÁCIL:
a) El pasado simple del verbo «to be».
b) El pasado simple de verbos regulares.
c) El pasado simple de verbos irregulares.

Diálogo

Sally es guía turística y está hablando con Luke Jenkins, un cliente de un hotel.

Sally: Good afternoon, Mr. Jenkins.

Luke: **Please, call me Luke.**

Sally: **All right** then, Luke. Are you enjoying your stay in the city?

Luke: Yes, thank you. **Yesterday** we **went** sightseeing and **had** a good time. We **had dinner** in a really good place, next to the bridge.

Sally: I know that place. It's called «The Black Tree», isn't it?

Luke: **That's right**.

Sally: And what **did you do last night**?

Luke: We **went** to a good bar downtown, but it **was** very expensive.

Sally: **You're right**. Downtown is very expensive for going out. When **did you arrive** in the city?

Luke: We **arrived a week ago**. We **stayed** in another hotel before we **came here**.

Sally: What monuments **did you visit**?

Luke: Well, **last week** we **visited** the palace and some old churches. They **were** magnificent.

Sally: And what are you going to do this afternoon?

Luke: Well, **right now** I'd like to have a rest. We **spent** all morning walking around downtown. My wife **wanted** to go shopping!

Sally: Well, have a good rest, Luke. Don't forget to wake up in time for the fireworks tonight!

Luke: Ok. Thank you.

Sally: If you need any more help or information, I'll be **right here**.

Diálogo

(traducción)

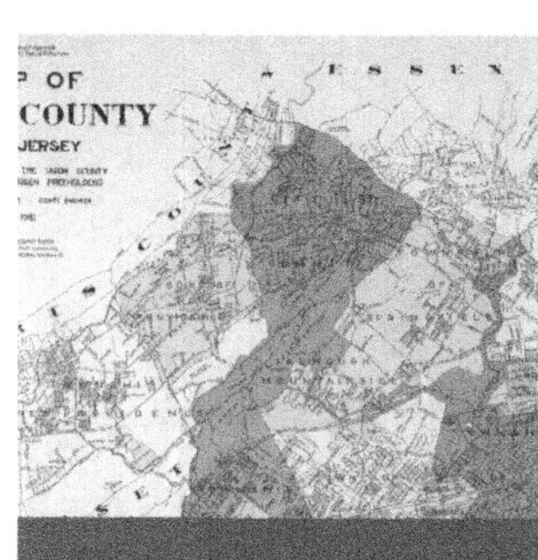

County

Un condado (county) de los Estados Unidos es una subdivisión de un estado hecha por el gobierno estatal o federal. Los condados estaban entre las primeras formas de administración municipal establecidas por las Trece Colonias originales. La Commonwealth de Massachusetts fue la primera colonia en establecer condados, en 1643.

Sally: *Buenas tardes, Sr. Jenkins.*

Luke: ***Por favor, llámame Luke.***

Sally: ***De acuerdo**, Luke. ¿Están disfrutando su estadía en la ciudad?*

Luke: *Sí, gracias. **Ayer estuvimos de turismo** y la **pasamos** muy bien. **Cenamos** en un sitio realmente bueno, junto al puente.*

Sally: *Conozco ese lugar. Se llama «The Black Tree», ¿verdad?*

Luke: ***¡Así es!***

Sally: *¿Y qué **hicieron anoche**?*

Luke: ***Fuimos** a un buen bar en el centro de la ciudad, pero **era** muy caro.*

Sally: ***Tiene razón**. El centro de la ciudad es muy caro para salir. ¿Cuándo **llegaron** ustedes a la ciudad?*

Luke: ***Llegamos hace una semana**. Nos **quedamos** en otro hotel antes de **venir aquí**.*

Sally: *¿Qué monumentos **visitaron**?*

Luke: *Bueno, **la semana pasada visitamos** el palacio y algunas iglesias antiguas. **Eran** magníficas.*

Sally: *¿Y qué van a hacer esta tarde?*

Luke: *Bueno, **ahora mismo** me gustaría descansar. **Pasamos** toda la mañana caminando por el centro de la ciudad. ¡Mi esposa **quería** ir de compras!*

Sally: *Bueno, que descanse, Luke. No olvide despertarse a tiempo para los fuegos artificiales de esta noche.*

Luke: *De acuerdo. Gracias.*

Sally: *Si necesita cualquier ayuda o información, me encuentro **aquí mismo**.*

Let's speak English

a Llamar a alguien por el nombre

Cuando queramos que alguien nos llame por nuestro nombre, o por cualquier apelativo, podemos utilizar cualquiera de las expresiones siguientes:

My name is James but
- **please, call me Jimmy.**
- **you can call me Jimmy.**
- **just call me Jimmy.**

Me llamo James pero
- *por favor, llámame Jimmy.*
- *me puedes llamar Jimmy.*
- *llámame simplemente Jimmy.*

b La palabra «right»

La palabra «right» se puede utilizar en diferentes situaciones y a continuación vamos a mostrar algunas expresiones que lo contienen.

«All right» («alright») se utiliza para mostrar acuerdo. Equivale a «está bien», «de acuerdo».

- Is she British?
- ¿Es ella británica?

- No, she is American.
- No, es estadounidense.

- Ah! **All right.**
- Ah, de acuerdo.

«That's right» se usa para confirmar algo que se ha dicho. Equivale a «así es», «eso es».

- So you live in Florida.
- Así que vives en Florida.

- Yes, **that's right!**
- Sí, así es.

Bill of Rigths

Este es el nombre con el que se conoce a Carta de Derechos que contiene las diez primeras enmiendas a la Constitución de los Estados Unidos. Las enmiendas limitan el poder del gobierno federal, además de garantizar los derechos y libertades de las personas, como por ejemplo: libertad de expresión, de asamblea, religiosa, de peticionar, etc.

Let's speak English

«Right here» equivale a «aquí mismo», al igual que «right there» a «allí mismo».

Leave this parcel **right here.**
Deja este paquete aquí mismo.

You can buy the newspaper **right there.**
Puedes comprar el periódico allí mismo.

«Right now» significa «ahora mismo».

I'm studying English **right now.**

Ahora mismo estoy estudiando inglés.

«To be right» (I'm right, you're right, he's right....) significa «tener razón».

- Barbara looks like Annie.
Bárbara se parece a Annie.

- Yes, **you're right.**
Sí, tienes razón.

a El pasado simple del verbo «to be»

Gramática fácil

El pasado simple es el tiempo que usamos cuando nos referimos a acciones que ocurrieron en el pasado y ya están acabadas. A continuación estudiaremos el pasado simple, tanto de verbos regulares como irregulares, así como del verbo «to be», que se refiere a estados o situaciones que tuvieron lugar en el pasado y ya finalizaron.

*El pasado del verbo «to be» tiene dos formas (**«was»** y **«were»**), según la persona que realizara la acción.*

- De manera afirmativa:

I	**was**	*yo era, estaba, fui, estuve*
you	**were**	*tú eras, estabas, fuiste, estuviste*
		usted era, estaba, fue, estuvo
he	**was**	*él era, estaba, fue, estuvo*
she	**was**	*ella era, estaba, fue, estuvo*
it	**was**	*(ello) era, estaba, fue, estuvo*
we	**were**	*nosotros/as éramos, estábamos, fuimos, estuvimos*
you	**were**	*ustedes eran, estaban, fueron, estuvieron*
they	**were**	*ellos/as eran, estaban, fueron, estuvieron*

I **was** in Chicago in 2007.
Estuve en Chicago en 2007.

He **was** at the party.
Él estuvo en la fiesta.

They **were** ill last week.
Ellos estuvieron enfermos la semana pasada.

*Para hacer frases negativas utilizaremos **«was not (wasn't)»** y **«were not (weren't)»**:*

I **wasn't** there.
Yo no estaba/estuve allá

You **weren't** happy.
Tú no eras feliz

*Para preguntar colocamos **«was»** y **«were»** delante del sujeto:*

Were you tired after the match?
¿Estaban ustedes cansados después del partido?

When **was** she a model?
¿Cuándo fue ella modelo?

Gramática fácil

En respuestas cortas:

Was Linda a teacher? *¿Era Linda profesora?* Yes, she **was.** / *Sí, lo era.* No, she **wasn't.** / *No, no lo era.*	Were they at work yesterday? *¿Estuvieron ellos en el trabajo ayer?* Yes, they **were.** / *Sí.* No, they **weren't.** / *No.*

El pasado simple de verbos regulares

Un verbo es regular cuando su pasado y su participio se forman añadiendo «-ed» al infinitivo del verbo. Tienen una única forma para todas las personas.

Forma afirmativa del pasado simple

[To clean: limpiar]

I	**cleaned**	*yo limpié, limpiaba*
you	**cleaned**	*tú limpiaste, limpiabas* *usted limpió, limpiaba*
he	**cleaned**	*él limpió, limpiaba*
she	**cleaned**	*ella limpió, limpiaba*
it	**cleaned**	*limpió, limpiaba*
we	**cleaned**	*nosotros/as limpiamos, limpiábamos*
you	**cleaned**	*ustedes limpiaron, limpiaban*
they	**cleaned**	*ellos/as limpiaron, limpiaban*

Para formar el pasado de un verbo regular:

1

La regla general es añadir «-ed» al infinitivo del verbo: work-worked.

I **worked** for that company.
Yo trabajé para esa compañía.

2

Si el infinitivo acaba en «e», sólo se añade «d»: live-lived.

She **lived** in London.
Ella vivió/vivía en Londres.

Bald Eagle

El águila calva (Haliaeetus leucocephalus), también conocida como «águila americana», es el símbolo nacional de Estados Unidos y aparece en su escudo. Esta especie estuvo a punto de extinguirse en EEUU a fines del siglo XX, pero su población se ha estabilizado.

Soul Food

Éste es el nombre con el que se conoce a la gastronomía estadounidense tradicional de los afroamericanos del sur de Estados Unidos. El primer libro de recetas de «soul food», llamado «What Mrs. Fisher Knows About Old Southern Cooking» se le atribuye a Abby Fisher y fue publicado en 1881. Esta cocina es rica en guisos y frituras para aprovechar al máximo los recursos.

Gramática fácil

3

Cuando el infinitivo acaba en «y»:

Si la «y» tiene delante una vocal, se añade «ed»: play-played.

They **played** basketball.
Ellos jugaron/jugaban al baloncesto.

Si la «y» tiene delante una consonante, cambia a «i» y se añade «ed»: study-studied.

We **studied** for the test.
Estudiamos para el examen.

Hay que hacer notar que en algunos países de lengua inglesa, si se cumple esta última regla pero el infinitivo acaba en «l», ésta se duplica antes de añadir «-ed».

cancel - cance**l**led (*cancelar*)
travel - trave**l**led (*viajar*)

4

Si el infinitivo acaba en la serie de letras «consonante-vocal-consonante» y la última sílaba es la acentuada, antes de añadir «ed» se dobla la última consonante: plan-planned.

I **planned** my holidays last month.
Planeé mis vacaciones el mes pasado.

5

Pero si acaba en esa serie de letras y la última sílaba no recibe el acento, sólo se añade «ed»: visit-visited.

I **visited** my aunt last week
Visité a mi tía la semana pasada

Para hacer frases negativas en pasado usamos el auxiliar ***«did not (didn't)»****, que acompañará al verbo en infinitivo (no en pasado):*

My mother **didn't live** in the USA.
Mi madre no vivía/vivió en los EEUU.

They **didn't work** in the morning.
Ellos no trabajaron/trabajaban por la mañana.

Para realizar preguntas se utiliza ***«did»*** *delante del sujeto y del verbo en infinitivo (no en pasado):*

Did you **travel** to Europe last year?
¿Viajaste a Europa el año pasado?

When **did** she **visit** her family?
¿Cuándo visitó ella a su familia?

«Did» *y* ***«didn't»*** *se usan también en respuestas cortas:*

Did you like the film?
¿Te gusto la película?

Yes, I **did** / *Sí, me gustó*
No, I **didn't** / *No, no me gustó*

Gramática fácil

El pasado simple de verbos irregulares

Un verbo es irregular cuando su pasado, su participio, o ambos, no se forman añadiendo «ed» al infinitivo del verbo. Son muchos los verbos que son irregulares en inglés y cada uno con un tipo de irregularidad, por lo que la única regla para aprenderlos será practicarlos y memorizarlos.

Para usarlos de forma afirmativa, se toma el verbo en pasado y éste es igual para todas las personas:

[To go: ir. Pasado: went]

We **went** to the theater last month.
Fuimos al teatro la semana pasada.

She **went** to Paris in November.
Ella fue a París en noviembre.

They **went** to school in the morning.
Ellos fueron a la escuela por la mañana.

I **went** to bed late.
Me fui a la cama tarde.

*En **frases negativas**, al igual que con los verbos regulares, utilizaremos **«didn't»** y el infinitivo del verbo:*

My parents **didn't buy** a new car.
Mis padres no compraron un auto nuevo.

I **didn't break** the vase.
Yo no rompí el jarrón.

She **didn't sing** her songs.
Ella no cantó sus canciones.

Our dog **didn't eat** meat.
Nuestro perro no comió carne.

*Para hacer **preguntas** usamos **«did»** delante del sujeto y del verbo en infinitivo:*

Did you **see** Tom? / *¿Viste a Tom?*

What **did** you **do**? / *¿Qué hiciste?*

En respuestas cortas:

Did you read the newspaper yesterday?
¿Leíste el periódico ayer?

Yes, I **did.** / *Sí.*
No, I **didn't.** / *No.*

Pecos Bill

Es la figura mítica del vaquero estadounidense. Cuenta la leyenda que yendo en una diligencia a muy corta edad, se cayó de la misma y fue encontrado por una familia de coyotes cerca del río Pecos. Se le atribuye haber ahuyentado un tornado y también -debido a la sequía- haber llevado la lluvia desde California hasta Texas, formando así el Golfo de México.

Georgia Aquarium

El Acuario de Georgia, ubicado en la ciudad de Atlanta, es catalogado como el mayor acuario del mundo, con más de 30,000 m³ de agua salada y dulce. Alberga más de 100.000 animales (de 500 especies diferentes), entre los que se destacan 4 tiburones ballenas y 5 belugas. La obra fue posible gracias la donación de 250 millones de dólares por parte de Bernie Marcus, fundador de los almacenes «Home Depot».

Gramática fácil

Al usar el pasado, muchas veces aparecerán también expresiones de tiempo como:

yesterday
ayer

He didn't come to the meeting **yesterday**.
Él no vino a la reunión ayer.

Si decimos «yesterday» y una parte del día, no se usan artículos ni preposiciones entre ambas palabras:

They phoned me **yesterday morning**.
Ellos me telefonearon ayer por la mañana.

No

They phoned me yesterday in the morning.

Did she study **yesterday evening**?
¿Estudió ella ayer por la noche?

No

Did she study yesterday in the evening?

last	week	*la semana pasada*
	month	*el mes pasado*
	year	*el año pasado*
	night	*anoche (la pasada noche)*

I saw your cousin **last week.**
Vi a tu prima la semana pasada.

They bought their apartment **last year.**
Ellos compraron su apartamento el año pasado.

She didn't watch TV **last night.**
Ella no vio la televisión anoche.

***

período de tiempo + **ago**

hace + período de tiempo

período de tiempo + atrás

I met your father two months **ago.**
Conocí a tu padre hace dos meses (dos meses atrás).

We sent that letter three weeks **ago.**
Enviamos esa carta hace tres semanas.

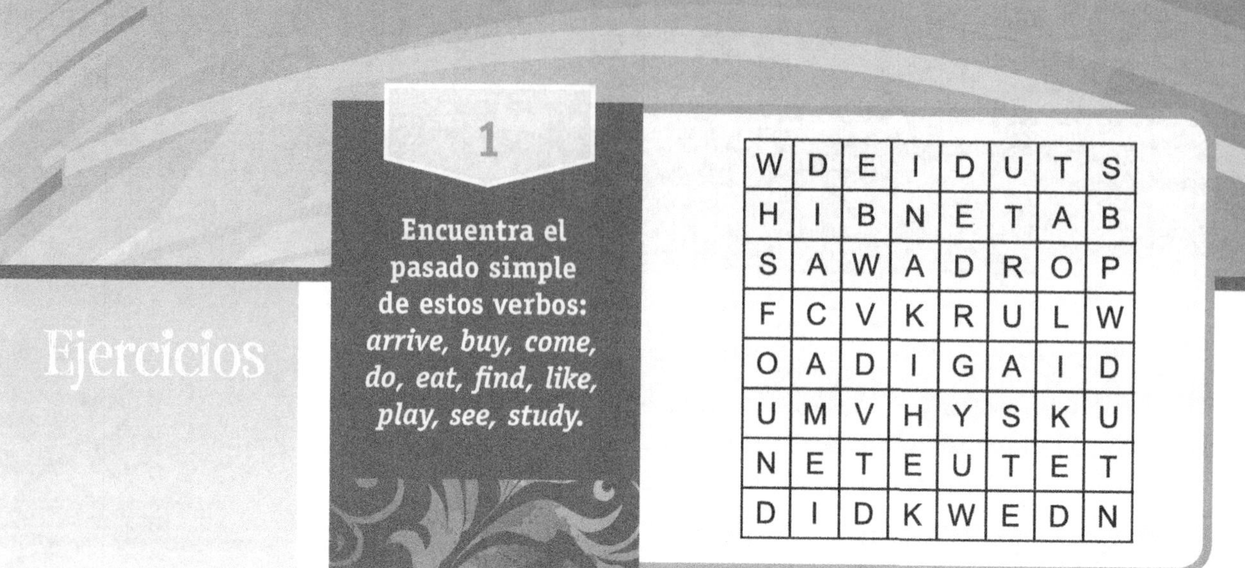

Ejercicios

1

Encuentra el pasado simple de estos verbos: ***arrive, buy, come, do, eat, find, like, play, see, study.***

W	D	E	I	D	U	T	S
H	I	B	N	E	T	A	B
S	A	W	A	D	R	O	P
F	C	V	K	R	U	L	W
O	A	D	I	G	A	I	D
U	M	V	H	Y	S	K	U
N	E	T	E	U	T	E	T
D	I	D	K	W	E	D	N

2

Elige la respuesta correcta

a) John *was / were* at school yesterday.

b) *Was / were* they in Madrid?
Yes, they *was / were*.

c) I *wasn't / weren't* hungry.

d) We *was / were* at home.

e) Michael and I *was / were* here yesterday.

3

Completa los espacios con la forma correcta de los siguientes verbos en pasado simple: ***like, go, win, send, live.***

a) She __________ two emails yesterday.

b) They didn't __________ in Panama.

c) Did you __________ the competition?

d) She __________ going to the movies.

e) I __________ to work by bus.

SOLUCIONES

1.- arrived, bought, came, did, ate, found, liked, played, saw, studied. 2.- **a)** was; **b)** Were - were; **c)** wasn't; **d)** were; **e)** were. 3.- **a)** sent; **b)** live; **c)** win; **d)** liked; **e)** went

UNIDAD 13

En esta unidad estudiaremos:

LET'S SPEAK ENGLISH:
a) Vocabulario: Los alimentos.
b) Formas de presentar productos.
c) Pedir un producto en una tienda.

GRAMÁTICA FÁCIL:
a) Nombres contables e incontables. b) Cuantificadores (some, any). c) Preguntar acerca de cantidades y precios. d) Uso de la forma «will» para decisiones espontáneas.

Diálogo

Nicola está en el mercado. Quiere comprar algunos alimentos y John le atiende en su establecimiento.

Nicola: Good morning. **I'll take a dozen eggs**, please. **How much** are they?
John: They're $1.20 for **a dozen**. Anything else?
Nicola: Yes. I'd like **some carrots** too. **How many** can I get for $2.50?
John: About ten. Or you can buy **a bag of carrots** for $2.00.
Nicola: Ok. **I'll take a bag of carrots**. Have you got **any spinach**?
John: Yes, there's **some** there, next to the **tomatoes.**
Nicola: Oh, it looks a bit old. I think **I'll take some cabbage** instead.
John: That's fine. Anything else?
Nicola: **A piece of cheese**, please. The cheddar looks nice.
John: It's very good cheese.
Nicola: **How much** is it?
John: It's $4.45 a pound.
Nicola: Ok. **I'll take some beef** steaks as well.
John: **How many?**
Nicola: Three, please. And **a bag of potatoes. How much** are the grapes?
John: They're $2.50 for **a bunch.**
Nicola: I don't know. That's a bit expensive. But they look nice… **I'll take** them! **A bunch of grapes** too, please.
John: Is that all?
Nicola: Just one more thing. Have you got **any milk**?
John: Yes, it's there, next to the **cheese.**
Nicola: Ok. **I'll take** two **cartons of milk. How much** is that all together?
John: That's $15.50.
Nicola: Here you are.
John: Would you like a bag?
Nicola: Yes, please. Thank you very much. Goodbye!

Diálogo

(traducción)

Cheesesteak

Este sandwich es también conocido como «Philly cheesesteak» o «Steak and cheese». Lleva en su interior pequeñas tiras de carne cubiertas de queso fundido. Fue inventado y asociado a la ciudad de Filadelfia en los años '30 y hoy es un icono, al igual que otras comidas, como los «tastykakes», los «hoagies» o los «scrapples».

Nicola: ¡Buenos días! **Me llevaré una docena de huevos**, por favor. **¿Cuánto cuesta?**
John: Cuesta $1.20 **la docena**. ¿Algo más?
Nicola: Sí. Quisiera **algunas zanahorias** también. ¿**Cuántas** me puedo llevar por $2.50?
John: Unas diez. O puede comprar **una bolsa de zanahorias** por $2.00.
Nicola: De acuerdo. **Me llevo la bolsa de zanahorias**. ¿Tiene **espinacas**?
John: Sí, hay **algunas** allá, junto a los **tomates.**
Nicola: ¡Oh! Parecen un poco pasadas. Creo, en cambio, que **me llevaré algo de col.**
John: Está bien. ¿Algo más?
Nicola: **Un trozo de queso**, por favor. El cheddar tiene buen aspecto.
John: Es muy buen queso.
Nicola: **¿Cuánto cuesta?**
John: $4.45 la libra.
Nicola: De acuerdo. **Me llevaré algunos filetes de res** también.
John: **¿Cuántos?**
Nicola: Tres, por favor. Y **una bolsa de patatas**. ¿**Cuánto cuestan** las uvas?
John: Cuestan $2.50 **el racimo.**
Nicola: No sé. Son un poco caras. Pero tienen buen aspecto... **¡Me las llevo! Un racimo de uvas** también, por favor.
John: ¿Es todo?
Nicola: Una cosa más. ¿Tiene **leche**?
John: Sí, está allá, junto al **queso.**
Nicola: Bien. **Me llevaré dos cartones de leche**. ¿**Cuánto es** todo junto?
John: Son $15.50.
Nicola: Aquí tiene.
John: ¿Quiere una bolsa?
Nicola: Sí, por favor. Muchas gracias. Adiós.

a Vocabulario: Los alimentos - Food

Aprendamos un poco de vocabulario acerca de los alimentos:

Let's speak English

vegetables	***verduras, vegetales***
tomato	*tomate*
cucumber	*pepino*
cabbage	*col*
lettuce	*lechuga*
carrot	*zanahoria*
spinach	*espinaca*
onion	*cebolla*
pepper	*pimiento*
potato	*papa*
meat	***carne***
beef	*carne de res*
lamb	*cordero*
chicken	*pollo*
pork	*cerdo*
steak	*filete*
fish and seafood	***pescado y marisco***
sardine	*sardina*
tuna	*atún, tuna*
mussels	*mejillones*
prawn	*langostino*
lobster	*langosta*
dairy products	***productos lácteos***
milk	*leche*
cheese	*queso*
butter	*mantequilla*
cream	*nata, crema*
yoghurt	*yogurt*

Let's speak English

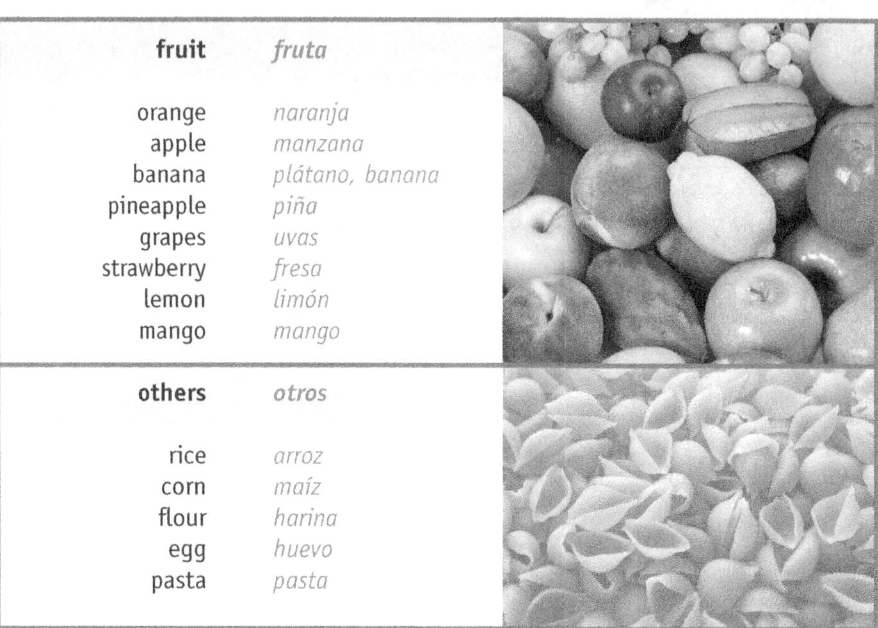

fruit	*fruta*
orange	*naranja*
apple	*manzana*
banana	*plátano, banana*
pineapple	*piña*
grapes	*uvas*
strawberry	*fresa*
lemon	*limón*
mango	*mango*

others	*otros*
rice	*arroz*
corn	*maíz*
flour	*harina*
egg	*huevo*
pasta	*pasta*

b Formas de presentar productos

Los alimentos se suelen presentar con distintos tipos de envase o contenedor, o bien en ciertas cantidades. Así:

a bag of potatoes	*una bolsa (funda) de patatas*
a bottle of wine	*una botella de vino*
a box of cereal	*una caja de cereales*
a bunch of grapes	*un racimo de uvas*
a can of coke	*una lata de cola*
a carton of milk	*un cartón de leche*
a dozen eggs*	*una docena de huevos*
a jar of jam	*un bote de mermelada*
a loaf of bread	*una pieza de pan*
a piece of cheese	*un trozo (porción) de queso*
a six-pack of beer	*un pack de seis cervezas*

** Esta expresión no usa la preposición **«of»**.*

FDA

La «Food and Drug Administration» es la agencia del gobierno de los Estados Unidos responsable de la regulación de alimentos, suplementos alimenticios, medicamentos, cosméticos, aparatos médicos, productos biológicos y productos eméticos (tanto para humanos como para animales).

Little Italy

«Pequeña Italia» es un barrio en Manhattan (Nueva York), llamado así por la profunda influencia de los inmigrantes italianos. Actualmente, la zona que aún se puede reconocer como «Little Italy» es la sección de la calle Mulberry entre Broome y Canal, donde muchos restaurantes italianos son visitados por turistas. La festividad típica de la zona es "San Genaro», la cual se celebra por once días durante el mes de septiembre.

Let's speak English

We need to buy **a carton of** orange juice, **a bunch of** bananas, **two cans of** beer, **a dozen** eggs and **a loaf of** bread for the dinner.

Necesitamos comprar un cartón de jugo de naranja, un racimo de plátanos, dos latas de cerveza, una docena de huevos y una pieza de pan para la cena.

C Pedir un producto en una tienda

Cuando se pide un producto en una tienda, se pueden utilizar varias estructuras:

Formal:	**I'd like to have / take...**	*Me gustaría llevarme...*
Neutra:	**I'll take...**	*Me llevaré...*
Coloquial:	**I want...**	*Quiero...*

- Good morning! **I'll take** a piece of cheese and a bottle of milk.
- Here you are.
- Thank you.

- ¡Buenos días! Me llevaré una porción de queso y una botella de leche.
- Aquí tiene.
- Gracias.

Gramática fácil

a Nombres contables e incontables

Los nombres contables son precisamente aquellos que se pueden contar, es decir, los que pueden llevar delante un número; por lo tanto, son aquellos que tienen plural.

a **book**	*un libro*
six **houses**	*seis casas*
four **flowers**	*cuatro flores*
three **oranges**	*tres naranjas*
two **eggs**	*dos huevos*
eleven **people***	*once personas*

** La palabra «people», aunque generalmente se traduce por «gente», también es el plural de «person», por lo que es contable.*

Los nombres incontables son aquellos que no tienen plural ni pueden ir precedidos por un número; por lo tanto, son aquellos que no se pueden contar.

Entre ellos están los nombres de líquidos, gases, materiales y sustancias en general, nombres abstractos, cualidades, etc.

rice	*arroz*
chocolate	*chocolate*
air	*aire*
bread	*pan*
sugar	*azúcar*
money	*dinero*
love	*amor*
oil	*aceite, petróleo*

Los nombres incontables hacen conjugar al verbo en 3ª persona del singular (como he, she *o* it*):*

Olive oil **is** expensive but healthy.
El aceite de oliva es caro pero saludable.

There **is** some sugar on the table.
Hay azúcar en la mesa.

People

«People» es una de las revista más famosas de EEUU. Su edición es semanal y trata sobre celebridades e historias de interés general. Es publicada por Time Inc. En alguna ocasión ha sido elegida como "Revista del Año", por su excelencia en cuanto a editorial, distribución y publicidad.

Slice of life

El término «Slice of life» es una expresión teatral que describe el estilo naturalista en la representación de la vida real. Su origen se remonta a 1890 y surge de una traducción del francés «tranche de vie», atribuído al dramaturgo Jean Jullien, quien definió: «una obra teatral es una porción de vida puesta en un escenario con arte».

Algunos nombres se pueden contabilizar por medio de otras expresiones:

water – **two glasses of** water *agua – dos vasos de agua*	cheese – **three pieces of** cheese *queso – tres porciones de queso*
shampoo – **a bottle of** shampoo *champú – una botella de champú*	tea – **a cup of** tea *té – una taza de té*

Los nombres, tanto contables como incontables, suelen ir acompañados de unos cuantificadores, que son adverbios y expresiones de cantidad, que tratamos a continuación.

b Cuantificadores (some, any)

Los cuantificadores son adverbios que nos indican la cantidad de alguna cosa. En esta unidad trataremos los siguientes:

Some:
Se utiliza en frases afirmativas.

Con nombres incontables indica cierta cantidad, o sea, «algo»:

There is **some** water in the glass.
Hay (algo de) agua en el vaso.

Delante de nombres contables también indica cierta cantidad, es decir, «algunos»:

There are **some** eggs in the fridge
Hay (algunos) huevos en el refrigerador.

***«Some»** también puede aparecer en preguntas, pero únicamente cuando se pide o se ofrece algo:*

Can I have **some** salt for the steak, please?
¿Me puede dar sal para el filete, por favor?

Would you like **some** wine?
¿Quiere vino?

Gramática fácil

Any: *Se usa en frases negativas y preguntas.*

En frases negativas:	En preguntas:
Delante de nombres incontables equivale a «nada»:	*Delante de nombres incontables equivale a «algo»:*
There isn't **any** sugar for the cake. *No hay (nada de) azúcar para el pastel.*	Is there **any** milk in the carton? *¿Hay (algo de) leche en el cartón?*
Ante sustantivos contables significa «ningún/a»:	*Ante sustantivos contables significa «algunos/as»:*
There aren't **any** watches in the shop. *No hay relojes (ningún reloj) en la tienda.*	Are there **any** pictures on the walls? *¿Hay (algunos) cuadros en las paredes?*

*Hay que tener en cuenta que, aunque en español no se traduzcan, en inglés sí que hay que usar **some** o **any** en los casos citados.*

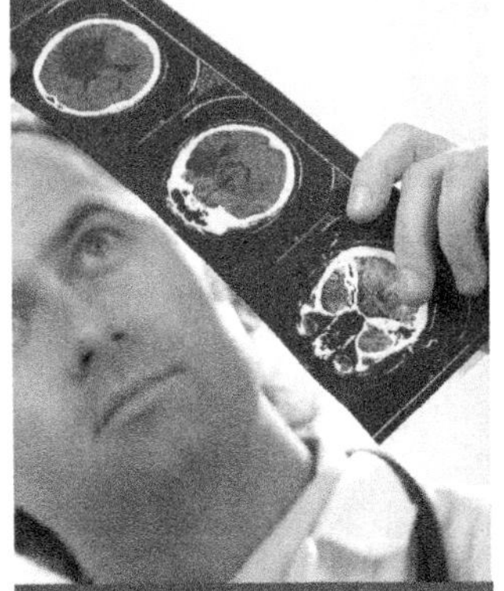

Know-how

Se traduce como «saber-cómo», pero mejor sería «saber hacer». El «know-how» describe la habilidad con la que cuenta una organización para desarrollar sus funciones productivas o de servicios. Es usada en comercio internacional para denominar los conocimientos preexistentes, no siempre académicos, que incluyen: técnicas, información secreta, teorías, e incluso datos privados (como clientes o proveedores).

C Preguntar acerca de cantidades y precios

Para preguntar por cantidades se utilizan dos expresiones:

How much? *con nombres incontables. Equivale a «¿cuánto/a?»:*	***How many?*** *con nombres contables. Equivale a «¿cuántos/as?»*
How much coffee do you want? *¿Cuánto café quieres?*	**How many** lamps did you buy? *¿Cuántas lámparas compraste?*
How much cheese is there? *¿Cuánto queso hay?*	**How many** people are there? *¿Cuántas personas hay?*

Customary system

También llamado «sistema americano» es el sistema de medidas usado en los EEUU. Es similar, pero no idéntico, a las «unidades imperiales británicas». Estados Unidos es el único país industrializado que no utiliza el sistema métrico decimal es sus actividades comerciales. Sin embargo, el «International System of Units» (conocido como SI o «métrico») es utilizado en ciencia, medicina, gobierno y algunos sectores de la industria.

Gramática fácil

Para preguntar el precio de algún producto no se suele utilizar la palabra «money», sino simplemente:
How much + is/are ...?

How much is the car?
¿Cuánto vale el auto?

How much are the tickets?
¿Cuánto valen los boletos?

Uso de la forma «will» para decisiones espontáneas

Cuando alguien toma una decisión de manera espontánea, expresa e sa idea con «will», seguido del infinitivo del verbo (sin «to»). La contracción de «will» es «'ll».

(The doorbell is ringing).
I'll open the door.
(Suena el timbre).
Abriré la puerta.

John, there aren't any potatoes.
John, no hay papas.
Ok. **I'll** buy some.
Bueno, compraré algunas.

Peter, it's raining!
Peter, está lloviendo.
Don't worry.
We'll take the umbrella.
No te preocupes.
Llevaremos el paraguas.

Ejercicios

1

Señala si estos nombres son contables (C) o incontables (I).

a) house ____
b) money ____
c) water ____
d) table ____
e) orange ____
f) orange juice ____
g) teacher ____
h) love ____
i) computer ____
j) people ____

2

Completa los espacios con «some» o «any».

a) Did you do __________ exercise?
b) I don't like __________ programs.
c) She saw __________ people at the park.
d) They don't buy __________ newspapers.
e) I'd like __________ sugar, please.

3

Corrige los errores donde sea necesario

a) How many students is there in your class?
b) How much apples do you want?
c) How much is the meat?
d) There isn't some bread.
e) How many pencils does he need?

4

Relacionar con flechas

a) We don't have any milk.	**1)** I'll open it.
b) The door is closed.	**2)** I'll clean it.
c) The room is dirty.	**3)** I'll change it.
d) This cell phone is very old.	**4)** Ok, I'll buy some.

SOLUCIONES

1.- a) C; b) I; c) I; d) C; e) C; f) I; g) C; h) I; i) C; j) C. 2.- a) any; b) any; c) some; d) any; e) some. 3.- a) How many students are there in your class?; b) How many apples do you want?; d) There isn't any bread. 4.- a) 4; b) 1; c) 2; d) 3

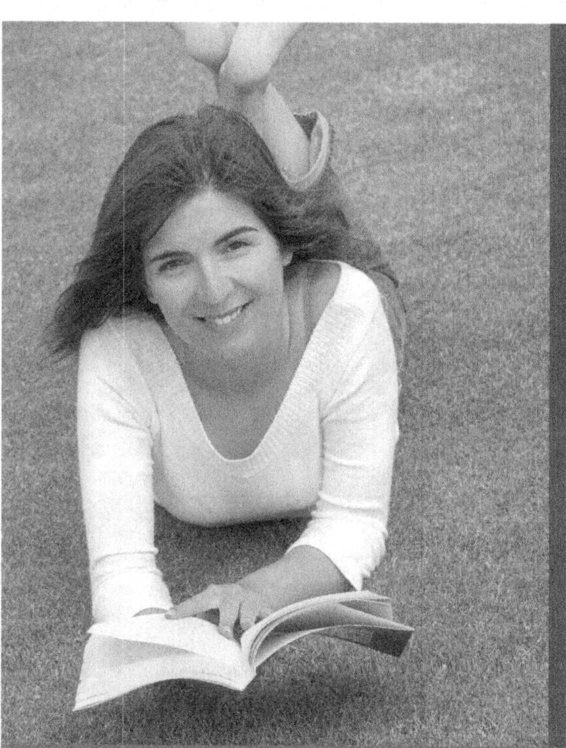

UNIDAD 14

En esta unidad estudiaremos:

LET'S SPEAK ENGLISH:
a) Usos de «how» (I).

GRAMÁTICA FÁCIL:
a) Expresar mucha o poca cantidad.
b) Pronombres indefinidos.
c) Listado de verbos regulares (pasado) (I).

Diálogo

Paula y Jack están comprando muebles para su nuevo apartamento.

***Paula*:** **How about** this couch?

***Jack*:** I don't know. **How wide is** the living room? It looks too big.

***Paula*:** Well, when we measured the room it was four metres wide.

***Jack*:** That's fine, then. But I don't like the color.

***Paula*:** **How lovely!** Look at this one. It's bright red, just like the carpet.

***Jack*:** I think that'll be **a lot of** red in one room. I prefer the blue one.

***Paula*:** **How about going** to another shop? **Somebody** told me there is a good one just down the road.

***Jack*:** Yes, there aren't **many** different couches here.

(They go to the other shop)

***Paula*:** Oh! **How wonderful!** Look **how much** choice there is here!

***Jack*:** Let's look for some pictures as well. We don't have **anything** to put on the walls.

***Paula*:** That's a good idea. Maybe some cushions too. But I can't see them **anywhere.** This shop is so big...

***Jack*:** I can see them over there, by the curtains.

***Paula*:** **Everybody** says this shop is very good, and they're right! Look at these curtains!

***Jack*:** They're really nice. We can put them in our bedroom.

***Paula*:** Yes, we haven't got **many** things for the bedroom yet.

***Jack*:** And **how about** this carpet?

***Paula*:** Er, no! It's horrible!

***Jack*:** Well, I like it.

***Paula*:** Let's go and look for **something** nicer.

***Jack*:** We need some chairs as well. We've only got **a few**.

***Paula*:** Ok, but first, let's look at these pictures...

Diálogo

(traducción)

Interior design

Sister Parish (1910-1994), nacida como Dorothy May Kinnicutt, fue la primera decoradora de interiores en realizar la decoración de la Casa Blanca, durante la presidencia de Kennedy. Su influencia todavía puede verse en el comedor familiar y en el salón oval amarillo. Entre otros clientes, Parrish asesoró al filántropo Jane Engelhard y a la coleccionista de arte Betsey Whitney.

Paula:	¿**Qué te parece** este sofá?
Jack:	No sé. ¿**Cómo es de ancho** el salón? Parece demasiado grande.
Paula:	Bueno, cuando medimos la habitación, tenía cuatro metros de ancho.
Jack:	Está bien, entonces. Pero no me gusta el color.
Paula:	¡**Qué bonito**! Mira éste. Es rojo fuerte, como la alfombra.
Jack:	Creo que será **mucho** rojo en una habitación. Prefiero el azul.
Paula:	¿**Qué tal si vamos** a otra tienda? **Alguien** me dijo que hay una buena bajando la calle.
Jack:	Sí, no hay **muchos** sofás diferentes aquí.
	(Ellos van a la otra tienda)
Paula:	¡Oh! ¡**Qué maravilla**! Mira **cuánta** gama hay aquí.
Jack:	Busquemos algunos cuadros también. No tenemos **nada** que poner en las paredes.
Paula:	Es una buena idea. Quizás algunos cojines también. Pero no los veo **por ningún sitio**. Esta tienda es tan grande…
Jack:	Los veo por allá, junto a las cortinas.
Paula:	**Todo el mundo** dice que esta tienda es muy buena, ¡y llevan razón! ¡Mira esas cortinas!
Jack:	Son realmente bonitas. Podemos ponerlas en nuestro dormitorio.
Paula:	Sí, no tenemos **muchas** cosas para la habitación todavía.
Jack:	¿Y **qué tal** esta alfombra?
Paula:	Er, ¡no! ¡Es horrible!
Jack:	Bueno, a mí me gusta.
Paula:	Vayamos a buscar **algo** más bonito.
Jack:	Necesitamos algunas sillas también. Sólo tenemos **unas pocas**.
Paula:	De acuerdo. Pero primero, miremos esos cuadros…

Usos de «how» (I)

Let's speak English

En una unidad posterior estudiaremos muchos usos de «how», pero a continuación veremos tres de ellos:

Para hacer proposiciones u ofrecimientos se utiliza «how about...?» (¿Qué te parece...?, ¿Qué tal si...?)

«How about» puede ir seguido de:

* *Un verbo. En este caso, el verbo será un gerundio (infinitivo + ing).*

How about going to the movies?
¿Qué tal si vamos al cine?

How about eating out tonight?
¿Qué te parece si salimos a cenar esta noche?

** *Un nombre o un pronombre:*

En estos casos, la equivalencia en español puede ser también ¿Y...?, ¿Qué tal...?

How about Jack?
¿Qué tal Jack?, ¿Y Jack?

How about you?
¿Y tú?, ¿Qué tal tú?

How about this cell phone?
¿Qué te parece este celular?
¿Qué tal este celular?

*«**How**» también puede ir delante de un adjetivo. En este caso lo usamos cuando mostramos sorpresa.*

How nice!	*¡Que bonito!*
How interesting!	*¡Qué interesante!*
How expensive!	*¡Qué caro!*
How hard!	*¡Qué duro!*
How terrible!	*¡Qué mal! / ¡Qué terrible!*
How funny!	*¡Qué divertido!*

HOW magazine

La revista HOW es una publicación de la editorial F&W Publications, de Cincinnati. Fue fundada en 1985 y abarca todos los tema referentes al diseño gráfico, incluidos también ilustración y diseño web. Actualmente la marca se extiende a eventos anuales, competiciones, productos digitales y libros.

Let's speak English

- This is my new car.
- Este es mi auto nuevo.
- How nice!
- ¡Qué bonito!

- She went to China last year.
- Ella fue a China el año pasado.
- How interesting!
- ¡Qué interesante!

- I paid a fortune for this house.
- Pagué una fortuna por esta casa.
- How expensive!
- ¡Qué cara!

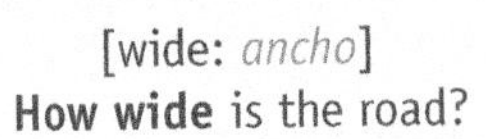

*Pero «**How**» también va delante de un adjetivo cuando preguntamos por las características de algo o alguien:*

[wide: *ancho*]
How wide is the road?
¿Cómo es de ancha la carretera?
¿Cuánto mide de ancho la carretera?

[tall: *alto*]
How tall is your sister?
¿Cómo de alta es tu hermana?
¿Cuánto mide tu hermana?

[far: *lejos*]
How far is the library?
¿A qué distancia está la biblioteca?

a Expresar mucha o poca cantidad

Para expresar mucha cantidad de alguna cosa usamos «much», «many» y «a lot of».

*«**Much**» lo utilizamos con nombres incontables, en frases negativas y preguntas. Equivale a «mucho/a».*

There isn't **much** milk in the fridge.
No hay mucha leche en el refrigerador.

Is there **much** ice?
¿Hay mucho hielo?

*«**Many**» lo usamos con nombres contables, en frases negativas y preguntas. Equivale a «muchos/as».*

There aren't **many** pictures on the walls.
No hay muchos cuadros en las paredes.

Do you have **many** books?
¿Tienes muchos libros?

Pero «many» también puede aparecer en frases afirmativas:

There are **many** apples in that basket.
Hay muchas manzanas en esa canasta.

*«**A lot of**» o «**lots of**» se usan con nombres contables e incontables, en frases afirmativas.*

She has **a lot of** roses in her garden.
Ella tiene muchas rosas en su jardín.

There's **a lot of** wine in the bottle.
Hay mucho vino en la botella.

Lots of people came to the party.
Mucha gente vino a la fiesta.

Con el verbo «to like» (gustar) muchas veces aparecen tanto «much» como «a lot» al final de la frase.

I like English **very much.**
Me gusta mucho el inglés.

She likes swimming **a lot.**
A ella le gusta mucho nadar.

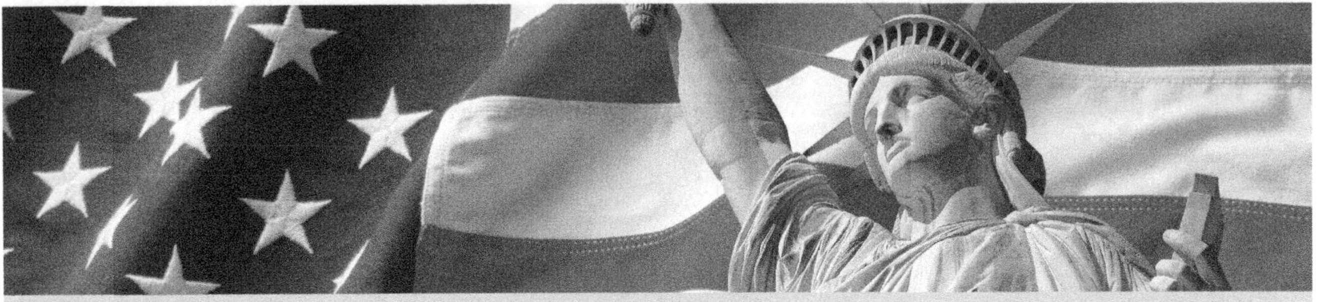

Gramática fácil

*Para expresar una poca o una pequeña cantidad de alguna cosa usamos **«(a) little»** y **«(a) few»**.*

***«A little»** se coloca delante de nombres incontables y equivale a «un poco (de)». Se utiliza en frases afirmativas, negativas y en preguntas.*

There's **a little** sugar.
Hay un poco de azúcar.

***«A few»** se coloca delante de nombres contables y equivale a «unos/as pocos/as». También se utiliza en todo tipo de frases.*

There are **a few** trees in the park.
Hay unos pocos árboles en el parque.

*En los ejemplos anteriores vemos que la cantidad que se nos indica es pequeña, pero parece suficiente. Si queremos expresar que alguna cantidad es pequeña y, además, insuficiente, usaremos **«little»** y **«few»** en lugar de «a little» y «a few».*

There's **little** sugar.
Hay poco azúcar. (Necesitaremos más).

There are **few** trees in the park.
Hay pocos árboles en el parque. (Debería haber más).

Little Women

«Mujercitas» es la novela más famosa de Louise May Alcott. Trata sobre la vida de cuatro hermanas y su madre, mientras esperan el regreso del padre, quien fue a luchar en la Guerra Civil de Estados Unidos. Fue publicada el 30 de septiembre de 1868 y su historia se llevó al cine, al teatro y, como musical, a Broadway.

America the Beautiful

«América la Bella» es una canción patriótica de los Estados Unidos. La letra es de Katharine Lee Bates, una profesora de inglés del Wellesley College, que la compuso en 1893. Se cantó con diferentes melodías, pero la más común es Hymn tune, compuesta en 1882 por Samuel A. Ward.

Gramática fácil

b Pronombres indefinidos

Los pronombres indefinidos son los que utilizamos cuando nos referimos a personas, cosas y lugares, pero no los podemos precisar.

Se forman combinando			
	some	con	**body**
	any		**one**
			thing
			where

Los compuestos con «body» y «one» son sinónimos y se refieren a personas, con «thing» a cosas y con «where» a lugares.

* *Al igual que «some», sus compuestos se utilizan en frases afirmativas.*

Sabemos que «some» indica cierta cantidad, luego:

somebody, someone	*alguien*
something	*algo*
somewhere	*en algún lugar*

There's **someone** at the door.
Hay alguien en la puerta.

I have **something** in my pocket.
Tengo algo en mi bolsillo.

She left her watch **somewhere.**
Ella dejó su reloj en algún lugar.

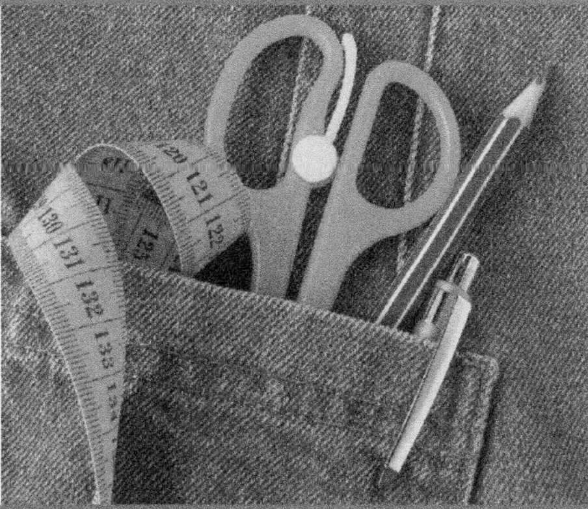

Gramática fácil

** «Any», como sus compuestos, se usan en frases negativas y en preguntas:

	en frases negativas	en preguntas
anybody, anyone	*nadie*	*alguien*
anything	*nada*	*algo*
anywhere	*en ningún lugar*	*en algún lugar*

Is there **anybody** at home?
¿Hay alguien en casa?

I don't have **anything.**
No tengo nada.

I can't find my wallet **anywhere.**
No encuentro mi billetera en ningún lugar.

Linus Pauling

Fue un químico estadounidense (1901-1994) y una de las mentes más brillantes del siglo XX. Fue uno de los primeros químicos cuánticos y recibió el Premio Nobel de Química en 1954, por su trabajo sobre la naturaleza de los enlaces químicos, y el Nobel de la Paz en 1962, por su campaña contra las pruebas nucleares terrestres.

*Además de los estudiados, vamos a tratar también los usos de «**every**» y sus compuestos. Todos implican un sentido de totalidad y se utilizan en frases afirmativas, negativas y en preguntas:*

everybody, everyone
todos, todo el mundo

everything
todo, todas las cosas

everywhere
en todos los lugares, por todos sitios

Did **everybody** come to the party?
¿Todos vinieron a la fiesta?

I didn't tell you **everything.**
No te lo dije todo.

There are people **everywhere.**
Hay gente por todos sitios.

Hay que tener en cuenta que con un pronombre indefinido, el verbo se usa en 3ª persona del singular (como he, she *o* it*).*

Somebody **is** there.
Alguien está allí.

Everybody **sleeps** at night.
Todo el mundo duerme por la noche.

There **isn't** anyone at home.
No hay nadie en casa.

Independent Spirit Awards

Estos premios son presentados por "Film Independent", una organización sin fines de lucro, dedicada a directores y películas independientes. Desde 1984 se entregan anualmente con una ceremonia que se realiza en la playa de Santa Monica, California. Algunos de los ganadores fueron Christopher Nolan, Steve Buscemi, Christopher Lloyd y Bill Murray.

Gramática fácil

C Listado de verbos regulares (I)

A continuación se muestra una pequeña relación de verbos regulares con sus formas de pasado simple.

Verbos regulares

Infinitivo		Pasado
To answer:	*contestar*	answered
To ask:	*preguntar*	asked
To arrive:	*llegar*	arrived
To clean:	*limpiar*	cleaned
To close:	*cerrar*	closed
To cook:	*cocinar*	cooked
To decide:	*decidir*	decided
To enjoy:	*disfrutar*	enjoyed
To explain:	*explicar*	explained
To finish:	*terminar*	finished
To help:	*ayudar*	helped
To like:	*gustar*	liked
To look:	*mirar*	looked
To open:	*abrir*	opened
To play:	*jugar, tocar un instrumento*	played
To rain:	*llover*	rained
To repeat:	*repetir*	repeated
To stop:	*parar, detener*	stopped
To study:	*estudiar*	studied
To watch:	*mirar (TV), observar*	watched
To work:	*trabajar*	worked

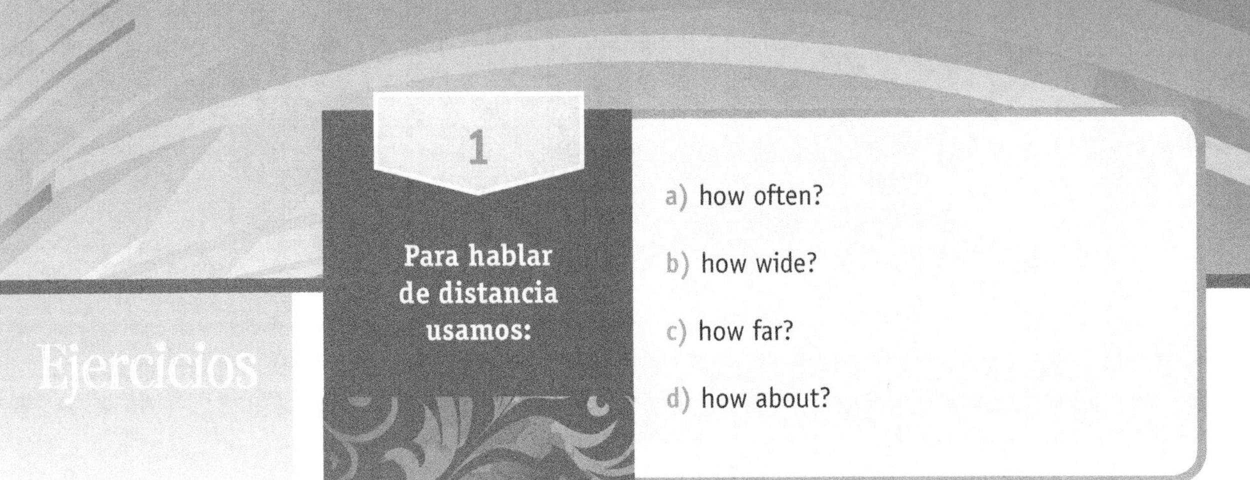

Ejercicios

1

Para hablar de distancia usamos:

a) how often?

b) how wide?

c) how far?

d) how about?

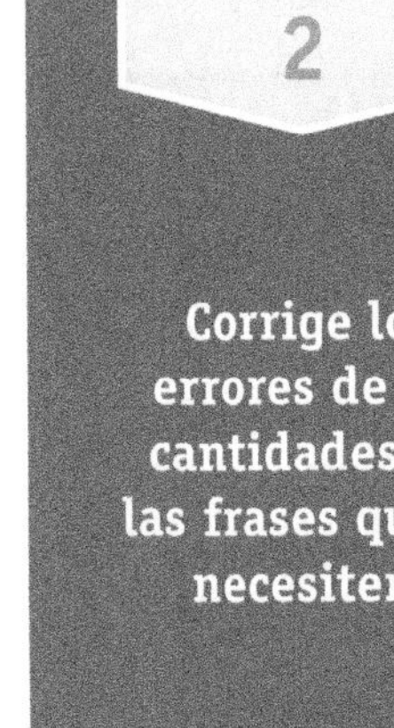

2

Corrige los errores de las cantidades en las frases que lo necesiten.

a) There's many wine in the bottle.

b) I have a few eggs for the omelette.

c) Is there much traffic downtown?

d) He's lucky. He doesn't have much problems.

e) Does she drink many milk?
No, she only drinks a little milk.

f) There are a little difficult excercises.
Not many.

g) She's very extroverted.
She has a lot of friends.

3

Usa compuestos de «some» (something, somebody / someone, somewhere) y «any» (anything, anybody / anyone, anywhere) en las siguientes frases.

a) Is there ______________ I can do?

b) I saw ______________ on the table.

c) ______________ is talking to her.

d) She put her keys ______________ .

e) He didn't phone ___________ yesterday.

SOLUCIONES

1.- how far. 2.- **a)** There's a lot of wine in the bottle; **d)** He's lucky. He doesn't have many problems; **e)** Does she drink much milk? No, she only drinks a little milk; **f)** There are a few difficult exercises. Not many. 3.- **a)** anything; **b)** something; **c)** Somebody / Someone; **d)** somewhere; **e)** anybody / anyone

UNIDAD 15

En esta unidad estudiaremos:

LET'S SPEAK ENGLISH:
a) Números ordinales. Usos.
b) Fechas.
c) Vocabulario: En el hotel.

GRAMÁTICA FÁCIL:
a) Preposiciones de lugar.
b) Los adverbios «here» y «there».
c) Listado de verbos irregulares (pasado) (I).

Diálogo

Linda acaba de llegar al hotel. Matthew es el recepcionista.

Linda:	Good afternoon! I have a reservation under the name of Jones.
Matthew:	Good afternoon, madam! Would you tell me the dates of your stay, please?
Linda:	I'm arriving on **June, 24th**, and I'm leaving on **July, 1st**.
Matthew:	Thank you. You'll be in room number 524, on the **fifth** floor. The **elevator** is **over there, near** the entrance.
Linda:	What time does the **front desk** close? I'll be returning late tonight.
Matthew:	The **front desk** never closes, but at night there is a security guard instead of a **desk clerk**. The **desk clerks** are on duty from 7am until 11pm.
Linda:	That's fine. Is there anywhere in the hotel where I can get a drink?
Matthew:	There is a **bar** on the **fourth** floor and a **coffee shop** on the **third** floor.
Linda:	Is there a **laundry**?
Matthew:	Yes, we have a **laundry service**. Just leave your clothes **here**, at the **front desk**, and we'll wash them and return them to your room. If you need to call **room service**, dial 100 on the **telephone**.
Linda:	Is it possible to send a fax?
Matthew:	Yes. We have a **fax machine** for **guests** to use.
Linda:	That's great. How do I get to my room?
Matthew:	Room 524 is on the **fifth** floor. You need to take the **elevator**, then turn right and go straight down the corridor. Your room is **next to** the stairs.
Linda:	Very good, thank you.
Matthew:	If you want to buy any gifts or postcards, we also have a **gift shop** just down the road, **across from** the bus stop.
Linda:	Thank you very much.
Matthew:	You're welcome. Enjoy your stay.
Linda:	Thank you. See you later.

Diálogo

(traducción)

Waldorf-Astoria

Este lujoso hotel, mundialmente conocido, funciona en un rascacielos de estilo art déco de 47 pisos, situado en Manhattan, Nueva York. El edificio, diseñado por la empresa Schultze & Weaver, se terminó de construir en 1931. Por sus habitaciones pasaron Douglas MacArthur, Nikola Tesla, el Duque y la Duquesa de Windsor, Cole Porter y Marilyn Monroe, entre otros.

Linda: *¡Buenas tardes! Tengo una reserva a nombre de Jones.*

Matthew: *¡Buenas tardes, señora! ¿Puede decirme las fechas de su estadía?*

Linda: *Llego el* ***24 de junio*** *y me marcho el* ***1 de julio****.*

Matthew: *Gracias. Estará en la habitación número 524, en la* ***quinta*** *planta. El* ***ascensor*** *está* ***por allí****,* ***cerca*** *de la entrada.*

Linda: *¿A qué hora cierra la* ***recepción****? Volveré tarde esta noche.*

Matthew: *La* ***recepción*** *nunca cierra, pero por la noche hay un guardia de seguridad en lugar de un* ***recepcionista****. Los* ***recepcionistas*** *están de servicio desde las 7 am hasta las 11 pm.*

Linda: *Está bien. ¿Hay algún lugar en el hotel donde pueda conseguir algo para beber?*

Matthew: *Hay un* ***bar*** *en la* ***cuarta*** *planta y una* ***cafetería*** *en la* ***tercera*** *planta.*

Linda: *¿Hay* ***lavandería****?*

Matthew: *Sí, tenemos* ***servicio de lavandería****. Simplemente deje su ropa* ***aquí****, en* ***recepción****, y se la lavaremos y devolveremos a su habitación. Si necesita llamar al* ***servicio de habitaciones****, marque el 100 en el* ***teléfono****.*

Linda: *¿Es posible enviar un fax?*

Matthew: *Sí. Tenemos* ***fax*** *para uso de los* ***clientes****.*

Linda: *Muy bien. ¿Cómo llego a mi habitación?*

Matthew: *La habitación 524 está en la* ***quinta*** *planta. Necesita tomar el* ***ascensor****, luego doblar a la derecha y seguir recto el pasillo. Su habitación está* ***junto a*** *las escaleras.*

Linda: *Muy bien. Gracias.*

Matthew: *Si quiere comprar regalos o postales, también tenemos una* ***tienda de regalos*** *bajando la calle,* ***enfrente de*** *la parada del autobús.*

Linda: *Muchas gracias.*

Matthew: *De nada. Disfrute su estadía.*

Linda: *Gracias. Hasta luego.*

a Números ordinales – Ordinal numbers

Los tres primeros números ordinales son los siguientes:

1º primero	1st	fir**st**
2º segundo	2nd	seco**nd**
3º tercero	3rd	thi**rd**

Como se ve, en la abreviatura de los números ordinales aparece la cifra y las dos últimas letras del ordinal, escrito en letra.

A partir del número cuatro, el ordinal se forma a partir del número cardinal, añadiéndole «th»: ***número + th.***

4º cuarto	4th	four**th**
5º quinto	5th	fif**th**
6º sexto	6th	six**th**
7º séptimo	7th	seven**th**
8º octavo	8th	eigh**th**
9º noveno	9th	nin**th**
10º décimo	10th	ten**th**
11º undécimo	11th	eleven**th**
12º duodécimo	12th	twelf**th**
13º decimotercero	13th	thirteen**th**
14º decimocuarto	14th	fourteen**th**
15º decimoquinto	15th	fifteen**th**
16º decimosexto	16th	sixteen**th**
17º decimoséptimo	17th	seventeen**th**
18º decimoctavo	18th	eighteen**th**
19º decimonoveno	19th	nineteen**th**
20º vigésimo	20th	twentie**th**

Let's speak English

Let's speak English

Pero podemos ver ligeros cambios en algunos números:

five ▶ **fifth**
(«-ve» cambia a «-f» antes de añadir «-th»)

eight ▶ **eighth**
(al acabar en «t», sólo añade «-h»)

nine ▶ **ninth**
(la «e» desaparece antes de añadir «-th»)

twelve ▶ **twelfth**
(«-ve» cambia a «-f» antes de añadir «-th»)

twenty ▶ **twentieth**
(la «y» cambia a «i» y se añade «-eth»)

Las decenas seguirán el modelo «-ieth»:

30**th**	thirt**ieth**
40**th**	fort**ieth**
50**th**	fift**ieth**
80**th**	eight**ieth**

En números compuestos por decena y unidad, sólo cambia a ordinal la unidad:

21**st**	twenty-fir**st**
32**nd**	thirty-seco**nd**
63**rd**	sixty-thi**rd**
85**th**	eighty-fif**th**

Usos:

Los números ordinales se usan para indicar el orden en que sucede algo o la ubicación de las cosas:

This is my **second** flight to New York.
Este es mi segundo vuelo a Nueva York.

Today is her **74th** anniversary.
Hoy es su 74° aniversario.

Take the **first** right and go ahead.
Doble la primera (calle) a la derecha y siga recto.

VOTES FOR WOMEN TO-NIGHT 8 P.M. ADMISSION FREE

The 19th
La decimonovena enmienda de la Constitución de los Estados Unidos establece que el derecho al voto no puede ser impedido por discriminacion de sexo. Fue promulgada el 18 de agosto de 1920.

20th Century Fox

La empresa "20th Century Fox", ubicada en el área de Century City, Los Ángeles (California), es una de las principales del sector cinematográfico. La compañía fue fundada en 1915 por William Fox, un pionero en la creación de cadenas de salas de cine. Fox comenzó a producir películas en 1914 y en 1917 obtuvo un sonado éxito con "Cleopatra", protagonizada por Theda Bara.

Con ellos indicamos los distintos pisos o plantas de un edificio:

My aunt lives on the **ninth** floor.
Mi tía vive en el noveno piso.

Your room is on the **seventh** floor.
Su habitación está en el séptimo piso.

Y también se usan para decir las fechas (aunque en español usemos los números cardinales):

The meeting is on January, **16th**.
La reunión es el 16 de enero.

Her birthday is on November, **21st**.
Su cumpleaños es el 21 de noviembre.

The course starts on September, **12th**.
El curso empieza el 12 de septiembre.

b Fechas - Dates

Hemos visto que usaremos los números ordinales para las fechas, pero éstas pueden decirse y escribirse de varias maneras.

March, 12th March, the twelfth
March, 12 March, the twelfth

(Aunque no aparezcan las letras del ordinal, sí se pronuncian).

Habitualmente se escribe y se dice primero el mes y después el día:

3/12 (March, twelfth)

6/30/1973 (June, thirtieth, nineteen seventy-three)

Aunque también podemos encontrarnos:

12th March
the twelfth of March

Many Glacier Hotel

El hotel «Many Glacier» es un hotel histórico situado en el Parque Nacional de los Glaciares, en Montana, Estados Unidos. Se encuentra en la ribera oriental del lago Swiftcurrent. El edificio está diseñado en una serie de chalets de hasta cuatro pisos de altura. En la decoración se ha utilizado el estilo suizo de piedra y madera.

Let's speak English

C Vocabulario: En el hotel – At the hotel

En un hotel encontramos:

lobby / *lobby*

front desk / *recepción*

desk clerk / *recepcionista*

rooms / *habitaciones*

bar / *bar*

coffee shop / *cafetería*

giftshop / *tienda de regalos*

guest / *cliente*

bell person / *botones*

elevator / *ascensor*

laundry / *lavandería*

amenities / *artículos de aseo*

bank cards / *tarjetas bancarias*

traveler's check
cheque de viaje

room service
servicio de habitaciones

Y como objetos que encontramos en recepción:

computer / *computadora*

printer / *impresora*

fax machine / *fax*

telephone / *teléfono*

photocopier / *fotocopiadora*

paper / *papel*

eraser / *goma*

pen / *bolígrafo*

pencil / *lápiz*

stapler / *engrapadora*

stationery
artículos de oficina

keys / *llaves*

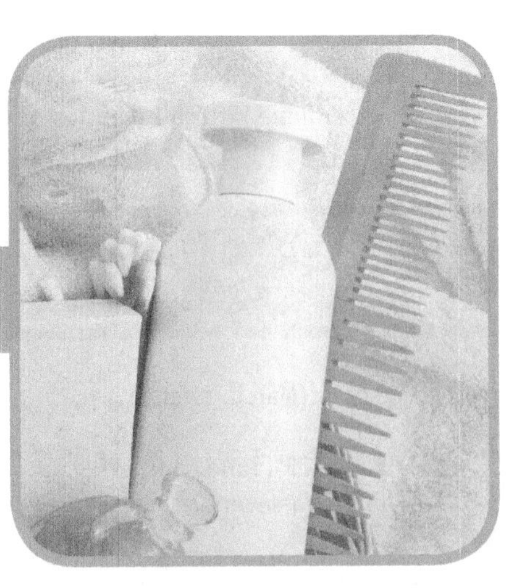

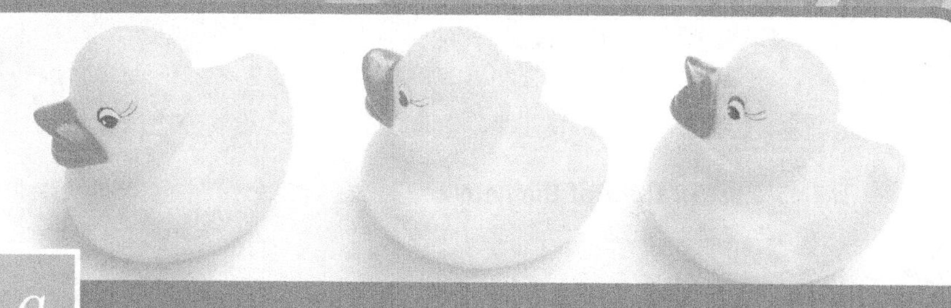

a

Preposiciones de lugar

En un capítulo anterior ya tratamos expresiones de lugar, que ahora ampliamos con más preposiciones:

Gramática fácil

in	*en, dentro de*
on	*en, sobre*
at	*en (un punto)*
above, over	*(por) encima de (pero sin contacto físico)*
below	*bajo, por debajo de*
under	*debajo de*
in front of	*delante de*
behind	*detrás (de)*
across from	*enfrente de*
next to	*junto a*
beside	*al lado de*
near	*cerca (de)*
between	*entre (dos)*
among	*entre (más de dos)*

The telephone is **on** the table.
El teléfono está sobre la mesa.

My room is **above** the restaurant.
Mi habitación está encima del restaurante.

The temperature is **below** zero.
La temperatura está bajo cero.

There is a printer **under** the desk.
Hay una impresora debajo de la mesa.

The desk clerk is **behind** you.
El recepcionista está detrás de ti.

Her room is **next to** the bar.
Su habitación está junto al bar.

The hotel is **between** the shop and the school.
El hotel está entre la tienda y la escuela.

The manager is **among** these people.
El gerente está entre estas personas.

Hay que tener cuidado, pues un error común es traducir «in front of» por «enfrente de», cuando, en realidad, es «delante de».

There's a car **in front of** the hotel.
Hay un auto delante del hotel.

There's a bank **across from** the hotel.
Hay un banco enfrente del hotel.

En algunos países de lengua inglesa se utiliza «opposite» como «enfrente de».

Gramática fácil

b Los adverbios «here» y «there»

«Here» (aquí, acá) y «there» (allí, allá, ahí) son dos adverbios de lugar.

*«**Here**» se utiliza cuando indicamos que algo está cerca del hablante, o bien un lugar próximo a él:*

Come **here**! / *¡Ven aquí!*

I work **here**. / *Trabajo aquí.*

Is there a post office near **here**?
¿Hay una oficina de correos cerca de aquí?

*«**There**» se usa cuando indicamos que algo está retirado o alejado del hablante, o bien un lugar distante de él:*

I went to Italy because my mother lives **there**.
Fui a Italia porque mi madre vive allí.

The pen is **there**, near the phone.
El bolígrafo está allí, cerca del teléfono.

En muchos casos estos adverbios aparecen en otras expresiones:

My house is **right here**.
Mi casa está aquí mismo.

You can buy stamps **right there**.
Puedes comprar sellos allí mismo.

I left my glasses **over here**.
Dejé mis lentes por aquí.

There's a man waiting for you **over there**.
Hay un hombre esperándote por allí.

There is another bar **up here**.
Hay otro bar aquí arriba.

The conference room is **up there**.
La sala de conferencias está allá arriba.

The lobby is **down here**.
El lobby está aquí abajo.

I can see my car **down there**.
Puedo ver mi auto allá abajo.

Downtown

Este término se aplica actualmente al centro o distrito financiero y comercial de una gran ciudad. La expresión fue acuñada en Nueva York, ciudad que nació al sur de Manhattan y luego creció hacia el norte, distinguiéndose desde entonces el «uptown» (alto Manhattan) y el «downtown» (bajo Manhattan).

Link Vint

Vinton 'Vint' G. Cerf (Connecticut, 1943) es un científico de la informática, considerado uno de los 'padres' de Internet. Se graduó en Stanford y obtuvo su doctorado en UCLA. A principios de los '70 trabajó con Robert Kahn en un conjunto de protocolos de comunicaciones para la red militar ARPANET. El objetivo era crear una "red de redes" que permitiera interconectar al Departamento de Defensa de los EEUU con independencia del tipo de conexión: radioenlaces, satélites y líneas telefónicas.

Gramática fácil

C Listado de verbos irregulares (I)

A continuación se muestra una lista de verbos irregulares con sus formas de pasado simple:

Infinitivo		Pasado
To be:	*ser, estar*	was/were
To bring:	*traer*	brought
To buy:	*comprar*	bought
To come:	*venir*	came
To do:	*hacer*	did
To drink:	*beber*	drank
To drive:	*manejar, conducir*	drove
To eat:	*comer*	ate
To feel:	*sentir*	felt
To find:	*encontrar*	found
To forget:	*olvidar*	forgot
To get:	*obtener, llegar*	got
To give:	*dar*	gave
To go:	*ir*	went
To have:	*tener, haber*	had
To lose:	*perder*	lost
To make:	*hacer, fabricar*	made
To pay:	*pagar*	paid
To put:	*poner*	put
To read:	*leer*	read
To say:	*decir*	said
To see:	*ver*	saw
To sing:	*cantar*	sang
To speak:	*hablar*	spoke
To take:	*tomar, llevar*	took
To tell:	*decir, contar*	told
To understand:	*comprender*	understood
To write:	*escribir*	wrote

Ejercicios

1

Escribe en letra los siguientes números ordinales. En vertical se puede leer una preposición de lugar.

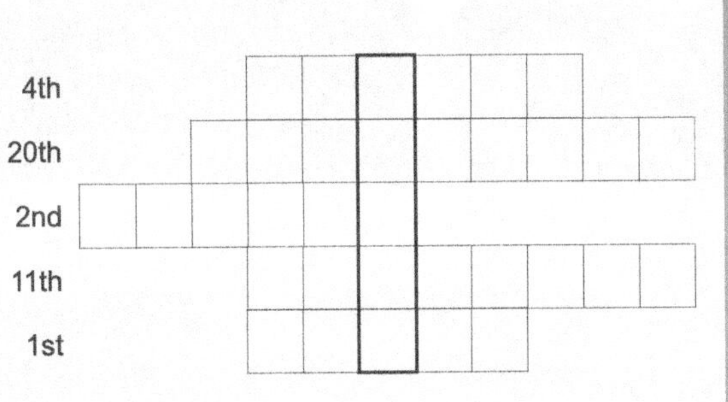

2

What's the opposite of «behind»?

a) near

b) in front of

c) under

d) between

3

What is similar to «next to»?

a) far

b) beside

c) on

d) across from

4

Subrayar la respuesta adecuada en cada caso

a) The bag is *(in / behind / among)* you.

b) The dog is sleeping *(above / in / in front of)* the door.

c) Is he waiting *(at / under / between)* the shoe shop?

d) I saw Peter *(across from / on / below)* your apartment.

e) There's a present *(at / in / over)* this box.

SOLUCIONES

1.-
FOURTH
TWENTIETH
SECOND
ELEVENTH
FIRST

2.- **b)** in front of.
3.- **b)** beside.
4.- **a)** behind; **b)** in front of; **c)** at; **d)** across from; **e)** in

APRENDE INGLÉS

LIBRO 4

Unidades 16 a 20

UNIDAD 16

En esta unidad estudiaremos:

LET'S SPEAK ENGLISH:
a) Peticiones.
b) Vocabulario: El apartamento.

GRAMÁTICA FÁCIL:
a) Preposiciones de movimiento.
b) Preguntas con preposición final.

Diálogo

Jake, un agente inmobiliario, está enseñando a Ruth los planos y fotos de una casa en la que está interesada.

Jake: So, here we are in your possible new **home**!
Ruth: **Would** you show me the **living room** first, please?
Jake: Certainly. It's just **through** here. And these are the photos.
Ruth: Oh, it's lovely! I love the **fireplace.** It's very original.
Jake: Obviously if you buy the house, you can change the **carpet** and the color of the **walls**.
Ruth: Yes. I don't like this red very much. I think I'll paint the **walls** blue, with a white **ceiling** and a gray **floor. Will** you show me the **kitchen** now, please?
Jake: Yes. The **kitchen** is **across** the **hallway** from the **living room**.
Ruth: It's very big!
Jake: And this is the **bathroom**...
Ruth: What a lovely color!
Jake: The **bedroom**...
Ruth: I love the view. You can see the park from the **window**.
Jake: And, **where** are you **from**?
Ruth: We're from New York City, but we want to move somewhere quieter. I want to **come home** and relax somewhere peaceful.
Jake: Well, this house is perfect for you, then. The location is excellent. It's quiet, but if you need anything, just **go across** the street and there's a supermarket.
Ruth: And the children can **walk back** from school. I'll have to **drive to** work.
Jake: But there's not much traffic. You'll **get to** New York in about half an hour.
Ruth: Well, I love the house, but I need to speak to my husband before saying yes.
Jake: That's fine. **Would** you sign here, please?
Ruth: **What for**?
Jake: Just to say that you saw the house on April, 3rd.
Ruth: Ok. I'll phone you soon. Goodbye!

Diálogo

(traducción)

Museum of Firefighting

El FASNY es un museo sobre la historia de los bomberos y la lucha contra el fuego. Está ubicado en Hudson (NY) y pertenece a la «Firemen's Association of the State of New York». El espacio cuenta con exposiciones permanentes de carros antiguos, cascos, herramientas, trajes y estandartes de los cuerpos de bomberos más famosos del país.

Jake:	*¡Aquí estamos en su posible nuevo **hogar**!*
Ruth:	*¿**Puede** mostrarme el **salón** primero, por favor?*
Jake:	*Por supuesto. Está **por** aquí. Y éstas son las fotos.*
Ruth:	*¡Oh! Es maravilloso. Me encanta la **chimenea**. Es muy original.*
Jake:	*Obviamente, si compra la casa, puede cambiar la **alfombra** y el color de las **paredes**.*
Ruth:	*Sí. No me gusta mucho este rojo. Creo que pintaré las **paredes** en azul, con un **techo** blanco y un **suelo** gris. ¿**Puede** mostrarme la **cocina** ahora, por favor?*
Jake:	*Sí. La **cocina** está **cruzando** el **pasillo** desde el **salón**.*
Ruth:	*¡Es muy grande!*
Jake:	*Y este es el **baño**...*
Ruth:	*¡Qué color tan bonito!*
Jake:	*El **dormitorio**...*
Ruth:	*Me encanta la vista. Puedes ver el parque desde la **ventana**.*
Jake:	*¿Y **de dónde** son ustedes?*
Ruth:	*Somos de la ciudad de Nueva York pero queremos mudarnos a algún lugar más tranquilo. Quiero **volver a casa** y relajarme en un lugar apacible.*
Jake:	*Bueno, entonces esta casa es perfecta para ustedes. La ubicación es excelente. Es tranquila pero, si necesitan cualquier cosa, **cruzan** la calle y allí está el supermercado.*
Ruth:	*Y los niños pueden **volver** de la escuela caminando. Yo tendré que **manejar** para ir a trabajar.*
Jake:	*Pero no hay mucho tráfico. **Llegará** a Nueva York en una media hora.*
Ruth:	*Bueno, me encanta la casa, pero necesito hablar con mi marido antes de decir que sí.*
Jake:	*Está bien. ¿**Podría** firmar aquí, por favor?*
Ruth:	*¿**Para qué?***
Jake:	*Sólo para decir que usted vio la casa el 3 de abril.*
Ruth:	*De acuerdo. Le llamaré pronto. ¡Adiós!*

a Peticiones - Requests

En un capítulo anterior ya aprendimos que cuando pedimos a alguien que haga algo podíamos usar «can» y «could». A continuación veremos que también podemos realizar peticiones por medio de los auxiliares «will» y «would».

«Will» ► peticiones informales

«Would» ► peticiones formales

Will you open the door, please?
¿Puedes abrir la puerta, por favor?

Will you do me a favor?
¿Puedes hacerme un favor?

Will you pick up the children?
¿Puedes recoger a los niños?

Would you close he window, please?
¿Podría cerrar la ventana, por favor?

Would you sign here?
¿Podría firmar aquí?

Would you help me, please?
¿Podría ayudarme, por favor?

Como vemos, se pueden usar indistintamente, pero con la diferencia del matiz de formalidad, que es lo que ocurre también con «can» y «could».

Let's speak English

Recreational Vehicle

En EEUU, se conoce como «RVs» a los vehículos equipados como casas rodantes o «motorhomes». Generalmente incluyen cocina, baño, dormitorio y sala de estar. Algunos permiten estadías breves, para vacaciones o camping, mientras que otros más complejos pueden ser vivienda permanente. Algunas grandes ciudades ofrecen este tipo de vehículo en alquiler.

Let's speak English

b Vocabulario: El apartamento – The apartment

house / *casa*
home / *casa, hogar*

Rooms / *habitaciones*

living room / *sala de estar*

dining room / *comedor*

bedroom / *dormitorio*

kitchen / *cocina*

study / *despacho*

hallway / *pasillo*

bathroom / *baño*

In the living room / *En la sala de estar*

carpet / *alfombra*
cushion / *cojín*
bookcase / *librería*
fireplace / *chimenea*
picture / *cuadro*
vase / *jarrón*
lamp / *lámpara*
table / *mesa*
chair / *silla*
armchair / *sillón*
couch / *sofá*
television (set) / *televisor*
radiator / *radiador*
furniture / *muebles*
door / *puerta*
window / *ventana*
ceiling / *techo*
wall / *pared*
floor / *piso*

Water Conservation Ordenance

Por su clima árido, en la ciudad de Los Angeles (California) existe una ordenanza que limita el uso del agua. Está prohibido para limpieza de veredas y calles, en fuentes decorativas sin recirculación e incluso, en los restaurantes, no se puede servir agua a quien no lo solicite.

a Preposiciones de movimiento

Gramática fácil

across	*a través de (a lo ancho)*
along	*a lo largo (de), por*
back (from)	*de vuelta (de)*
down	*abajo, hacia abajo*
up	*arriba, hacia arriba*
up to	*hasta*
into	*adentro*
out of	*fuera de, afuera*
from	*de, desde*
past	*(pasar) por delante de*
to	*a, hacia*
round	*alrededor de*
through	*a través de (a lo largo)*

Estas preposiciones se suelen utilizar acompañando a verbos que implican movimiento:

To go: ir

We **went across** the street to get home.
Cruzamos la calle para llegar a casa.

They usually **go along** the seaside.
Ellos normalmente van por la orilla.

She **went back** home late.
Ella volvió a casa tarde.

Go down the street and there is the bus stop.
Baja la calle y allí está la parada del autobús.

I **went up to** the station.
Fui hasta la estación.

Gramática fácil

It was cold and we **went into** a bar.
Hacía frío y entramos en un bar.

He **went out of** the room quickly.
Él salió de la habitación rápidamente.

I **go past** the bakery on my way home.
Paso por la panadería de camino a casa.

How about **going to** the movies?
¿Qué tal si vamos al cine?

Go round the corner.
Dobla por la esquina.

The train **went through** a tunel.
El tren pasó por un túnel.

Rosa Parks

Nacida como Rosa Louise McCailey (1913 - 2005) fue un icono del Movimiento por los Derechos Civiles en EEUU. En 1955 se negó a dejar el asiento (por ser de raza negra) en un autobus y la acción concluyó con su encarcelamiento. La detención de Rosa inspiró al por entonces desconocido pastor Martin Luther King a liderar una protesta pública contra la segregación racial en los autobuses.

To come: venir

I **come across** the hall to go out.
Cruzo la sala para salir.

They **come back** home after school.
Ellos vuelven a casa después de la escuela.

She's **coming from** work.
Ella viene del trabajo.

I'd like to **come to** this place again.
Me gustaría venir a este lugar otra vez.

To walk: caminar

Walk across the square.
Cruza la plaza.

I like **walking along** the 5th Avenue.
Me gusta pasear por la 5ª Avenida.

We **walked into** the conference room.
Entramos en la sala de conferencias.

I saw him **walking past** my house.
Lo vi pasando por (delante de) mi casa.

They always **walk (up) to** the river.
Ellos siempre caminan hasta el río.

On Sunday afternoons I **walk round** the park.
Los domingos por la tarde paseo por el parque.

Parker House Roll

Los panecillos de la Casa Parker son una creación de Fannie Farmer, cocinera del Parker House Hotel de Boston (Massachusetts). Se trata de una masa tierna, ligeramente dulce, realizada con leche y manteca. La exclusiva receta aparece en el «Libro de Cocina de Escuela de Cocina de Boston», editado en 1896.

Gramática fácil

To drive: manejar, conducir

She rarely **drives** home **from** the museum.
Pocas veces conduce a casa desde el museo.

We always **drive to** work.
Siempre vamos en coche (manejamos)al trabajo.

I **drove past** the station this morning.
Esta mañana pasé (manejando) por la estación.

They were **driving along** the street when they had an accident.
Iban manejando por la calle cuando tuvieron un accidente.

To run: correr

I **ran back to** my house.
Volví corriendo a mi casa.

The athletes **run up** this hill.
Los atletas suben corriendo esta colina.

She **ran out of** the hotel to take a taxi.
Ella salió corriendo del hotel para tomar un taxi.

To travel: viajar

They are **traveling to** Madrid.
Ellos están viajando a Madrid.

I **traveled from** India **to** China by train.
Viajé desde India a China en tren.

Gramática fácil

Golden boy

Michael Fred Phelps (Maryland, 1985) es un nadador estadounidense, considerado por muchos el mejor de la historia. Obtuvo catorce medallas de oro por su participación en los Juegos Olímpicos de Atenas 2004 y Pekín 2008. Su entrenador, Bow Bowman, lo conoció cuando tenía tan solo once años y lo guío por toda su exitosa carrera.

To swim: nadar

She's **swimming along** the pool.
Ella está nadando a lo largo de la piscina.

I **swam across** this river last year.
Crucé este río a nado el año pasado.

La palabra «home» (casa) aparece casi siempre sin ninguna preposición de movimiento:

I want to **go home.**
Quiero irme a casa.

She **came home** after work.
Ella vino a casa después de trabajar.

Are you **driving home**?
¿Vas a casa (manejando)?

To arrive: llegar

Con el verbo «to arrive» (llegar) no se usa la preposición «to», sino «in» o «at».

arrive in
llegar a una ciudad, a un país.

arrive at
llegar a un lugar pequeño, un edificio, un aeropuerto, etc.

I **arrived in** Bogota at five.
Llegué a Bogotá a las cinco.

We **arrived at** the theater before you.
Llegamos al teatro antes que tú.

Un sinónimo de «arrive» es «get», pero éste sí necesita la preposición «to»:

What time did you **get to** the museum?
¿A qué hora llegaste al museo?

I **got to** the bank late and it was closed.
Llegué al banco tarde y estaba cerrado.

Houston Livestock Show and Rodeo

También llamado «Rodeo Houston», es la exposición de ganado y rodeo más grande del mundo. El evento se celebra durante 20 días en el Reliant Stadium de Houston (Texas) y casi 2 millones de personas lo visitan cada año. Además de la muestra de animales, se realizan concieros, desfiles, un carnaval, barbacoas, concursos y paseos tradicionales.

Gramática fácil

Preguntas con preposición final

Ya conocemos cómo realizar frases interrogativas. A continuación vamos a tratar las preguntas que precisan de una preposición al final de las mismas. En español, muchas preguntas comienzan con una preposición, que va delante del pronombre interrogativo:

¿**De** dónde eres? ¿**Con** quién vives? ¿**Para** qué?

En inglés, estas preguntas comienzan con un pronombre interrogativo (what, where, who, etc.) y la preposición se coloca al final de la frase; no al principio.

Where are you **from**?
¿De dónde eres?

Who do you live **with**?
¿Con quién vives?

What do you need it **for**?
¿Para qué lo necesitas?

Who is this gift **for**?
¿Para quién es este regalo?

De manera corta también se pueden realizar preguntas. En ese caso sólo usamos el pronombre interrogativo y la preposición:

Where **from**?	*¿De dónde?*
Who **with**?	*¿Con quién?*
What **for**?	*¿Para qué?*
Who **for**?	*¿Para quién?*

Esas mismas preposiciones se repetirán en la respuesta:

Where are you **from**?
I'm **from** Venezuela.
¿De dónde eres? Soy de Venezuela.

Who do you live **with**?
I live **with** my parents.
¿Con quién vives?
Vivo con mis padres.

Who is this gift **for**? It's **for** Brenda.
¿Para quién es este regalo?
Es para Brenda.

Ejercicios

1

¿Qué parte de una habitación se encuentra sobre nuestras cabezas?

a) the floor

b) the ceiling

c) the wall

d) the window

2

Encuentra cinco objetos que se suelen hallar en la sala de estar en la siguiente secuencia de letras:

STEWCARPETNOONCHAIRTACOUCHBLECUSHIONZWOOMVASETHI

3

Completa los espacios con la preposición de movimiento correcta: *at, to, in, back, to, from.*

a) It was cold in the street and we went ___________ home.

b) They arrived _______ New York at night.

c) She came _______ my party last year.

d) We're traveling _______ Bogota _______ Madrid.

e) My father arrived ______ the airport late.

4

Usa la preposición adecuada al final de las preguntas.

a) Who are you playing _______ ?
(in / with / from)

b) Where does she come ________ ?
(from / at / with)

c) What is it _______ ? (with / for / up)

d) What are you interested _______ ?
(on / in / to)

e) Who is this parcel _______ ?
(with / by / for)

SOLUCIONES

1.- **b)** the ceiling.
2.- carpet, chair, couch, cushion, vase.
3.- **a)** back; **b)** in; **c)** to; **d)** from – to; **e)** at. 4.-**a)** with; **b)** from; **c)** for; **d)** in; **e)** for

UNIDAD 17

En esta unidad estudiaremos:

LET'S SPEAK ENGLISH:

a) Preguntar por marcas y modelos.
b) Números desde mil a mil millones.
c) Los años.
d) Los precios.
e) Vocabulario: El automóvil.

GRAMÁTICA FÁCIL:

a) Comparativos.

Diálogo

Clare quiere comprar un auto y va a un concesionario. Martin es el vendedor.

Martin: Good afternoon, madam! How can I help you?
Clare: I'm looking to buy a car.
Martin: **What make** are you looking for?
Clare: I'm not sure. Maybe a Ford or a Volkswagen.
Martin: And what price are you looking for?
Clare: Between **four thousand** and **eight thousand** dollars.
Martin: Ok. Well, we have this blue Ford over here.
Clare: **What model** is it?
Martin: It's a **2005** Focus.
Clare: And **how much is it**?
Martin: This one is $4,500. There aren't any **seatbelts** on the **back seats**, but we can fit some for you at no extra cost.
Clare: Okay. What else do you have?
Martin: Well, we've got this red Volkswagen Polo from **2007**.
Clare: **How much does it cost**?
Martin: This one is $6,500. It has a new **engine** and **brakes**. The **trunk** is **bigger than** the Focus.
Clare: It only has two doors. It's **less practical than** the Focus.
Martin: Personally, I think the Polo is **better than** the Focus.
Clare: I think the Focus is **more practical**. The color is **nicer** too.
Martin: And the Focus is **not as expensive as** the Polo. It's **cheaper**.
Clare: That's right. I'll take the Focus.
Martin: Very good! Sign here, please.
Clare: When can I pick it up?
Martin: We'll fit the **seatbelts** and you can pick it up on Thursday.
Clare: Okay. See you then!

Diálogo

(traducción)

Martin:	¡Buenas tardes, señora! ¿En qué puedo ayudarle?
Clare:	**Estoy mirando para comprar un coche.**
Martin:	¿Qué marca está buscando?
Clare:	**No estoy segura. Quizás un Ford o un Volkswagen.**
Martin:	¿Y qué precio está buscando?
Clare:	**Entre cuatro mil y ocho mil dólares.**
Martin:	De acuerdo. Bien, tenemos este Ford azul por aquí.
Clare:	**¿Qué modelo es?**
Martin:	Es un Focus de 2005.
Clare:	**¿Y cuánto cuesta?**
Martin:	Éste cuesta $4,500. No hay cinturones de seguridad en los asientos traseros, pero se los podemos acoplar sin coste extra.
Clare:	**De acuerdo. ¿Qué más tienen?**
Martin:	Bien, tenemos este Volkswagen Polo rojo de 2007.
Clare:	**¿Cuánto cuesta?**
Martin:	Éste cuesta $6,500. Tiene el motor y los frenos nuevos. El maletero es más grande que el del Focus.
Clare:	**Tiene sólo dos puertas. Es menos práctico que el Focus.**
Martin:	Personalmente, creo que el Polo es mejor que el Focus.
Clare:	**Yo creo que el Focus es más práctico. El color es más bonito, también.**
Martin:	Y el Focus no es tan caro como el Polo. Es más barato.
Clare:	**Así es. Me llevaré el Focus.**
Martin:	Muy bien. Firme aquí, por favor.
Clare:	**¿Cuándo puedo recogerlo?**
Martin:	Acoplaremos los cinturones de seguridad y puede recogerlo el jueves.
Clare:	**Muy bien. ¡Hasta entonces!**

Driving age

La edad mínima para conducir en EEUU es de 16 años en la mayoría de los estados. Sin embargo, en algunos, es de 18 años. Algunas agencias de alquiler de coches requieren tener más de 25 años; otras cobran un recargo a conductores jóvenes e incluso algunas no rentan a mayores de 71.

a Marcas y modelos

Let's speak English

Para preguntar por la marca de un producto, como puede ser el automóvil, decimos:

What make is it?
¿Qué marca es?

What make is the car? It's a Ford.
¿Qué marca es el coche? Es un Ford.

Para preguntar por el modelo:

What model is it? It's a 2005 Focus
¿Qué modelo es? Es un Focus de 2005.

b Números desde 1.000 a 1.000.000.000

Ante todo, hemos de reseñar que, en inglés, los miles y los millones se marcan con una coma y no con un punto, como ocurre en español.

1,000	a / one thousand
1,032	a / one thousand thirty-two
2,000	two thousand
2,400	two thousand four hundred
3,000	three thousand
11,000	eleven thousand
38,000	thirty-eight thousand
57,925	fifty seven thousand nine hundred twenty-five
100,000	a / one hundred thousand
200,000	two hundred thousand
683,701	six hundred eighty-three thousand seven hundred one
1,000,000	a / one million
43,000,000	forty-three million
256,000,000	two hundred fifty-six million
1,000,000,000	a / one billion

Recuerda

Hemos de saber que en inglés americano, «a billion» equivale a «mil millones», no como en otros países, donde se dice «a / one thousand million».

Thousand Oaks

La ciudad de Thousand Oaks está ubicada en el sudeste del condado de Ventura (California). Recibe su nombre por la gran cantidad de robles (oaks) que adornan sus parques y calles. Es una de las ciudades más seguras de EEUU. Algunos de sus residentes famosos son: Robert Altman, Sophia Loren, Richie Sambora, Tom Selleck, Charlie Sheen, Will Smith, Sylvester Stallone y Donna Summer.

Let's speak English

*Las palabras **«thousand»** (mil) y **«million»** (millón) no tienen forma de plural cuando van precedidas por un número:*

2,000	two thousand	No	two thousands
3,000,000	three million	No	three millions

C Los años – The years

A partir del año 2000 los años se suelen expresar así:

2000 **two thousand**

2007 **two thousand (and) seven**

Aunque también se puede decir:

2008 (20 08) **twenty oh eight**

2015 (20 15) **twenty fifteen**

En estos casos el año se divide en dos cifras, que es lo que ocurre al expresar años de siglos anteriores:

1966 (19 66) **nineteen sixty-six**

1871 (18 71) **eighteen seventy-one**

1603 (16 03) **sixteen oh three**

De una manera muy formal, la palabra «hundred» puede intercalarse entre las dos cifras:

1982 (19 82)
nineteen **hundred** eighty-two

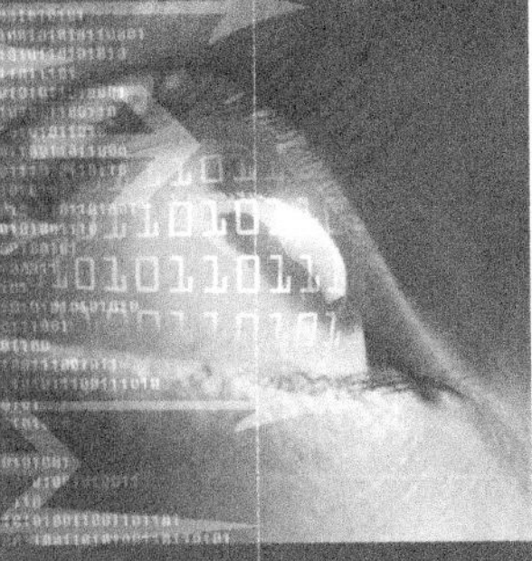

Y2K

El problema del año 2000, también conocido como Y2K, es un error de software causado por la costumbre que habían adoptado los programadores de omitir las dos primeras cifras el año para el almacenamiento de fechas. Llegado el 1 de enero de 2000, este defecto causó algunos inconvenientes en sistemas de computación antiguos, pero sin daños graves.

d

Los precios – Prices

Ya aprendimos cómo preguntar el precio de algún producto:

How much is / are ...? ***¿Cuánto vale / valen ....?***

Para responder a esta pregunta podemos usar una forma larga u otra corta:

$4.75 four dollars seventy-five cents
cuatro dólares setenta y cinco centavos

$4.75 four seventy-five
cuatro setenta y cinco

Si pagamos en libras esterlinas:

£19.50 nineteen pounds fifty
diecinueve libras cincuenta (peniques)

Let's speak English

e

Vocabulario: El automóvil – The car

steering wheel / *volante*

trunk / *maletero*

door / *puerta*

wheel / *rueda*

tire / *goma*

headlight / *faro delantero*

rearlight / *faro trasero*

fender / *paragolpes*

hood / *capó*

rear-view mirror
espejo retrovisor

windshield / *parabrisas*

windshield wiper
limpiaparabrisas

seat belt
cinturón de seguridad

back seat / *asiento trasero*

driver's seat
asiento del conductor

license plate / *matrícula, placa*

exhaust pipe / *tubo de escape*

engine / *motor*

dashboard / *tablero de mandos, salpicadero*

horn / *bocina*

parking brake / *freno de mano*

accelerator / *acelerador*

brake / *freno*

clutch / *embrague*

battery / *batería*

gear box / *caja de cambios*

a Comparativos

Los adjetivos son las palabras que normalmente se usan para hacer comparaciones. Estas comparaciones pueden ser:

de igualdad	*tan... (como)*
de superioridad	*más... (que)*
de inferioridad	*menos... (que)*

*Comparativo de igualdad: **tan + adjetivo + como***

*Para formar el comparativo de igualdad, usamos: **as + adjetivo + as** (tan + adjetivo + como)*

I am **as tall as** you.
Soy tan alto como tú.

She is **as nice as** her mother.
Es tan simpática como su madre.

He is **as intelligent as** his sister.
Él es tan inteligente como su hermana.

*En frases negativas: **not as + adjetivo + as***

My car is**n't as expensive as** this one.
Mi auto no es tan caro como éste.

They are**n't as old as** us.
Ellos no son tan viejos como nosotros.

En algunos países de habla inglesa, en oraciones negativas, el primer «as» puede sustituirse por «so».

My computer isn't **as** good as this one
=
My computer isn't **so** good as this one

Mi computadora no es tan buena como ésta.

Milk

Harvey Bernard Milk (1930-1978) fue un político y activista gay estadounidense que se convirtió en el primer hombre abiertamente homosexual en ser elegido para un cargo público. Milk asumió la supervisión municipal de San Francisco en 1977. Fue responsable de la aprobación de una estricta ordenanza contra la discriminación por orientación sexual.

Short film

El cortometraje (también llamado simplemente «corto») es una película cinematográfica de 15 a 40 minutos de duración. Este término fue acuñado por la industria cinematográfica estadounidense a principios del siglo XX. Laurel & Hardy, Charles Chaplin y Buster Keaton fueron algunas de las figuras que inmortalizaron el formato.

Gramática fácil

Comparativo de superioridad: ***más + adjetivo + (que)***

El comparativo de superioridad se forma de distintas maneras, dependiendo de la cantidad de sílabas de que tenga el adjetivo. Así:

*Cuando el adjetivo tiene una sílaba se añade «**-er**» a dicho adjetivo:*			
tall	*alto*	**taller**	*más alto*
short	*bajo*	**shorter**	*más bajo*
old	*viejo*	**older**	*más viejo*
young	*joven*	**younger**	*más joven*
fast	*rápido*	**faster**	*más rápido*
big	*grande*	**bigger***	*más grande*
fat	*gordo*	**fatter***	*más gordo*

*Estos adjetivos duplican la última consonante por acabar en «consonante-vocal-consonante».

My father is **taller**.
Mi padre es más alto.

Her house is **bigger**.
Su casa es más grande.

*Cuando aparece el otro elemento de comparación, usamos «**than**» (que):*

He is **older than** me.
Él es más viejo que yo.

She is **thinner than** my sister.
Ella está más delgada que mi hermana.

His car is **faster than** my car.
Su auto es más rápido que mi auto.

Gramática fácil

*Cuando el adjetivo tiene tres sílabas o más se usa «**more**»:*

intelligent	*inteligente*	**more intelligent**	*más inteligente*
comfortable	*cómodo*	**more comfortable**	*más cómodo*
difficult	*difícil*	**more difficult**	*más difícil*
expensive	*caro*	**more expensive**	*más caro*
important	*importante*	**more important**	*más importante*
interesting	*interesante*	**more interesting**	*más interesante*

This chair is **more confortable.** *Esta silla es más cómoda.*

That exercise is **more difficult.** *Ese ejercicio es más difícil.*

*Con el otro elemento de comparación, también se usa «**than**» (que).*

Susan is **more intelligent than** Betty.
Susan es más inteligente que Betty.

Chinese is **more difficult than** English.
El chino es más difícil que el inglés.

Gold is **more expensive than** iron.
El oro es más caro que el hierro.

Cuando el adjetivo tiene dos sílabas:

1 *Si acaba en «-y», «-ow», «-le» o «-er», forma el comparativo como los adjetivos de una sílaba: adjetivo + er + (than).*

This road is **narrower than** that.
Esta carretera es más estrecha que aquella.

John is **cleverer than** Mike.
John es más listo que Mike.

Maggie is **prettier* than** her sister.
Maggie es más bonita que su hermana.

*Cuando el adjetivo acaba en «-y», ésta cambia a «i» antes de añadir «-er».

The first exercise was **easier than** the second one.
El primer ejercicio fue más fácil que el segundo.

Stranger than fiction

«Más extraño que la ficción» es una comedia surrelista estadounidense, estrenada en 2006. Fue dirigida por Marc Forster, escrita por Zach Helm, y contó con la actuación de Will Ferrell, Maggie Gyllenhaal, Dustin Hoffman, Queen Latifah y Emma Thompson.

One from the Heart

La «Asociación Americana del Corazón», conocida mundialmente como «American Heart Association», es el máximo referente científico en cardiología de los Estados Unidos y del resto del mundo. Debido a su volumen de publicaciones científicas, actualmente determina y define las directrices de los avances médicos en el ámbito de la cardiología.

Gramática fácil

2

Si acaba de cualquier otra manera, forma el comparativo de superioridad como los adjetivos de tres o más sílabas: more + adjective + (than).

This picture is **more modern.**
Este cuadro es más moderno.

This film is **more boring than** the last one I watched.
Esta película es más aburrida que la última que vi.

Pero algunos adjetivos y adverbios no siguen estas reglas y forman el comparativo de superioridad de manera irregular. Entre ellos están:

good	*bueno*
better	*mejor*
bad	*malo*
worse	*peor*
far	*lejos*
farther, further	*más lejos*

My new car is **better than** the old one.
Mi auto nuevo es mejor que el viejo.

Your situation is **worse than** ours.
Tu situación es peor que la nuestra.

Beijing is **farther than** London.
Pekín está más lejos que Londres.

Comparativo de inferioridad: ***menos + adjetivo + (que).*** *En todos los casos se forma con la estructura:* ***less + adjetivo + (than).***

The film is **less interesting than** the book.
La película es menos interesante que el libro.

Frank is **less friendly than** his brothers.
Frank es menos simpático que sus hermanos.

Ejercicios

1

Completa con las letras que faltan: ***partes de un auto.***

a) s_e_r_n_ w_e_l
b) s_a_ b_l_
c) _n_i_e
d) _l_t_h
e) h_a_l_g_t
f) h_r_
g) b_a_e
h) b_t_e_y
i) _o_d
j) _i_ e

2

Relaciona:

a) 23,845	**1)** twenty-three thousand five hundred eighty-four
b) 487,905	**2)** twenty-three thousand eight hundred forty-five
c) 487,950	**3)** twenty-three thousand four hundred eighty-five
d) 23,485	**4)** four hundred eighty-seven thousand nine hundred five
e) 23,584	**5)** four hundred eighty-seven thousand nine hundred fifty

3

Corrige las frases en las que encuentres errores.

a) The boy isn't as taller as his sister.

b) Peggy is prettyer than Betty.

c) Canada is biger than Italy.

d) Is she more intelligent as him?

e) Your car is less expensive than his car.

4

Ordena las palabras para formar oraciones.

a) potatoes as isn't cheap caviar as.

b) better machine this is.

c) the today yesterday than weather is worse.

d) money important than is love more.

e) Peter than is Mark efficient less.

SOLUCIONES

1.- a) steering wheel; **b)** seat belt; **c)** engine; **d)** clutch; **e)** headlight; **f)** horn; **g)** brake; **h)** battery; **i)** hood; **j)** tire. **2.- a)** 2; **b)** 4; **c)** 5; **d)** 3; **e)** 1. **3.- a)** The boy isn't as tall as his sister; **b)** Peggy is prettier than Betty; **c)** Canada is bigger than Italy; **d)** Is she more intelligent than him? **4.- a)** Caviar isn't as cheap as potatoes; **b)** This machine is better; **c)** Today the weather is worse than yesterday; **d)** Love is more important than money; **e)** Peter is less efficient than Mark.

UNIDAD 18

En esta unidad estudiaremos:

LET'S SPEAK ENGLISH:
a) Señales de tráfico.
b) Vocabulario: El tráfico.

GRAMÁTICA FÁCIL:
a) Expresar obligación.
b) Expresar prohibición.
c) El superlativo.

Diálogo

Alice está tomando una clase práctica de conducción con su instructor, Andy.

Andy: This **traffic sign** means **'no right turn'**, so you **must** turn left.
Alice: Do I **have to** stay in the same **lane**?
Andy: Yes, because the other **lane** is only for buses.
Alice: Ok, I understand. I **mustn't** drive in the bus **lanes**.
Andy: That's right. There is a **traffic sign** which tells you to **'keep right'**. This means that you **mustn't** drive in the other **lane**.
Alice: I understand.
Andy: Stop at the **traffic light**. There's a **crosswalk** here, so you **must** be careful with the **pedestrians**.
Alice: Ok.
Andy: Now turn left onto the **freeway**. Be careful: the **speed limit** is sixty miles per hour. You **mustn't** drive too fast or you might get a **ticket**.
Alice: Yes, it's on the **freeway** where I **must** be **most careful**.
Andy: Yes, it's **the most dangerous** type of road because the cars drive very fast here. **Turn right** at the next exit.
Alice: Ok.
Andy: Now stop at this **parking lot**. At the moment you aren't very good at parking, so we **must** practice more.
Alice: You're right. Parking is **the most difficult**.
Andy: When you park, you **must** take a ticket from the **parking meter**, and pay when you leave.
Alice: It's difficult to park here. There are a lot of **trucks**.
Andy: Ok. Well, we'll go somewhere else to practice next week. Turn left here.
Alice: This has been **the best** lesson I've had. I've learned a lot.
Andy: Good. We'll practice more next time.
Alice: See you next week!

Diálogo

(traducción)

Andy:	Esta señal de tráfico significa «prohibido doblar a la derecha», así que tienes que doblar a la izquierda.
Alice:	**¿Tengo que quedarme en el mismo carril?**
Andy:	Sí, porque el otro carril es sólo para autobuses.
Alice:	**Bien, entiendo. No puedo conducir por los carriles del autobús.**
Andy:	Así es. Hay una señal de tráfico que te dice «Mantenerse a la derecha». Esto significa que no puedes conducir por el otro carril.
Alice:	**Comprendo.**
Andy:	Detente en el semáforo. Hay un cruce peatonal aquí, así que debes tener cuidado con los peatones.
Alice:	**Bien.**
Andy:	Ahora, dobla a la izquierda, a la autopista. Ten cuidado: el límite de velocidad es de sesenta millas por hora. No puedes manejar demasiado rápido o te pueden multar.
Alice:	**Sí, en la autopista es donde debo tener más cuidado.**
Andy:	Sí, es el tipo más peligroso de carretera porque los coches van muy rápido aquí. Dobla a la derecha en la próxima salida.
Alice:	**De acuerdo.**
Andy:	Ahora detente en esta zona de estacionamiento. Por el momento no se te da muy bien parquear, así que debemos practicar más.
Alice:	**Tiene razón. Parquear es lo más difícil.**
Andy:	Cuando parqueas, debes coger un ticket del marcador de estacionamiento y pagar cuando te vas.
Alice:	**Es difícil parquear aquí. Hay muchos camiones.**
Andy:	De acuerdo. Bueno, iremos a algún otro lugar a practicar la semana próxima. Dobla aquí, a la izquierda.
Alice:	**Esta ha sido la mejor clase que he tenido. He aprendido mucho.**
Andy:	Bien. Practicaremos más la próxima vez.
Alice:	**¡Hasta la próxima semana!**

Scenic Highway

El Sistema de Carreteras Panorámicas es una lista de rutas, en su mayoría estatales, que han sido designadas por el Departamento de Transporte de California (Caltrans) como carreteras atractivas para el recorrido turístico. Estas carreteras son marcadas por la flor estatal, una amapola de California.

a Señales de tráfico – Traffic signs

Let's speak English

Stop
Pare

Yield
Ceda el paso

Speed limit
Límite de velocidad

Two way
Doble sentido

Keep right
Mantenerse a la derecha

No U turn
Prohibido girar en U

No right turn
Prohibido girar a la derecha

No left turn
Prohibido girar a la izquierda

One way
Sentido único

Pony Express

El «Pony Express» fue un servicio de correo rápido que cruzaba los Estados Unidos, desde el río Misuri a la costa del Pacífico. Operó desde abril de 1860 a noviembre de 1861. Los mensajes se llevaban a caballo en tan sólo diez días. El servicio fue reemplazado por el primer telégrafo y la primera vía férrea transcontinentales.

Let's speak English

b Vocabulario: El tráfico - The traffic

traffic sign
señal de tráfico

traffic light
semáforo

pedestrian / *peatón*

bus stop
parada de autobús

sidewalk / *acera*

crosswalk
cruce peatonal

crossing / *cruce*

parking meter
marcador de estacionamiento

parking lot
zona de estacionamiento

parking stall
plaza de estacionamiento

truck / *camión*

motorcycle / *motocicleta*

loading zone
zona de carga y descarga

highway / freeway
autopista

turnpike
autopista de peaje

toll / *peaje*

lane / *carril*

fine, ticket
multa

accident / *accidente*

speed / *velocidad*

a Expresar obligación

En la unidad 8 ya estudiamos una estructura para expresar obligación: have to (tener que).

Do I **have to** do my homework?
¿Tengo que hacer mis deberes?

He **has to** buy a new computer.
Él tiene que comprar una computadora nueva.

I **have to** photocopy these documents.
Tengo que fotocopiar estos documentos.

Gramática fácil

En esta unidad vamos a aprender otra estructura de obligación: el verbo «must» (deber, tener que).

*«**Must**» se utiliza para expresar que algo es necesario u obligatorio, sobre todo al tratarse de leyes, reglas o señales. Siempre va seguido de un infinitivo (sin «to»).*

You **must** fill out this form.

Usted debe (tiene que) rellenar esta solicitud.

She **must** pay the fine.

Ella debe (tiene que) pagar la multa.

También se usa cuando el que habla tiene cierta «autoridad» sobre el oyente:

You **must** stop smoking.
Usted tiene que dejar de fumar.
(El médico al paciente)

You **must** do these exercises.
Tienes que hacer estos ejercicios.
(El profesor al alumno)

You **must** get home early.
Ustedes tienen que llegar temprano a casa.
(El padre a los hijos)

Top ten must have

La expresión «must have» (se debe tener) se usa en el ámbito de la moda para referirse a aquellas prendas básicas e imprescindibles que no deben faltar en el guardarropa. Las revistas de moda suelen armar los top ten «must have» de cada temporada para lograr el estilo del momento.

Si no existe tal «autoridad», se usa «have to»:	I **have to** do these exercises. *Tengo que hacer estos ejercicios.* *(Un alumno a otro)* You **have to** get home early. *Ustedes tienen que llegar pronto a casa.* *(Un amigo a otros)*

Gramática fácil

Donde sí que hay diferencia de significado es cuando utilizamos las formas negativas de «have to» y «must».

*Ya aprendimos que con **«don't / doesn't have to»** no expresamos una obligación negativa, sino falta de obligación, es decir, que algo no es necesario:*

It's Sunday and I **don't have to** get up early.
Es domingo y no tengo que levantarme temprano.

She **doesn't have to** drive to work. She can go by bus.
No es necesario que ella vaya al trabajo en coche. Puede ir en autobús.

*La forma negativa de **«must»**, que es **«mustn't»**, implica prohibición y pasamos a estuadiarla a continuación.*

Citizen Welles

George Orson Welles (1915 - 1985) fue un actor, director, guionista y productor de cine estadounidense. Es considerado uno de los artistas más versátiles del siglo XX. Alcanzó el éxito a los 23 años, gracias una impactante versión radiofónica de «La guerra de los mundos», que causó gran conmoción en EEUU al pensar los oyentes que se trataba de una verdadera invasión de extraterrestres.

b Expresar prohibición

Como acabamos de ver, usamos «mustn't» o «must not» para expresar prohibición. Es la forma equivalente a «no poder hacer algo» (por no estar permitido).

You **mustn't** smoke in this area.	*No pueden fumar en esta zona.*
They **mustn't** be late for class.	*Ellos no pueden llegar tarde a clase.*
You **mustn't** drive drunk.	*No puedes conducir bebido.*

Para expresar prohibición también se usa habitualmente **«can't»**.	You **can't** smoke in this area. *No pueden fumar en esta zona.* You **can't** speak loud in a hospital. *No pueden hablar alto en un hospital.*

Largest malls in US

Estos son los centros comerciales más grandes de Estados Unidos: 1) King of Prussia Mall - King of Prussia (Pennsylvania), 2) Mall of America - Bloomington (Minnesota), 3) South Coast Plaza - Costa Mesa (California), 4) Millcreek Mall - Erie (Pennsylvania), 5) Aventura Mall - Aventura (Florida)

Gramática fácil

C

El superlativo

Es la forma utilizada, no para comparar, sino para destacar a un elemento sobre el resto. En español sería:

El/la/los/las + sustantivo + más + adjetivo + (de)
El cuadro más caro (de la tienda).

Para estudiarlos hacemos la misma división que cuando estudiamos los comparativos.

*Cuando el adjetivo tiene una sílaba se añade **«-est»** a dicho adjetivo, que irá precedido del artículo **«the»**:*

tall	*alto*	**the tallest**	*el más alto*
short	*bajo, corto*	**the shortest**	*el más bajo, el más corto*
old	*viejo*	**the oldest**	*el más viejo*
young	*joven*	**the youngest**	*el más joven*
fast	*rápido*	**the fastest**	*el más rápido*
big	*grande*	**the biggest***	*el más grande*
fat	*gordo*	**the fattest***	*el más gordo*

**Estos adjetivos doblan la última consonante por acabar en «consonante-vocal-consonante».*

Para expresar el superlativo en inglés hemos de tener en cuenta que, al ser un grado del adjetivo, toda la estructura ha ir delante del sustantivo.

He is **the tallest** boy.	*Él es el chico más alto.*
This is **the fastest** car.	*Éste es el auto más rápido.*
That is the **biggest** box.	*Ésa es la caja más grande.*

Gramática fácil

Cuando aparece el grupo o lugar sobre el que se destaca un elemento, se usa «in».

He is **the youngest** boy **in** the class.
Él es el chico más joven de la clase.

It's **the cheapest** toy **in** the shop.
Es el juguete más barato de la tienda.

*Cuando el adjetivo tiene tres sílabas o más se usa **«the most»**, delante de dicho adjetivo:*

intelligent	*inteligente*	**the most intelligent**	*el más inteligente*
comfortable	*cómodo*	**the most comfortable**	*el más cómodo*
difficult	*difícil*	**the most difficult**	*el más difícil*
expensive	*caro*	**the most expensive**	*el más caro*
important	*importante*	**the most important**	*el más importante*
interesting	*interesante*	**the most interesting**	*el más interesante*

This is the **most comfortable** chair.
Ésta es la silla más cómoda.

That is the **most difficult** exercise.
Ése es el ejercicio más difícil.

It is **the most important** question **in** the test.
Es la pregunta más importante del examen.

This is **the most interesting** book **in** the library.
Éste es el libro más interesante de la biblioteca.

The finest news source

«The Onion» es una organización sátirica de noticias de EEUU. Su trabajo llega al púbico en forma de periódico, pero también con audios y videos on-line, libros e incluso una película. Abarca noticias nacionales e internacionales con un humor paródico y desfachatado.

Rocky Mountains

Las Montañas Rocosas son un sistema de cordilleras que corre paralelo a la costa occidental de América del Norte, desde Alaska, en el noroeste, pasando por Canadá y llegando hasta el suroeste de Estados Unidos. El pico más alto es el monte Elbert, en Colorado, con 4.401 metros. Esta cadena montañosa es un elemento de gran atracción turística y con muchas localidades vacacionales y para practicar deportes de invierno.

Gramática fácil

Cuando el adjetivo tiene dos sílabas:

1 *Si acaba en «-y», «-ow», «-le» o «-er», forma el superlativo como los adjetivos de una sílaba: the + adjetivo + est.*

This is **the narrowest** road.
Ésta es la carretera más estrecha.

Maggie is the **prettiest*** girl in the party.
Maggie es la chica más bonita de la fiesta.

*Cuando el adjetivo acaba en «-y», ésta cambia a «i» antes de añadir «-er».

This is **the easiest** exercise in unit one.
Éste es el ejercicio más fácil de la unidad uno.

2 *Si acaba de cualquier otra manera, forma el comparativo como los adjetivos de tres o más sílabas: the + most + adjective.*

This is **the most modern** pair of jeans.
Éstos son los pantalones tejanos más modernos.

It's **the most boring** activity.
Es la actividad más aburrida.

Pero algunos adjetivos y adverbios forman el superlativo de manera irregular. Entre ellos están:

good	*bueno*	**the best**	*el mejor*
bad	*malo*	**the worst**	*el peor*
far	*lejos*	**the farthest** **the furthest**	*el más lejano*

This is **the best** film.
Ésta es la mejor película.

He is **the worst** student.
Él es el peor estudiante.

The North Pole is **the farthest** place from the South Pole.
El Polo Norte es el lugar más lejano desde el Polo Sur.

Ejercicios

1

Rellenar los espacios en blanco con «must», «mustn't» y «don't/doesn't have to».

a) You _________ go to he bank. Here is the money.

b) She _________ study hard to go to university.

c) You _________ cross the road when the lights are red.

d) A rich man _________ work a lot.

e) You _________ tell anybody. It's a secret.

2

Relaciona:

a) You mustn't smoke.	**1)** It's very small.
b) They have to photocopy the document.	**2)** Don't worry. It's not expensive.
c) They can't play in this area.	**3)** It's bad for your health.
d) He doesn't have to drive to work.	**4)** The director needs it.
e) You must buy this medicine.	**5)** He works near his house.

3

Completa las frases con la forma superlativa de los adjetivos.

a) This is the _________ book in the library. (boring)

b) Our team is the _________ of all. (good)

c) That is the _________ problem. (important)

d) Did you see the _________ pig? (fat)

e) What was the _________ exercise in the exam? (easy)

SOLUCIONES

1.- a) don't have to; **b)** must; **c)** mustn't; **d)** doesn't have to; **e)** mustn't
2.- a) 3; **b)** 4; **c)** 1; **d)** 5; **e)** 2. **3.- a)** most boring; **b)** best; **c)** most important; **d)** fattest; **e)** easiest

UNIDAD 19

En esta unidad estudiaremos:

LET'S SPEAK ENGLISH:

a) Expresiones al ir de compras (I).
b) Vocabulario: Los colores.

GRAMÁTICA FÁCIL:

a) Los pronombres «one» y «ones».
b) Adjetivos.
c) La preposición «for».
d) Sustantivos plurales.

Diálogo

Emma está comprando algo de ropa. Josh, el dependiente, le ayuda en su elección.

Josh: Good afternoon, madam! **May I help you?**
Emma: **I'm looking for** a party dress. **I need** it for a ceremony at my husband's company.
Josh: **Here you are.** How about this **blue one**?
Emma: Mmm, I don't really like **pale blue.**
Josh: Or this **red one**? It **matches** well with your blond hair.
Emma: Yes, I like it. **How much is it?**
Josh: **This one**'s $300 and **the blue one**'s $200.
Emma: **I'll take the red one. I'd like to see** some shoes as well, please. I need **a pair of** shoes **to match** the dress.
Josh: How about **these golden ones**?
Emma: They're very nice.
Josh: Or what about **these ones**? They're perfect **for** you.
Emma: Oh, they're beautiful! So **colorful**, with the **red** and **silver. How much are they?**
Josh: They're $120.
Emma: **I'll take them!**
Josh: Great! **How do you want to pay**?
Emma: **With a credit card.**
Josh: Ok. That's $420 in total. Please enter your PIN.
Emma: That's great, thanks!
(She looks at some necklaces on the way out of the shop)
Josh: **Can I help you** with anything else?
Emma: Oh, no, thanks. **I'm just looking.**
Josh: Ok, no problem.
Emma: Bye!

Diálogo

(traducción)

Josh: ¡Buenas tardes, señora! **¿Puedo ayudarle?**

Emma: **Estoy buscando** un vestido de fiesta. Lo **necesito** para una ceremonia en la empresa de mi marido.

Josh: Aquí tiene.¿Qué tal **éste azul**?

Emma: Mmm. Realmente no me gusta el **azul pastel**.

Josh: ¿O **éste rojo**? **Combina** bien con su cabello rubio.

Emma: Sí, me gusta. **¿Cuánto cuesta?**

Josh: **Éste**, $300 y **el azul**, $200.

Emma: **Me llevaré el rojo. Me gustaría ver** zapatos también, por favor. Necesito **un par de** zapatos que **combinen** con el vestido.

Josh: ¿Qué tal **éstos dorados**?

Emma: Son muy bonitos.

Josh: ¿Y **éstos**? Son perfectos **para** usted.

Emma: ¡Oh! Son bonitos. Muy **coloridos**, con el **rojo** y el **plateado**. **¿Cuánto cuestan?**

Josh: Cuestan $120.

Emma: **Me los llevo.**

Josh: ¡Muy bien! **¿Cómo quiere pagar?**

Emma: **Con tarjeta de crédito.**

Josh: De acuerdo. Son $420 en total. Por favor, marque su PIN.

Emma: Muy bien, gracias.

(Mira unos collares conforme sale de la tienda)

Josh: ¿**Puedo ayudarle** con algo más?

Emma: Oh, no, gracias. **Sólo estoy mirando.**

Josh: Muy bien, no hay problema.

Emma: ¡Adiós!

Todd Oldham

Todd Oldham (1961, Texas) es un polifacético diseñador americano, conocido por su visión innovadora en la creación de diseños prácticos. En su estudio se desarrollan proyectos de moda, diseño de interiores, cine, fotografía,diseño gráfico y diseño floral.

a Expresiones al ir de compras (I)

En una tienda nos podemos encontrar con muchas situaciones:

Let's speak English

1 *El vendedor suele ofrecer ayuda diciendo:*

May I help you?
¿Puedo ayudarle?

Can I help you?
¿Puedo ayudarle?

How can I help you?
¿En qué puedo ayudarle?

2 *Para pedir el producto que queremos, podemos decir:*

I'm looking for a shirt.
Estoy buscando una camisa.

I'd like a tie.
Quisiera una corbata.

I'd like to see some ties.
Me gustaría ver algunas corbatas.

I need a watch.
Necesito un reloj.

I want a pair of leather shoes.
Quiero un par de zapatos de piel.

3 *Al entregar algo, sea el producto, dinero, etc., se puede decir cualquiera de las siguientes expresiones:*

Here you are.
There you are.

Here you go.
There you go.

Aquí tiene.

4 *Para decir que sólo se está mirando:*

I'm just looking, thanks.
Sólo estoy mirando, gracias.

Let's speak English

Avedon style

Richard Avedon (1923 - 2004) fue un destacado fotógrafo de modas y un gran retratista estadounidense. Su extensa obra consiguió elevar la fotografía de moda al rango de lo artístico, con un estilo innovador de gran dinamismo. Trabajó para las revistas Harper's Bazaar, Vogue, Life y Look.

5 *Para preguntar el precio de alguna cosa:*

How much is it?
¿Cuánto cuesta?

How much is the book?
¿Cuánto cuesta el libro?

How much does this cost?
¿Cuánto cuesta esto?

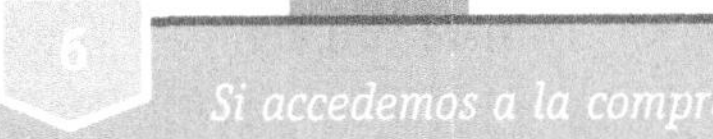

6 *Si accedemos a la compra:*

I'll take it. / Me lo/la llevo.

I'll take them.
Me los/las llevo.

I'll take the blue umbrella.
Me llevo el paraguas azul.

7 *Cuando vayamos a pagar nos preguntarán:*

How are you paying?
¿Cómo va a pagar?

How do you want to pay?
¿Cómo quiere pagar?

Do you pay cash?
¿Paga en efectivo?

8 *Y podremos responder:*

Cash / In cash
En efectivo.

With a credit card.
Con tarjeta de crédito.

9 *Cuando intentemos combinar prendas o colores:*

I'm looking for a color **to match** with orange.
Estoy buscando un color que combine con el anaranjado.

I'd like a skirt **to match** with this blouse.
Quiero una falda que combine con esta blusa.

FIT - Fashion Institute of Technology

Fundado en 1944, el «Fashion Institute of Technology» es un selecto colegio de arte, diseño, marketing y tecnología de la Universidad Estatal de Nueva York. Allí se pueden estudiar, entre otras, las especialidades de diseño de accesorios, diseño textil, diseño de joyas, pintura, escultura, animación digital, diseño gráfico, publicidad, ilustración y fotografía. El FIT posee un museo con innovadoras exhibiciones abiertas al público.

Let's speak English

b Vocabulario: *Los colores* – The colors

red	*rojo*
yellow	*amarillo*
orange	*anaranjado*
black	*negro*
gray	*gris*
purple	*morado*
blue	*azul*
green	*verde*
brown	*marrón*
white	*blanco*
pink	*rosa*
fuchsia	*fucsia*
navy blue	*azul marino*
sky blue	*azul celeste*

*Para expresar la intensidad del color usamos **«light»*** (claro) *y **«dark»*** (oscuro):

I hate **dark brown** on clothes.
Odio el marrón oscuro en la ropa.

She'd like a **light green** car.
Ella quisiera un auto verde claro.

Otros adjetivos relativos al color son:

colorful / *colorido*

golden / *dorado*

silver / *plateado*

ivory / *marfil*

She always wears **colorful** dresses.
Ella siempre lleva vestidos coloridos.

I'd like a **golden** belt.
Quisiera un cinturón dorado.

*Los tonos claros también pueden expresarse con **«pale»*** (pálido, pastel):

I don't like **pale pink**.
No me gusta el rosa pastel (rosa pálido).

Cuando nos refiramos a una persona que va vestida de un color determinado, podemos decir:

The woman **in red** is my wife.
La mujer de rojo es mi esposa.

My boss is the man **in dark gray**.
Mi jefe es el hombre de gris oscuro.

Gramática fácil

a Los pronombres «one» y «ones»

«One» y «ones» pueden usarse como pronombres, es decir, sustituyendo un nombre, y se utilizan para evitar la repetición del mismo. «One» se utiliza para sustituir un sustantivo singular o incontable y «ones» para sustituir un nombre plural. Pueden ir precedidos de:

1 El artículo «the»:

The book on the shelf is a dictionary. **The one** on the table is a guide.
El libro que hay en el estante es un diccionario. El [libro] que está en la mesa es una guía.

En el ejemplo anterior vemos cómo «the one» evita que repitamos «the book».

These flowers are expensive. **The ones** I bought yesterday were cheaper.
Estas flores son caras. Las [flores] que compré ayer eran más baratas.

En este caso se utiliza «the ones» porque va en sustitución de un sustantivo plural (flowers).

Hemos de tener cuidado ya que estos pronombres no tienen equivalente en español, pero en inglés sí hay que usarlos.

2 Un demostrativo (this, that, these, those):

«This» y «that» para el singular:

- Do you like this lamp?
- ¿Te gusta esta lámpara?
- I prefer **that one**.
- Yo prefiero esa.

There are good cars but **this one** is excellent.
Hay buenos autos pero este es excelente.

«These» y «those» para el plural:

- Which oranges would you like?
- ¿Qué naranjas quiere?
- I'd like **these ones.**
- Quisiera estas.

These books are interesting but **those ones** are boring.
Estos libros son interesantes pero esos son aburridos.

ONE

ONE Foundation es una organización internacional que cuenta con varios millones de miembros comprometidos en la lucha contra la pobreza extrema y las enfermedades evitables en África. Fue fundada por el cantante BONO y cuenta con representaciones en EE UU y países europeos.

One-hit wonder

«Eso que haces» (1996) fue la primera película dirigida y escrita por Tom Hanks. La historia relata las aventuras de un grupo de jóvenes de Erie (Pennsylvania) que forman una banda de rock and roll. Hanks interpreta a un hábil representante que los lleva de gira por todo el país para promocionar el que sería su único hit: «That Thing You Do».

Gramática fácil

3 *Un adjetivo:*

This shirt is nice but I prefer **the blue one.**
Esta camisa es bonita pero prefiero la azul.

I've got two dogs: **a big one** and **a small one**.
Tengo dos perros: uno grande y uno pequeño.

Look at all these apples. **Those red ones** are delicious.
Mira todas estas manzanas. Ésas rojas están deliciosas.

4 *«Last»* (último) *y «next»* (próximo)*:*

I did a lot of exercises.
The last ones were difficult.
Hice muchos ejercicios.
Los últimos eran difíciles.

The match was terrible.
The next one will be better.
El partido fue terrible.
El próximo será mejor.

5 *Which* (cuál, cuáles):

- I'd like that TV set.
Quisiera ese televisor.
- **Which one?** / *¿Cuál?*
- That big **one.** / *Ése grande.*

- I want some of those apples.
Quiero de esas manzanas.
- **Which ones?** The red **ones** or the green **ones**?
-¿Cuáles? ¿Las rojas o las verdes?

Adjetivos

En capítulos anteriores ya hemos visto usos y posiciones de los adjetivos, que ahora vamos a repasar. Ya sabemos que los adjetivos indican cualidades del nombre al que acompañan. Se colocan:

Gramática fácil

1 Delante del nombre:

She likes this **silver** ring.
A ella le gusta este anillo de plata.

I live in a **small** apartment.
Vivo en un apartamento pequeño.

Podemos usar varios adjetivos en una oración:

She likes this **Mexican, silver** ring.
A ella le gusta este anillo de plata mejicano.

I live in a **nice, small** apartment.
Vivo en un bonito apartamento pequeño.

2 Detrás del verbo «to be»:

The test was **easy.**
El examen fue fácil.

I am **tall** and **slim**.
Soy alto y delgado.

The handbag is **expensive**.
El bolso es caro.

Hemos de recordar que los adjetivos son invariables y, por tanto, no tienen diferencia en sus formas de masculino, femenino, singular y plural.

a **brown** jacket
una chaqueta marrón

three **brown** jackets
tres chaquetas marrones

a **brown** car / *un auto marrón*

some **brown** cars
algunos autos marrones

Hay muy pocos casos en los que se usan diferentes adjetivos para el masculino y el femenino:

a **pretty** woman
una mujer bonita

a **handsome** man
un hombre apuesto

American Beauty

Miss America es un concurso de belleza femenina que se organiza anualmente desde 1921. En el evento participan representantes de los 50 estados de Estados Unidos, más el Distrito de Columbia, Puerto Rico e Islas Vírgenes. El concurso concede becas de estudio a las ganadoras.

That's What Friends Are For

Es una canción escrita en 1982 por Burt Bacharach and Carole Bayer Sager. El tema se hizo conocido por la versión de Dionne Warwick & Friends (Gladys Knight, Elton John y Stevie Wonder). Esta versión tuvo como finalidad recaudar fondos para la «American Foundation for AIDS Research», a la cual logró aportar más de tres mil millones de dólares.

Gramática fácil

c La preposición «for»

Entre los usos de la preposición «for» (para), uno de los más frecuentes es indicar que algo es para alguien.

I've got something **for** you. *Tengo algo para ti.*

This gift is **for** my aunt. *Este regalo es para mi tía.*

Are these flowers **for** your mother? *¿Son estas flores para tu madre?*

d Sustantivos plurales

En una unidad posterior se tratará en profundidad el plural de los sustantivos, pero, en este caso, vamos a tratar algunos nombres que siempre tienen forma de plural.

glasses *lentes, gafas*
scissors *tijeras*
shorts *pantalón/es corto/s*
pants *pantalón/es largo/s*
jeans *pantalón/es tejano/s*
pajamas *pijama*

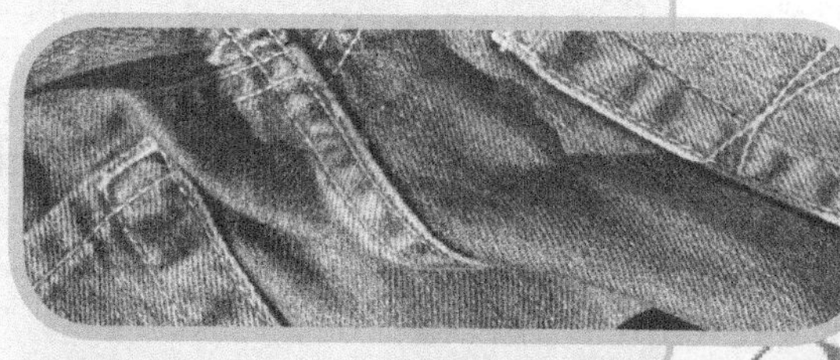

Para indicar que nos referimos a ***uno*** *de estos artículos, debemos usar* ***«a pair of»*** (un par de):

I need to buy **a pair of** glasses.
Necesito comprar unas lentes.

I'd like **a pair of** jeans.
Quisiera un pantalón tejano.

La expresión «a pair of» también se utiliza con objetos que suelen aparecer como par.

a pair of gloves / *un par de guantes*

a pair of socks / *un par de calcetines*

a pair of shoes / *un par de zapatos*

a pair of boots / *un par de botas*

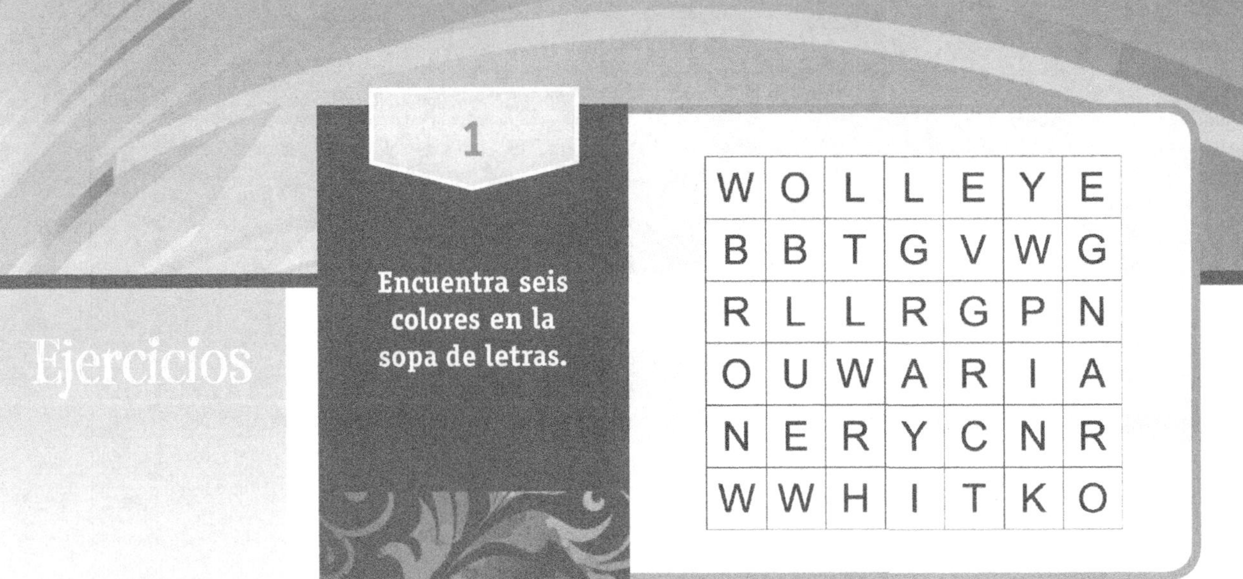

Ejercicios

1

Encuentra seis colores en la sopa de letras.

W	O	L	L	E	Y	E
B	B	T	G	V	W	G
R	L	L	R	G	P	N
O	U	W	A	R	I	A
N	E	R	Y	C	N	R
W	W	H	I	T	K	O

2

Corrige los errores en las siguientes frases.

a) I bought a glasses yesterday.

b) Those movies are boring. This ones is more interesting.

c) There's a letter of you.

d) She wants to buy two jeans.

e) Which ones is dirty? The blue one or the pink ones?

3

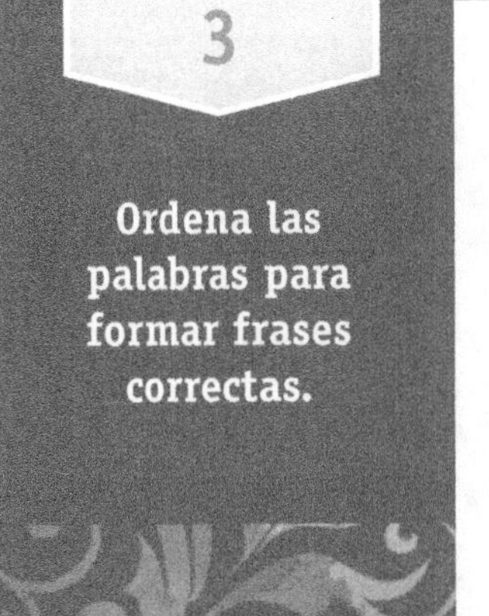

Ordena las palabras para formar frases correctas.

a) French expensive likes that she perfume.

b) one which ? one ? that

c) bottle bought small he the. ones they have big didn't.

d) the is the one brown faster car white than.

e) unit easier the one this is than last

SOLUCIONES

1.- black, blue, pink, orange, yellow, gray.

2.- **a)** I bought a pair of glasses yesterday; **b)** Those movies are boring. This one is more interesting; **c)** There's a letter for you; **d)** She wants to buy two pairs of jeans; **e)** Which one is dirty? The blue one or the pink one?

3.- **a)** She likes that expensive French perfume.; **b)** Which one? That one?; **c)** He bought the big / small bottle. They didn't have small / big ones.; **d)** The brown / white car is faster than the white / brown one.; **e)** This unit is easier than the last one.

UNIDAD 20

En esta unidad estudiaremos:

LET'S SPEAK ENGLISH:
a) Expresiones al ir de compras (II).
b) Vocabulario: La ropa.

GRAMÁTICA FÁCIL:
a) Los adverbios «too» y «enough».
b) Pedir permiso.
c) Adjetivos terminados en «-ed» y en «-ing».

Diálogo

Ann está buscando una chaqueta nueva en el centro comercial. Zack es el dependiente que la atiende.

***Ann*:** Hello! I'm looking for a **jacket**. **Could you** help me?
***Zack*:** **Sure**. **What kind of** jacket are you looking for?
***Ann*:** Something casual that I can wear everywhere.
***Zack*:** **What size do you wear?**
***Ann*:** **Medium**.
***Zack*:** Ok. Let's see what we have. How about this one?
***Ann*:** Mmm, it's nice. **May I have it in red**?
***Zack*:** **I'm afraid** we don't have any in red. We have it in purple.
***Ann*:** Ok. **Can I try it on**?
***Zack*:** **Certainly**. The dressing rooms are just there, on the left.
***Ann*:** What do you think?
***Zack*:** It really **suits** you! It **goes well with** your **jeans**.
***Ann*:** I think it's **too** big. **Could I have it in size small**?
***Zack*:** Here you are.
***Ann*:** Hmm, I'm not sure about it. **Can I** see some others, please?
***Zack*:** **Of course**. How about this black leather **jacket**?
***Ann*:** Ok. I think it's big **enough**. I'll **try it on**.
***Zack*:** Wow! That **suits** you too!
***Ann*:** I don't know.... there's **too much** choice.
***Zack*:** Well, you can always think about it at home and come back another day.
***Ann*:** Yes, I think I will. I'm **bored** of shopping now. It's **exhausting**.
***Zack*:** See you another day then.
***Ann*:** Yes. Thanks for your help. Bye!

Diálogo

(traducción)

American casual

Perry Ellis (1940 - 1986) fue un diseñador estadounidense, quien creó una tienda de ropa casual a mediados de los '70. Su estilo fresco renovó la mirada de los americanos en este estilo de vestir, desarrollando lo que hoy conocemos como estilo «casual».

Ann:	*¡Hola! Estoy buscando una* ***chaqueta****. ¿****Podría*** *ayudarme?*
Zack:	***Claro****. ¿****Qué tipo de*** *chaqueta está buscando?*
Ann:	*Algo informal que pueda llevar a todos sitios.*
Zack:	***¿Qué talla tiene?***
Ann:	***Mediana.***
Zack:	*De acuerdo. Veamos lo que tenemos. ¿Qué tal ésta?*
Ann:	*Mmm, es bonita.* ***¿Puedo verla en rojo?***
Zack:	***Me temo que*** *no la tenemos en rojo. La tenemos en morado.*
Ann:	*De acuerdo.* ***¿Puedo probármela?***
Zack:	***Por supuesto****. Los probadores están allí, a la izquierda.*
Ann:	*¿Qué le parece?*
Zack:	*Realmente* ***le queda*** *bien.* ***Conjunta bien con*** *sus* ***pantalones tejanos****.*
Ann:	*Creo que es* ***demasiado*** *grande.* ***¿Podría darme la talla pequeña?***
Zack:	*Aquí tiene.*
Ann:	*Hmm, no estoy segura. ¿****Puedo*** *ver otras, por favor?*
Zack:	***Por supuesto****. ¿Qué tal esta* ***chaqueta*** *negra de piel?*
Ann:	*Bien. Creo que es* ***suficientemente*** *grande. Me la* ***probaré****.*
Zack:	*¡Caramba! Le* ***queda*** *bien, también.*
Ann:	*No sé.... Hay* ***demasiada*** *gama.*
Zack:	*Bien, siempre puede pensarlo en casa y volver otro día.*
Ann:	*Sí, creo que lo haré. Estoy* ***aburrida*** *de comprar ahora. Es* ***agotador****.*
Zack:	*Entonces, ¡hasta otro día!*
Ann:	*Sí. Gracias por su ayuda. ¡Adiós!*

a Expresiones al ir de compras (II)

Let's speak English

1

Para preguntar el tipo o clase de objeto que deseamos comprar podemos decir:

What type of...?
¿Qué tipo de...?

What kind of...?
¿Qué clase de...?

What sort of...?
¿Qué tipo de...?

What type of jacket is she looking for?
¿Qué tipo de chaqueta está buscando ella?

What kind of pants do you need?
¿Qué clase de pantalones necesita?

What sort of book are you reading?
¿Qué tipo de libro estás leyendo?

2

Para preguntar por la talla de alguna prenda de vestir: [size: talla]

What size? / *¿Qué talla?*

What size do you take?
¿Qué talla tiene usted?

What size pants **do you take?**
¿Qué talla de pantalones tiene usted?

What size shoes **do you take?**
¿Qué número de pie tiene usted?, ¿Qué número calza?

Vemos que entre la palabra «size» y la prenda no aparece ninguna preposición.

Las tallas o medidas suelen ser:

Extra large (XL)	*extra grande*
Large (L)	*grande*
Medium (M)	*mediano/a*
Small (S)	*pequeño/a*

What size shirt do you take?
¿Qué talla de camisa tiene usted?

I take the **medium** size.
Tengo la talla mediana.

Let's speak English

CK

Calvin Klein es uno de los diseñadores de ropa icónicos de EE UU. Nació en el Bronx de Nueva York en 1942, bajo el nombre de Richard Klein. Fundó su propia compañía en 1968 y se hizo conocido por el diseño de jeans. Luego se dedicó a los perfumes y el diseño de alta costura, pero su «clásico» de camiseta blanca, jeans y zapatillas sigue siendo su marca de autor.

3

Para solicitar que nos muestren un producto en distintos colores, tamaños o materiales, decimos:

May I have it **in red**?
¿Puedo verlo en rojo?

Can I have it **in large**?
¿Puedo verlo en talla grande?

May I see it **in leather**?
¿Puedo verlo en piel?

4

Para expresar que una prenda o color sienta bien se pueden usar los verbos «suit» y «go».

This blouse **suits** you.
Esta blusa te queda bien.

This color **suits** you very well.
Este color te queda muy bien.

Does this **suit** me?
¿Me queda esto bien?

Those jeans **go well with** your new jacket.
Esos tejanos van bien con tu chaqueta nueva.

5

Si queremos probarnos una prenda haremos uso del verbo «to try on» (probarse):

Can I **try** these jeans **on?**
¿Puedo probarme estos tejanos?

May I **try on** this T-shirt?
¿Puedo probarme esta camiseta?

I'll **try on** this skirt.
Me probaré esta falda.

Rockabilly

El rockabilly es uno de los primeros subgéneros del rock and roll. Se origina en la década los 50. El nombre nace de la contracción de las palabras rock y hillbilly (variedad ruda de música country). Entre sus influencias están el western swing, el rhythm & blues, el boogie woogie, y la música folk de los Apalaches. Sus principales exponentes fueron: Carl Perkins, Elvis Presley, Jerry Lee Lewis y Johnny Cash.

Let's speak English

b Vocabulario: La ropa – The clothes

shirt / *camisa*

pants / *pantalones*

belt / *cinturón*

jacket / *chaqueta*

blouse / *blusa*

cap / *gorra*

hat / *sombrero*

jeans / *pantalones tejanos*

jumper / *jersey*

sweater / *suéter*

dress / *vestido*

coat / *abrigo*

raincoat / *impermeable*

T-shirt / *camiseta*

shorts / *pantalones cortos*

skirt / *falda*

socks / *calcetines*

underwear / *ropa interior*

tie / *corbata*

suit / *traje*

tracksuit / *chándal*

trainers/sneakers / *zapatillas de deporte*

shoes / *zapatos*

boots / *botas*

sandals / *sandalias*

swimsuit / *traje de baño*

gloves / *guantes*

scarf / *bufanda*

glasses / *lentes*

sunglasses / *lentes de sol*

Recuerda

En algunos países de lengua inglesa algunas de estas prendas pueden decirse de manera diferente, como ocurre con «pants» y «trousers» (pantalones).

Gramática fácil

a Los adverbios «too» y «enough»

Ambos pueden modificar un adjetivo, un adverbio, y, además, también pueden usarse con sustantivos.

1 *«Too» significa «demasiado» y se coloca delante del adjetivo o adverbio.*

This skirt is **too** long.
Esta falda es demasiado larga.

These boots are **too** small.
Estas botas son demasiado pequeñas.

This activity is **too** easy.
Esta actividad es demasiado fácil.

This morning I got up **too** late.
Esta mañana me levanté demasiado tarde.

¡Ojo!: Hay que saber diferenciar este «too» (demasiado) del «too» (también) que usamos al final de las oraciones:

The room is **too** dirty.
La habitación está demasiado sucia.

The room is dirty, **too**.
La habitación está sucia también.

Con sustantivos, «too» necesita de «much» o «many»:

too much: *demasiado/a*
con nombres incontables

too many: *demasiados/as*
con nombres contables

En estos casos, estas expresiones van delante del sustantivo:

I don't have **too much** time.
No tengo demasiado tiempo.

There's **too much** juice in the fridge.
Hay demasiado jugo en el refrigerador.

There are **too many** people.
Hay demasiada gente.

There are **too many** pictures in the museum.
Hay demasiados cuadros en el museo.

Too many ifs...

Esta expresión, que podría traducirse como «demasiados peros», se utiliza coloquialmente para objetar una situación cuyas condiciones, por restringidas, resultan desventajosas.

Enough proyect

El proyecto Enough es una iniciativa del «Center for American Progress» orientada a ayudar a los países que sufren genocidios y crímenes contra la humanidad. El objetivo es brindar herramientas y políticas que faciliten la tarea de los ciudadanos que buscan el cambio. Actualmente desarrolla tareas en varios países de África. Uno de sus fundadores es el activista por la paz, John Prendergast.

Gramática fácil

2

«Enough» significa «suficientemente» y se coloca detrás del adjetivo o adverbio.

This dress isn't long **enough**.
Este vestido no es lo suficientemente largo.

This couch is not comfortable **enough**.
Este sofá no es lo suficientemente cómodo.

This pair of jeans is not big **enough**.
Estos pantalones tejanos no son lo suficientemente grandes.

I arrived early **enough**.
Llegué suficientemente temprano.

Cuando «enough» se utiliza con sustantivos siempre ha de colocarse delante de ellos, y, en estos casos, significa «suficiente/s». Puede acompañar a nombres tanto contables como incontables:

Is there **enough** milk?
¿Hay suficiente leche?

I have **enough** money.
Tengo suficiente dinero.

There aren't **enough** chairs.
No hay suficientes sillas.

She has **enough** friends.
Ella tiene suficientes amigos.

Pedir permiso

Para pedir permiso se utilizan los verbos auxiliares «can», «could» y «may» en preguntas. «Can» se usa de manera más informal, mientras que «could» y «may» lo hacen de una manera más formal.

Can I go to the toilet?
¿Puedo ir al baño?

Could I talk to you for a minute?
¿Podría hablar con usted un momento?

May I use your computer?
¿Puedo utilizar su computadora?

Gramática fácil

afirmativa o negativamente. Así:

respuestas afirmativas	respuestas negativas
Yes, you can. *Sí, puede.*	**No, you can't.** *No, no puede.*
Yes, you may. *Sí, puede.*	**No, you may not.** *No, no puede.*
Certainly. *Por supuesto.*	**I'm sorry but you can't.** *Lo siento pero no puede.*
Of course. / *Por supuesto*	**I'm afraid you can't.** *Me temo que no puede.*
Sure. / *Claro.*	

- **Could** I try on this pair of pants?
- ¿Podría probarme estos pantalones?
- **Certainly.** / *- Por supuesto.*

- **May** I see that T-shirt?
¿Puedo ver esa camiseta?
- **Yes, you may.**
Sí que puede.

- **Can** I pay with a credit card?
¿Puedo pagar con tarjeta de crédito?

- **I'm afraid you can't.**
We only accept cash.
Me temo que no puede.
Sólo aceptamos en efectivo.

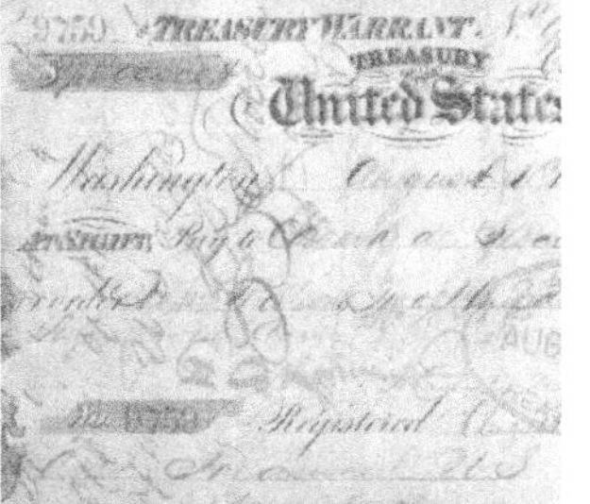

Alaska

El territorio que hoy forma el actual estado de Alaska fue comprado por los Estados Unidos a Rusia en 1867. El Secretario de Estado estadounidense, William Seward, fue quien llevó adelante el tratado y la operación, por un precio final de 7.200.000 dólares.

C Adjetivos terminados en «-ed» y en «-ing»

En inglés existe una serie de adjetivos que tienen la misma base, pero una terminación distinta. Unos acaban en «-ed» y otros en «-ing».

1 Usaremos los terminados en «-ed» cuando nos refiramos a cómo están las personas, cómo se sienten. Describen un estado.

bored	*aburrido*
worried	*preocupado*
interested	*interesado*
tired	*cansado*
exhausted	*agotado*

She is **bored.** / *Ella está aburrida.*

I'm **interested** in history.
Estoy interesado en la historia.

My mother is **worried.**
Mi madre está preocupada.

Are you **tired?** / *¿Estás cansado?*

Hays Code

El código Hays fue una normativa de producción cinematográfica con reglas restrictivas sobre qué se podía ver en pantalla y qué no. Creado por la asociación de productores cinematográficos de EE UU (MPAA), describía lo que era considerado moralmente aceptable. Fue redactado por el líder republicano William H. Hays y se aplicó desde 1934 hasta 1967.

Gramática fácil

2

Usaremos los terminados en «-ing» cuando nos refiramos a cómo son (y no a cómo están) las personas o situaciones.

boring	*aburrido*
worrying	*preocupante*
interesting	*interesante*
tiring	*cansador*
exhausting	*agotador*

This movie is very **interesting**.
Esa película es muy interesante.

The news is **worrying**.
La noticia es preocupante.

The journey was very **tiring**.
El viaje fue muy cansador.

Por lo tanto podríamos decir:

I am **bored** because this program is **boring**.
Estoy aburrido porque este progama es aburrido.

We are **worried** because our situation is **worrying**.
Estamos preocupados porque nuestra situación es preocupante.

He is **exhausted** because the tennis match was **exhausting**.
Él está agotado porque el partido de tenis fue agotador.

Ejercicios

1

¿Qué no nos ponemos en los pies?

a) boots
b) socks
c) belts
d) shoes

2

Resuelve el crucigrama. En vertical se puede leer una prenda de vestir.

Tipo de calzado para tiempo caluroso

Prenda que cubre desde el cuello hasta las caderas

Complemento que suele acompañar a un traje

Prenda femenina que cubre las piernas

Prenda que cubre los pies

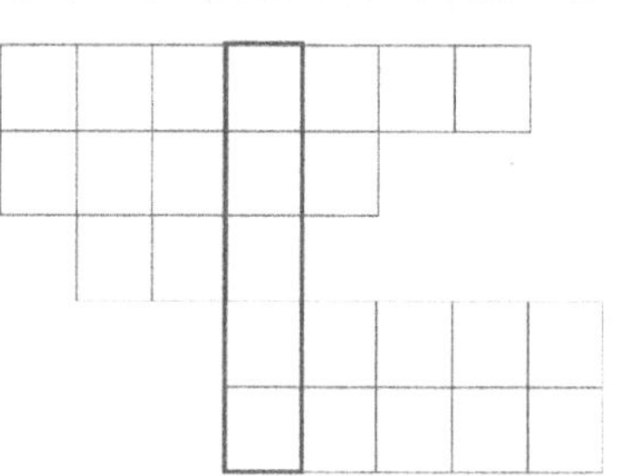

3

Ordena las palabras para formar frases correctas.

a) chairs have we don't enough.

b) there too milk much coffee this in is.

c) heavy is bag too the?

d) the is good wine not enough.

e) house in many are there too doors the.

4

Elige la opción correcta.

a) Joseph had a *(tiring / tired)* day. He's *(tiring / tired)*.

b) My bath was *(relaxing / relaxed)*. I feel *(relaxing / relaxed)* now.

c) I am *(worrying / worried)* because this problem is *(worrying / worried)*.

d) I'm *(interesting /interested)* in history. It's *(interesting / interested)*.

e) Are you *(boring / bored)*? Yes, it's a *(boring / bored)* afternoon.

SOLUCIONES

1.- belts

2.-

3.- **a)** We don't have enough chairs; **b)** There is too much milk in this coffee; **c)** Is the bag too heavy?; **d)** The wine is not good enough; **e)** There are too many doors in the house

4.- **a)** tiring – tired; **b)** relaxing – relaxed; **c)** worried – worrying; **d)** interested – interesting; **e)** bored – boring

APRENDE INGLÉS

LIBRO 5

Unidades 21 a 25

UNIDAD 21

En esta unidad estudiaremos:

LET'S SPEAK ENGLISH:
a) Pesos y medidas.
b) Diferencias entre los verbos «to do» y «to make».

GRAMÁTICA FÁCIL:
a) Usos de «how» (II).
b) Verbos usados al enviar correo.
c) «Había/hubo»: «There was» y «there were».

Diálogo

Sophie está comprando comida en la ciudad, pero quiere que se la lleven a casa. Thomas es el dependiente que la atiende.

Thomas: Good morning!. What can I do for you?
Sophie: I'd like **a pound of** apples, **two pounds of** pears and **half a pound** of strawberries, please.
Thomas: Mmm... You like fruit.
Sophie: Yes, a lot. I'm going to **make** some juice. **There was** a recipe in my magazine. **How much** is that?
Thomas: That'll be $5.20.
Sophie: Ok. I'll take **a dozen** eggs and **a gallon** of milk, as well.
Thomas: That's fine.
Sophie: Do you **deliver**? I live quite far from here and I don't have a car.
Thomas: **How far** away do you live?
Sophie: About six **miles**. It's very difficult without a car. **There was** a bus, but it stopped running a few months ago.
Thomas: **How often** do you come to town?
Sophie: Only once a week.
Thomas: And **how long does it take** to walk here?
Sophie: **It takes** about two hours.
Thomas: Then, how do you go to work?
Sophie: I work from home. I design advertisements and then I **email** them to the office. They **wire** me the money I earn.
Thomas: That's interesting. Well, we only **deliver** within two **miles** of the shop, but I'll **do** you a favor and take the food to your house.
Sophie: Thank you very much.
Thomas: Write your address here. Anyway we'll **send** you a receipt by mail.
Sophie: Ok. Goodbye!
Thomas: Have a nice day!

Diálogo

(traducción)

Thomas: *¡Buenos días! ¿Qué puedo hacer por usted?*

Sophie: *Quiero* ***una libra de*** *manzanas,* ***dos libras de*** *peras y* ***media libra de*** *fresas, por favor.*

Thomas: *Mmm. Le gusta la fruta.*

Sophie: *Sí, mucho. Voy a* ***hacer*** *jugo.* ***Había*** *una receta en mi revista. ¿****Cuánto*** *es?*

Thomas: *Serán $5.20.*

Sophie: *Bien. Me llevo* ***una docena*** *de huevos y* ***un galón*** *de leche, también.*

Thomas: *Muy bien.*

Sophie: *¿Tienen servicio de* ***reparto****? Vivo bastante lejos de aquí y no tengo auto.*

Thomas: *¿****A qué distancia*** *vive?*

Sophie: *A unas seis* ***millas****. Es muy difícil sin auto.* ***Había*** *un autobús, pero dejó de operar hace unos pocos meses.*

Thomas: *¿****Con qué frecuencia*** *viene a la ciudad?*

Sophie: *Sólo una vez a la semana.*

Thomas: *¿Y* ***cuánto tiempo se tarda*** *en venir aquí caminando?*

Sophie: ***Se tardan*** *unas dos horas.*

Thomas: *Entonces, ¿cómo va a trabajar?*

Sophie: *Trabajo desde casa. Diseño anuncios y luego los* ***envío por correo electrónico*** *a la oficina. Ellos me* ***giran*** *el dinero que gano.*

Thomas: *Interesante. Bueno, nosotros sólo* ***repartimos*** *hasta dos* ***millas*** *de la tienda, pero le* ***haré*** *un favor y le llevaré la comida a casa.*

Sophie: *Muchas gracias.*

Thomas: *Escriba su dirección aquí. En cualquier caso le* ***enviaremos*** *un recibo por correo.*

Sophie: *De acuerdo. ¡Adiós!*

Thomas: *¡Que tenga un buen día!*

Coupons

En EE UU es muy común el uso de cupones de descuento para compras en supermercados. La Federal Trade Comisión (FTC) y ente regulador del intercambio comercial en Estados Unidos indican que este sistema permite un ahorro de unos 4.700 millones de dólares al año en comestibles y productos de la cesta familiar. Según esta entidad, el 77%, de los hogares estadounidenses utilizan este sistema.

a Pesos y medidas – Weights and measures

A continuación se muestra una tabla con equivalencias de pesos y medidas, ya que éstos se expresan de manera diferente según el país en que nos encontremos.

Let's speak English

MEDIDAS DE LONGITUD

1 inch (in.)
1 pulgada = 2.54 centímetros

1 foot (ft.)
1 pie = 30.48 centímetros

1 yard (yd.)
1 yarda = 0.914 metros

1 mile (mi.)*
1 milla = 1.609 kilómetros

* La abreviatura que se recomienda para «mile» es «mi.», pese a que podemos encontrar otras, como en «mph» (miles per hour, millas por hora)

MEDIDAS DE CAPACIDAD O VOLUMEN

1 gallon (gal.)
1 galón = 3.78 litros

1 quart (qt.)
1 cuarto de galón = 0.94 litros

MEDIDAS DE PESO

1 ton (t.)
1 tonelada = 907 kilogramos (2,000 libras)

1 pound (lb.)
1 libra = 0.453 kilogramos

1 ounce (oz.)
1 onza = 28.35 gramos

MEDIDAS DE CANTIDAD

1 dozen (dz.)
1 docena = 12 unidades

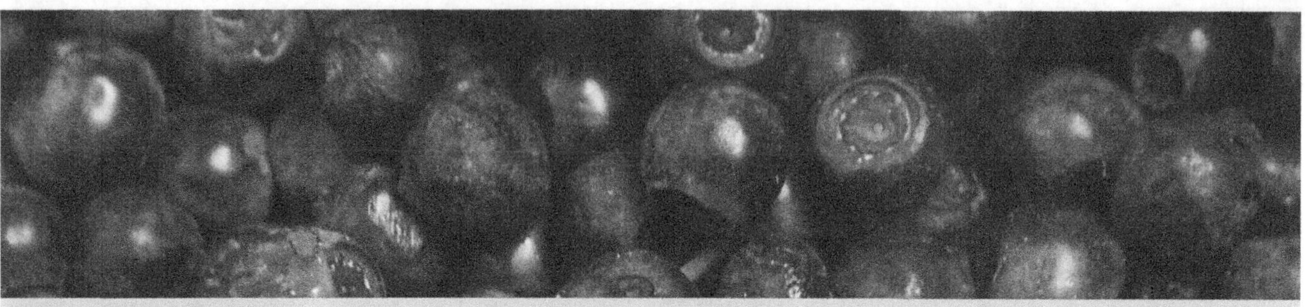

El sistema anterior es el utilizado en EEUU. En otros países estos pesos y medidas pueden corresponder a cantidades ligeramente diferentes.

The path is two **yards** long.
El camino mide (tiene) dos yardas de largo.

There's a **gallon** of milk in the fridge.
Hay un galón de leche en el refrigerador.

I need a **pound** of sugar for the cake.
Necesito una libra de azúcar para el pastel.

Can you buy a **dozen** eggs?
¿Puedes comprar una docena de huevos?

Faulkner Award

El «Premio PEN/Faulkner» es entregado anualmente por la fundación del mismo nombre al mejor autor estadounidense de ficción. Este galardón se hizo posible gracias al escritor William Faulkner, quien donó sus ingresos por el Premio Nobel de 1949 con el fin de establecer un fondo para apoyar y alentar a nuevos escritores de ficción.

b Diferencias entre los verbos «to do» y «to make»

Para un hispanoparlante estos dos verbos pueden presentar algunas dudas. Ambos significan «hacer», pero veamos las diferencias entre ellos.

«To do» se usa:

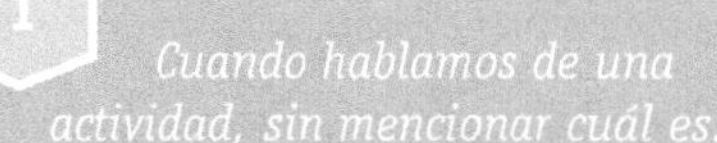

1 *Cuando hablamos de una actividad, sin mencionar cuál es:*

What are you **doing**?
¿Qué estás haciendo?

I'm **doing** my work.
Estoy haciendo mi trabajo.

I'm not **doing** anything.
No estoy haciendo nada.

Blueberry

El arándano (Vaccinium corymbosum) es una especie originaria de Estados Unidos, que también es el mayor productor y consumidor de arándanos azules del mundo. Por su dulce sabor se utilizan para elaborar jaleas, mermeladas, vinos, pasteles y diversos platos dulces. Los frutos de las plantas silvestres, más pequeños y caros que los de las cultivadas, son muy apreciados por su sabor y color intenso.

2

Cuando alguien realiza una actividad o tarea:

I have to **do** the washing.	*Tengo que hacer la colada.*
Are you **doing** a crossword?	*¿Estás haciendo un crucigrama?*

Hay algunas expresiones con «to do», entre las que están:

to do business	*hacer negocio*
to do harm	*hacer daño*
to do a favor	*hacer un favor*
to do the homework	*hacer los deberes*
to do the housework	*hacer las tareas domésticas*
to do the cleaning	*hacer la limpieza*

«To make» se usa:

1

Con la idea de «crear», «fabricar», «elaborar».

She's **making** a dress.
Ella está haciendo un vestido.

I'll **make** a cup of tea.
Haré una taza de té

2

Al referirnos a todo tipo de comidas:

I **made** an omelette for dinner.
Hice una tortilla para la cena.

They're **making** a delicious meal.
Están haciendo una comida deliciosa.

Otras expresiones con el verbo «to make» son:

to make a mistake
cometer un error

to make friends
hacer amigos

to make a decision
tomar una decisión

to make an effort
hacer un esfuerzo

to make a noise
hacer ruido

to make a phone call
hacer una llamada de teléfono

to make your bed
hacer la (tu) cama

Gramática fácil

a Usos de «how» (II)

Como pronombre interrogativo significa «cómo».

How are you? *¿Cómo estás?*
How can I do it? *¿Cómo puedo hacerlo?*
How did you go to New York? *¿Cómo fuiste a Nueva York?*

Pero en combinación con otras palabras tiene diferentes significados:

HOW OFTEN?

Como ya aprendimos anteriormente, se usa para preguntar por la frecuencia con la que ocurre alguna acción:

How often do you go to the movies?
¿Con qué frecuencia vas al cine?

How often does he do the shopping?
¿Con qué frecuencia hace él la compra?

HOW OLD?

Se utiliza para preguntar la edad:

How old are you?
¿Qué edad tienes?

How old is her brother?
¿Qué edad tiene su hermano?

HOW FAR?

Lo usamos para preguntar por distancias:

How far is it?
¿A qué distancia está?

How far is the station?
¿A qué distancia está la estación?

How far is the drugstore from the bank?
¿A qué distancia está la farmacia del banco?

How to win friends...

Dale Carnegie (1888 - 1955) fue un empresario y escritor estadounidense de libros de autoayuda. Una de las ideas centrales de su obra es que es posible cambiar el comportamiento de los demás al cambiar nuestra actitud hacia ellos. Su libro «Cómo ganar amigos e influir sobre las personas» (1936) fue bestseller y continúa siendo muy popular.

"How Long, Not Long"

Con este nombre se conoce el discurso que el Dr. Martin Luther King, Jr. dió en las escalinatas del capitolio de Montgomery, Alabama, tras la marcha del 25 de marzo de 1965, en la que 25.000 personas reclamaron pacificamente por el derecho al voto para la población afroamericana.

Gramática fácil

HOW MUCH?

Se utiliza para preguntar el precio de alguna cosa:

How much is it?
¿Cuánto cuesta?

How much are the pictures?
¿Cuánto cuestan los cuadros?

How much does this lamp cost?
¿Cuánto cuesta esta lámpara?

Y también para preguntar por cantidad con un nombre incontable:

How much juice did you buy?
¿Cuánto jugo compraste?

How much flour does she need?
¿Cuánta harina necesita ella?

HOW MANY?

Se usa para preguntar por cantidad con un nombre contable:

How many letters did you write?
¿Cuántas cartas escribiste?

How many books are there on the table?
¿Cuántos libros hay en la mesa?

HOW ABOUT?

Recordemos que usamos esta estructura para hacer sugerencias o proposiciones:

How about going to the movies tonight?
¿Qué tal si vamos al cine esta noche?

HOW LONG?

Así se pregunta por la duración de una actividad:

How long did you live in New Orleans?
¿Cuánto tiempo viviste en Nueva Orleans?

How long did she stay at the hotel?
¿Cuánto tiempo se quedó ella en el hotel?

«How long» también se usa para preguntar el tiempo que se tarda en realizar una actividad. Para ello se utiliza también el verbo «to take», que, en este caso significa «tardar»o «llevar». El sujeto siempre es «it». Así:

How long does it take to...?
¿Cuánto se tarda en...?

How long does it take to fly to Florida?
¿Cuánto tiempo se tarda en volar a Florida?

How long does it take to make a paella?
¿Cuánto tiempo se tarda en preparar una paella?

Para contestar: It takes... (Se tarda....)

It takes two hours. *Se tardan dos horas*

How long does it take to get to the gym?
It takes half an hour.
¿Cuánto tiempo se tarda en llegar al gimnasio?
Se tarda media hora. (Lleva media hora).

b Verbos usados al enviar correspondencia

Al hablar de correspondencia, encontramos unos verbos que usamos frecuentemente:

- to send
- to mail
— an e-mail, a letter, a postcard, a package

enviar un correo electrónico, una carta, una tarjeta postal, un paquete

I **mailed** a letter to my parents.
Envié una carta a mis padres.

I **am sending** an e-mail to John.
Estoy enviando un correo electrónico a John.

*En algunos países de lengua inglesa se utiliza el verbo **«to post»** (enviar).*

*Coloquialmente se puede usar **«to email»*** (enviar un correo electrónico) *como «to send an e-mail»:*

I **emailed** John to inform him about our plans.

Envié un correo electrónico a John para informarle de nuestros planes.

- to deliver *repartir o entregar*

Look! The postman is **delivering** letters in this building.
Mira, el cartero está repartiendo cartas en este edificio.

- to wire money *girar o enviar dinero*

She **wires** money from Spain every month.
Ella gira (envía) dinero desde España todos los meses.

Mr. Postman

El Museo Postal Nacional, ubicado en Washington D.C., fue establecido por acuerdo entre el servicio de correos de Estados Unidos (USPS) y la Institución Smithsonian. Abrió sus puertas en 1993, en el edificio que fue la oficina central de correos de Washington. Allí se pueden visitar numerosas exposiciones de forma gratuita.

«Había/hubo»: «There was» y «there were»

Ya aprendimos el uso de la forma impersonal «hay» en presente: «there is, there are». A continuación estudiaremos las formas de pasado: there was y there were. Por lo tanto, estas estructuras equivalen en español a «había» o «hubo». «There was» se usa con nombres incontables y con nombres contables en singular, mientras que «there were» se usa con nombres contables en plural.

Gramática fácil

De forma afirmativa:

There was a mistake.
Hubo un error.

There was a glass on the table.
Había un vaso en la mesa.

There were some cars in the street.
Había algunos autos en la calle.

There were a lot of people at the concert.
Había mucha gente en el concierto.

De forma negativa:

There wasn't any ice.
No había hielo.

There wasn't a match on TV.
No hubo partido por televisión.

There weren't any matches in the box.
No había fósforos en la caja.

There weren't many cameras in the shop.
No había muchas cámaras en la tienda.

En preguntas:

Was there a man at the door?
¿Había un hombre en la puerta?

Were there any students in the classroom?
¿Había estudiantes en la clase?

Y en respuestas cortas:

Was there any milk in the glass? **Yes, there was.**
¿Había leche en el vaso? Sí.

Were there many people at the bank? **No, there weren't.**
¿Había mucha gente en el banco? No.

Ejercicios

1

Usa la forma correcta de los verbos «do» o «make».

a) She _________ a mistake in the exercise.

b) They are _________ a salad for lunch.

c) Can you _________ me a favor?

d) How often do you _________ the cleaning at home?

e) He never _________ his bed. He's very untidy.

2

Completa los espacios con «about», «long», «much», «many», «old», «far» y «often».

a) How ________ languages can you speak?

b) How ________ do you eat out?

c) How ________ is London from New York?

d) How ________ doing another exercise?

e) How ________ salt do you need?

f) How ________ does it take?

g) How ________ is your grandmother?

3

Relaciona:

a) ...a glass on the table?

b) ...two students in the classroom.

c) ...any water to drink.

d) ...any people at the bar?

e) ...a good film on television last week.

f) ...any oranges in the shop.

1) Was there

2) There was

3) There were

4) There weren't

5) There wasn't

6) Were there

SOLUCIONES

1.- a) made; **b)** making; **c)** do; **d)** do; **e)** makes. **2.- a)** many; **b)** often; **c)** far; **d)** about; **e)** much; **f)** long; **g)** old. **3.- a)** Was there; **b)** There were; **c)** There wasn't; **d)** Were there; **e)** There was; **f)** There weren't

UNIDAD 22

En esta unidad estudiaremos:

LET'S SPEAK ENGLISH:

a) Verbos relacionados con el dinero.
b) Vocabulario: El banco.

GRAMÁTICA FÁCIL:

a) Preguntas para confirmar (tag questions).
b) Uso de «still» y «yet» (todavía).
c) Expresiones para enumerar u ordenar acciones.

Diálogo

Vicky está hablando con su marido, Steve, sobre su situación económica.

Vicky: I'm thinking of **opening a** new **account** at the **bank.** What do you think, Steve?

Steve: What for?

Vicky: Well, I think we need to **save** some more money, **don't you**?

Steve: Yes, that sounds like a good idea.

Vicky: We **waste** so much money, **spending** it on trips, clothes and other things.

Steve: You're right. And now we **earn** more. We can make **monthly payments** into a **savings bank**, **can't we**?

Vicky: I **still** have an **overdraft** of $100 on my **current account**. I haven't paid that back **yet**.

Steve: Yes. **First** we need to pay back what we **borrowed** from the **bank**.

Vicky: **Then** we can **open an account** at the **savings bank**.

Steve: And each month we can either pay money in by **check** or set up **monthly payments** from our **current accounts**.

Vicky: We must try to **take out** less **money**.

Steve: Yes. We need to **invest** in the children's future.

Vicky: You're right. **First** we can pay the **overdrafts**, then we can **open an account**, and, when we **save** a lot of money, we can increase the **mortgage payments.**

Steve: What about going to the **bank** now?

Vicky: No. Wait! I'm not ready **yet.**

Steve: Well, we'll go when you're **finally** ready.

Vicky: Ok. I'll be ready in ten minutes.

Diálogo

(traducción)

Plastic card

La tarjeta de crédito, tal como la conocemos en la actualidad, fue un desarrollo de Ralph Schneider y Frank X. McNamara, fundadores del Diners Club (1950). Esta tarjeta permitía, a diferencia de las anteriores, pagar en distintos comercios con una tarjeta única. Luego aparecieron Carte Blanche y, en 1958, American Express, empresa que creo una tarjeta con uso en todo el mundo.

Vicky:	Estoy pensando en **abrir** una nueva **cuenta** en el **banco**. ¿Qué te parece, Steve?
Steve:	¿Para qué?
Vicky:	Bueno, creo que necesitamos ahorrar más dinero, **¿no crees?**
Steve:	Sí, parece una buena idea.
Vicky:	**Malgastamos** mucho dinero, **gastándolo** en viajes, ropa y otras cosas.
Steve:	Tienes razón. Y ahora **ganamos** más. Podemos ingresar **cuotas mensuales** en una **caja de ahorros**, **¿verdad?**
Vicky:	**Todavía** tengo un **descubierto** de $100 en mi **cuenta corriente**. No lo he pagado **aún**.
Steve:	Sí. **Primero** necesitamos devolver lo que **pedimos** al **banco**.
Vicky:	**Luego** podemos **abrir una cuenta** en la **caja de ahorros**.
Steve:	Y cada mes podemos ingresar dinero en **cheque** o establecer **cuotas mensuales** desde nuestras **cuentas corrientes**.
Vicky:	Debemos intentar **retirar** menos **dinero**.
Steve:	Sí. Necesitamos **invertir** en el futuro de los niños.
Vicky:	Tienes razón. **Primero** podemos pagar los **descubiertos**, luego podemos **abrir una cuenta** y, cuando **ahorremos** mucho dinero, podemos aumentar los **pagos de la hipoteca**.
Steve:	¿Qué tal si vamos al **banco** ahora?
Vicky:	No. ¡Espera! No estoy lista **todavía**.
Steve:	Bueno, iremos cuando **por fin** estés preparada.
Vicky:	De acuerdo. Estaré lista en diez minutos.

a Verbos relacionados con el dinero

Con respecto al dinero podemos:

To earn: *ganar (como salario)*

My wife **earns** more money than me.
Mi esposa gana más dinero que yo.

To waste: *malgastar*

They **wasted** a fortune on gambling.
Ellos malgastaron una fortuna en el juego.

To save: *ahorrar*

It's good to **save** some money. One never knows...
Es bueno ahorrar dinero. Uno nunca sabe...

To invest: *invertir*

I don't have any money to **invest**.
No tengo dinero para invertir.

To keep: *guardar*

My daughter **keeps** her money in a piggy bank.
Mi hija guarda su dinero en una hucha.

To borrow: *pedir prestado*

I was broke and I **borrowed** some money.
Estaba arruinado y pedí dinero prestado.

To spend: *gastar*

We **spend** a lot of money on food.
Nosotros gastamos mucho dinero en comida.

To lend: *prestar*

My friends **lend** me a little money when I am in need.
Mis amigos me prestan un poco de dinero cuando estoy necesitado.

Tax Day

En los EE UU, el último día para presentar la declaración anual del impuesto sobre los ingresos es conocido como el «tax day». Esta obligación fiscal se aplica a ciudadanos, residentes y algunos extranjeros no residentes. Desde 1955 el «tax day» es el 15 de abril.

Let's speak English

b Vocabulario: En el banco – At the bank

Vocabulario:

bank: *banco*
savings bank: *caja de ahorros*
current account: *cuenta corriente*
balance: *saldo*
overdraft: *descubierto, sobregiro*
debit card: *tarjeta de débito*
credit card: *tarjeta de crédito*
loan: *préstamo*
mortgage: *hipoteca*
amount: *importe, cantidad*
savings: *ahorros*
cash: *efectivo*
check: *cheque*
monthly payment: *cuota mensual*
ATM (Automatic Teller Machine): *cajero automático*

Verbos:

to open an account: *abrir una cuenta*
to exchange money: *cambiar divisa*
to ask for a loan: *pedir un préstamo*
to grant a loan: *conceder un préstamo*
to give a credit: *conceder un crédito*
to pay (in) cash: *pagar en efectivo*
to pay by check: *pagar con cheque*
to pay with a credit card: *pagar con tarjeta de crédito*
to take out money: *sacar/retirar dinero*
to withdraw money: *sacar/retirar dinero*

a Preguntas para confirmar - Tag questions

Gramática fácil

En la conversación, muchas veces pedimos la confirmación de lo que decimos por parte de la otra persona. En español lo hacemos con preguntas como «¿verdad?» o «¿no?» al final de la frase. Esas expresiones se usan independientemente del tiempo verbal en que se hable (presente, pasado, futuro). En inglés se denominan «tag questions» y se forman de manera diferente, según el verbo de la frase, pero todas presentan la misma estructura: es una pregunta formada por un auxiliar (to be, do, does, did, can, could, etc.) y un pronombre personal (I, you, he, ...), que se coloca al final de la expresión.

1

Si en la frase hay un auxiliar, lo utilizamos para la «tag question» junto al pronombre correspondiente. Si la frase es afirmativa, el auxiliar se usa de forma negativa en la «tag question» y viceversa.

You **are** from Mexico, **aren't** you?
Tú eres de México, ¿verdad?

He **isn't** rich, **is** he?
Él no es rico, ¿verdad?

Your mother **is** hot, **isn't** she?
Tu madre tiene calor, ¿verdad?

They **are** taking out some money, **aren't** they?
Ellos están sacando dinero, ¿no?

It **is** raining, **isn't** it?
Está lloviendo, ¿verdad?

She **isn't** asking for a loan, **is** she?
Ella no está pidiendo un préstamo, ¿verdad?

You **aren't** working now, **are** you?
Tú no estás trabajando ahora, ¿verdad?

Gramática fácil

Cuando el sujeto de la frase es «I», el auxiliar es «to be» y la frase es afirmativa, en la «tag question» no usamos «am not I?», sino «aren't I?»:

I **am** your teacher, **aren't** I? *Yo soy vuestro profesor, ¿verdad?*

Como ya conocemos otros auxiliares:

She **was** a good student, **wasn't** she?
Ella era una buena estudiante, ¿verdad?

They **weren't** at school yesterday, **were** they?
Ellos no estuvieron en la escuela ayer, ¿verdad?

We **can** play baseball, **can't** we?
Podemos jugar al béisbol, ¿verdad?

He **can't** drive, **can** he?
Él no sabe conducir, ¿verdad?

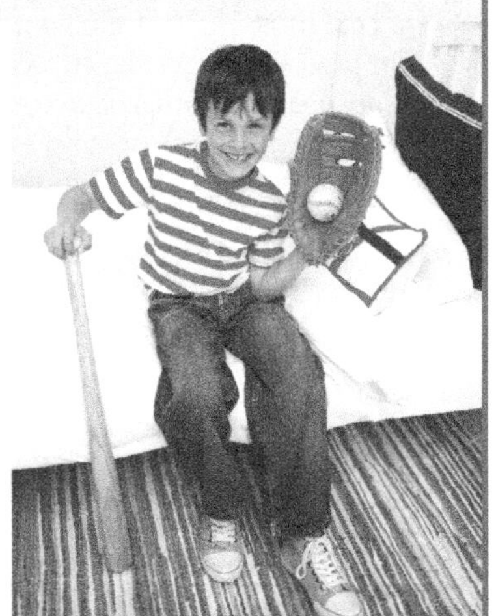

2

Si en la frase no hay verbo auxiliar, para la «tag question» usaremos «do-does/don't-doesn't» si la frase está en presente, y «did/didn't» si está en pasado.

You **work** as an accountant, **don't** you?
Trabajas como contador, ¿verdad?

They **don't live** in California, **do** they?
Ellos no viven en California, ¿verdad?

She **doesn't waste** her money, **does** she?
Ella no malgasta su dinero, ¿verdad?

His father **drives** very fast, **doesn't** he?
Su padre maneja muy rápido, ¿verdad?

You **didn't go** to the gym, **did** you?
No fuiste al gimnasio, ¿verdad?

We **bought** some sugar, **didn't** we?
Compramos azúcar, ¿verdad?

Words of Freedom

«The Liberator» fue una publicación abolicionista fundada por William Lloyd Garrison en 1831. El periódico se editó en la ciudad de Boston durante 35 años. El último ejemplar contó con una columna de despedida, a finales de 1865, cuando la ratificación de la 13° Enmienda abolió la esclavitud en todo el territorio de los EE UU.

«Corn Belt»

El «Cinturón de Maíz» es un gran espacio agrícola del medio oeste de EE UU. Esta zona abarca los estados de Iowa, Indiana, Illinois y Ohio, donde el cultivo el maíz es preponderante desde 1850. La producción de esta zona cubre el 50% del total nacional. En el «Corn Belt» se localiza también una importante producción ganadera.

Gramática fácil

b Uso de «still» y «yet» (todavía)

Los adverbios «still» y «yet» significan «todavía», pero su uso y posición es diferente.

***«Still»** se utiliza en frases afirmativas y en preguntas.*

1 *Se coloca después del verbo «to be» en las frases afirmativas:*

I'<u>m</u> **still** watching TV.
Todavía estoy viendo la televisión.

She'<u>s</u> **still** ill.
Ella está enferma todavía.

We <u>are</u> **still** playing chess.
Todavía estamos jugando al ajedrez.

En las preguntas sólo cambia el orden de «to be» y el sujeto:

<u>Are</u> you **still** here?
¿Todavía está aquí?

<u>Is</u> he **still** waiting for you?
¿Todavía te está esperando él?

Comic-Con

También conocida como «Comic-Con San Diego», se trata de una convención anual de cómics que se presenta en California desde 1970. En este evento se expone material de cómics, adelantos de películas, series, videojuegos y juguetes. Su principal promotor fue el editor y guionista Sheldon Dorf.

Gramática fácil

2

Se coloca delante de cualquier otro verbo (no auxiliar) diferente a «to be», tanto en frases afirmativas como en preguntas:

I **still** go to the gym.
Todavía voy al gimnasio.

She **still** has some savings.
Ella todavía tiene algunos ahorros.

Do you **still** work for Hoffmann Ltd.?
¿Todavía trabajas para Hoffmann Ltd.?

Does he **still** smoke?
¿Todavía fuma él?

«Yet» se utiliza en frases negativas y siempre se coloca al final de las mismas.

I am not having lunch **yet.**
Todavía no estoy almorzando.

They don't have a car **yet.**
Todavía no tienen auto.

He doesn't work **yet.**
Todavía él no trabaja.

Gramática fácil

C Expresiones para enumerar u ordenar acciones

Cuando se está relatando o escribiendo alguna situación donde tienen lugar varias acciones, para seguir un orden o enumeración se utilizan las siguientes expresiones:

First	*primero, en primer lugar*
Then	*luego, después*
After that	*luego, después, después de eso*
Later	*más tarde, posteriormente, después*
Finally	*finalmente, por último*

First I got up, **then** I took a shower, **after that** I had breakfast and, **finally**, I took the children to school.
Primero me levanté, luego tomé una ducha, después desayuné y, finalmente, llevé a los niños a la escuela.

When she gets home in the evening, **first** she has dinner and **then** she watches TV.
Cuando ella llega a casa por la noche, primero cena y luego ve la TV.

Un error habitual es utilizar ***«after»*** *como «después», cuando en realidad es «después de». Es una preposición que necesita que le siga un sustantivo:*

We went for a walk **after** the meal.
Fuimos a dar un paseo después de la comida.

Como hemos visto en esta unidad, «después» equivale a ***«later», «then»***, *o* ***«after that»***.

We have to study now. We can watch TV **later**.
Tenemos que estudiar ahora. Podemos ver la televisión después.

Saturday Night Live

SNL es un late show estadounidense que revolucionó la televisión en los años 70 con su humor sarcástico, música, actores e invitados especiales. Fue estrenada en 1975 en NBC y se emite desde New York. Algunas de sus estrellas fueron: Dan Aykroyd, John Belushi, Chevy Chase, Bill Murray, Eddie Murphy, Billy Crystal, Ben Stiller, Mike Myers, Adam Sandler y Will Ferrell.

Ejercicios

1

Añadir la «tag question».

a) She doesn't like cats, ______________ ?

b) You didn't tell him, ______________ ?

c) They were dancing at the disco, ______________ ?

d) Your father can speak English, ______________ ?

e) She is very intelligent, ______________ ?

2

Rellena los espacios que lo precisen con «still» o «yet».

a) Does he _________ work for that company _________ ?

b) Are they _________ watching TV _________ ?

c) I _________ don't have to do the shopping _________

d) We _________ are _________ living in California _________

e) Your sister _________ is not here _________

3

Ordena la secuencia de frases y únelas con: «first», «then», «after that» y «finally».

She left her purse on a chair. She went to bed. She took a shower. She got home.

____

____

____

____

SOLUCIONES

1.- **a)** does she?; **b)** did you?; **c)** weren't they?; **d)** can't he?; **e)** isn't she?

2.- **a)** Does he still work for that company?; **b)** Are they still watching TV?; **c)** I don't have to do the shopping yet; **d)** We are still living in California; **e)** Your sister is not here yet.

3.- First, she got home. Then (after that) she left her purse on a chair. After that (then) she took a shower and, finally, she went to bed.

UNIDAD 23

En esta unidad estudiaremos:

LET'S SPEAK ENGLISH:
a) El correo electrónico.
b) El verbo «esperar».
c) Vocabulario: En el apartamento.
d) Formas y materiales.

GRAMÁTICA FÁCIL:
a) El caso genitivo.
b) Preposiciones de lugar (in, on, at).

Diálogo

Janet está buscando equipar su casa. Habla con Gary, un vendedor, sobre distintos muebles, materiales, etc.

Janet: Hello! I need to buy some equipment and furniture for my new house. Can you help me?
Gary: Certainly. What exactly are you looking for?
Janet: Well, first I need a **closet** for the **bedroom**.
Gary: How about this one? It's made of **wood** but has **metallic** handles. It's very nice.
Janet: Hmm, I'm not sure. I'd prefer a **rectangular shape**.
Gary: How about this one then? It's **wooden,** but it has **glass** doors.
Janet: Yes, I like it. It's very modern. It is good for my son**'s bedroom**. He can keep all his books and toys **in** it.
Gary: What else do you need?
Janet: I also need an **oven** for the **kitchen**.
Gary: This one is very good. It's made of **steel** and has a **square shape**.
Janet: Yes, it's nice. I'll take it.
Gary: Anything else?
Janet: Yes. A **washbasin** for the **bathroom**.
Gary: This one is very modern. It's **round** and made of **glass**.
Janet: Yes, it's very practical. We can put the **soap** and all our **toothbrushes on** it.
Gary: Is that all? Do you want us to deliver it to your house?
Janet: Yes, please. I'll **wait at** home tomorrow morning.
Gary: That's fine. Can you give me your **e-mail address** so we can send the bill?
Janet: Yes, it's **janet.smith@sunmail.com**.
Gary: Ok. We'll deliver the furniture at about 10am.
Janet: I'll be **expecting** you. I **hope** it'll arrive on time. Bye!

Diálogo

(traducción)

Janet: ¡Hola! Necesito equipamiento y muebles para mi nueva casa. ¿Puede ayudarme?

Gary: Por supuesto. ¿Qué está buscando, exactamente?

Janet: Bueno, primero necesito un **armario** para el **dormitorio**.

Gary: ¿Qué le parece éste? Está hecho de **madera** pero tiene tiradores **metálicos**. Es muy bonito.

Janet: Hmm. No estoy segura. Preferiría una **forma rectangular**.

Gary: ¿Qué tal éste, entonces? Es **de madera**, pero tiene puertas de **vidrio**.

Janet: Sí, me gusta. Es muy moderno. Está bien para el **dormitorio** de mi hijo. Puede guardar todos sus libros y juguetes **en** él.

Gary: ¿Qué más necesita?

Janet: También necesito un **horno** para la **cocina**.

Gary: Éste es muy bueno. Está hecho de **acero** y tiene **forma cuadrada**.

Janet: Sí, es bonito. Me lo llevo.

Gary: ¿Algo más?

Janet: Sí. Un **lavabo** para el **baño**.

Gary: Éste es muy moderno. Es **redondo** y está hecho de **cristal**.

Janet: Sí, es muy práctico. Ahí podemos poner el **jabón** y todos nuestros **cepillos de dientes**.

Gary: ¿Es todo? ¿Quiere que se lo llevemos a su casa?

Janet: Sí, por favor. **Esperaré** en casa mañana por la mañana.

Gary: Está bien. ¿Puede darme su **dirección de correo electrónico** para poder enviarle la factura?

Janet: Sí, es **janet.smith@sunmail.com.**

Gary: De acuerdo. Le llevaremos los muebles alrededor de las diez de la mañana.

Janet: Estaré **esperándoles**. **Espero** que todo llegue puntualmente. ¡Adiós!

Hyperion

Hyperion es el nombre dado al árbol y ser viviente más alto del planeta, una «Sequoia sempervirens», de 115,55 metros de altura, que vive en el Parque Nacional Redwood, al norte de San Francisco (California).

Let's speak English

a El correo electrónico – E-mailing

Para dar o leer una dirección de correo electrónico decimos:

tollin_bis@englishmail.com

léase: *tollin* ***underscore*** *bis* ***at*** *englishmail* ***dot*** *com*

guión bajo ▶ **underscore**

@ ▶ **at**

punto ▶ **dot**

b El verbo «esperar»

El verbo «esperar» se puede decir de diferentes maneras, según la situación en la que lo usemos. Así:

1 Wait (for something or somebody) / esperar físicamente (algo o a alguien)

Si al verbo «wait» le sigue algo o alguien, se necesita la preposición «for».

I'm **waiting for** my mother.
Estoy esperando a mi madre.

Who are you **waiting for**?
¿A quién estás esperando?

She's **waiting for** the bus.
Ella está esperando el autobús

2 Expect / esperar (con evidencia de que algo va a ocurrir)

Se usa cuando pensamos que algo va a ocurrir porque hay motivos para que ocurra.

I **expect** to finish my work next week.
Espero acabar mi trabajo la próxima semana.
(Ya lo tengo avanzado)

She **is expecting** a baby.
Ella está esperando un bebé.

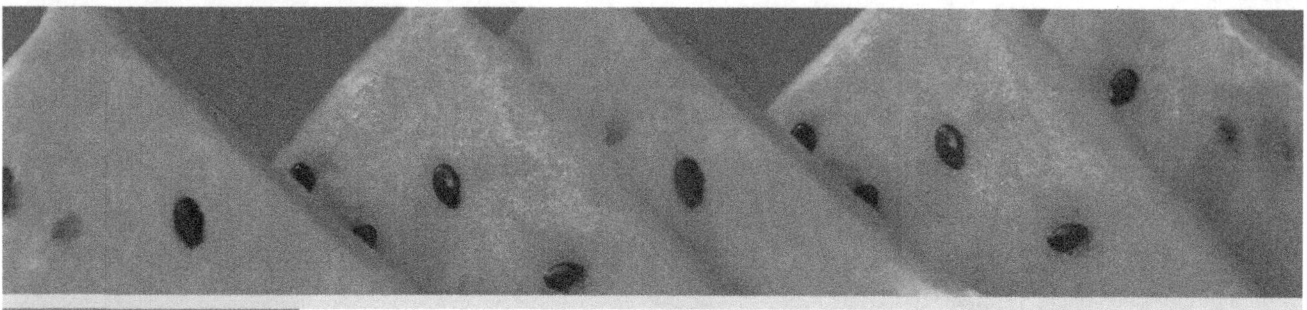

Let's speak English

3 Hope / esperar (sin evidencia de que algo va a ocurrir)

Se usa cuando queremos que algo ocurra o haya ocurrido.

I **hope** to win the lottery. ▶ *Espero ganar la lotería.*

I **hope** you enjoyed the party. ▶ *Espero que la hayas pasado bien en la fiesta.*

I **hope** it will rain soon. ▶ *Espero que llueva pronto.*

C Vocabulario: En el apartamento
In the apartment

In the kitchen / En la cocina

cooker / *cocina (fogones)*
freezer / *congelador*
fridge / *refrigerador*
garbage can / *cubo de la basura*
spoon / *cuchara*
fork / *tenedor*
knife / *cuchillo*
sink / *fregadero*
oven / *horno*
microwave oven
horno microondas
washing machine / *lavadora*
dishwasher / *lavavajillas*
dish / *plato*
cup / *taza, copa*
glass / *vaso*

In the bedroom / En el dormitorio

bed / *cama*
pillow / *almohada*
sheet / *sábana*
blanket / *manta*
mattress / *colchón*
closet / *armario*
curtain / *cortina*
bedside table / *mesita de noche*
alarm clock / *despertador*

The Dakota

El edificio Dakota es un bloque de apartamentos localizado en Manhattan (NY), cuya construcción data de 1884. En la entrada de la calle 72 hay una figura de un indio Dakota que le da nombre al edificio. Fue declarado lugar histórico en 1972. Algunos de sus habitantes ilustres fueron: Lauren Bacall, Judy Garland, Boris Karloff, John Lennon y Rudolf Nuréyev.

Hope

«Hope» es el nombre de un pequeño pueblo en Hempstead County, Arkansas. Es famoso por el cultivo de sandías y se destaca por haber registrado records mundiales por su tamaño. «The Watermelon Festival» (el Festival de la Sandía) se celebra anualmente en la segunda semana de agosto. La sandía también aparece en el logo municipal, acompañando al slogan «A Slice of the Good Life» (una rodaja de buena vida).

Let's speak English

In the bathroom / En el baño

bath mat / *alfombrilla*
bathroom cabinet / *armario de baño*
bath / *bañera*
toilet / *inodoro*
toothbrush / *cepillo de dientes*

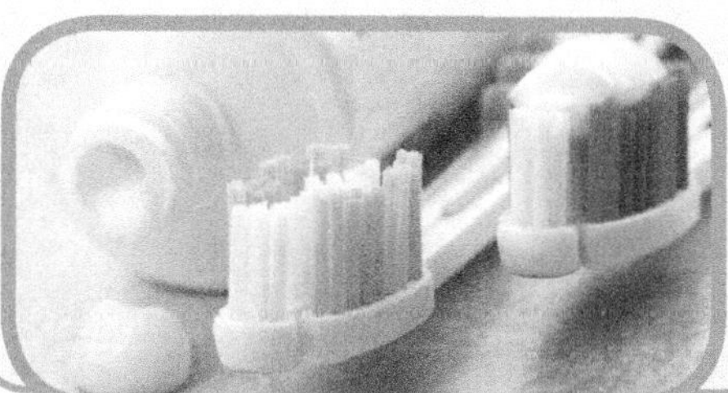

toothpaste / *pasta de dientes*
hair brush / *cepillo de pelo*
comb / *peine*
toilet paper / *papel higiénico*
towel / *toalla*
mirror / *espejo*
soap / *jabón*
washbasin, sink
lavabo, lavamanos

d Formas y materiales – Shapes and materials

Según su forma, las cosas pueden ser:

round / *redondo/a*
square / *cuadrado/a*
rectangular / *rectangular*

Y en cuanto a materiales:

metal / *metal*
metallic / *metálico*
iron / *hierro*
steel / *acero*
wood / *madera*
wooden / *de madera*
glass / *vidrio*
plastic / *plástico*

I bought a nice, **round, wooden** table.
Compré una bonita mesa redonda de madera.

She's got a **square, plastic** purse.
Ella tiene un bolso cuadrado de plástico.

Gramática fácil

a El caso genitivo

Hay diversas maneras de expresar posesión en inglés. Una de ellas, como ya aprendimos, es usando los adjetivos posesivos:

My brother is Tom.	*Mi hermano es Tom.*
Her kitchen is really big.	*Su cocina (de ella) es realmente grande.*
I don't like **your** negative attitude.	*No me gusta tu actitud negativa.*
What are **their** names?	*¿Cómo se llaman ellos?*
His car is the blue one.	*Su auto es el azul.*

St. Patrick's Cathedral

La catedral de San Patricio de Nueva York es la edificación neogótica católica más grande de América del Norte. Está ubicada frente al Rockefeller Center. El diseño es de James Renwick hijo y la construcción data de 1865. El gran rosetón es uno de los mayores trabajos del artista Charles Connick.

*A continuación vamos a tratar el **caso genitivo**, que es otra manera de expresar posesión. Se utiliza cuando en la frase aparecen tanto el poseedor (que ha de ser una persona o, a veces, un animal) como aquello que se posee.*

El orden habitual en español es: primero, la posesión, después, la preposición «de», que introduce al poseedor:

El auto de John

En inglés se forma al revés: primero, el poseedor, a éste se le añade un apóstrofo y una «s» y después, aquello que se posee.

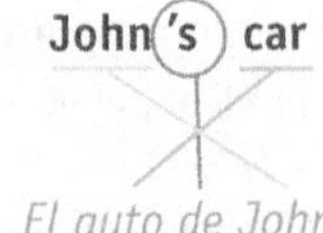

1

Si la posesión va precedida de un artículo determinado (el, la, los, las), éste desaparece en inglés.

El perro de Mike
Mike's dog.

La casa de Susan es grande
Susan's house is big.

Linda's book is interesting.
El libro de Linda es interesante.

She doesn't like **Peter's work**.
A ella no le gusta el trabajo de Peter.

My brother's name is Tom.
El nombre de mi hermano es Tom.

Her father's sister is her aunt.
La hermana de su padre es su tía.

Gramática fácil

2

Cuando el poseedor acaba en «s» por ser un nombre plural, sólo se agrega el apóstrofo:

Your parents' bedroom is very small.
El dormitorio de tus padres es muy pequeño.

This is **his friends' classroom**.
Esta es la clase de sus amigos.

3

Cuando el nombre del poseedor termina en «s», se le puede añadir apóstrofo y «s» o sólo el apóstrofo, pero la pronunciación varía.

Dennis's dog.
(se pronuncia *dénisiz*)

Dennis' dog.
(se pronuncia *dénis*)

4

El caso genitivo también se utiliza cuando «el poseedor» es un adverbio de tiempo:

Today's newspaper.
El periódico de hoy.

b Preposiciones de lugar (in, on, at)

Las preposiciones «in», «on» y «at» equivalen a «en» en español, pero se usan en situaciones diferentes.

IN *significa «dentro» de un lugar o espacio limitado:*

My father's **in** the kitchen.
Mi padre está en la cocina.

They live **in** Canada.
Ellos viven en Canadá.

The gift is **in** a box.
El regalo está en una caja.

También:

in a car	*en un auto*
in a shop	*en una tienda*
in a park	*en un parque*
in the water	*en el agua*
in the sea	*en el mar*
in the newspaper	*en el periódico*
in a line	*en una cola*
in the street	*en la calle*
in an armchair	*en un sillón*
in bed	*en la cama*
in the corner	*en el rincón*
in the house	*en la casa*

Gramática fácil

ON *significa «sobre» una superficie con la que se tiene contacto.*

My glasses are **on** the table.
Mis lentes están en la mesa.

The pictures are **on** the walls.
Los cuadros están en las paredes.

The children are playing **on** the floor.
Los niños están jugando en el piso.

También:

on a bus	*en un autobús*
on a train	*en un tren*
on a plane	*en un avión*
on the corner	*en la esquina*
on Oak street	*en la calle Oak*
on the first floor	*en el primer piso*
on the coast	*en la costa*
on a chair	*en una silla*

Y en expresiones:

on the radio / *en la radio*

on television (on TV)
en televisión

on the right / left
a la derecha / izquierda

Ya apreciamos algunas diferencias entre «in» y «on»:

Tratándose de autos usaremos «in» (in a car, in a taxi).

Con otros medios de transporte, «on» (on a bus, on a plane).

Con la palabra «armchair» usamos «in», pero con «chair» usamos «on».

Si nos referimos a un rincón (por dentro) utilizamos «in», pero si es una esquina (por fuera), usamos «on».

Al hablar de la calle, en general, decimos «in» (in the street), pero con nombres de calles, «on» (on Oak street).

AA

La agrupación «Alcohólicos Anónimos» fue fundada en EE UU (Akron, Ohio) en 1935 por William Griffith Wilson y el médico Robert Smith. Ambos eran enfermos alcohólicos, pero se dieron cuenta de que al compartir sus experiencias controlaban el impulso de beber. El tratamiento incluye terapias de grupo y psicoterapia ocupacional. El servicio es gratuito y no tiene afiliación religiosa.

Great Smoky Mountains

El Parque Nacional de las Grandes Montañas Humeantes se extiende a lo largo de la cadena de las Grandes Montañas Humeantes, que son parte de los Montes Azules; siendo ambas divisiones de los vastos Montes Apalaches. Es el parque nacional más visitado en los Estados Unidos y una de las áreas protegidas más extensas del este del país. Fue oficialmente abierto por el presidente Franklin Delano Roosevelt en 1940.

Gramática fácil

***AT** significa «en» al referirnos a un punto, a un lugar determinado.*

There's a man **at** the door.
Hay un hombre en la puerta.

He is waiting for me **at** the station.
Él me está esperando en la estación.

Are there many people **at** the bus stop?
¿Hay mucha gente en la parada del autobús?

También:

at the gas station
en la gasolinera

at the airport / *en el aeropuerto*

at the traffic lights
en el semáforo

at home / *en casa*
at work / *en el trabajo*
at school / *en la escuela*
at the meeting / *en la reunión*
at the concert / *en el concierto*

at the end of the street
al final de la calle

at the bottom of the page
al final de la página

at the front
en la parte de adelante

at the back
en la parte de atrás

En algunos casos, la diferencia entre «in» y «at» es que el primero se refiere al «interior de un recinto» y el segundo a la «actividad propia que se realiza en un recinto»:

The accident happened **in** the school.
El accidente ocurrió en la escuela.

The children are **at** school.
Los niños están en la escuela. (Aprendiendo)

Ejercicios

1

¿Qué no podemos hacer con un «brush»?

a) tidy your hair

b) clean the floor

c) wash your body

d) clean your teeth

2

Nunca te encuentras «in»:

a) a train

b) a car

c) a plane

d) a bus

3

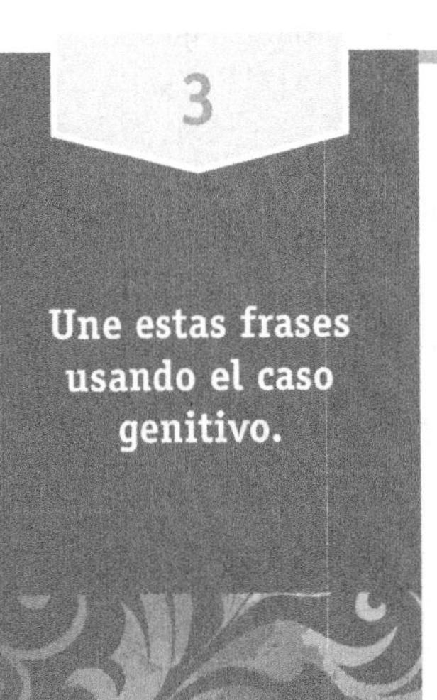

Une estas frases usando el caso genitivo.

a) Peter has a cat. The cat is brown and white. ____________________

b) My mother has some friends. They are American. ____________________

c) Your brother has a cousin. She's your cousin, too. ____________________

d) Your brothers have children. They are your nieces and nephews. ____________________

e) Charles has a problem. It is very serious. ____________________

4

Completa los espacios con las preposiciones «in», «on» y «at».

a) How many people can you see _____ the photo?

b) The bank is _____ the corner. It isn't far from here.

c) Have you heard the news _____ the radio?

d) He's waiting for us _____ the airport.

e) She's _____ bed. She doesn't feel well.

SOLUCIONES

1.- wash your body.
2.- **a)** a train; **c)** a plane; **d)** a bus.
3.- **a)** Peter's cat is brown and white; **b)** My mother's friends are American; **c)** Your brother's cousin is your cousin, too; **d)** Your brothers' children are your nieces and nephews; **e)** Charles' / Charles's problem is very serious.
4.- **a)** in; **b)** on; **c)** on; **d)** at; **e)** in

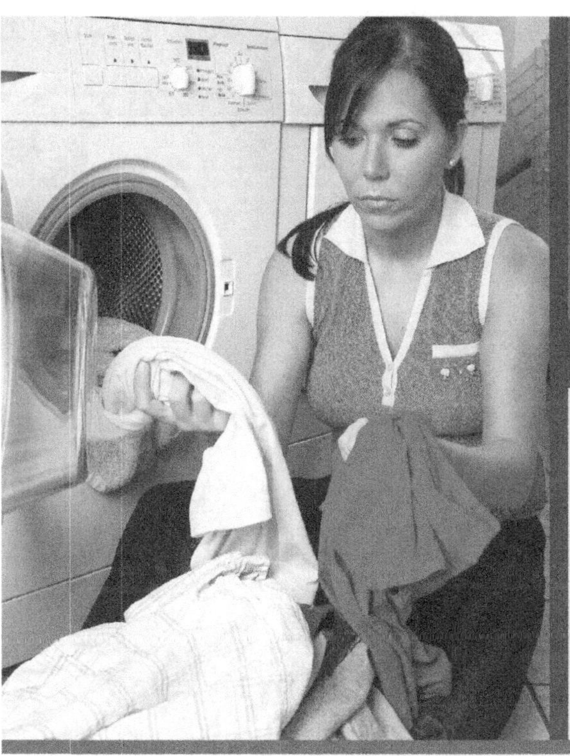

UNIDAD 24

En esta unidad estudiaremos:

LET'S SPEAK ENGLISH:
a) Expresiones sobre «el orden» en casa.
b) Vocabulario: Las tareas domésticas.

GRAMÁTICA FÁCIL:
a) Pronombres posesivos.
b) El interrogativo «whose?»
c) «También» y «tampoco».

Diálogo

Dave es un chico desordenado y poco cuidadoso. Alison y Ben, sus padres, se están quejando de su comportamiento.

***Alison*:** Dave's bedroom is a complete **mess** again! He's very **messy**!
***Ben*:** Yes. He never **cleans** it **up.**
***Alison*:** He never does anything!
***Ben*:** He left the bathroom **dirty** again. His sister is very **clean** and **tidy**. She never **makes a mess**.
***Alison*:** And **whose** is this sock on the floor in the living room?
***Ben*:** **It's his,** as well.
***Alison*:** I don't know what to do with him.
***Ben*:** **Neither** do I.
***Alison*:** I think he has to do all the **chores** for a week and learn not to **make a mess**.
***Ben*:** Ok. He could **wash the dishes**...
***Alison*:** **Vacuum the floor**...
***Ben*:** **Take the garbage out**...
***Alison*:** **Iron the clothes**...
***Ben*:** **Do the washing**...
***Alison*:** But I prefer to **make the meals**.
***Ben*:** **So** do I.
***Alison*:** He can **make his bed too.** It's **his**, not **mine.**
***Ben*:** Yes. He's 16 now and he needs to learn to **tidy** things **up**.
***Alison*:** You're right. We'll tell him when he gets home.

Diálogo

(traducción)

Fraternities and sororities

Las fraternidades y las hermandades de mujeres, del latín «frater» (hermano) y «soror» (hermana) respectivamente, son organizaciones sociales para estudiantes no licenciados. Muchas veces ofrecen ayuda mutua, actividades académicas y sociales, proporcionan residencia y comedor para miembros.

Alison:	*¡El dormitorio de Dave es un **lío** otra vez! ¡Es muy **desordenado**!*
Ben:	*Sí. Nunca **limpia**.*
Alison:	*¡Nunca hace nada!*
Ben:	*Dejó el baño **sucio** otra vez. Su hermana es muy **limpia** y **ordenada**. Nunca **desordena** nada.*
Alison:	*¿Y **de quién** es este calcetín que hay en el piso del salón?*
Ben:	***Es suyo**, también.*
Alison:	*No sé qué hacer con él.*
Ben:	*Yo, **tampoco**.*
Alison:	*Creo que él tiene hacer todas las **tareas** durante una semana y aprender a no **desordenar**.*
Ben:	*De acuerdo. Él podría **lavar los platos**…*
Alison:	***Pasar la aspiradora**…*
Ben:	***Sacar la basura**…*
Alison:	***Planchar la ropa**…*
Ben:	***Hacer la colada**…*
Alison:	*Pero yo prefiero **hacer la comida**.*
Ben:	*Yo, **también**.*
Alison:	*Puede **hacer su cama**, **también**. Es **suya**, no **mía**.*
Ben:	*Sí. Ahora tiene 16 años y necesita aprender a **ordenar** las cosas.*
Alison:	*Tienes razón. Se lo diremos cuando llegue a casa.*

a Expresiones sobre «el orden» en casa

Let's speak English

1

*Al refererirnos al orden o desorden en casa, o en cualquier otro lugar, podemos utilizar la siguiente serie de expresiones, adjetivos y verbos. Sobre el desorden vamos a usar la palabra **«mess»** (lío, desorden):*

To **make a mess:** *desordenar*

What a **mess**!
¡Qué lío!, ¡Qué desorden!

This room is (in) a **mess**.
Esta habitación está desordenada.

I don't like this **mess**.
No me gusta este desorden.

They are making a **mess** in their bedroom.
Ellos están desordenando su dormitorio.

2

También podemos usar los siguientes adjetivos:

clean	*limpio/a*
dirty	*sucio/a*
tidy	*ordenado/a*
untidy	*desordenado/a*

This room was **dirty** before. Now it's clean.
Esta habitación estaba sucia antes. Ahora está limpia.

Charles is a very **untidy** boy.
Charles es un chico muy desordenado.

3

Así mismo encontramos los verbos:

to clean (up)	*limpiar*
to tidy (up)	*ordenar*
to straighten up	*ordenar*

Let's **clean (up)** this room.
Limpiemos esta habitación.

You have to **tidy up** your bedroom. It's in a mess.
Tienes que ordenar tu habitación. Está revuelta.

He left the office in a mess and we had to **straighten** it **up**.
Dejó la oficina desordenada y tuvimos que ordenarla.

Let's speak English

b Vocabulario: Las tareas domésticas – The housework

Además de los anteriores, veamos algunos verbos relacionados con tareas domésticas:

housework, household chores
tareas domésticas

to make the meal	*hacer la comida*
to wash the dishes	*lavar los platos*
to sweep the floor	*barrer el piso*
to mop the floor	*fregar el piso*
to pick up the clothes	*recoger la ropa*
to hang up the clothes	*colgar la ropa*
to make the bed	*hacer la cama*
to dust the furniture	*quitar el polvo a los muebles*
to vacuum the floor	*pasar la aspiradora al piso*
to iron the clothes	*planchar la ropa*
to take the garbage out	*sacar la basura*

Al referirnos a las actividades, muchas de ellas se expresan con el verbo «to do»:

to do	**the cleaning**	*hacer la limpieza*
	the washing	*hacer la colada, lavar la ropa*
	the washing-up	*lavar los platos*
	the shopping	*hacer las compras*
	the ironing	*planchar*
	the vacuuming	*pasar la aspiradora*

My mother **makes the meal** but I have to **wash the dishes**.
Mi madre hace la comida pero yo tengo que lavar los platos.

I **make my bed** and **straighten up my bedroom** before leaving home.
Yo hago mi cama y ordeno mi dormitorio antes de salir de casa.

On Saturdays we have time to **do the cleaning** at home.
Los sábados tenemos tiempo de hacer la limpieza en casa.

Can you **take the garbage out**, please?
¿Puedes sacar la basura, por favor?

She hates **ironing.** / *Ella odia planchar.*

Gramática fácil

a Pronombres posesivos

Los pronombres posesivos se usan para sustituir al adjetivo posesivo y al nombre al que éste acompaña.

Adjetivos posesivos	Pronombres posesivos	
my	**mine**	*(el/la) mío/a, (los/las) míos/as*
your	**yours**	*(el/la) tuyo/a, (los/las) tuyos/as* *(el/la) suyo/a,(los/las) suyos/as (de usted)*
his	**his**	*(el/la) suyo/a, (los/las) suyos/as*
her	**hers**	*(el/la) suyo/a, (los/las) suyos/as*
its	**its**	*(el/la) suyo/a, (los/las) suyos/as*
our	**ours**	*(el/la) nuestro/a, (los/las) nuestros/as*
your	**yours**	*(el/la) suyo/a, (los/las) suyos/as*
their	**theirs**	*(el/la) suyo/a, (los/las) suyos/as*

Vemos que excepto «mine», el resto de pronombres posesivos tienen la misma forma que los adjetivos posesivos, añadiéndoles una «s», salvo los casos que ya acaban en «s» (his, its), que son iguales.

Al tratarse de pronombres, sustituyen a los nombres (no los acompañan).

My car is black. **Mine** is black.
Mi auto es negro. El mío es negro.

This is your house. This house is **yours**.
Ésta es tu casa. Esta casa es tuya.

That is his book. That book is **his**.
Ése es su libro (de él). Ese libro es suyo.

It is her toy. It's **hers**.
Es su juguete (de ella). Es suyo.

They are our pictures. They are **ours**.
Son nuestros cuadros.
Son nuestros.

These are your shoes.
These are **yours.**
Éstos son sus zapatos (de ustedes).
Éstos son los suyos (de ustedes).

It's their computer. It's **theirs**.
Es su computadora (de ellos). Es suya.

Gramática fácil

b El interrogativo «whose?» (¿de quién?)

El pronombre interrogativo «whose?» implica posesión y significa «¿de quién?». Las preguntas las podemos realizar de diversas maneras:

Whose + «to be» en singular + nombre singular o pronombre singular

Whose is this shirt?
Whose is it?
¿De quién es esta camisa?
¿De quién es?

Whose + verbo «to be» en plural + nombre plural o pronombre plural

Whose are those documents?
Whose are they?
¿De quién son esos documentos?
¿De quién son?

Whose + nombre singular + verbo «to be» en singular

Whose ring is this?
¿De quién es este anillo?

Whose dog is that?
¿De quién es ese perro?

Whose + nombre plural + verbo «to be» en plural

Whose books are these?
¿De quién son estos libros?

Whose cards are those?
¿De quién son esas tarjetas?

NMWA

El Museo Nacional de Mujeres Artistas (National Museum of Women in the Arts) de Washington es el único dedicado exclusivamente a las mujeres en las artes visuales, interpretativas y literarias. Fue erigido en 1981 por Wallace y Wilhelmina Holladay. Desde su apertura en 1987, el museo ha adquirido más de 3.500 obras.

«The five Ws»

Esta expresión se aplica a una fórmula de investigación policial que se utiliza en también en periodismo, para lograr la mayor cantidad de información en la menor cantidad de preguntas. Las 5Ws son: Who? (¿Quién?), What? (¿Qué?), Where? (¿Dónde?), When? (¿Cuándo?) y Why?(¿Por qué?). Este recurso fue muy aplicado en el «nuevo periodismo» norteamericano (1960-1970).

Gramática fácil

A estas preguntas se les suele responder:

1 *Con un pronombre posesivo:*

Whose is this shirt? It's **mine.**
¿De quién es esta camisa? Es mía.

Whose are those documents? They're **hers.**
¿De quién son estos documentos? Son suyos (de ella).

Whose ring is this? It's **his.**
¿De quién es este anillo? Es suyo (de él).

Whose books are these? They're **ours.**
¿De quién son estos libros? Son nuestros.

2 *Con el caso genitivo. Para ello, en la respuesta no se suele usar el objeto junto al poseedor:*

Whose is this dog? It's **Tom's.**
¿De quién es este perro? Es de Tom.

Whose cards are those? They're **Sarah's.**
¿De quién son estas tarjetas? Son de Sarah.

C «También» y «tampoco»

Ya conocemos algunas formas de decir «también» (also, too, as well). En esta ocasión nos centraremos en «too». Sabemos que aparece en frases afirmativas, al final de las mismas.

- I like English. *– Me gusta el inglés.*	- She washed the dishes. *– Ella lavó los platos.*
- I like English, **too.** *– Me gusta el inglés también.*	- I washed the dishes, **too.** *– Yo también lavé los platos.*

Gramática fácil

*Si la frase es negativa, al final de la frase usaremos «**either**» (tampoco).*

- I don't get up early. *- No me levanto temprano.* - I don't get up early **either**. *- No me levanto temprano tampoco.*	- He isn't tall. *- Él no es alto.* - I am not tall **either**. *- Yo tampoco soy alto.*

Si no queremos repetir toda la frase, podemos usar sólo el sujeto, el auxiliar (verbo «to be», do/does/did, etc.) y «too» o «either».

- He is angry.
- Él está enfadado.

- She is **too**.
- Ella también.

- I like doing the cleaning.
- Me gusta hacer la limpieza.

- I do **too**.
- A mí también.

- She traveled to Europe.
- Ella viajó a Europa.

- I did **too**. / *- Yo también.*

- They aren't enjoying the party.
- Ellos no están disfrutando la fiesta.

- We aren't **either**.
- Nosotros tampoco.

- She doesn't go to work by bus.
- Ella no va al trabajo en autobús.

- I don't **either**.
- Yo tampoco.

- I didn't study for the test.
- No estudié para el examen.

- I didn't **either**.
- Yo tampoco.

Chinatown

El barrio chino de San Francisco es el más antiguo en América del Norte y una de las mayores comunidades chinas fuera de Asia. Desde su creación en la década de 1840, ha sido muy influyente en la historia y cultura de los inmigrantes chinos en los EE UU, además de ser una importante atracción turística.

Franklin Delano Roosevelt Memorial

Se trata de un monumento en conmemoración al 32° presidente de los EE UU y a su época. Fue inaugurado en 1997 en la ciudad de Washington. El monumento ocupa 30.000 m² y describe doce años de la historia americana a través de cuatro espacios al aire libre, uno para cada mandato de Roosevelt. El edificio lo diseñó Lawrence Halprin e incluye esculturas y trabajos de Leonard Baskin, Neil Estern, Robert Graham, Thomas Hardy y George Segal.

Gramática fácil

Otras formas de expresar «también y «tampoco»:

Una forma corta es:	
Me, too *yo, también*	- I speak English. *- Yo hablo inglés* **- Me, too.** / *- Yo también*
Me, neither *yo, tampoco*	- I don't like chocolate. *- No me gusta el chocolate.* **- Me, neither.** / *- A mí tampoco.*

Otra manera más elaborada es:

So + auxiliar + sujeto ▶ sujeto + también

Neither + auxiliar + sujeto ▶ sujeto + tampoco

- I <u>am</u> Spanish. / *– Soy español.*
- So am I. / *– Yo, también.*

- She <u>can</u> play the piano.
– Ella sabe tocar el piano.
- So can I. / *- Yo, también.*

- They <u>like</u> tennis.
– A ellos les gusta el tenis.
- So do we.
– A nosotros, también.

- I <u>ate</u> fish yesterday.
– Comí pescado ayer.
- So did I. / *- Yo, también.*

- I <u>am</u> not studying Russian.
– Yo no estoy estudiando ruso.
- Neither am I. / *– Yo, tampoco.*

- He <u>wasn't</u> a doctor.
– Él no era médico.
- Neither was his mate.
– Su compañero, tampoco.

- I <u>don't</u> live in Brazil.
– Yo no vivo en Brasil.
- Neither do I. / *– Yo, tampoco.*

- She <u>didn't</u> steal the watch.
– Ella no robó el reloj.
- Neither did I.
– Yo, tampoco.

Ejercicios

1

Encuentra cinco verbos relacionados con tareas domésticas en la sopa de letras.

N	S	W	E	E	P
O	E	A	W	H	O
R	T	S	V	C	M
I	W	H	S	A	T
M	U	U	C	A	V

2

Sustituye las palabras subrayadas por pronombres posesivos.

a) It's <u>their house</u>. — It's ______________

b) <u>Our exam</u> was more difficult. — ______________ was more difficult.

c) It's <u>John's dog</u>. — It's ______________

d) This is <u>my wallet</u>. — This is ______________

e) Where is <u>your umbrella</u>? — Where is ______________

3

Ordena las palabras para formar frases correctas.

a) car this is whose ? mine it's.

b) these keys are whose ? his they're.

c) computer whose is that ? Mary's it's.

d) whose this was camera? Peter's was it.

e) ours nicer is than apartment your.

4

Une las frases correctamente.

a) I can't play the violin.

b) She went to the movies yesterday.

c) We were tired.

d) They can speak three languages.

e) I don't like getting up early.

1) So can I.

2) Neither do I.

3) I did, too.

4) So were my parents

5) I can't, either.

SOLUCIONES

1.- sweep, wash, vacuum, mop, iron. 2.- **a)** theirs; **b)** Ours; **c)** his; **d)** mine; **e)** yours. 3.- **a)** Whose car is this? / Whose is this car? It's mine; **b)** Whose keys are these? / Whose are these keys? They're his; **c)** Whose computer is that? / Whose is that computer? It's Mary's; **d)** Whose camera was this? / Whose was this camera? It was Peter's; **e)** Your apartment is nicer than ours. 4.- **a)** 5; **b)** 3; **c)** 4; **d)** 1; **e)** 2

UNIDAD 25

En esta unidad estudiaremos:

LET'S SPEAK ENGLISH:
a) Verbos y expresiones acerca del aspecto de alguien.
b) Expresar sugerencias.

GRAMÁTICA FÁCIL:
a) El futuro (will, going to)
b) Expresiones con «both», «either» y «neither».

Diálogo

Greg tiene una preocupación que comparte con Rose. Ella trata de animarlo.

Rose:	Hi, Greg! You **look sad. What's the matter?**
Greg:	Hi, Rose. **I'm worried about** my daughter, Julie.
Rose:	**What's wrong** with her?
Greg:	She**'s going to** start university next week and she isn't very happy.
Rose:	Why not?
Greg:	She doesn't want to make new friends, and she**'s worried about** the classes.
Rose:	But that's normal. Everybody **feels** like that when they go to university. Don't you remember?
Greg:	Mmm..., yeah, but **both** her mother **and** I **are** really **worried about** her.
Rose:	**Why don't** you talk to her about it? Tell her about your experience and that everything **will be** alright.
Greg:	But she **won't** listen. **Neither** we **nor** her friends can change her mind. She's saying she doesn't want to go to university now.
Rose:	I have a neighbor who is going to the same university. **Why don't you** meet her? It**'ll be** good for Julie.
Greg:	That's a good idea.
Rose:	You**'ll see.** She**'ll be** fine.
Greg:	I know, but she **won't believe** me!
Rose:	Well, with all the parties and studying, she**'ll** soon **forget** that she was worried.
Greg:	I'm sure you're right. **I'm going to talk** to her tonight.
Rose:	I hope it goes well!
Greg:	Thanks for your help, Rose.
Rose:	No problem, Greg. I'm happy to help. Bye!
Greg:	See you soon!

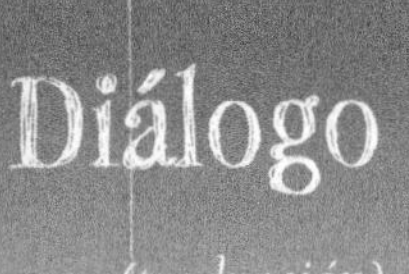

Diálogo

(traducción)

Rose: ¡Hola, Greg! **Pareces triste. ¿Qué sucede?**

Greg: Hola, Rose. **Estoy preocupado por** mi hija, Julie.

Rose: **¿Qué le sucede?**

Greg: **Va a** comenzar la universidad la semana próxima y no está muy contenta.

Rose: ¿Por qué no?

Greg: Ella no quiere hacer nuevos amigos y **está preocupada** por las clases.

Rose: Pero eso es normal. Todo el mundo **se siente** así cuando va a la universidad. ¿No te acuerdas?

Greg: Mmm...sí, pero **tanto** su madre **como** yo **estamos** realmente **preocupados por** ella.

Rose: ¿**Por qué no** hablas con ella de esto? Cuéntale tu experiencia y que todo **irá** bien.

Greg: Pero ella **no** escuchará. **Ni** nosotros **ni** sus amigos podemos hacer que cambie de opinión. Dice que ahora no quiere ir a la universidad.

Rose: Tengo una vecina que va a la misma universidad. ¿**Por qué no** la conocen? **Será** bueno para Julie.

Greg: ¡Es una buena idea!

Rose: **Verás.** Ella **estará** bien.

Greg: Lo sé, pero ella no me **creerá.**

Rose: Bueno, con todas las fiestas y estudiando, pronto **olvidará** que estaba preocupada.

Greg: Estoy seguro de que tienes razón. **Voy a hablar** con ella esta noche.

Rose: ¡Espero que vaya bien!

Greg: Gracias por tu ayuda, Rose.

Rose: De nada, Greg. Me alegra poder ayudar. ¡Adiós!

Greg: Hasta pronto.

The New Yorker

Es una revista estadounidense semanal que publica críticas, ensayos y reportajes de investigación y ficción. Aunque se concentra en la vida social de Nueva York, tiene una amplia audiencia debido al prestigio de sus periodistas. Fue fundada por Harold Ross y se empezó a publicar en 1925.

a

Verbos y expresiones acerca del aspecto de alguien

Cuando nos referimos al aspecto que alguien muestra o a cómo se puede sentir usamos los verbos:

To be: *ser, estar*

You **are** bored. / *Estás aburrido.*

To look: *parecer*

He **looks** happy. / *Parece feliz.*

To seem: *parecer*

They **seem** sad. / *Parecen tristes.*

To feel: *sentir(se)*

I **feel** tired. / *Me siento cansado.*

Para preguntar si hay algún problema:

What's wrong?

¿Qué pasa?

What's wrong with you?

¿Qué te sucede?

What's the matter?

¿Qué sucede?

What's the matter with him?

¿Qué le sucede a él?

Is anything wrong?

¿Sucede algo malo?

Is anything wrong with you?

¿Te sucede algo malo?

NARA

Los Archivos Nacionales y Administración de Documentos de los Estados Unidos (National Archives and Records Administration), también conocido como NARA en inglés, es una agencia independiente adscrita al gobierno federal de EE UU que protege y documenta los registros gubernamentales e históricos. Procura que el acceso público a esos documentos sea el mayor posible.

Let's speak English

Estas expresiones se usan a sabiendas de que ocurre algo malo, o, al menos, se supone.

What's wrong with her? She looks sad.
¿Qué le ocurre a ella? Parece triste.

John, you seem worried. **What's the matter?**
John, pareces preocupado. ¿Qué sucede?

Cuando se expresa preocupación se suele hacer por medio del adjetivo «worried»:

She is **worried.**
Ella está preocupada.

They look **worried.**
Parecen preocupados.

Se puede estar preocupado por algo o por alguien. Entonces se usa «about»:

I'm **worried about** you.
Estoy preocupado por ti.

She's **worried about** her finances.
Ella está preocupada por sus finanzas.

Si a «about» le sigue un verbo, éste ha de ir en gerundio (infinitivo + ing).

He's **worried about** failing the exam.
Él está preocupado por suspender el exámen.

I'm **worried about** losing my job.
Estoy preocupado por perder mi trabajo.

Un sinónimo de «worried» lo encontramos en el adjetivo «concerned».

She's **concerned** about her son.
Ella está preocupada por su hijo.

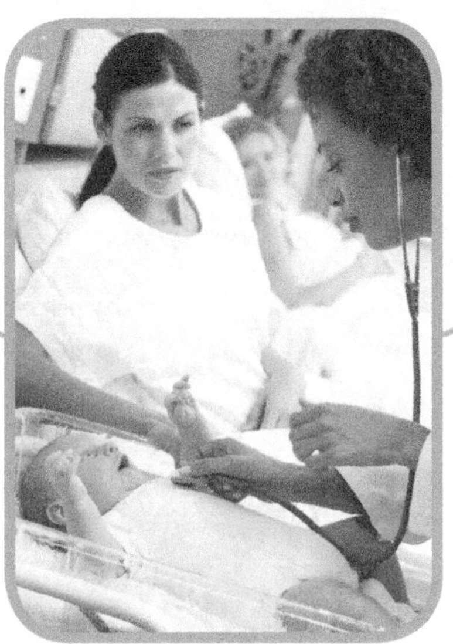

b Expresar sugerencias

Para expresar sugerencias ya conocemos algunas estructuras:

Let's + infinitivo:

Let's go to the movies.
Vayamos al cine.

Let's open a current account.
Abramos una cuenta corriente.

How about + gerundio:

How about buying a new car?
¿Qué tal si compramos un auto nuevo?

How about dusting the furniture?
¿Qué tal si quitamos el polvo de los muebles?

A continuación vamos a aprender algunas más:

La expresión ***«how about?»*** *tiene un sinónimo en* ***«what about?»****.*

«What about?» puede ir seguido de un nombre:

What about a game?
¿Qué tal (si jugamos) una partida?

O de un verbo en gerundio:

What about doing the shopping?
¿Qué tal si hacemos la compra?

También se pueden realizar sugerencias por medio de ***«why don't....?»*** (¿por qué no...?).

Why don't you see a doctor?
¿Por qué no vas ver a un médico?

Why don't we go to the theater tonight?
¿Por qué no vamos al teatro esta noche?

Why don't we relax for a while?
¿Por qué no nos relajamos un rato?

Let's speak English

Presidents Day

El Día del Presidente es un día festivo en los EE UU y se celebra el tercer lunes de febrero. Oficialmente se le conoce como «Día del Nacimiento de Washington», que fue el primer Presidente de los Estados Unidos.

Gramática fácil

a El futuro (will, going to)

En inglés existen distintas formas de futuro: will, be going to, presente continuo, etc. En esta unidad estudiaremos las dos primeras.

Futuro simple: WILL + INFINITIVO

«Will» es un auxiliar que, delante del infinitivo del verbo (sin «to»), lo transforma en futuro. Es una forma invariable para todas las personas. Así:

[To have: tener]

I	**will** have	*yo tendré*
You	**will** have	*tú tendrás, usted tendrá*
He	**will** have	*él tendrá*
She	**will** have	*ella tendrá*
It	**will** have	*tendrá*
we	**will** have	*nosotros/as tendremos*
you	**will** have	*ustedes tendrán*
they	**will** have	*ellos/as tendrán*

We **will** have a nice house.	*Tendremos una casa bonita.*
He **will** get a new job.	*Él conseguirá un nuevo trabajo.*
I **will** send you a postcard from Italy.	*Te enviaré una postal desde Italia.*

«Will» se puede contraer en «'ll»:

I'll help you. / *Te ayudaré.*

She'll become a famous painter.
Se convertirá en una pintora famosa.

They'll come soon. / *Ellos vendrán pronto.*

I will...

William Carlos Williams (1883 - 1963) fue un escritor estadounidense vinculado al modernismo y al imagismo. Fue uno de los poetas más innovadores y admirados. Su oído para los ritmos del inglés hablado le ayudó a liberar a la poesía de la métrica que imperaba desde el Renacimiento.

Gramática fácil

*En frases negativas usamos **«will not»** o su contracción, **«won't»**, y el verbo en infinitivo:*

They **won't** win the match.
Ellos no ganarán el partido.

He **won't** be late.
Él no llegará tarde.

I **won't** play in the local team.
No jugaré en el equipo local.

*En preguntas se coloca **«will»** delante del sujeto:*

Will you get married?
¿Te casarás?

Will she come tomorrow?
¿Vendrá ella mañana?

Will they straighten up their bedroom?
¿Ordenarán ellos su dormitorio?

*Tanto **«will»** como **«won't»** también se utilizan en respuestan cortas:*

Will it rain tomorrow? Yes, it **will**.
¿Lloverá mañana? Sí, lo hará.

Will she phone you? No, she **won't**.
¿Te llamará por teléfono? No, no lo hará.

Will they go to school next week? Yes, they **will**.
¿Irán ellos a la escuela la semana próxima? Sí, lo harán.

El futuro simple se utiliza:

- para predicciones futuras:
She'**ll** get a better job.
Ella conseguirá un trabajo mejor.

- para expresar decisiones espontáneas:
I'**ll** open the door. / *Yo abro la puerta.*

- para invitaciones:
Will you come to the party?
¿Vendrás a la fiesta?

- para pedir ayuda o un favor:
Will you help me?
¿Puedes ayudarme?

Futuro de intención:
BE GOING TO + INFINITIVO

Otra forma de futuro se expresa por medio del presente de «to be» (am, are, is) + going to + infinitivo. Se utiliza:

- para expresar planes o intenciones:
She **is going to** buy a new house.
Ella va a comprar una casa nueva.

- para hacer una predicción, con pruebas evidentes:
It's cloudy. It'**s going to** rain.
Está nublado. Va a llover.

Shrine Auditorium

Es un centro de espectáculos y lugar de referencia de los grandes eventos en Los Ángeles, California. Fue construido en 1906 y reinaugurado en 1926, después de que un incendio consumiera gran parte de su estructura . Allí se realizaron muchas ceremonias de entrega de los Óscar, los Grammys, los MTV Video Music Awards, los Emmys y los American Music Awards.

Gramática fácil

Sus formas son:

1 *En frases afirmativas:*

I **am going to** call her.
Voy a llamarla.

He **is going to** make a cake.
Él va a hacer un pastel.

They **are going to** be late.
Ellos van a llegar tarde.

El verbo «to be» se puede contraer:

You'**re going to** learn a lot of things.
Vas a aprender muchas cosas.

He'**s going to** listen to the radio.
Él va a escuchar la radio.

2 *Para las negaciones, se usa «am not», «aren't» o «isn't»:*

Her aunt **isn't going to** do yoga.
Su tía no va a hacer yoga.

I **am not going to write** a book.
No voy a escribir un libro.

They **aren't going to** sell their apartment.
Ellos no van a vender su apartamento.

3 *Para preguntas, «am», «are» o «is» se colocan delante del sujeto:*

Are you **going to** buy a dictionary?
¿Vas a comprar un diccionario?

Is your sister **going to** learn English?
¿Tu hermana va a aprender inglés?

What **are** you **going to** do?
¿Qué vas a hacer?

4 *En respuestas cortas:*

Are you going to see the match on TV? Yes, I **am**.
¿Vas a ver el partido en televisión? Sí.

Is he going to be your teacher? No, he **isn't**.
¿Él va a ser tu profesor? No.

*Si el verbo que usamos es «go» o «come», en lugar de decir «going to go» o «going to come», decimos **«going to»** o **«coming to»**:*

I'm going to the movies on Saturday.
El sábado voy a ir al cine.

They**'re coming to** the meeting.
Ellos van a venir a la reunión.

*En inglés americano hablado, es muy frecuente el uso de **«gonna»** por «going to»:*

We're **gonna** move house.
Nos vamos a mudar de casa.

Gramática fácil

b Expresiones con «both», «either» y «neither»

«Both» significa «ambos/as», «los/las dos».

Both men are Mexican. *Los dos hombres son mejicanos.*
I like **both** cars. *Me gustan ambos (los dos) autos.*

1

Pero también podemos encontrar «both» en la estructura: **both... and...** / tanto... como...

La usamos al referirnos a dos personas o cosas:

Both John **and** Mike are politicians.
Tanto John como Mike son políticos.

Both you **and** I have children.
Tanto tú como yo tenemos hijos.

2

Para presentar una alternativa o indicar una opción usamos: **either... or...** / o... o...

We can **either** watch TV **or** listen to music.
Podemos ver la TV o escuchar música.

He is **either** lazy **or** stupid.
Él es vago o estúpido.

3

Para indicar que ninguna opción es posible: **neither... nor...** / ni... ni...

Neither you **nor** your children like snails.
Ni a ti ni a tus hijos les gustan los caracoles.

They **neither** came **nor** phoned.
Ellos no vinieron ni llamaron por teléfono.

National Museum of Natural History

El Museo Nacional de Historia Natural está localizado la ciudad de Washington. Allí se alojan más de 125 millones de especímenes de plantas, animales, fósiles, minerales, rocas, meteoritos y objetos culturales. En el museo trabajan más de 185 profesionales de la historia natural, el grupo más grande de este tipo en el mundo.

Ejercicios

1

Completa los espacios con la forma correcta de «will» o «going to» y el verbo correspondiente.

a) I don't understand. (you say) __________ it again, please?

b) Did you send the email? No, I forgot. I (send) __________ it right now.

c) (you buy) __________ a new car? Yes, next month.

d) He (study) __________ French because he wants to work in France.

e) You look tired. I (make) __________ you a cup of coffee.

2

Relaciona:

a) She .... a new dress for the party.

b) I'm hungry. I ....some sandwiches.

c) Don't worry. I ....careful.

d) They ....a new match next month.

e) Peter and Linda.....a baby.

1) are going to have

2) is going to buy

3) 'll / will make

4) 'll / will be

5) are going to play

3

Usa «both...and», «either...or» o «neither...nor» en las siguientes frases.

a) This sweater is ________ cheap ________ nice. Don't buy it.

b) I like ________ salsa ________ merengue. I like dancing a lot.

c) You can wear ________ the blue suit ________ the black one. Both are fine.

d) Pedro is ________ Argentinian ________ Spanish. He has these two nationalities.

e) He ________ works ________ studies. He doesn't do anything.

SOLUCIONES

1.- a) I don't understand. Will you say it again, please?; **b)** Did you send the email? No, I forgot. I'll send it right now; **c)** Are you going to buy a new car? Yes, next month; **d)** He is going to study French because he wants to work in France; **e)** You look tired. I'll make you a cup of coffee. **2.- a)** 2; **b)** 3; **c)** 4; **d)** 5; **e)** 1. **3.- a)** neither...nor; **b)** both...and; **c)** either ...or; **d)** both ...and; **e)** neither ...nor

APRENDE INGLÉS

LIBRO 6

Unidades 26 a 30

UNIDAD 26

En esta unidad estudiaremos:

LET'S SPEAK ENGLISH:
a) Expresiones para reafirmar ideas. b) «Hard» como adjetivo y adverbio. c) Expresar acuerdo o desacuerdo. d) Los verbos «to meet» y «to know».

GRAMÁTICA FÁCIL:
a) Conectores: «and», «or», «but». b) El futuro concertado. c) Adverbios de tiempo para el futuro. d) Los adverbios «very», «pretty» y «quite».

Diálogo

Tom y Rachel están hablando sobre la nueva novia de Tom.

Rachel: I **really** think she only likes you because you're rich.

Tom: **I disagree.** Anyway, it's **hard** to say that when you don't really know her.

Rachel: **Actually**, it's very easy. She only asked you about your job, your house and your car... It's **pretty** obvious!

Tom: But I **know** her better than you do.

Rachel: **As a matter of fact**, I **knew** that girl when I was at school. I don't like her for you.

Tom: I **really** think you're exaggerating.

Rachel: **Soon** you'll realize she just wants your money.

Tom: Look, this is a **hard** conversation. Can we change the subject, please?

Rachel: Yeah, **I agree.** Let's talk about what we**'re going to do tonight**.

Tom: What about going to the movies?

Rachel: We could do it, **but** there aren't any good movies playing this week. It's better to go **next week**.

Tom: Yeah. We could see the new James Bond movie, **and** after that, we could have dinner at that new Mexican restaurant.

Rachel: Sounds good. **Or** we could see the Indiana Jones movie. **In fact**, I'd prefer to see that.

Tom: Well, **that's settled** then!

Rachel: And tonight we**'re going to** Sheila's house for dinner, aren't we?

Tom: Sure. What time can we meet?

Rachel: I don't **really** know. How about 8pm?

Tom: **It's a deal**! See you later!

Rachel: See you at 8!

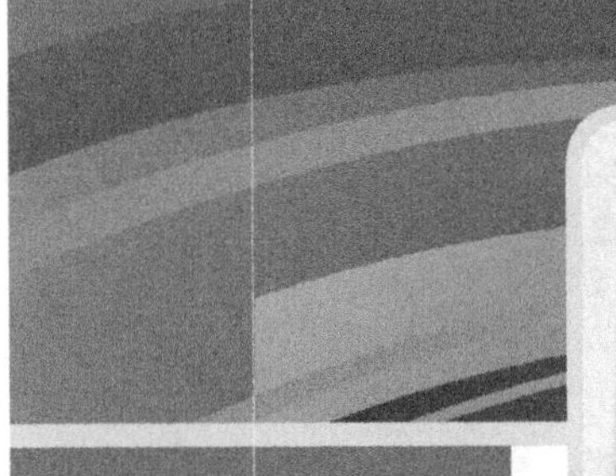

Diálogo

(traducción)

Times Square

Se trata de una importante intersección en Manhattan (NY), la esquina de Broadway y la Séptima Avenida. Times Square ha alcanzado la condición de icono y se ha convertido en un símbolo de la ciudad. En esa esquina se ubicaron las oficinas del periódico New York Times y de allí toma su nombre.

Rachel: *__Realmente__ creo que a ella sólo le gustas porque eres rico.*

Tom: *__No estoy de acuerdo__. De cualquier forma, es __difícil__ decir eso cuando en realidad tú no la conoces.*

Rachel: *__De hecho__, es muy fácil. Ella sólo te preguntaba sobre tu trabajo, tu casa y tu coche...¡Está __muy__ claro!*

Tom: *Pero yo la __conozco__ mejor que tú.*

Rachel: *__En realidad__, __conocía__ a esa chica cuando estaba en la escuela. No me gusta para ti.*

Tom: *__Realmente__ creo que estás exagerando.*

Rachel: *__Pronto__ te darás cuenta de que ella sólo quiere tu dinero.*

Tom: *Mira, ésta es una conversación __dura__. ¿Podemos cambiar de tema, por favor?*

Rachel: *Sí, __estoy de acuerdo__. Hablemos de lo que __vamos a hacer esta noche__.*

Tom: *¿Qué tal si vamos al cine?*

Rachel: *Podríamos hacerlo, __pero__ no hay buenas películas esta semana. Es mejor ir la __semana próxima__.*

Tom: *Sí. Podríamos ver la nueva película de James Bond __y__ luego podríamos cenar en ese nuevo restaurante mejicano.*

Rachel: *Suena bien. __O__ podríamos ver la película de Indiana Jones. __De hecho__, preferiría ver esa.*

Tom: *__¡Hecho!__*

Rachel: *Y esta noche __vamos a__ casa de Sheila a cenar, ¿verdad?*

Tom: *Claro. ¿A qué hora nos podemos encontrar?*

Rachel: *No sé, __realmente__. ¿Qué tal a las 8pm?*

Tom: *__¡Trato hecho!__ ¡Hasta entonces!*

Rachel: *¡Hasta las 8!*

Let's speak English

a Expresiones para reafirmar ideas

En una conversación es frecuente reafirmar ideas que se van diciendo. Para ello se utilizan expresiones como:

in fact
as a matter of fact
really
actually
— *de hecho, en realidad, realmente*

Como vemos, todas estas expresiones son sinónimas.

I'm good at geography. **In fact**, it's my favorite subject.
Se me da bien la geografía. De hecho es mi asignatura favorita.

He's tall. **As a matter of fact**, he's taller than his father.
Él es alto. De hecho, es más alto que su padre.

Are you **really** well?
¿Estás realmente bien?

I play soccer. **Actually**, it's the only exercise I do.
Juego al fútbol. En realidad, es el único ejercicio que hago.

b «Hard» como adjetivo y adverbio

«Hard» (duro, duramente) es una palabra que puede funcionar como adjetivo y como adverbio.

This rock is **hard**. *Esta roca está dura.*
He works **hard**. *Él trabaja duro(duramente).*

También se utiliza para describir situaciones de especial dificultad.

It's **hard** to say, but I don't love you. *Es duro decirlo, pero no te amo.*
It's a **hard** journey. *Es un viaje duro.*

Let's speak English

c Expresar acuerdo o desacuerdo

Vamos a aprender ahora algunas estructuras para mostrar acuerdo o desacuerdo con algo que se nos ha dicho anteriormente.

1

La forma más usual de mostrar acuerdo es diciendo: I agree (estoy de acuerdo).

- These views are beautiful!
– ¡Estas vistas son preciosas!
- Yes, **I agree**.
– Sí, estoy de acuerdo.

Se puede estar de acuerdo con algo o con alguien. Entonces usamos «with»:

- Going to the beach is a good plan for the weekend.
- Yes, **I agree with** that.
- Ir a la playa es un buen plan para el fin de semana.
- Sí, estoy de acuerdo con eso.

- I want to go to university.
- **I agree with** you. It's a great idea!
- Quiero ir a la universidad.
- Estoy de acuerdo contigo. Es una gran idea.

Otras maneras de mostrar acuerdo o conformidad:

That's settled! / *¡Hecho!*

It's a deal! / *¡Trato hecho!*

Agree in Detroit

Charles Nathanial Agree (1897 – 1982) fue un destacado arquitecto de la ciudad de Detroit, Michigan. Su primer trabajo importante fue el diseño del Whittier Hotel. Luego diseñó edificios de oficinas, teatros y salones de baile. Algunas de sus obras, donde se destacó el estilo ArtDecó, contaron con esculturas de Corrado Parducci.

«What hath God wrought»

Samuel Morse (1791 – 1872), fue un inventor, pintor y filántropo estadounidense. Contaba con habilidades artísticas como retratista y escultor, pero quedó fascinado por los estudios sobre el comportamiento de la electricidad. Gracias a estas investigaciones logro desarrollar y aplicar el telégrafo, junto al código de líneas y puntos conocido luego como «código Morse».

Let's speak English

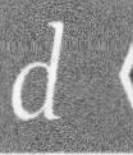

2

Para mostrar desacuerdo, en los mismos casos se podría decir I don't agree o I disagree (no estoy de acuerdo).

- Going to the beach is a good plan for the weekend.
- **I disagree.** It's going to rain.

- Ir a la playa es un buen plan para el fin de semana.
- No estoy de acuerdo. Va a llover.

d Los verbos «to meet» y «to know»

Estos verbos pueden confundirse en algunas situaciones.

«To meet» significa «conocer a alguien».

I **met** your father last week.
Conocí a tu padre la semana pasada.

I'd like to **meet** her.
Me gustaría conocerla.

A veces puede ir acompañado del ordinal «first»:

I **first met** him last year.
Lo conocí el año pasado.

Además, «to meet» significa también «reunirse, encontrarse».

We **meet** every Friday.
Nos reunimos todos los viernes.

Let's **meet** tomorrow!
¡Vamos a vernos mañana!

«To know» también significa «conocer», *pero con sentido de* «tener como conocido».

I **know** him very well.
Lo conozco muy bien.

She **knows** the president.
Ella conoce al presidente.

Al hablar de lugares, nunca utilizaríamos «to meet», sino «to know».

I **know** London well.
Conozco Londres bien.

Gramática fácil

a Conectores: «and», «or» y «but»

Estas conjunciones son las más utilizadas en inglés. Sirven para unir elementos en la frase o frases enteras, pero sus funciones son muy diferentes.

«And»: y

Se utiliza para unir elementos o frases que tienen cierta relación.

Robert **and** Tom are my brothers.
Robert y Tom son mis hermanos.

I live in France **and** you live in Italy.
Yo vivo en Francia y tú vives en Italia.

He is tall **and** slim.
Él es alto y delgado.

«Or»: o

Se utiliza para presentar una alternativa.

Are you a doctor **or** a nurse?
¿Es usted doctora o enfermera?

You'll do it, sooner **or** later.
Lo harás, más tarde o más temprano.

«But»: pero, sino

Se usa para mostrar contraste.

She isn't very friendly **but** I like her.
Ella no es muy simpática pero me gusta.

I don't speak English **but** Spanish.
Yo no hablo inglés sino español.

John Steinbeck

John Earnest Steinbeck (1902 – 1968) fue un destacado escritor estadounidense, ganador del premio Nobel de literatura en (1962). Sus obras más reconocidas son «De ratones y hombres» (Of Mice and Men), «Las uvas de la ira» (Grapes of Wrath), «A un dios desconocido» (To a God Unknown) y «La perla» (The Pearl).

Camp David

Es una de las residencias del Presidente de los Estados Unidos. Forma parte del «Catoctin Mountain Park», un área recreativa situada en el condado de Frederick (Maryland). Este complejo fue construido en 1942 por el Presidente Franklin Delano Roosevelt con el nombre de Shangri-La. Bajo el mandato su sucesor, Harry Truman, se convirtió en residencia oficial.

Gramática fácil

El futuro concertado

Ya vimos en la unidad anterior algunas formas de expresar el futuro. En esta ocasión vamos a ocuparnos del futuro concertado, es decir, aquella acción futura que ya se ha acordado y convenido. De alguna manera sería el utilizado con aquellas acciones que apuntaríamos en una agenda. Se forma con el presente continuo del verbo que usemos.

On May, 11th, **I'm seeing** the dentist.
El 11 de mayo voy a ver al dentista.

She's flying to New York tomorrow morning.
Ella volará a Nueva York mañana por la mañana.

We **aren't meeting** on Friday.
No vamos a reunirnos el viernes.

We **are getting married** next month.
Vamos a casarnos el próximo mes.

A veces esta forma de futuro puede confundirse con el futuro de intención (be going to). Uno expresa que la acción ya está acordada (presente continuo) y el otro sólo expresa un deseo, una intención.

I'm having lunch with Michael next Wednesday.
Voy a comer con Michael el miércoles próximo.
(Así lo hemos acordado)

I'm going to have lunch with Michael next Wednesday.
Voy a comer con Michael el miércoles próximo.
(Es mi intención)

Gramática fácil

C Adverbios de tiempo usados con el futuro

Algunos adverbios de tiempo se utilizan frecuentemente con las distintas formas de futuro.

soon / *pronto*

later / *después, más tarde*

this afternoon / *esta tarde*

this evening / *esta noche*

tonight / *esta noche*

tomorrow / *mañana*

tomorrow morning
mañana por la mañana

tomorrow afternoon
mañana por la tarde

tomorrow evening
mañana por la noche

the day after tomorrow
pasado mañana

next Sunday
el domingo próximo

next week
la semana próxima

next month / *el mes próximo*

next year / *el año próximo*

Se colocan habitualmente al final de la frase, aunque a veces aparecen también al principio.

I'm going to watch a movie **tonight.**
Voy a ver una película esta noche.

She's coming to see me **next week.**
Ella vendrá a verme la semana que viene.

I'll rain **tomorrow morning.**
Lloverá mañana por la mañana.

They are moving house **next month.**
Ellos se van a mudar de casa el mes próximo.

He'll phone **later.**
Él llamará por teléfono más tarde.

Are you going to buy a new computer **soon?**
¿Vas a comprar una computadora nueva pronto?

Space Needle

La «Aguja Espacial» es una torre ubicada en la ciudad Seattle y símbolo de esa región del país. Fue construida en 1962, proyectada por Edward E. Carlson, quien se inspiró en la torre de Stuttgart. La estructura tiene 184 metros de altura y pesa unas 5850 toneladas.

Cahokia

Es un yacimiento arqueológico amerindio situado cerca de Collinsville (Illinois), en la llanura del río Misisipi. Está formado por una serie de montículos o túmulos realizados por la cultura misisipiana, que desarrolló una avanzada sociedad en el este de América del Norte antes de la llegada de los europeos. El Sitio Histórico Estatal de los Túmulos de Cahokia fue declarado Patrimonio de la Humanidad en 1982.

Gramática fácil

d Los adverbios «very», «pretty» y «quite»

Los adverbios «very» (muy), «pretty» (muy) y «quite» (bastante) se colocan delante de adjetivos o de otros adverbios para reforzar su significado.

She cooks **very** well.
Ella cocina muy bien.

The exam was **pretty** difficult.
El examen fue muy difícil.

That film is **quite** interesting.
Esa película es bastante interesante.

Isn't she **pretty** funny?
¿No es ella muy divertida?

This car is **very** expensive but **quite** good.
Este auto es muy caro pero bastante bueno.

Hay que tener cuidado y no confundir el adverbio ***«pretty»*** (muy) *con el adjetivo* ***«pretty»*** (linda, bonita).

She is **pretty** funny.
Ella es muy divertida.

She is **pretty**.
Ella es bonita.

Ejercicios

1 Relaciona:

a) It's the most attractive city to visit.

b) The blue car is more modern than the red one.

c) This picture is expensive.

1) I don't agree. It's very cheap.

2) I agree. It's really interesting.

3) I disagree. It's older.

2 Usa los verbos «meet» o «know» en el tiempo correcto.

a) I _______ her in a bar last summer.

b) Do you _______ a man called Michael Thomas?

c) We'll _______ again.

d) She _______ a lot of people at the conference.

e) They don't _______ anyone famous.

3 Ordena las palabras para formar frases correctas.

a) Mexican isn't but she Spanish.

b) beer do prefer wine or you?

c) answer she her I didn't but phoned.

d) Korea Japan to and traveled they.

e) I her she like like me doesn't but.

4 Usa los siguientes verbos en presente continuo para expresar acciones concertadas en el futuro: *have, fly, meet, have, see.*

a) We _______ a birthday party next weekend.

b) She _______ David tomorrow.

c) I _______ the doctor on Monday morning.

d) _______ you _______ to Washington on May 3rd?

e) They _______ lunch together on Friday.

SOLUCIONES

1.- a) 2; **b)** 3; **c)** 1.
2.- a) met; **b)** know; **c)** meet; **d)** met; **e)** know. **3.- a)** She isn't Spanish (Mexican) but Mexican (Spanish); **b)** Do you prefer wine (beer) or beer (wine)?; **c)** I phoned her but she didn't answer; **d)** They traveled to Korea and Japan; **e)** I like her but she doesn't like me.
4.- a) are having; **b)** is meeting; **c)** am seeing; **d)** Are ... flying; **e)** are having

UNIDAD 27

En esta unidad estudiaremos:

LET'S SPEAK ENGLISH:
a) Vocabulario: El tiempo.
b) Preguntas y respuestas acerca del tiempo y la temperatura. c) Vocabulario: Las estaciones del año.

GRAMÁTICA FÁCIL:
a) Expresar posibilidad y certeza.
b) El pasado continuo.
c) Acciones habituales en el pasado (used to).

Diálogo

Sam y su hermana, Philippa, están hablando sobre el tiempo.

Sam: Did you see the **weather forecast** this morning? **What's the weather going to be like**?

Philippa: Well, **it's** going to be **sunny** this morning, but this afternoon **it might rain.**

Sam: **What will the temperature be**?

Philippa: 15° this morning and 12° this afternoon.

Sam: The **weather** is always like that in **fall**: **sun** and **rain** in the same day.

Philippa: Yes, and in **summer** it is never very **hot**. The maximum temperature is 30°.

Sam: But we're lucky that in **winter** it doesn't get too **cold**. **It** very rarely **snows** here.

Philippa: Do you remember when we were children and **used to** make snowmen in the garden?

Sam: Yes, I **used to** love the **snow. It used to snow** more often before.

Philippa: Yes, you're right. **It was snowing** that Christmas **when** I got my first bike.

Sam: Yes. And you **were riding** it around in the snow **while** Dad was shouting at you to slow down!

Philippa: **Did** you **use to** prefer the **summer** or the **winter** when you were a child?

Sam: I always **used to** prefer the **summer**.

Philippa: It **might be hotter** this **summer** than last year. I hope so!

Sam: It **can't be** worse than last **summer. It rained** for three months!

Philippa: Yes, it **must be** better.

Sam: And **how was the weather** in Mexico when you were there?

Philippa: It was very **hot.** The temperature was higher than 30° everyday.

Sam: It **must** be nice. I like **hot weather**.

Philippa: Yes. I **was swimming** in the pool everyday. **While** the children were playing in the sun. I think we'll go back there next year.

Diálogo

(traducción)

Sam: ¿Viste el **pronóstico del tiempo** esta mañana? **¿Qué tiempo va a hacer?**
Philippa: Bueno, va a hacer **sol** esta mañana, pero esta tarde **puede** que **llueva**.
Sam: **¿Qué temperatura habrá?**
Philippa: 15° esta mañana y 12° esta tarde.
Sam: El **tiempo** siempre está así en **otoño: sol** y **lluvia** en el mismo día.
Philippa: Sí, y en **verano** nunca hace mucho **calor**. La temperatura máxima es de 30°.
Sam: Pero tenemos suerte de que en **invierno** no hace demasiado **frío**, tampoco. **Nieva** muy poco aquí.
Philippa: ¿Te acuerdas cuando éramos niños y **solíamos** hacer muñecos de nieve en el jardín?
Sam: Sí, me gustaba mucho la **nieve. Solía nevar** más a menudo antes.
Philippa: Sí, tienes razón. **Estaba nevando** aquella navidad **cuando** me regalaron mi primera bicicleta.
Sam: Sí. Y la **estabas montando** por la nieve **mientras** papá te estaba gritando que frenaras.
Philippa: ¿Te gustaba más el **verano** o el **invierno** cuando eras niño?
Sam: Me **solía** gustar más el **verano**.
Philippa: **Puede que** haga **más calor** este **verano** que el año pasado. ¡Eso espero!
Sam: **No puede ser** peor que el **verano** pasado. ¡**Llovió** durante tres meses!
Philippa: Sí, **tiene que ser** mejor.
Sam: ¿Y **qué tiempo hizo** en Méjico cuando estuviste allí?
Philippa: Hacía mucho **calor**. La temperatura era superior a 30° todos los días.
Sam: **Debe** estar bien. Me gusta el tiempo caluroso.
Philippa: Sí. Yo **estaba nadando** en la piscina todos los días **mientras** los niños **estaban jugando** al sol. Creo que volveré allí el año que viene.

Sunniest cities

Las cinco ciudades estadounidenses con más porcentaje de luz solar durante el día son: Yuma (Arizona), Redding (California) Las Vegas (Nevada), Phoenix (Arizona) y Tucson (Arizona).

Let's speak English

a Vocabulario: El tiempo – The weather

Entre el vocabulario relativo al tiempo encontramos:

the weather el tiempo
sun sol
rain lluvia
cloud nube
wind viento
snow nieve
fog niebla

weather forecast
pronóstico meteorológico

b Preguntas y respuestas acerca del tiempo y la temperatura

Cuando se quiere preguntar por el tiempo se puede decir:

What's the weather like?
¿Cómo está el tiempo? / ¿Qué tiempo hace?

What's the weather like today?
¿Qué tiempo hace hoy?

What was the weather like yesterday?
¿Qué tiempo hizo ayer?

How's the weather? / ¿Cómo está el tiempo?

Let's speak English

Para responder a estas preguntas podemos usar los sustantivos antes citados, a los que les añadimos «-y», convirtiéndolos en adjetivos. Hemos de tener en cuenta que el sujeto, en estos casos, siempre es «it», al que le sigue el verbo «to be».

It's sunny.
Hace sol (está soleado).

It's rainy. / Está lluvioso.

It's cloudy. / Está nublado.

It's windy. / Hace viento.

It's foggy. / Hay niebla.

It was a cloudy day.
Fue un día nublado.

It's a rainy day.
Es un día lluvioso.

Pero también podemos responder con un verbo:

To rain: llover

It is raining.
Está lloviendo.

To snow: nevar

It is snowing.
Está nevando.

En cuanto a la temperatura, cuando queremos preguntar por ella:

What's the temperature?
¿Cuál es la temperatura?

32° (thirty-two **degrees**)
32° (treinta y dos grados)

Hay que recordar que en muchos países se usan los grados Fahrenheit y en otros los Celsius o centígrados (32°F = 0°C).

También encontramos otros adjetivos relativos al tiempo y la temperatura:

hot	caluroso
warm	cálido
cool	fresco
cold	frío
wet	húmedo
dry	seco

Is it **hot**? / ¿Hace calor?

It's **cool** and **wet**.
Hace fresco y está húmedo (hay humedad).

It is **hot** and **dry** in the desert.
En el desierto hace calor y está seco.

Trane

John Coltrane (1926 - 1967) fue un saxofonista y compositor estadounidense de jazz. Se trata de uno de los músicos más relevantes e influyentes. Su trayectoria musical fue muy vanguardista y grabó cincuenta discos como solista en doce años.

Antelope Canyon

El Cañón del Antílope es uno de los cañones estrechos (slot canyon) más visitados y fotografiados del sudoeste estadounidense. Está localizado en el municipio de Page, en el norte de Arizona, dentro de una reserva de indígenas navajos. La formación geológica se ha ido horadando durante miles de años debido al paso de corrientes de agua a través de un proceso de epigénesis.

Let's speak English

What's the weather like today?
It's raining and it's very cold.
¿Qué tiempo hace hoy?
Está lloviendo y hace mucho frío.

What's the temperature?
Three degrees below zero.
¿Cuál es la temperatura?
Tres grados bajo cero.

C Vocabulario: Las estaciones del año - The seasons

Las estaciones del año son:

spring / primavera
summer / verano
fall / otoño
winter / invierno

En algunos países de lengua inglesa, «otoño» se dice «autumn».

In **spring** it's warm and rainy.
En primavera hace un tiempo cálido y lluvioso.

I'm going on a trip in **summer**.
Me voy de viaje en verano.

He becomes sad when **fall** comes.
Él se pone triste cuando llega el otoño.

I can ski in **winter**.
Puedo esquiar en invierno.

Gramática fácil

a Expresar posibilidad y certeza

Posibilidad

Cuando queramos expresar que una acción puede ocurrir (sólo refiriéndonos a que es posible que ocurra), usaremos los verbos auxiliares «may» o «might», que irán delante de un verbo en infinitivo (sin «to»).

It **may** rain tomorrow.
Puede (ser) que llueva mañana.

It **might** be windy.
Puede que haga viento.

He **may** buy a new computer.
Puede que él se compre una computadora nueva.

I **might** win the lottery someday.
Puede que gane la lotería algún día.

Si la frase es negativa, usamos «not» después de «may» o «might».

They **may not** lose the match.
Puede que ellos no pierdan el partido.

You **might not (mightn't)** arrive on time.
Puede que no llegues a tiempo.

Certeza

Para expresar certeza o seguridad, utilizamos los verbos auxiliares «must» o «can't», seguidos de «be».

It **must** be raining.
Debe estar nevando.

It **can't** be sunny.
No puede hacer sol.

They **must** be doing exercise.
Ellos deben estar haciendo ejercicio.

She **can't** be sleeping.
Ella no puede estar durmiendo.

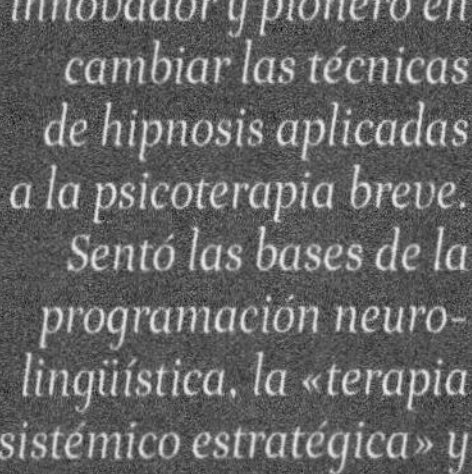

«My Voice Will Go With You»

Milton Hyland Erickson (1901 - 1980), fue un médico e hipnoterapeuta estadounidense, innovador y pionero en cambiar las técnicas de hipnosis aplicadas a la psicoterapia breve. Sentó las bases de la programación neurolingüística, la «terapia sistémico estratégica» y la «terapia orientada a las soluciones».

Millennium Park

El «Millennium Park» es un desarrollo urbano recreativo y artístico en la ciudad de Chicago, EE UU. Ocupa diez hectáreas y tiene admisión gratuita. El parque ha ganado varios premios y en él se reúnen varias obras de arte y arquitectura relevantes. La más notoria es el Pabellón de Conciertos Jay Pritzker, diseñado por el arquitecto Frank Gehry.

Gramática fácil

El pasado continuo

Es el tiempo que se utiliza cuando queremos expresar acciones que ocurrieron en el pasado, pero enfatizamos que tuvieron cierta duración. Se forma con el pasado simple del verbo «to be» (was/were) y el gerundio del verbo que usemos.

I **was studying.**	Yo estaba/estuve estudiando.
You **were listening** to the radio.	Tú estabas/estuviste escuchando la radio.
It **was snowing** all afternoon.	Estuvo nevando toda la tarde.

La forma afirmativa es:

[To eat: comer]

I	**was eating**	yo estuve/estaba comiendo
you	**were eating**	tú estuviste/estabas comiendo, usted estuvo/estaba comiendo
he	**was eating**	él estuvo/estaba comiendo
she	**was eating**	ella estuvo/estaba comiendo
it	**was eating**	estuvo/estaba comiendo
we	**were eating**	nosotros/as estuvimos/estábamos comiendo
you	**were eating**	ustedes estuvieron/estaban comiendo
they	**were eating**	ellos estuvieron/estaban comiendo

The dog **was eating** its food. / El perro estaba comiendo su comida.

In 2002 I **was living** in London. / En 2002 yo estaba viviendo en Londres.

We **were doing** our homework. / Estuvimos haciendo nuestros deberes.

She **was reading** a magazine. / Ella estaba leyendo una revista.

They **were cleaning** their apartment.
Ellos estuvieron limpiando su apartamento.

Gramática fácil

En frases negativas se usan «was not / wasn't» y «were not / weren't»:

He **wasn't dancing** at the party.
Él no estuvo bailando en la fiesta.

They **weren't speaking** French.
Ellos no estaban hablando en francés.

I **wasn't waiting** for you.
Yo no estaba esperándote.

We **weren't fighting.**
No estábamos peleándonos.

En preguntas, «was» y «were» invierten el orden con el sujeto.

Were you **studying** maths?
¿Estabas estudiando matemáticas?

What **were** you **doing**?
¿Qué estabas haciendo?

Was he **playing** the piano?
¿Estaba él tocando el piano?

Who **were** you **talking** to?
¿Con quién estabas hablando?

El pasado continuo también se usa para describir lo que estaba ocurriendo en un momento determinado del pasado.

She **was working** in the morning. / Ella estuvo trabajando por la mañana.
At seven o'clock I **was sleeping.** / A las siete en punto yo estaba durmiendo.
Yesterday evening they **were playing** cards.
Ayer por la tarde ellos estuvieron jugando a las cartas.

En este caso también se puede usar con otro verbo en pasado simple para expresar que una acción estaba teniendo lugar cuando otra «interrumpió». Para ello usamos «when» (cuando), delante del verbo en pasado simple, o «while» (mientras), delante del pasado continuo.

I **was washing** the dishes when the telephone **rang.**
Yo estaba lavando los platos cuando sonó el teléfono.

The telephone **rang** while I **was washing** the dishes.
El teléfono sonó mientras yo estaba lavando los platos.

Este tiempo también se utiliza para describir dos acciones que estaban ocurriendo en el mismo momento.

She **was reading** a book while her children **were playing.**
Ella estaba leyendo un libro mientras sus hijos estaban jugando.

They **were cleaning** while I **was doing** the shopping.
Ellos estaban limpiando mientras yo estaba haciendo la compra.

Rare & Manuscript

La biblioteca Beinecke de manuscritos y libros raros pertenece a la Universidad de Yale (New Haven, EE UU). El edificio, diseñado por Gordon Bunshaft y construido entre 1960 y 1963, fue pensado especialmente para la conservación de estos ejemplares.

Labor Day

En Estados Unidos el día del trabajo no se celebra el 1 de mayo (como es usual en casi todo el mundo), sino el primer lunes de septiembre. Tiene su origen en un desfile realizado en 1882 en la ciudad de Nueva York, organizado por la «Noble Orden de los Caballeros del Trabajo» (Knights of Labor).

Gramática fácil

C Acciones habituales en el pasado (used to)

Para expresar acciones y estados habituales en el pasado utilizamos «used to» y el infinitivo del verbo. En español, frecuentemente equivale al pasado del verbo «soler».

I **used to** play tennis when I was a teenager.
Yo solía jugar al tenis cuando era adolescente.

Esta forma es igual para todas las personas.

She **used to** spend a lot of money on clothes.
Ella solía gastar mucho dinero en ropa.

We **used to** work in shifts.
Solíamos trabajar por turnos.

They **used to** visit us on weekends.
Ellos solían visitarnos los fines de semana.

I **used to** live in Miami.
Yo vivía en Miami.

*Para las **negaciones** usamos **«did not use to»** o **«didn't use to»**.*

You **didn't use to** study hard.
Tú no solías estudiar mucho.

He **didn't use to** wear a suit.
Él no solía llevar (puesto) un traje.

They **didn't use to** get drunk.
Ellos no solían emborracharse.

*En **preguntas** la posición es **«(Wh-) did + sujeto + use to + infinitivo»**.*

Did you **use to** smoke?
¿Solías fumar?, ¿Fumabas?

What **did** he **use to** do?
¿Qué solía hacer él?

Did they **use to** play the piano?
¿Solían ellos tocar el piano?

En respuestas cortas:

Did you **use to** get up early?
Yes, I did.
¿Solías levantarte temprano?
Sí, lo hacía.

Did she **use to** eat Chinese food? **No, she didn't.**
¿Solía ella comer comida china? No.

Ejercicios

1

Rellena los espacios con letras para formar palabras relacionadas con el tiempo y las estaciones.

a) s _ n
b) s _ o _
c) s _ m _ e _
d) f _ g
e) r _ i _
f) s _ r _ n _
g) c _ o _ d
h) w _ n _ e _
i) w _ n _
h) f _ l _

2

Rellena los espacios con «may», «might» , «must» o «can't», para expresar posibilidad o certeza.

a) They _____ be rich. They have several houses and three cars.

b) She _____ have dogs. She's allergic to them.

c) He doesn't feel well. He _____ have the flu.

d) I'm very busy now. I _____ be waiting for him.

e) John is very strong and has big muscles. He _____ do a lot of exercise.

3

Poner los verbos en paréntesis en el tiempo correcto (pasado simple o pasado continuo).

a) I (meet) _____ him while I (go) _____ to the office.

b) When I (see) _____ her, she (wait) _____ for the bus.

c) While he (listen) _____ to the radio, his children (do) _____ their homework.

d) They (watch) _____ TV when I (get) _____ home.

e) She (give) _____ me the ring while we (travel) _____ to Italy.

4

Relaciona:

a) What did you use to do?
b) She used to drive her car
c) Did you use to smoke?
d) Did they use to speak English in class?
e) My brother used to eat sweets

1) Yes, they did.
2) Because he liked them a lot.
3) I used to go swimming.
4) Because there weren't any buses.
5) No, I didn't.

SOLUCIONES

1.- **a)** sun; **b)** snow; **c)** summer; **d)** fog; **e)** rain; **f)** spring; **g)** cloud; **h)** winter; **i)** wind; **j)** fall.
2.- **a)** must; **b)** can't; **c)** may / might; **d)** can't; **e)** must.
3.- **a)** met – was going; **b)** saw – was waiting; **c)** was listening – were doing; **d)** were watching – got; **e)** gave – were traveling.
4.- **a)** 3; **b)** 4; **c)** 5; **d)** 1; **e)** 2.

UNIDAD 28

En esta unidad estudiaremos:

LET'S SPEAK ENGLISH:
a) Vocabulario: La salud.
b) Expresar opiniones.
c) Vocabulario: El cuerpo humano.

GRAMÁTICA FÁCIL:
a) «Should». Expresar consejos o sugerencias.
b) Plurales irregulares. c) Los verbos «to have» y «to have got» (II). d) «Could».

Diálogo

James está enfermo y le cuenta a Lisa cómo se siente.

James:	**I don't feel well**, Lisa.
Lisa:	What's the matter?
James:	**I've got a headache, a sore throat** and **my back hurts**, too.
Lisa:	**I guess** you've got the **flu. Have you got** a **fever**?
James:	**I think** so. My **head** is hot.
Lisa:	You **had better** go to see the **doctor**.
James:	**I suppose I should** go tomorrow. I'll schedule an appointment this afternoon.
Lisa:	**Have you got** any other **pain?**
James:	No, but I can't stop **coughing** and **sneezing**.
Lisa:	You **should** stop smoking too. And you **shouldn't** eat so much junk food.
James:	Yes, you're right. I **could** try and be **healthier**.
Lisa:	**I have a toothache** at the moment.
James:	You **should** go to the **dentist**.
Lisa:	**I have** an appointment on Thursday. You look really **ill**, James. **I think** you **should** go to bed and rest.
James:	I **could**, but I **have** a lot of things to do.
Lisa:	What do you **have** to do?
James:	**I have** some work to do. I have to write a report for Friday and if I don't start now I won't finish it in time.
Lisa:	You **shouldn't** think about work. You're **ill!**
James:	Ok. I'll try not to do it.
Lisa:	You **could** phone your boss and explain to him that you're **ill**. You can't work!
James:	That's a good idea. I'll do that. Thanks for your advice, Lisa!
Lisa:	You're welcome, James. I hope you feel better soon.

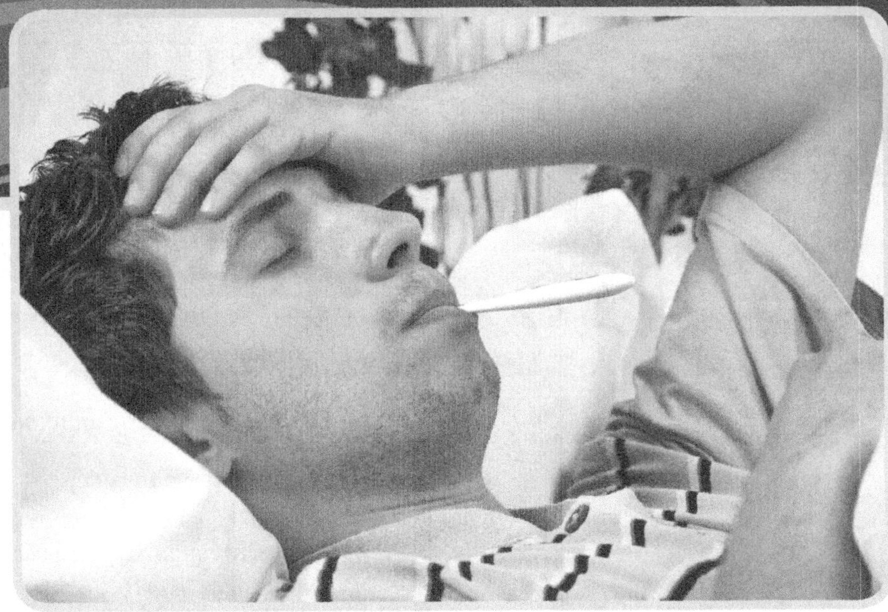

Diálogo

(traducción)

James: **No me siento bien**, Lisa.

Lisa: ¿Qué sucede?

James: **Tengo dolor de cabeza**, **dolor de garganta** y también **me duele la espalda**.

Lisa: **Supongo** que tienes **gripe**. **¿Tienes fiebre?**

James: **Creo** que sí. Mi **cabeza** está caliente.

Lisa: **Deberías** ir a ver al **médico**.

James: **Supongo que debería** ir mañana. Pediré una cita esta tarde.

Lisa: ¿**Tienes** algún otro **dolor**?

James: No, pero no puedo parar de **toser** y **estornudar**.

Lisa: **Deberías** dejar de fumar, también. Y **no deberías** comer tanta comida basura.

James: Sí, tienes razón. **Podría** intentarlo y estar **más sano**.

Lisa: **A mí me duele una muela** en este momento.

James: **Deberías** ir al **dentista**.

Lisa: **Tengo** una cita el jueves. Pareces realmente **enfermo**, James. **Creo que deberías** ir a la cama y descansar.

James: **Podría**, pero **tengo** muchas cosas que hacer.

Lisa: ¿Qué **tienes** que hacer?

James: **Tengo** que trabajar. Tengo que escribir un informe para el viernes y si no empiezo ahora, no lo terminaré a tiempo.

Lisa: **No deberías** pensar en el trabajo. ¡Estás **enfermo**!

James: De acuerdo. Intentaré no hacerlo.

Lisa: **Podrías** llamar a tu jefe y explicarle que estás **enfermo**. ¡No puedes trabajar!

James: Es una buena idea. Eso haré. Gracias por tu consejo, Lisa.

Lisa: De nada, James. Espero que te sientas mejor pronto.

Nurse care

Hildegard Elizabeth Peplau (1909 - 1999) fue una enfermera teorizadora estadounidense que estableció un modelo de cuidados que actualmente lleva su nombre y forma parte del programa de la carrera de enfermería. En 1994 fue incorporada al «Salón de la Fama» de la American Academy of Nursing.

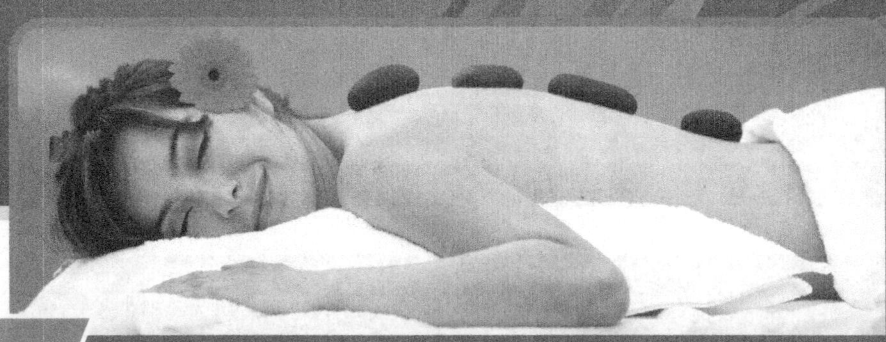

Let's speak English

a Vocabulario: *La salud – The health*

health / salud	**cold** / resfriado
illness, disease / enfermedad	**depression** / depresión
healthy / sano	**fever** / fiebre
ill, sick / enfermo	**flu** / gripe
doctor / médico	**(to) cough** / toser, tos
nurse / enfermera	**(to) sneeze** / estornudar, estornudo
surgeon / cirujano	**ache, pain** / dolor
dentist / dentista	**painful** / doloroso
patient / paciente	**tablet** / pastilla
allergy / alergia	**prescription** / receta

Para expresar problemas de salud podemos decir:

I don't feel well
No me siento bien

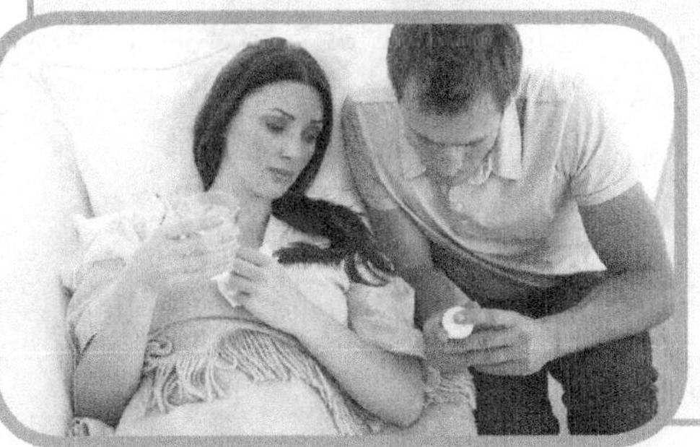

I have a headache
Me duele la cabeza

I have a sore throat
Me duele la garganta

I have a pain in my elbow
Me duele el codo

My knee hurts
Me duele la rodilla

Beat Generation

Con este nombre conoce a un grupo de escritores estadounidenses de la década de 1950, así como al fenómeno cultural sobre el cual escribieron. Sus principales obras son «Howl» de Allen Ginsberg (1956), «On the Road» de Jack Kerouac (1957) y «Naked Lunch» de William S. Burroughs (1959). Estos autores fueron muy influyentes en el movimiento hippie.

Let's speak English

Con la terminación «-ache» se suelen expresar cinco dolencias:

To have a(n)	**headache**	tener dolor de cabeza
	stomachache	tener dolor de estómago
	toothache	tener dolor de muelas
	backache	tener dolor de espalda
	earache	tener dolor de oídos

El resto se puede expresar por medio de:

- I have a sore...
Me duele el/la...

I have a sore foot...
Me duele un pie.

- I have a pain in my...
Me duele el/la...

I have a pain in my arm.
Me duele el brazo...

- My... hurts...
Me duele el/la...

My shoulder hurts.
Me duele el hombro.

Al usar alguna de las dos últimas expresiones, hemos de tener en cuenta que las partes del cuerpo se expresan con los adjetivos posesivos, aunque en español se usen artículos.

I have a pain in **my** back.
Me duele ***la*** espalda.

My leg hurts.
Me duele ***la*** pierna.

b Expresar opiniones

Cuando queremos dar alguna opinión, muchas veces usamos expresiones de introducción como:

I think...	Pienso... / Creo...
I suppose...	Supongo...
I guess...	Creo... / Me parece...

I think it will rain tomorrow. / Creo que lloverá mañana.

I suppose you're coming to the party. / Supongo que vendrás a la fiesta.

I guess he doesn't feel well. / Me parece que él no se siente bien.

I suppose this tablet will do you good.
Supongo que esta pastilla le hará bien.

I have a stomachache. **I think** I ate too much yesterday.
Tengo dolor de estómago. Creo que comí demasiado ayer.

Let's speak English

North American Indigenous Games

Se trata de una celebración deportiva que se realiza desde 1990 para promover a los atletas indígenas de norteamérica. Más de diez mil competidores (en representación de mil tribus) participaron de la última edición. El evento incluye 16 deportes y varias presentaciones culturales.

c Vocabulario: El cuerpo humano – The human body

head	cabeza
neck	cuello
shoulder	hombro
back	espalda
chest	pecho
arm	brazo
elbow	codo
wrist	muñeca
hand	mano
finger	dedo (de la mano)
waist	cintura
leg	pierna
knee	rodilla
calf	pantorrilla
ankle	tobillo
foot	pie
toe	dedo (del pie)

Gramática fácil

a «Should». Expresar consejos o sugerencias

El verbo auxiliar «should» equivale a la forma condicional del verbo «deber» (debería, deberías,...). Tiene la misma forma para todas las personas y se usa delante de un infinitivo sin «to». Así:

You **should** take a pill.
Debería tomarse una píldora.

She **should** study harder.
Ella debería estudiar más.

We **should** go and see the doctor.
Deberíamos ir a ver al médico.

I **should** be happy.
Yo debería estar contento.

You **should** brush your teeth three times a day.
Deberías cepillarte los dientes tres veces al día.

*La forma negativa es **«should not»** o **«shouldn't»**.*

You **shouldn't** smoke. It's harmful.
No deberías fumar. Es dañino.

They **shouldn't** go out in this weather.
Ellos no deberían salir con este tiempo.

He **shouldn't** go home alone.
Él no debería ir a casa solo.

I **shouldn't** drink alcohol.
Yo no debería beber alcohol.

*Para realizar preguntas, invertimos el orden entre **«should»** y el sujeto.*

Should I take any medicine?
¿Debería tomar alguna medicina?

What **should** he do?
¿Qué debería hacer él?

Should we buy any painkiller?
¿Deberíamos comprar algún analgésico?

What doctor **should** she visit?
¿A qué médico debería visitar ella?

Todas estas estructuras se utilizan para dar o pedir consejos, recomendaciones o sugerencias.

Sacagawea

Sacagawea (1787 - 1812) fue una mujer indígena perteneciente a la tribu shoshone que acompañó y guio a la expedición de Lewis y Clark desde Dakota del Norte hasta la costa del actual estado de Oregón. Fue de gran ayuda para que los expedicionarios llegaran al Océano Pacífico.

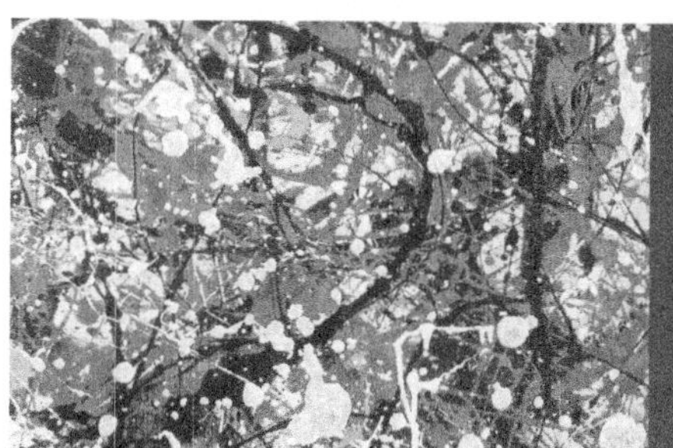

«Jack, the Dripper»

Jackson Pollock (1912 - 1956) fue un artista estadounidense, referente en el movimiento del expresionismo abstracto. Es considerado uno de los pintores más importantes de los EE UU. Su técnica de «action painting» (en la que se incluye el goteo o «dripping» de pintura directamente sobre la tela) revolucionó las artes plásticas.

Gramática fácil

*Otra estructura similar a «should» y «shouldn't» es **«had better / 'd better»** y **«had better not / 'd better not»**, en frases afirmativas y negativas.*

You **should** buy some cold medicines = You'**d better** buy some cold medicines
Deberías comprar algunos medicamentos para el resfriado

He **shouldn't** do more exercise = He'**d better not** do more exercise
Él no debería hacer más ejercicio

b Plurales irregulares

En la próxima unidad estudiaremos en profundidad la forma plural de los sustantivos, pero, ya que nos han aparecido algunas partes del cuerpo con plurales irregulares, vamos a avanzarlas.

tooth	diente	►	**teeth**	dientes
foot	pie	►	**feet**	pies
calf	pantorrilla	►	**calves**	pantorrillas

My left **foot** hurts. / Me duele el pie izquierdo.

My **feet** hurt. / Me duelen los pies.

c Los verbos «to have» y «to have got» (II)

En la unidad 4 ya aprendimos las diferencias entre los verbos «have» y «have got». Ya vimos que ambos tienen el mismo significado (tener), pero, en cuanto a la forma, son un poco distintos. La diferencia fundamental es que «have» no es auxiliar y «have got», sí; por lo tanto, «have» necesita de «don't / doesn't / didn't» para las negaciones, o «do / does / did» para las preguntas.

I **don't have** a job. No tengo trabajo.

Does he **have** many books? ¿Tiene él muchos libros?

Gramática fácil

«Have got», al ser auxiliar, sólo añade «not» para las negaciones, y es «have» el que invierte el orden con el sujeto para hacer preguntas.

He **has not (hasn't) got** a watch.
Él no tiene reloj.

Have you **got** an old dishwasher?
¿Tienes un lavavajillas antiguo?

Además, «have got» se puede contraer con el sujeto, pero «have», no.

I'**ve got** a new camera.
*I **have** a new camera.*

En este capítulo hemos visto muchos ejemplos con ambas formas:

I'**ve got** a sore throat.
Me duele la garganta.

He **has** a headache.
A él le duele la cabeza.

He'**s got** a pain in his wrist.
Él tiene un dolor en la muñeca.

She'**s got** a backache.
A ella le duele la espalda.

We **have** a sore back.
A nosotros nos duele la espalda.

I'**ve got** a cold.
Tengo un resfriado.

En este último ejemplo, «cold» (resfriado) *es un sustantivo, que no hay que confundir con el adjetivo «cold»* (frío).

He's got a **cold.** / Él tiene un resfriado.

He's **cold.** / Él tiene frío.

d «Could»

«Could» es el pasado de «can» (poder, saber). Tiene una forma para todas las personas y se usa delante de un infinitivo sin «to».

I **could** win the game. / Yo pude ganar la partida.
She **could** swim. / Ella sabía nadar.
He **could** come to the party. / Él pudo venir a la fiesta.

En frases afirmativas:

I **could** read your message. / Pude leer tu mensaje.
He **could** phone her in the morning. / Él pudo llamarla por la mañana.
We **could** see the monument. / Nosotros pudimos ver el monumento.
They **could** find the key. / Ellos pudieron encontrar la llave.

Erin Brockovich

Conocida por la película de Steven Soderbergh que lleva su nombre, Erin Brockovich fue una empleada de una oficina jurídica estadounidense que, a pesar de su falta de educación escolar y formación jurídica, fue fundamental en la construcción de un caso contra la «Pacific Gas and Electric Company (PG & E)», en 1993.

Thirteen Colonies

Las trece colonias originales, fundadas por los colonos ingleses que luego lograron la independecia de la corona británica fueron: Nueva Hampshire, Massachusetts, Rhode Island, Connecticut, Nueva York, Nueva Jersey, Pennsylvania, Delaware, Maryland, Virginia, Carolina del Norte, Carolina del Sur y Georgia.

Gramática fácil

En frases negativas usamos «could not» o «couldn't»:

I **couldn't** use my computer. No pude usar mi computadora.
You **couldn't** sell your car. No pudiste vender tu auto.
She **couldn't** go to the movies. Ella no pudo ir al cine.
They **couldn't** stay longer. Ellos no se pudieron quedar más tiempo.

En preguntas invertimos el orden entre «could» y el sujeto.

What **could** I do? / ¿Qué podía hacer?

Where **could** she practice English?
¿Dónde pudo ella practicar inglés?

Could we meet on Friday?
¿Nos podríamos encontrar el viernes?

«Could» se usa:

1 *Para expresar posibilidad:*

Charles **could** go to jail.
Puede que Charles vaya a la cárcel.

It **could** snow tomorrow.
Puede que llueva mañana.

2 *Para expresar habilidad en pasado:*

I **could** swim when I was four.
Yo sabía nadar cuando tenía cuatro años.

She **could** speak a little Chinese.
Ella sabía hablar un poco de chino.

3 *Para expresar sugerencias:*

You **could** spend your vacation in Italy.
Podrías pasar tus vacaciones en Italia.

4 *Para realizar peticiones (de manera formal):*

Could you pass me the salt, please?
¿Podrías pasarme la sal, por favor?

Could you do me a favor?
¿Podrías hacerme un favor?

5 *También funciona como condicional de «poder» (podría).*

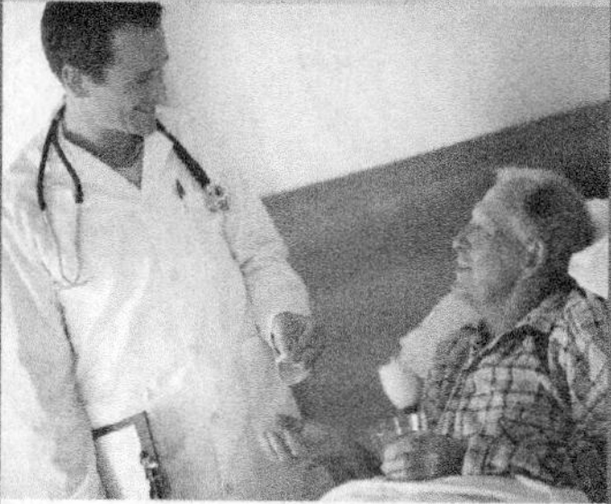

You **could** sleep better if you take this pill.
Usted podría dormir mejor si se toma esta píldora.

Could you show me the way?
¿Podría mostrarme el camino?

Ejercicios

1

¿Qué consejo darías en la siguiente situación? *Mary's got an earache.*

a) You should go to the disco.

b) You should see your brother.

c) You should watch TV.

d) You should see the doctor.

2

Relaciona las frases con los usos de «could».

a) You could go and see the doctor. | 1) Posibilidad
b) Could you help me, please? | 2) Habilidad
c) It could be a cold day. | 3) Sugerencia
d) She could make friends easily. | 4) Petición

3

Rellena los espacios con las formas correctas de «have», «have got» o déjalos en blanco.

a) Does he ______ a computer?

b) What ______ you ______ ?

c) I don't ______ a blue car.

d) He hasn't ______ a camera.

4

Encuentra ocho partes del cuerpo humano en la sopa de letras.

N	S	B	C	T	D
B	M	N	O	B	F
Z	L	E	G	F	W
C	V	C	F	I	X
K	A	K	X	N	L
C	R	L	K	G	M
A	M	O	F	E	O
B	T	S	I	R	W

SOLUCIONES

1.- d. 2.- **a)** 3; **b)** 4; **c)** 1; **d)** 1, 2 y 3. 3.- **a)** have; **b)** do… have / have…got; **c)** have; **d)** got. 4.- back, neck, wrist, finger, calf, toe, arm, leg.

UNIDAD 29

En esta unidad estudiaremos:

LET'S SPEAK ENGLISH:
a) Expresiones usadas en el restaurante.
b) Vocabulario: En el restaurante.

GRAMÁTICA FÁCIL:
a) Sustantivos en plural.
b) El pretérito perfecto (I).
c) Lista de verbos regulares (II).

Diálogo

Max llama y reserva una mesa en un restaurante. Terry es la camarera que lo atiende a su llegada.

Max: **Can I reserve a table for one at 8 o'clock?**
Terry: Certainly, sir. We'll be expecting you.
(Max arrives at the restaurant)
Terry: Good evening, sir! **How can I help you?**
Max: I have a table booked for 8 o'clock. **Do you have a non-smoking area?**
Terry: Yes. Follow me, please.
Max: **Can I have the menu, please?**
Terry: Here you are. **What would you like to drink?**
Max: A **glass** of **white wine**, please.
Terry: *(She serves the drink)* **Are you ready to order?**
Max: I'm not sure yet. **What do you recommend?**
Terry: The **grilled fish** is very good. It's our **specialty**.
Max: Ok. **I'll try** some **grilled fish**, but I'm really hungry and **I'll have the steak as well.**
Terry: **Rare, medium or well done?**
Max: **Rare**, please.
Terry: Would you like an **appetizer**?
Max: Yes please. **I'd like** the sushi. I **have** never **tried** it before.
Terry: Really? I **have had** it many **times**. It's delicious!
Max: Great!
(He finishes eating)
Max: **Could I have the check, please?**
Terry: Certainly.
Max: **Are taxes included?**
Terry: Yes, they are.
(He pays)
Max: *(Speaking to himself)* **I've left** a generous **tip** for the waitress. She**'s been** very nice to me.

Diálogo

(traducción)

Max: ¿Puedo reservar una mesa para uno a las 8 en punto?
Terry: ¡Por supuesto, señor! Le estaremos esperando.

(Max llega al restaurante)

Terry: ¡Buenas noches! **¿En qué puedo ayudarle?**
Max: He reservado una mesa para las 8 en punto. **¿Tienen zona de no fumadores?**
Terry: Sí. Sígame, por favor.
Max: Bien. **¿Me puede traer el menú, por favor?**
Terry: Aquí tiene. **¿Qué quiere beber?**
Max: Una **copa** de **vino blanco**, por favor.
Terry: (Sirve la bebida) **¿Está listo para pedir?**
Max: No estoy seguro todavía. **¿Qué recomienda?**
Terry: El **pescado a la parrilla** está muy bueno. Es nuestra **especialidad**.
Max: De acuerdo. **Probaré** algo de **pescado a la parrilla**, pero realmente tengo hambre y **tomaré un filete de res**, también.
Terry: **¿Poco hecho, hecho o muy hecho?**
Max: **Poco hecho**, por favor.
Terry: ¿Quiere un **entrante**?
Max: Sí, por favor. **Quiero** el sushi. Nunca antes lo **he probado**.
Terry: ¿En serio? Yo lo **he comido** muchas **veces**. ¡Está delicioso!
Max: ¡Estupendo!

(Termina de comer)

Max: **¿Puede traerme la cuenta, por favor?**
Terry: Claro.
Max: **¿Están los impuestos incluidos?**
Terry: Sí, sí lo están.

(Paga)

Max: (Hablando para sí mismo) Le **he dejado** una **propina** generosa a la camarera. **Ha sido** muy agradable conmigo.

By the glass

El Sonoma County es la región vitiviní-cola por excelencia en Estados Unidos. Ubicada al norte de estado de California, brinda un clima ideal para el cultivo de uvas merlot y zinfandel.

a Expresiones usadas en el restaurante

Let's speak English

Antes de llegar al restaurante:

I want to reserve / book a table for two at 8 o'clock.

Quiero reservar una mesa para dos personas a las 8 en punto.

Do you have a non-smoking area?
¿Tienen zona de no fumadores?

Do you have a vegetarian menu?
¿Tienen menú vegetariano?

Do you have a children's menu?
¿Tienen menú para niños?

Al llegar a un restaurante, la pregunta más habitual por parte de los camareros o meseros es:

Can I help you? / *¿Puedo ayudarle?*

How can I help you?
¿En qué puedo ayudarle?

Ya sentados en la mesa nos preguntarán:

Can I take your order?
¿Puedo tomar su pedido?

Are you ready to order?
¿Está listo para pedir?

What can I get you?
¿Qué puedo traerle?

Anything to drink?
¿Algo para beber?

What would you like to drink?
¿Qué quiere beber?

Would you like to see the menu?
¿Quiere el menú?

Let's speak English

Si somos nosotros los que pedimos el menú:

Can I see/have the menu, please?
¿Me podría dar el menú, por favor?

Could I see the wine list?
¿Podría ver la carta de vinos?

A la hora de realizar el pedido:

What do you recommend?
¿Qué recomienda?

I'd like grilled salmon.
Quisiera salmón a la parrilla.

I'll try the onion soup.
Probaré la sopa de cebolla.

I'll have* the spinach lasagna, please.
Tomaré la lasagna de espinacas, por favor.

* *El verbo «to have», además de* «tener» *o* «haber», *también significa* «tomar» *(comida o bebida).*

Si pedimos carne para comer, suelen preguntar:

Rare, medium or well done?
¿Poco hecha, hecha o muy hecha?

Al servirnos, nos pueden decir:

Bon appétit!
¡Buen provecho! / ¡Que aproveche!

Al pedir la cuenta:

Could I have the check*, please?
¿Podría traer la cuenta, por favor?

The check, please!
¡La cuenta, por favor!

* *En algunos países de lengua inglesa, la cuenta es «the bill».*

Are taxes included?
¿Están incluidos los impuestos?

Can I pay at the table or at the till/cash register?
¿Puedo pagar en la mesa o en caja?

b Vocabulario: En el restaurante – At the restaurant

hors d'oeuvres:	*aperitivos*
starter, appetizer:	*entrante, primer plato*
main course:	*plato principal*
dessert:	*postre*
mineral water:	*agua mineral*
soft drinks:	*refrescos*
beer:	*cerveza*
red wine:	*vino tinto*
white wine:	*vino blanco*
specialty:	*especialidad*
a three-course meal:	*un menú de tres platos*
to book a table:	*reservar una mesa*
to reserve a table:	*reservar una mesa*
to serve:	*servir*
tip:	*propina*

Gramática fácil

Gramática fácil

a Sustantivos en plural

En todos los capítulos anteriores hemos estado usando sustantivos en plural y habremos podido constatar que hay diversas maneras de convertir un nombre singular en plural. A continuación se muestra cómo se forman los plurales de los nombres contables.

1

Como regla general, el plural del sustantivo se forma añadiendo una «s» al sustantivo en singular.

house – houses
casa - casas

car – cars
auto – autos

Tipping tips

En Estados Unidos, los camareros o meseros ganan bastante menos del mínimo previsto en el salario federal. Esto es porque se estima que recibirán propinas (tips) por parte de los comensales. Por tanto, es buena costumbre dejar al menos un 15% del valor de la cuenta como propina.

Top Ten Universities: the Ivy League

Harvard University (Cambridge, MA), Princeton University (Princeton, NJ), Yale University (New Haven, CT), California Institute of Technology (Pasadena, CA), Massachusetts Institute of Technology (Cambridge, MA), Stanford University (Stanford, CA), University of Pennsylvania (Philadelphia, PA), Columbia University (New York, NY), University of Chicago (Chicago, IL) y Duke University (Durham, NC).

Gramática fácil

2

*Los nombres acabados en **s, sh, ch, x** y **z** forman el plural añadiendo **«es»**:*

bus – bus**es**
autobús – autobuses

dish – dish**es**
plato – platos

match – match**es**
fósforo – fósforos

fox – fox**es**
zorro – zorros

buzz – buzz**es**
zumbido – zumbidos

3

*Los nombres que acaban en **«y»** forman el plural de la siguiente manera:*

Si la «y» va precedida de una consonante, se convierte en «i» y se añade «es»:

party – par**ties** / *fiesta - fiestas*
city – ci**ties** / *ciudad – ciudades*

Si la «y» va precedida de una vocal, sólo se le añade «s»:

day – day**s** / *día – días*
boy – boy**s** / *chico – chicos*

4

*Si el nombre acaba en **«f»** o **«fe»**, en el plural estas letras cambian a **«ves»**:*

leaf – lea**ves**
hoja – hojas

knife – kni**ves**
cuchillo – cuchillos

calf – cal**ves**
pantorrilla - pantorrillas

5

*Cuando el nombre acaba en **«o»**, la regla general es añadir **«es»** en plural:*

hero – hero**es** / *héroe – héroes*

potato – potato**es** / *papa – papas*

Pero algunas palabras no siguen esta norma:

photo – photo**s** / *foto – fotos*
piano – piano**s** / *piano - pianos*

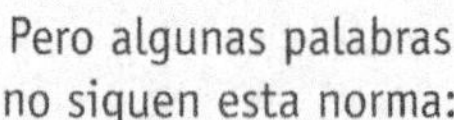

Gramática fácil

6

Hay otros sustantivos que forman el plural de manera irregular:

man – **men**
hombre – hombres

woman – **women**
mujer – mujeres

child – **children**
niño – niños

foot – **feet**
pie – pies

tooth – **teeth**
diente – dientes

mouse – **mice**
ratón – ratones

sheep – **sheep**
oveja – ovejas

fish – **fish** / *pez – peces (pescado – pescados)*

Hay que prestar atención a la palabra **«people»**. Aunque a veces pueda significar «gente», que es un sustantivo incontable, en inglés es el plural de **«person»** y, por lo tanto, contable.

a person - *una persona*

two **people** / two persons
dos personas

7

Algunos sustantivos solo tienen forma plural y, para singularizarlos, se usa la expresión «a pair of» delante de ellos.

scissors – **a pair of** scissors
tijeras – una tijera

jeans - *pantalones tejanos*
a pair of jeans
un pantalón tejano

b El pretérito perfecto (I)

El pretérito perfecto (present perfect) es un tiempo verbal formado por el presente del verbo «to have» (have / has) y el participio del verbo que usemos:

I **have learned** a lot of things.
He aprendido muchas cosas.

Recordemos que en español los participios son las formas verbales acabadas en «-ado» e «-ido» (jugado, comido). En inglés, los participios acaban en «-ed» en el caso de los verbos regulares, y hemos de memorizar los irregulares (ver lista de verbos regulares al final de esta unidad y de verbos irregulares al final de la próxima unidad).

She **has studied** latin.
Ella ha estudiado latín.

They **have been** to Spain.
Ellos han estado en España.

Gramática fácil

Su forma afirmativa es:

[To see: ver]

I	**have seen**	*yo he visto*
you	**have seen**	*tú has visto, usted ha visto*
he	**has seen**	*él ha visto*
she	**has seen**	*ella ha visto*
it	**has seen**	*ha visto*
we	**have seen**	*nosotros/as hemos visto*
you	**have seen**	*ustedes han visto*
they	**have seen**	*ellos/as han visto*

I **have seen** her.	*La he visto (a ella).*
He **has answered** the questions.	*Él ha respondido a las preguntas.*
We **have opened** the box.	*Hemos abierto la caja.*

En pretérito perfecto, «have» se puede contraer en «'ve» y «has» en «'s»:

They**'ve rented** an apartment.
Ellos han alquilado un apartamento.

She**'s bought** a new dress.
Ella ha comprado un vestido nuevo.

Hay que prestar atención y no confundir la contracción de «has» con la de «is», ni con el caso genitivo. A «has» le seguirá un participio.

Paul**'s** writing a letter	is	*Paul está escribiendo una carta.*
Paul**'s** written a letter	has	*Paul ha escrito una carta.*
Paul**'s** dog is small	genitivo	*El perro de Paul es pequeño.*

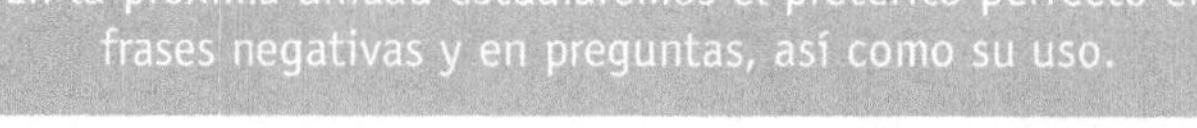
En la próxima unidad estudiaremos el pretérito perfecto en frases negativas y en preguntas, así como su uso.

Gramática fácil

C Lista de verbos regulares (II)

A continuación se muestra una lista que recoge algunos verbos regulares, con sus formas de infinitivo, pasado y participio.

Infinitivo	Pasado	Participio	
to answer	answered	answered	*(responder)*
to arrive	arrived	arrived	*(llegar)*
to ask	asked	asked	*(preguntar)*
to close	closed	closed	*(cerrar)*
to cook	cooked	cooked	*(cocinar)*
to enjoy	enjoyed	enjoyed	*(disfrutar)*
to help	helped	helped	*(ayudar)*
to invite	invited	invited	*(invitar)*
to like	liked	liked	*(gustar)*
to live	lived	lived	*(vivir)*
to look	looked	looked	*(mirar)*
to open	opened	opened	*(abrir)*
to play	played	played	*(jugar, tocar)*
to rain	rained	rained	*(llover)*
to rent	rented	rented	*(alquilar)*
to start	started	started	*(comenzar)*
to study	studied	studied	*(estudiar)*
to travel	traveled	traveled	*(viajar)*
to want	wanted	wanted	*(querer)*
to watch	watched	watched	*(mirar, observar)*
to work	worked	worked	*(trabajar)*

Pulitzer Awards

Los Premios Pulitzer se otorgan anualmente a obras de periodismo, literatura y composición musical, publicadas en los Estados Unidos. Este prestigioso galardón suele reservarse para material editado en lengua inglesa.

Ejercicios

1

Ordena estas frases según ocurren en una situación real.

a) __ Can I have the menu, please?

b) __ Could I have the check, please?

c) __ Can I reserve a table for one at 8:30?

d) __ I'll have a steak.

e) __ Can I take your order?

f) __ What do you recommend?

2

¿Cuál es el plural de estos nombres?

a) door __________ f) woman__________

b) fish __________ g) room __________

c) orange __________ h) foot __________

d) brush __________ i) box __________

e) potato __________ j) wall __________

3

Usa el pretérito perfecto de los siguientes verbos para rellenar los espacios: *break, invite, forget, save, wash, lose.*
(Ver la lista de verbos regulares e irregulares al final de los capítulos 29 y 30 respectivamente, si fuera necesario).

a) He told me his name but I ________it.

b) She ________________ her key.

c) Sue ________________ her hair.

d) We ______________ some money for a new bicycle.

e) Somebody ___________ the windows.

f) They ______________ me to the party.

SOLUCIONES

1.- a) 2; **b)** 6; **c)** 1; **d)** 5; **e)** 4; **f)** 3. **2.- a)** doors; **b)** fish; **c)** oranges; **d)** brushes; **e)** potatoes; **f)** women; **g)** rooms; **h)** feet; **i)** boxes; **j)** walls. **3.- a)** 've / have forgotten; **b)** 's / has lost; **c)** 's / has washed; **d)** 've / have saved; **e)** 's / has broken; **f)** 've / have invited

UNIDAD 30

En esta unidad estudiaremos:

LET'S SPEAK ENGLISH:
a) Funciones del lenguaje.
b) Despedidas.

GRAMÁTICA FÁCIL:
a) El pretérito perfecto (II).
b) Lista de verbos irregulares (II).

Diálogo

Simon visita a Jess y conversan sobre los lugares donde viven.

Simon: Hi, Jess! **Can** I come in?
Jess: Yes, of course you **can**. **Would** you like some coffee?
Simon: Yes, please!

(Jess makes coffee)

Simon: **How long have you lived** here, Jess?
Jess: **For** five years. **Since** I came back from Europe.
Simon: It **must** be a really nice area to live in. Very quiet and green.
Jess: Yes, it's really nice. **I've never lived** anywhere so peaceful.
Simon: Where else **have you lived**?
Jess: **I've lived** in some horrible places, and always in cities. It **has been** very relaxing living here.
Simon: I **can** tell you: living in the city is awful. It's so busy with all the cars and people.
Jess: **Have you ever lived** in the countryside?
Simon: No. I**'ve** always **lived** in the city.
Jess: **Why don't you** move here?
Simon: I **might** move here. I'm considering it. The problem is that I need to have a lot of money to buy a house.
Jess: **How about** renting a house while you save some money? Rents are cheap around here.
Simon: Yes. I **mustn't** spend much money. And this is what I **have done** recently.
Jess: You **should** seriously think about moving here. You would be happier.
Simon: I will do it, I promise.
Jess: And you **can** come and stay when you want a break from the city!
Simon: Thanks a lot, Jess, but **I've got to go** now.
Jess: Okay. It was nice to see you, Simon. **Take care!**
Simon: **Look after yourself**, Jess! Bye-bye!

Diálogo

(traducción)

Simon: *¡Hola, Jess! ¿**Puedo** pasar?*
Jess: *Sí, por supuesto que **puedes**. ¿Quieres un café?*
Simon: *¡Sí, por favor!*

(Jess hace café)

Simon: *¿**Cuánto tiempo has vivido** aquí, Jess?*
Jess: ***Durante** cinco años. **Desde** que volví de Europa.*
Simon: ***Debe** ser una zona realmente bonita para vivir. Muy tranquila y verde.*
Jess: *Sí, es muy bonita. **Nunca he vivido** en un lugar tan apacible.*
Simon: *¿Dónde más **has vivido**?*
Jess: ***He vivido** en algunos lugares horribles, y siempre en ciudades. **Ha sido** muy relajante vivir aquí.*
Simon: *Te lo **puedo** decir: vivir en la ciudad es terrible. Es muy bulliciosa con todos los autos y la gente.*
Jess: *¿**Has vivido alguna vez** en el campo?*
Simon: *No. Siempre **he vivido** en la ciudad.*
Jess: *¿**Por qué no** te mudas aquí?*
Simon: ***Puede que** me mude aquí. Lo estoy pensando. El problema es que necesito tener mucho dinero para comprar una casa.*
Jess: *¿**Qué tal** si alquilas una casa mientras ahorras algo de dinero? Los alquileres están baratos por aquí.*
Simon: *Sí. **No puedo** gastar mucho dinero. Y esto es lo que **he hecho** últimamente.*
Jess: ***Deberías** pensar seriamente en mudarte aquí. Serías más feliz.*
Simon: *Lo haré, lo prometo.*
Jess: *Y **puedes** venir y quedarte cuando quieras un descanso de la ciudad.*
Simon: *Muchas gracias, Jess, pero **tengo que irme** ahora.*
Jess: *De acuerdo. Fue un placer verte, Simon. **¡Cuídate!***
Simon: *¡**Cuídate**, Jess! ¡Adiós!*

US Top Destinations

Los tres lugares más visitados en Estados Unidos son: (1) Times Square en Nueva York, (2) Las Vegas Strip en Las Vegas y (3) el National Mall y Memorial Park de Washington, D.C.

Let's speak English

a Funciones del lenguaje

En este apartado vamos a repasar algunas estructuras, que ya hemos estudiado anteriormente, según su función. Así:

1 *Para expresar habilidad usamos **can** y **could**:*

I **can** skate. / *Sé patinar*

Could they speak English?
¿Sabían hablar inglés?

2 *Para pedir y dar permiso: **may** y **can**.*

May I come in? (formal)
¿Puedo entrar?

Can I come in? (informal)
¿Puedo entrar?

You **can** drive my car.
Puedes manejar mi auto.

3 *Para hacer peticiones: **will, can, would** y **could**.*

Can you tell me the time, please?
¿Puedes decirme la hora, por favor?

Will you close the window, please?
¿Puedes cerrar la ventana, por favor?

Could I use your phone? (formal)
¿Podría usar su teléfono?

Would you do it for me?
¿Lo harías por mí?

4 *Para expresar ofrecimientos o sugerencias: **can, could** y **may**.*

Can I help you? (informal)	*¿Puedo ayudarte?*
May I help you? (formal)	*¿Puedo ayudarle?*
Could I make the meal today? (formal)	*¿Podría hacer yo la comida hoy?*

American people

Con más de 300 millones de habitantes, Estados Unidos es el tercer país más poblado del mundo. Las principales etnias son: blanca (no hispánica) 66%, latina o hispánica 15%, afroamericana 14% y asiatico-americana 5%. Se estima que para 2050 la población latina duplicará su participación, mientas que las dos últimas permanecerán estables.

Let's speak English

5 *Para expresar obligación: **must y have to.***

«**Must**» cuando haya «autoridad» por parte del hablante:

You **must** do what I say.
Tienes que hacer lo que te digo. (El padre al hijo)

«**Have to**» cuando no exista tal «autoridad»:

We **have to** study.
Tenemos que estudiar. (Un estudiante a otro)

6 *Para expresar prohibición: **mustn't y can't.***

You **mustn't** smoke here.
No puede fumar aquí.

You **can't** do that.
No puedes hacer eso.

7 *Para pedir y dar consejos o sugerencias: **should.***

What **should** I do?
¿Qué debería hacer?

Should I study English?
¿Debería estudiar inglés?

8 *Otras estructuras para hacer sugerencias: **how about, what about, why don't we** o **let's.***

How about eating out?
¿Qué tal si salimos a comer?

What about going for a walk after dinner?
¿Qué tal si damos un paseo después de la cena?

Why don't we start a new course?
¿Por qué no empezamos un curso nuevo?

Let's study the list of irregular verbs.
Estudiemos la lista de verbos irregulares.

English

¿Sabías que uno de cada cuatro habitantes del mundo habla el idioma inglés como lengua nativa o aprendida?

Let's speak English

9 Para expresar posibilidad: *may, might y could.*

It **may** rain tomorrow.
Puede que llueva mañana.

He **might** come to the meeting.
Puede que él venga a la reunión.

She **could** win the competition.
Puede que ella gane la competición.
(Ella podría ganar la competición).

10 Para expresar certeza: *must y can't.*

(The phone is ringing)

It **must** be John
Debe ser John.
(Estoy seguro)

(The phone is ringing)

It **can't** be John
No puede ser John.
(Estoy seguro)

b Despedidas – Saying farewell

En distintas unidades hemos aprendido diferentes fórmulas para despedirse, que ahora completamos con algunas más:

I have to go.	*Tengo que irme.*
I've got to go.	*Tengo que irme.*
Take care!	*¡Cuídate!*
Look after yourself!	*¡Cuídate!*
Stay well!	*¡Que vaya bien!*

Gramática fácil

a El pretérito perfecto (II)

En la unidad anterior ya aprendimos la forma afirmativa del pretérito perfecto. A continuación, veremos cómo se expresan las negaciones y las preguntas.

1 *Para las negaciones, se utilizan **«haven't»** o **«hasn't»** y el **participio** del verbo que usemos:*

Our neighbors **haven't sold** their house.
Nuestros vecinos no han vendido su casa.

He **hasn't spent** his salary.
Él no ha gastado su sueldo.

2 *Para preguntas se colocan **«have»** o **«has»** delante del sujeto:*

What **have** you **done**?
¿Qué has hecho?

Has she **seen** you?
¿Te ha visto ella?

3 *En respuestas cortas:*

Has he won a silver medal?
Yes, he has.
¿Ha ganado él una medalla de plata? Sí.

Have you sent the letter?
No, I haven´t.
¿Has enviado la carta? No, no lo he hecho.

El pretérito perfecto se utiliza:

I *Al hablar de acciones que empezaron en el pasado y aún continúan en el presente:*

I **have worked** for this company since 2004.
He trabajado para esta compañía desde 2004. (Aún trabajo allí)

She **has lived** in Chicago for two years.
Ella lleva dos años viviendo en Chicago. (Ha vivido en Chicago durante dos años, y sigue viviendo allí)

St. Valentine's Day

En Estados Unidos se envían más de 180 millones de tarjetas de San Valentín celebrando el Día de los Enamorados (14 de febrero).

Gramática fácil

II

Al referirnos a una experiencia pasada, sin decir cuándo tuvo lugar:

He **has studied** German.
Él ha estudiado alemán.

I **have seen** the Eiffel tower.
He visto la torre Eiffel.

Si decimos o preguntamos cuándo tuvo lugar la acción, el tiempo ha de cambiar a pasado simple:

I **saw** the Eiffel tower <u>last year</u>.
Vi la torre Eiffel el año pasado.

He **studied** German <u>a long time ago</u>.
Él estudió alemán hace mucho tiempo.

<u>When</u> **did** he **study** German?
¿Cuándo estudió él alemán?

III

Para expresar el resultado de una acción pasada recientemente:

My sister **has broken** her arm.
Mi hermana se ha roto un brazo.
(Por eso lleva una escayola)

Someone **has opened** the door.
Alguien ha abierto la puerta.
(Por eso está abierta)

El pretérito perfecto va muchas veces seguido de «for» o «since», que se usan como respuesta a la pregunta «how long?» (¿cuánto tiempo?):

How long have you lived in Chicago?
¿Cuánto tiempo has vivido en Chicago?

«For» va seguido de un período de tiempo y equivale a «durante»:

I've lived in Chicago **for** <u>five years</u>.
Llevo cinco años viviendo en Chicago.
(He vivido en Chicago durante cinco años)

She has played the guitar **for** <u>two months</u>.
Ella ha tocado la guitarra durante dos meses.

«Since» va seguido de un punto en el tiempo, es decir, de un momento determinado (día, mes, año, etc.) y equivale a «desde»:

I've lived in Chicago **since** <u>2007</u>.
He vivido en Chicago desde 2007.

She has played the guitar **since** <u>January</u>.
Ella ha tocado la guitarra desde enero.

Gramática fácil

Recordemos

For + período de tiempo
Since + momento determinado

They have been on vacation **for** two months.
Han estado de vacaciones durante dos meses.

They have been on vacation **since** last Monday.
Han estado de vacaciones desde el lunes pasado.

He has driven a car **for** many years.
Él ha manejado un auto durante muchos años.

He has driven a car **since** he was eighteen.
Él ha manejado un auto desde que tenía dieciocho años.

Con el pretérito perfecto también usamos «ever» y «never»:

«Ever» equivale a «alguna vez». Se utiliza en preguntas y se coloca delante del participio:

Has she **ever** been to the USA?
¿Ha estado ella alguna vez en los EEUU?

Have you **ever** done a crossword?
¿Has hecho alguna vez un crucigrama?

«Never» equivale a «nunca». Se usa en frases afirmativas (el verbo no lleva negación) y se coloca entre «have»/«has» y el participio:

They have **never** been to Brazil
Ellos nunca han estado en Brasil.

Have you **ever** eaten sushi?
No, I have **never** eaten sushi.
¿Has comido sushi alguna vez?
No, nunca he comido sushi.

Has he **ever** won a prize?
No, he has **never** won a prize
¿Ha ganado él un premio alguna vez?
No, él nunca ha ganado un premio

b Lista de verbos irregulares (II)

verbos irregulares,
con sus formas de pasado y de participio.

Infinitivo	Pasado	Participio	
to be	was / were	been	*(ser, estar)*
to break	broke	broken	*(romper)*
to bring	brought	brought	*(traer)*
to buy	bought	bought	*(comprar)*
to come	came	come	*(venir)*
to do	did	done	*(hacer)*
to drink	drank	drunk	*(beber)*
to drive	drove	driven	*(manejar)*
to eat	ate	eaten	*(comer)*
to fall	fell	fallen	*(caer)*
to feel	felt	felt	*(sentir)*
to find	found	found	*(encontrar)*
to forget	forgot	forgotten	*(olvidar)*
to get	got	got / gotten	*(conseguir, obtener, llegar)*
to go	went	gone	*(ir)*
to have	had	had	*(tener, haber, tomar)*
to know	knew	known	*(conocer)*
to lose	lost	lost	*(perder)*
to make	made	made	*(hacer, fabricar)*
to meet	met	met	*(conocer, reunir)*
to pay	paid	paid	*(pagar)*
to put	put	put	*(poner)*
to run	ran	run	*(correr)*
to say	said	said	*(decir)*
to see	saw	seen	*(ver)*
to sell	sold	sold	*(vender)*
to sent	sent	sent	*(enviar)*
to speak	spoke	spoken	*(hablar)*
to spend	spent	spent	*(gastar, pasar [tiempo])*
to steal	stole	stolen	*(robar)*
to take	took	taken	*(llevar, tomar)*
to tell	told	told	*(decir)*
to think	thought	thought	*(pensar)*
to understand	understood	understood	*(comprender)*
to win	won	won	*(ganar)*
to write	wrote	written	*(escribir)*

Gramática fácil

Best jobs

Algunos de los empleos mejor retribuidos del momento son: Securities Trader, Anesthesiologist, Physician/Ob-Gyn, Psychiatrist e Insurance Broker. Mientras que los que registran mayor crecimiento en los últimos años son Telecommunications Network Engineer, Systems Engineer, Personal Financial Advisor, Veterinarian y Senior Financial Analyst.

Ejercicios

1

Ordena las palabras para formar frases correctas.

a) I the haven't brought dictionary.

b) many we poems written haven't.

c) my hasn't mother bought new a dress.

d) haven't late you arrived.

e) found she her wallet hasn't.

2

Completa las siguientes oraciones con «for» o «since».

a) We haven't seen him _____ three weeks.

b) She hasn't been here ______ last week.

c) We have done one exercise _____ 7 o'clock.

d) He's had his car ______ five years.

e) Have you lived in this house ________ many years?

3

Forma la pregunta completa usando el pretérito perfecto.

a) (you/ever/be/to Los Angeles?)

____

b) (he/read/any novels in English?)

____

c) (they/ever/visit/New York)?

____

d) (you/ever/speak to a famous person?)

____

e) (she/live/in this town all her life?)

____

4

Completa el crucigrama con los participios de los verbos siguientes: *make, steal, pay, win, meet, do.*

W
A
N
T
E
D

SOLUCIONES

1.- **a)** I haven't brought the dictionary; **b)** We haven't written many poems; **c)** My mother hasn't bought a new dress; **d)** You haven't arrived late; **e)** She hasn't found her wallet.

2.- **a)** for; **b)** since; **c)** since; **d)** for; **e)** for.

3.- **a)** Have you ever been to Los Angeles?; **b)** Has he read any novels in English?; **c)** Have they ever visited New York?; **d)** Have you ever spoken to a famous person?; **e)** Has she lived in this town all her life?

4.- **W I N, P A I D, D O N E, S T O L E N, M E T, M A D E.**

APRENDE INGLÉS

LIBRO 7

Units 31 to 35

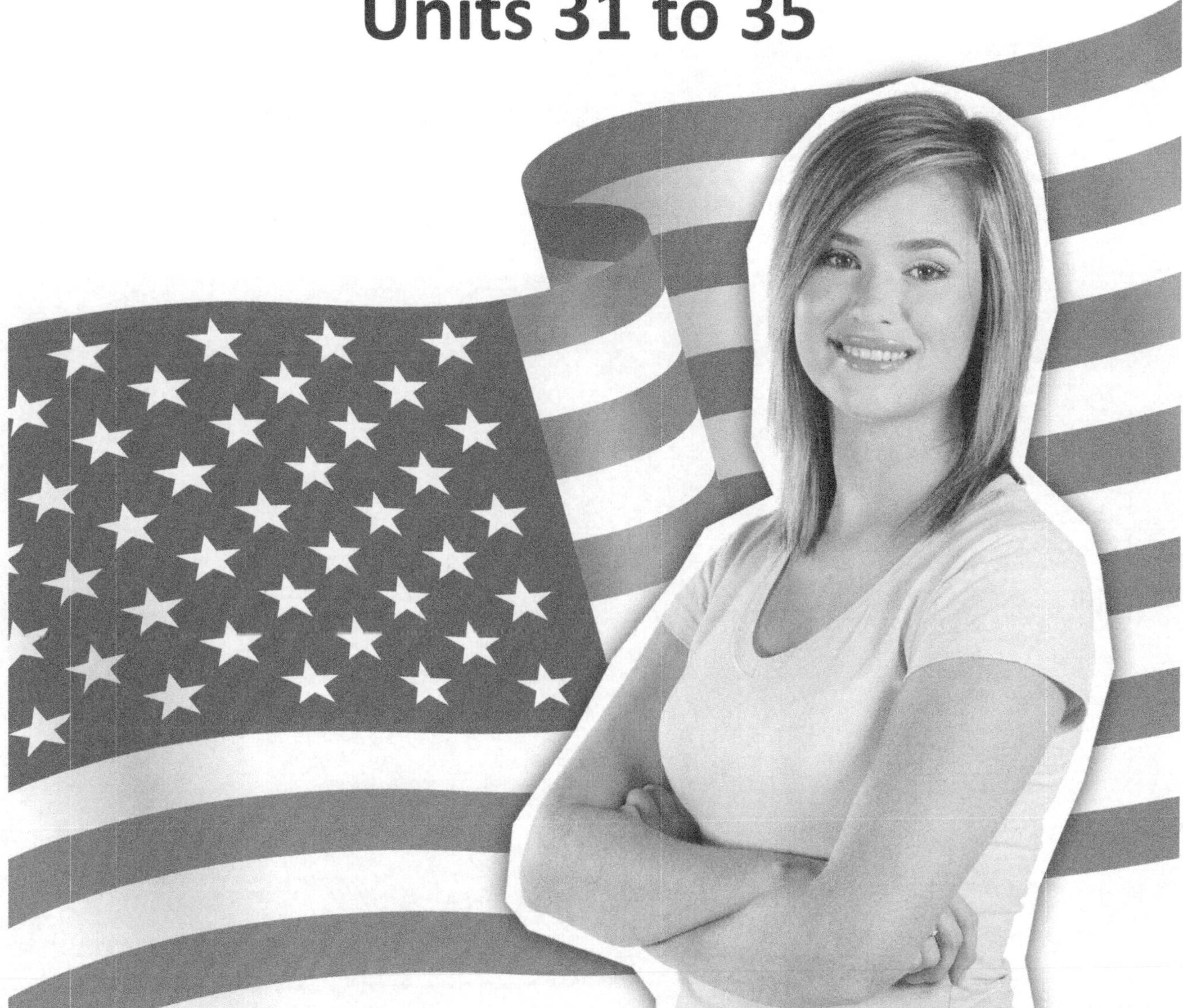

ADVANCED UNIT 31

En esta unidad estudiaremos:

DIALOGUES: *MEETING CO-WORKERS / Conociendo a los compañeros de trabajo*

LET'S SPEAK ENGLISH

VERBS AND MULTI-WORD VERBS: *GO – GET – SHOW - COUNT*

EXPANDING YOUR VOCABULARY: *GOING SHOPPING / Ir de compras*

Diálogo

Es el primer día de trabajo de Alyson Miranda en Stacey's Department Store. Esteban Páez le muestra el lugar y le presenta a algunos compañeros de trabajo.

Esteban: **Excuse me**, are you Alyson Miranda?
Alyson: Yes, I am.
Esteban: My name's Esteban Páez. **Welcome to** Stacey's Department Store.
Alyson: Thank you very much. **I'm very happy to** start working here.
Esteban: The Women's Shoes Department Manager is having a meeting right now, so I'll **show** you **around** the store. Are you ready for a guided tour?
Alyson: **Sure.** Let's go!
Esteban: This is the Home Appliances Department. I'm a sales employee, and I started working here 10 years ago. The Electronics and Computer Department is over here, and the Movies, Music and Games Department is right there.
Alyson: **Wow**, this is a big store!
Esteban: Yes, and this is just the first floor! Let's go up to the second floor. Here we are. That's the Women's Shoe Department over there, where you'll start today.
Tom: **Oh, how nice!**
Esteban: Hi, Tom. This is Alyson Miranda. It's her first day at work.
Tom: Hello, Alyson! **Welcome to** Stacey's. **My name's** Thomas Roberts, **but everybody calls me** Tom.
Alyson: Nice to meet you, Tom.
Tom: Nice to meet you too. I'm the Men's Clothing Department Manager. What's your Department?
Alyson: Oh, you're a manager... that's an important job! I'm a sales employee at the Women's Shoes Department.
Tom: That's great! It's right over there. Are you happy to start working here?
Alyson: Yes, of course, I'm very happy and, besides, it's very near my house.
Tom: Oh, yeah? Where do you live?
Alyson: I live near Southside Park.
Tom: I live very near the park too! **What a small world!**
Alyson: **I can't believe it.** It is a small world. I live with my parents and my son, Charlie. He's 4.
Tom: **Who would've guessed that**! So young and yet you have a child!
Alyson: Well, tomorrow's my 22nd birthday.
Tom: **You're kidding!** Tomorrow's my birthday too! We could **get together** and celebrate both birthdays after work. Then you can meet some of your co-workers.
Alyson: **That's a great idea**! Thank you very much for inviting me.
Tom: Esteban, are you coming with us tomorrow?
Esteban: Of course. **Count** me **in**!
Tom: Great! So see you both tomorrow at six o'clock at Nick's Steakhouse. Esteban, could you tell Alyson how to get there? I've got to **get back** to work now. **I'm having one of those days** today. Bye!
E, A: Bye!
Esteban: O.K, let's **go on** with our tour!

Diálogo

(traducción)

Esteban: *Disculpa, ¿tú eres Alyson Miranda?*
Alyson: *Sí.*
Esteban: *Mi nombre es Esteban Páez.* ***Bienvenida a*** *Stacey's Department Store.*
Alyson: *Muchas gracias.* ***Estoy muy feliz*** *de comenzar a trabajar aquí.*
Esteban: *El gerente del Departamento de Calzado para Damas está en una reunión en este momento, así que yo te* ***mostraré*** *la tienda. ¿Estás lista para una visita guiada?*
Alyson: ***Sí, claro.*** *¡Empecemos!*
Esteban: *Éste es el Departamento de Electrodomésticos. Yo soy vendedor y comencé a trabajar aquí hace 10 años. El Departamento de Artículos Electrónicos y Computadoras está aquí, y el Departamento de Películas, Música y Juegos está allá.*
Alyson: *¡**Guau**, esta es una tienda enorme!*
Esteban: ***Sí***, *y éste es solo el primer piso. Subamos al segundo piso. Aquí estamos. Aquel es el Departamento de Calzado para Damas, donde hoy comienzas a trabajar.*
Alyson: *¡**Qué lindo** lugar!*
Esteban: *¡Hola, Tom! Te presento a Alyson Miranda. Hoy es su primer día de trabajo.*
Tom: *¡Hola, Alyson!* ***Bienvenida a*** *Stacey's.* ***Mi nombre*** *es Thomas Roberts,* ***pero todos me llaman*** *Tom.*
Alyson: *Encantada de conocerte, Tom.*
Tom: *Encantado de conocerte también. Soy el Gerente del Departamento de Ropa para Hombres. ¿Cuál es tu Departamento?*
Alyson: *Ah, eres gerente ... ¡Ése es un trabajo importante! Yo soy vendedora en el Departamento de Calzado para Damas.*
Tom: *¡Qué bueno! Está justo ahí. ¿Estás contenta de empezar a trabajar aquí?*
Alyson: *Sí, claro, estoy muy contenta y además está muy cerca de mi casa.*
Tom: *Ah, ¿sí? ¿Dónde vives?*
Alyson: *Vivo cerca de Southside Park.*
Tom: *¡Yo vivo muy cerca del parque también!* ***¡Qué pequeño es el mundo!***
Alyson: ***¡No puedo creerlo!*** *Sí que es pequeño el mundo. Vivo con mis padres y mi hijo, Charlie. Él tiene 4 años.*
Tom: ***¡Quién lo hubiera dicho!*** *Tan joven y ya tienes un hijo.*
Alyson: *Bueno, mañana cumplo 22 años.*
Tom: ***¡Estás bromeando!*** *¡Mañana es mi cumpleaños también! Podríamos* ***juntarnos*** *y celebrar los dos cumpleaños después del trabajo. Así puedes conocer a algunos de tu compañeros de trabajo.*
Alyson: ***¡Es una muy buena idea!*** *Muchas gracias por invitarme.*
Tom: *Esteban, ¿vienes con nosotros mañana?*
Esteban: *Por supuesto.* ***¡Cuenten conmigo!***
Tom: *¡Fantástico! Entonces los veo a los dos mañana a las 6 en Nick´s Steakhouse. Esteban, ¿podrías indicarle a Alyson como llegar allí? Tengo que* ***volver*** *al trabajo ahora.* ***Hoy tengo un día de esos.*** *¡Hasta luego!*
E, A: *¡Hasta luego!*
Esteban: *Bien,* ***sigamos*** *con la visita.*

At your feet

William Jay "Bill" Bowerman (1911 – 1999) fue un famoso entrenador de atletismo norteamericano y cofundador de Nike Inc. Su desarrollo de calzado especializado para corredores se destacó en el modelo "Cortez" (1968), un icono de la marca.

Hablemos inglés

Let's speak English

1 ***Excuse me!***

Usamos esta expresión para llamar la atención de alguien:

Excuse me, is this your umbrella?
Disculpe, *¿es éste su paraguas?*

Excuse me, this way please!
Disculpen, *¡por aquí por favor!*

2 *Cuando queremos* ***dar la bienvenida*** *a alguien, usamos el verbo* ***«Welcome»:***

Welcome to the United States!
*¡**Bienvenidos** a los Estados Unidos!*

Welcome to the show!
*¡**Bienvenidos** al show!*

Welcome home!
*¡**Bienvenida** a casa!*

3 *Para expresar* ***satisfacción:***

I'm very / **I'm really** / **I'm so**	happy to be here.
Estoy tan / *Estoy muy* / *Estoy realmente*	*feliz de estar aquí.*
I'm glad / **It's good**	to be here.
Estoy contento de / *Es bueno*	*estar aquí.*

Fíjate en la siguiente expresión:

Welcome to the club!

Se usa cuando ya has tenido o estás viviendo la experiencia o situación que alguien te está contando:

-I have to go on a diet. / *Tengo que empezar una dieta.*
-**Welcome to the club!**
¡Bienvenido al club! (Nosotros/Yo también).

Let's speak English

NY Botanical Garden

EL jardín botánico de Nueva York es uno de los mas antiguos de los Estados Unidos. Está situado en el Bronx y tiene una extensión de un kilómetro cuadrado. Alberga 48 jardines y diferentes colecciones de plantas. Fue declarado patrimonio histórico 1967.

4

*Cuando quieres que **te llamen de una determinada manera**, puedes decir:*

My name is Teresa, **but everybody calls / you can call me** Tess.

*Mi nombre es Teresa, **pero todos me llaman / pero puedes llamarme** Tess.*

5

*Para expresar **sorpresa, agrado o disgusto**, puedes decir:*

How beautiful!
¡Qué hermoso!

How terrible!
¡Qué terrible!

6

*Estas expresiones también se usan para mostrar **sorpresa**:*

Sharon's getting married.
I can't believe it!
¡No puedo creerlo!

I saw my neighbor at the doctor's!
What a small world!
¡Qué pequeño es el mundo!

She lost 65 pounds!
You're kidding!
¡Estás bromeando!

Who would've guessed that!
¡Quién lo hubiera dicho!

He bought a BMW.
Wow! / *¡Guau!*

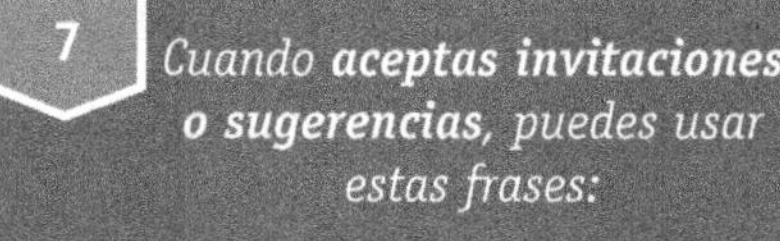

7

*Cuando **aceptas invitaciones o sugerencias**, puedes usar estas frases:*

Let's go skating in the park!
That's a great idea!
Es una gran idea

Sounds great! / Sounds good!
¡Suena bien!

Would you like to come to my birthday party?
I'd love to! / *Me encantaría*

8

*Cuando tienes **un día complicado**, puedes decir:*

One of those days!
Hoy es uno de esos días.
Hoy tengo un día complicado.

Verbos y verbos compuestos

Veamos los significados de los siguientes verbos:

Verbs and multi-word verbs

Go (went/gone):

-Ir. Ethan **went** to the movies yesterday.
*Ethan **fue** al cine ayer.*

Get (got/gotten):

-Comprar. She **got** another pair of shoes.
*Ella se **compró** otro par de zapatos.*

-Conseguir. I couldn't **get** an interview.
*No pude **conseguir** una entrevista.*

-Llegar. Jenny **got** home at 9 yesterday.
*Jenny **llegó** a casa a las 9 ayer.*

- Estar transformándose algo/alguien (+adjetivo). It's **getting** dark. / *Está oscureciendo.*
I'm **getting** tired. / *Me estoy cansando.*

Show (showed/shown):

-Mostrar. I'll **show** you my new car.
*Te **mostraré** mi nuevo automóvil.*

Count (counted/counted):

-Contar. He's learning to **count.** / *Está aprendiendo a **contar.***

Verbs and multi-word verbs

A continuación estudiaremos verbos compuestos con los anteriores:

Count

Count in: *Contar con (incluir a alguien en una actividad).*

You can **count** me **in** for the party.
*Pueden **contar con**migo para la fiesta.*

Count on: *Contar con, confiar.*

You can **count on** me, I'm your friend.
*Puedes **contar con**migo, soy tu amigo.*

Show

Show around: *mostrar un lugar.*

Let me **show** you **around** the office.
*Permíteme **mostrarte** la oficina.*

Show up: *llegar a donde te esperan, aparecer.*

He didn't **show up** for the party.
*No **apareció** en la fiesta.*

Show off: *jactarse, hacer alarde.*

She's a good student, but she's always **showing off** in front of everybody.
*Es una buena estudiante, pero siempre **se jacta** delante de todos.*

Go

Go away: *Irse de un lugar.*

Go away, I'm busy!
*¡**Vete**, estoy ocupada!*

Go back: *Regresar a un lugar que ya se conoce.*

He **went back** to his old school.
***Regresó** a su antigua escuela.*

Go off: *Sonar (la alarma de un reloj despertador).*

My alarm clock didn't **go off** today.
*Mi despertador no **sonó** hoy.*

Go out: *Salir.*

Would you like to **go out** for dinner?
*¿Te gustaría **salir** a cenar?*

Go on: *Continuar, seguir.*

We couldn't **go on** talking.
*No pudimos **seguir** hablando.*

-Suceder.

What's **going on** here?
*¿Qué **sucede** aquí?*

Go up: *Aumentar, subir.*

Prices have **gone up**.
*Los precios han **aumentado**.*

Go down: *Disminuir, bajar.*

The rents have **gone down**.
*Los alquileres han **bajado**.*

Billy Preston

William Everett Preston (1946 - 2006) fue un músico de soul estadounidense que trabajó junto a The Beatles, The Rolling Stones, Ray Charles, Elton John, Eric Clapton, Bob Dylan y Aretha Franklin, entre otros. Por su participación en el álbum «Let it be» fue conocido como «el quinto Beatle».

Learning tips

Escucha todo el tiempo que puedas música en inglés y trata de entender y memorizar las letras de las canciones. Busca dichas las letras en los discos o en internet, imprímelas o escríbelas en un cuaderno e intenta averiguar el significado de las palabras. Finalmente, usa estas palabras o frases en conversaciones diarias. Te divertirás al mismo tiempo que aprendes nuevo vocabulario.

Verbs and multi-word verbs

Get

Get along with:
Llevarse (bien o mal) con alguien.

I don't **get along** very well **with** my new neighbor.
*No **me llevo** muy bien **con** mi nuevo vecino.*

Get back: *Regresar*

We **got back** to the hotel at 11 p.m.
***Regresamos** al hotel a las 11 p.m.*

Get in: *Entrar/subir a un automóvil.*

Get in the car! It's raining!
*¡**Entra** al auto! ¡Está lloviendo!*

Get out of:
Salir/bajar de un automóvil.

He **got out of** the car and started running.
*Se **bajó** del automóvil y comenzó a correr.*

Get on: *Subir a (tren, autobús, avión, etc.).*

The children are **getting on** the bus.
*Los niños están **subiendo** al autobús.*

Get off: *Bajar de (tren, autobús, avión, etc.).*

When he **got off** the train he looked tired.
*Cuando se **bajó** del tren se veía cansado.*

Get together: *Encontrarse, reunirse.*

Let's **get together** and celebrate!
***Juntémonos** a celebrar.*

Get up: *Levantarse de la cama*

I usually **get up** at 7:30.
*Generalmente **me levanto** a las 7.30.*

Get by: *Arreglárselas*

I don't know how they **get by** with three kids.
*No sé cómo **se las arreglan** con tres niños.*

Get to: *Llegar*

He didn't **get to** school on time.
*No **llegó a** la escuela a tiempo.*

Going Shopping / Ir de Compras

Cuando tienes que ir de compras, puedes ir a alguno de estos lugares:

Stores o shops:

Son tiendas que venden mercadería directamente al público y se encuentran ubicadas, por lo general, en la calle principal o **main street.**

Convenience Stores:

Son tiendas que se encuentran ubicadas en calles comerciales y **gas stations** (gasolineras). Venden, entre otras mercaderías, **beer** (cerveza), **comidas rápidas** (fast food), **candies** (golosinas), **ice-cream** (helados), **soft drinks** (refrescos), **cigarettes** (cigarrillos), **newspapers and magazines** (diarios y revistas), **lottery tickets** (billetes de lotería), **toiletries** (artículos de tocador), etc. Se encuentran generalmente abiertas las 24 horas y sus precios son más caros que en los supermercados. También se las llama **mini-marts (mini markets).**

Discount Stores:

Son tiendas que ofrecen mercaderías con descuentos.

Drugstores:

En estos lugares encontrarás una **pharmacy** (farmacia) donde podrás comprar **medicines** (medicamentos). También se pueden comprar **toys** (juguetes), **electronic products** (artículos electrónicos), **office supplies** (artículos de oficina), **auto accesories** (accesorios para el automóvil), **school supplies** (artículos escolares), **kitchen appliances** (electrodomésticos), etc.

Departament Store

Lord & Taylor, con sede en la ciudad de Nueva York, es la tienda departamental de lujo más antigua de los Estados Unidos. Samuel Lord y George Washington Taylor fundaron la compañía en 1826 y fue la primera gran tienda de la Quinta Avenida.

Life in the US

Si no sabemos pronunciar muy bien una palabra en inglés, no importa, los estadounidenses lo aceptan y no se sorprenden por tu acento; por lo tanto, no tengas vergüenza de lanzarte a hablar inglés. En los EE UU, a diferencia de otros países, se acepta que las personas extranjeras no pronuncien bien su idioma. Esto ocurre porque EE UU es un país de inmigrantes, donde se tiene tolerancia con todos los acentos y formas de pronunciar. ¡Aprovéchalo y ponte a hablar sin complejos!

Thrift Stores:
Son tiendas donde se consigue mercadería de segunda mano a precios muy ventajosos.

Outlet Malls/Centers:
Son centros de venta en los que los fabricantes venden sus productos directamente al público. Están ubicados en las afueras de las grandes ciudades y en ellos se puede conseguir ropa, calzado deportivo, aparatos eléctricos, cosméticos y juguetes a muy buen precio.

Supermarket:
Supermercado.

Shopping Centers:
Son amplios centros de compras donde puedes encontrar tiendas de las principales marcas, además de restaurantes, parqueos y salas de cine. También los verás con estos nombres: **plaza, mall, center, shopping mall.**

Department Stores:
Son grandes tiendas divididas en diferentes departamentos donde se puede comprar toda clase de mercaderías. Algunos de los departamentos típicos que encontrarás son: **Appliances** (electrodomésticos), **Clothing** (ropa), **Baby** (artículos para bebés), **Tools** (herramientas), **Jewelry & Watches** (joyas y relojes), etc.

Let's practice

A

Elige la frase verbal que tenga el mismo significado que la expresión en negrita:

1) Josh is **having a better relationship with** his co-workers now.
   - **a**-getting along with
   - **b**-getting together
   - **c**-getting off

2) My alarm clock didn't **sound** this morning, so I arrived at the office one hour late.
   - **a**-go on
   - **b**-go off
   - **c**-go out

3) Let's **exit** the car and walk to the river.
   - **a**-get off
   - **b**-get out of
   - **c**-show around

4) Jason is a very good person; you can always **trust him** when you need to.
   - **a**-count him in
   - **b**-count on him
   - **c**-count

5) I really don't know what's **happening to** her.
   - **a**-going on with
   - **b**-going down
   - **c**-counting in

6) I've never **returned** to Paris.
   - **a**-gone away
   - **b**-shown around
   - **c**-gone back

7) I have **to arrive at** the school by 4:00 p.m.
   - **a**-get by
   - **b**-get on
   - **c**-get to

B

¿Cuál es la mejor respuesta para las siguientes situaciones?

1) Tom: I live near the park too!
   ______________________.
   Alyson:
   - **a**-That's a good idea!
   - **b**-What a small world!
   - **c**- Sure!

2) ______________, I think that's my umbrella.
   - **a**-How nice!
   - **b**-Excuse me
   - **c**-I can't believe it!

3) Tom: I stopped smoking!
   Josh: Me too. __________.
   - **a**-Are you ready?
   - **b**-That's a great idea!
   - **c**-Welcome to the club!

4) My boss shouted at me, my girlfriend doesn't speak to me and now, I lost my wallet! ______________.
   - **a**-I'm having one of those days!
   - **b**-What a small world!
   - **c**-That's a great idea!

5) If you need to buy some medicine, you can go to a ______________.
   - **a**-drugstore
   - **b**-thrift store
   - **c**-shopping center

6) ________________ are generally open 24 hours.
   - **a**-Discount stores
   - **b**-Convenience stores
   - **c**-Outlet malls

SOLUCIONES

A. 1-a, 2-b, 3-b, 4-b, 5-a, 6-c, 7-c. B. 1-b, 2-b, 3-c, 4-a, 5-a, 6-b.

ADVANCED UNIT 32

En esta unidad estudiaremos:

DIALOGUES: *HAPPY BIRTHDAY! / ¡Feliz cumpleaños!*

LET'S SPEAK ENGLISH

VERBS AND MULTI-WORD VERBS: *PICK – BREAK - COME*

EXPANDING YOUR VOCABULARY: *EATING OUT / Salir a comer*

Diálogo

Tom y Alyson festejan sus cumpleaños en un restaurante, junto con Esteban y otros compañeros de trabajo. Tom presenta a su novia Barbara.

Alyson: Hi, Tom! Happy birthday!

Tom: Hi, Alyson!! Happy birthday to you too! **Let's** celebrate!

Alyson: **What a** great place you've **picked out!** And the music, I love country music!

Tom: Alyson, this is Barbara, my girlfriend. She works at Stacey's too.

Alyson: Oh, hi Barbara! Nice to meet you.

Barbara: Hi! Are you new at the store? I've never seen you there...

Alyson: Yes, today was my second day at work and I'm very tired.

Barbara: Which department do you work in?

Alyson: I work in the Women's Shoe Department as a sales employee. **How about you**?

Barbara: I work in the best Department: Cosmetics.

Esteban: **I'm starving**. Do you want to **have a bite to eat?**

Tom: Yeah, some beer, steak and salad sounds good to me.

Alyson: For me too, but I'd prefer a coke.

Barbara: Oh, no! Please, Tom, you know I hate steak. Let me see... I'll have the lobster, please. And a glass of white wine. So, Alice, do you **come from** El Salvador, like Esteban?

Tom: Her name's Alyson, babe...

Alyson: That's OK ... No, I **was born** here but my parents are Mexican.

Barbara: Do your parents live in Mexico?

Alyson: No, they don't. They live here with me. I'll show you some photos of my family. Here they are. These are my parents, and this is my son.

Barbara: Oh, nice, ...and your... husband?

Alyson: No, er... I never **got married**. I **broke up** with Charlie's father before he **was born**, and I never saw him again. Since then, I've had to **get by on my own.** But my parents always **lend** me **a hand**, and I try to **make the best** of things.

Barbara: Oh! **I'm sorry to hear that**. I wouldn't like **to be in your shoes**!

Tom: Barbara, please...

Alyson: I don't complain. I have a happy life with the people I love and I have a new job. That's enough for me.

Tom: Look, guys, our meal is ready and it smells delicious!

Diálogo

(traducción)

Baby Shower

Un «baby shower» es una reunión en la que los padres reciben obsequios para su hijo esperado o ya nacido. Tiene como fin ayudarlos con lo que necesitarán para su niño (ropa, biberones, cuna, etc.). Es una tradición popular en Estados Unidos, donde se celebra entre mujeres.

Alyson: Hola, Tom. ¡Feliz cumpleaños!

Tom: Hola, Alyson. ¡Feliz cumpleaños para ti también! ¡**Vamos a** celebrar!

Alyson: ¡**Qué** buen lugar **elegiste!** Y la música, ¡me encanta la música country!

Tom: Alyson, te presento a Barbara, mi novia. Ella trabaja en Stacey's también.

Alyson: ¡Ah, hola Barbara! Encantada de conocerte.

Barbara: ¡Hola! ¿Eres nueva en la tienda? Nunca te he visto allí...

Alyson: Sí, hoy fue mi segundo día de trabajo y estoy muy cansada.

Barbara: ¿En qué departamento trabajas?

Alyson: Trabajo en el Departamento de Calzado para Damas como vendedora. ¿**Y tú**?

Barbara: Yo trabajo en el mejor departamento: Cosméticos.

Esteban: **Me estoy muriendo de hambre**. ¿Quieren que **comamos algo**?

Tom: Sí, un poco de cerveza, un filete y una ensalada me parece bien.

Alyson: Para mí también, pero preferiría un refresco de cola.

Barbara: ¡Ah, no! Por favor, Tom, tú sabes que odio los filetes. A ver... Voy a comer la langosta, por favor. Y un vaso de vino blanco. Entonces, Alice, ¿**vienes de** El Salvador, como Esteban?

Tom: Se llama Alyson, cariño...

Alyson: No hay problema. No, yo **nací** aquí, pero mis padres son mexicanos.

Barbara: ¿Tus padres viven en México?

Alyson: No, ellos viven aquí conmigo. Les mostraré algunas fotos de mi familia. Aquí están. Estos son mis padres y éste es mi hijo.

Barbara: Ah, qué bien,... ¿y tu... marido?

Alyson: No, eh... Yo nunca **me casé**. **Terminé mi relación** con el padre de Charlie antes de que él **naciera**, y nunca volví a verlo. Desde ese momento, he tenido que **arreglármelas por mí misma**. Pero mis padres siempre me **echan una mano**, y yo trato de **tener una actitud positiva**.

Barbara: **Lo lamento**. No me gustaría **estar en tu lugar**.

Tom: Barbara, por favor...

Alyson: No me quejo. Tengo una vida feliz con la gente que quiero, y tengo un nuevo trabajo. Esto es suficiente para mí.

Tom: Miren, ¡nuestra comida está lista y huele muy bien!

Hablemos inglés

Let's speak English

1 *Cuando queremos **sugerir algo**, podemos usar las expresiones siguientes:*

Let's celebrate!
*¡**Vamos** a celebrar!*

Why don't we watch a movie?
*¿**Por qué no** miramos una película?*

Why not get some pizzas?
*¿**Por qué no** pedimos unas pizzas?*

Maybe we **could** invite her.
*Quizás **podríamos** invitarla.*

How about inviting Tom?
*¿**Qué tal si** invitamos a Tom?*

2 *Esta última expresión también puede usarse para preguntarle a alguien lo mismo que te ha preguntado a ti. En este caso es equivalente a **«And you?»**:*

- Where do you work?
- ¿Dónde trabajas?

- At Stacey's. **How about you?/And you?**
*- En Stacey's. **¿Y tú?***

- At Smith & Jones.
- En Smith & Jones.

3 *Cuando quieres **expresar agrado o sorpresa**, puedes decir:*

What a lovely place!
*¡**Qué** lugar tan bonito!*

What beautiful girls!
*¡**Qué** muchachas tan hermosas!*

4 *Para reaccionar ante una noticia negativa, podemos usar:*

I'm sorry to hear that!
¡Lo lamento! / ¡Lo siento!

That's too bad! / *¡Es terrible!*

- I lost my dog! / *Perdí a mi perro*
- I'm sorry to hear that!
¡Lo siento!

Let's speak English

8 *La expresión «**get married**» significa «casarse»:*

I **got married** three years ago.
*Me **casé** hace tres años.*

*Mientras que «**be married**» significa «estar casado»:*

Are you **married**?
*¿**Estás casado**?*

5 *Cuando quieres decirle a alguien que **no se preocupe**, puedes usar estas expresiones:*

Don't worry! *No te preocupes.*

Never mind! *No importa.*

That's OK. *Está bien.*

- I forgot to bring you the books!
- *¡Me olvidé de traerte los libros!*
- **Don't worry.** I'm not going to study this weekend.
- ***No te preocupes.** No voy a estudiar este fin de semana.*

6 *Cuando tienes **hambre o sed**, puedes expresarlo de esta manera:*

I'm hungry! / *¡Tengo hambre!*

I'm starving!
¡Me estoy muriendo de hambre!

I'm thirsty! / *¡Tengo sed!*

7 *Fíjate en el significado de estas expresiones:*

I try to **make the best of things.**
*Trato de **tener una actitud positiva.***

I wouldn't like **to be in your shoes**!
*¡No me gustaría **estar en tu lugar**!*

My parents always **lend/give** me **a hand.**
*Mis padres siempre me **echan una mano.***

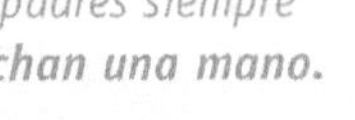

9 *Cuando quieres decir que has hecho algo **por tus propios medios o solo, sin ayuda,** puedes usar:*

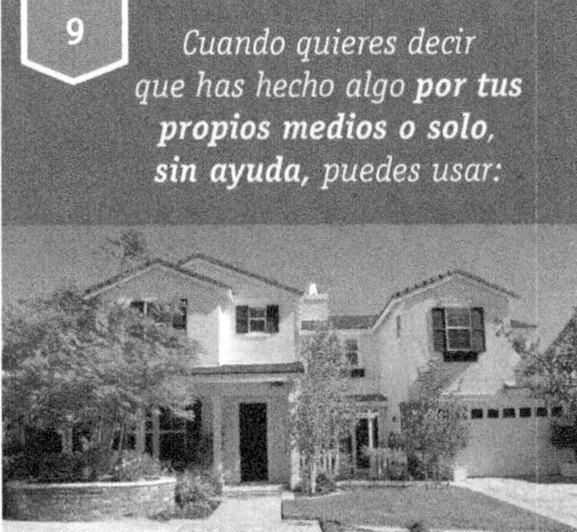

I built this house **on my own.**
*Construí esta casa **yo solo/sin ayuda.***

I did the whole exercise **by myself.**
*Hice todo el ejercicio **por mí misma.***

10 *Fíjate como se forma el verbo «nacer»:*
***To be + born.** Se usa la mayoría de las veces en **simple past**:*

I **was born** in a small town.
***Nací** en una ciudad pequeña.*

They **were born** on the same day.
*Ellos **nacieron** el mismo día.*

"Don't worry, be happy"

Se trata de una canción humorística del compositor de jazz Bobby McFerrin, la primera canción a capella en llegar al número uno en la lista de los "Billboard Hot 100" en los Estados Unidos. El título fue tomado de una famosa frase de Meher Baba.

Verbs and multi-word verbs

Verbos y verbos compuestos

Veamos los significados de los siguientes verbos:

Pick (picked/picked):

- Elegir. **Pick** a watch and I'll buy it for you.
  Elige *un reloj y te lo compraré*

Break (broke/broken):

- Romper. I **broke** my new glasses!
  Rompí *mis anteojos nuevos*

- Quebrar (partes del cuerpo) She **broke** her arm in the accident.
  Se ***quebró*** *el brazo en un accidente*

Come (came/come):

- Venir, ir junto. Are you **coming** with us?
  *¿****Vienes*** *con nosotros?*

- Ir hacia donde está la persona con la que hablas. I could **come** and talk to you.
  Podría ***ir*** *(adonde estás) y conversar contigo*

- Venir, existir. These shoes only **come** in black.
  Estos zapatos solo ***vienen*** *en negro*

Learning tips

Ver la televisión y escuchar la radio en inglés te permitirá ganar vocabulario y comprensión del idioma. Además, te hará más fácil aprender la pronunciación y el uso de las expresiones más comunes. Puede que al principio no comprendas todo lo que dicen, pero sin darte cuenta verás cómo cada día entiendes más.

Verbs and multi-word verbs

Break dance

También conocida como «B-boying», es una danza urbana que forma parte de la cultura «hip hop», que surgió en las comunidades afroamericanas de los barrios neoyorkinos como el Bronx y Brooklyn en los años 70. Combina movimientos aeróbicos y rítmicos, influenciados por bailes aborígenes, artes marciales y gimnasia.

Pick

Pick out: *Elegir, seleccionar.*

He **picked out** a big ring for her.
Eligió *un anillo grande para ella.*

Pick up:
-Recoger algo del piso, mesa, etc.

Please, **pick up** the towels from the bathroom floor.
Por favor recoge las toallas del piso del baño.

-Pasar a buscar a alguien o algo.

I have to **pick** my son **up** from school at 5.
Tengo que pasar a buscar a mi hijo de la escuela a las 5.

Break

Break down: *Romperse, averiarse (una máquina, un automóvil, etc.).*

My computer **broke down** and I couldn't finish my work!
*Mi computadora **se averió** y no pude terminar el trabajo.*

Break up: *Romper una relación.*

They **broke up** when she moved.
*Ellos **terminaron su relación** cuando ella se mudó.*

A continuación estudiaremos verbos compuestos con los anteriores:

Come

Come from: *Venir de un lugar (ciudad, país, región).*

We **come from** Venezuela.
Venimos *de Venezuela.*

Come on:
-Pedirle a alguien que se apure.

Come on! We're leaving in 5 minutes.
¡Vamos! ¡Apúrate! *Salimos en 5 minutos.*

-Expresar enojo o descreimiento:

You won the lottery? **Come on**!
¿Tú ganaste la lotería?
¡Vamos! *(¡No es cierto!).*

Come back: *Regresar*

Come back soon!
*¡**Regresa** pronto!*

Come up with: *Sugerir*

He **came up with** a great idea.
Sugirió *una idea muy buena.*

Eating out / Salir a comer

Expanding your vocabulary

Restaurants:
Existen diferentes tipos de **restaurants** (restaurantes), desde los que ofrecen un menú general, hasta los que se especializan en un tipo de comida en especial, por ejemplo: **seafood** (pescados y mariscos), **vegetarian** (vegetarianos), **ethnic** (étnicos): French, Italian, Chinese, Japanese, Mexican, etc.

Steakhouse:
Restaurante que se especializa en **beefsteaks** (filetes de carne de res). Un plato típico es el **surf and turf** (carne de res y langosta), acompañado con **baked potatoes** (papas al horno). También ofrecen **lobster** (langosta), **fish** (pescado), **chicken** (pollo) y **pork** (cerdo).

Expanding your

Potluck:
Reunión en una casa de familia, un centro comunitario o una iglesia, donde cada una de las personas lleva algo para comer.

Barbecue:
Una comida al aire libre en la que se come, generalmente, carne y otras comidas asadas.

Eating at home:
Comer en casa

Drive-thru:
En estos restaurantes se compra **fast food** desde el automóvil.

Take-out:
Es un restaurante donde se compra **comida para llevar** y comer en otro lugar. Muchos de estos lugares también llevan la comida al domicilio del cliente (**delivery**).

Fast food restaurants:
Son lugares donde se sirven comidas rápidas, como **hamburgers** (hamburguesas), **fish and chips** (pescado frito con papas fritas), **sandwiches**, **breaded chicken** (milanesas de pollo), **french fries** (papas fritas), **chicken nuggets** (bocaditos fritos de pollo), **tacos**, **pizza**, **mashed potatoes** (puré de papas), **salads** (ensaladas) y **ice cream** (helado).

At The Table...

James Andrew Beard (1903 - 1985) fue un cocinero y escritor de recetarios estadounidense. En 1945 se convirtió en el primer chef que realizó exhibiciones de arte culinario por TV. En 1955 fundó «The James Beard Cooking School» en Greenwich Village, donde se formaron cocineros como Julia Child y Craig Claiborne.

Life in the US

En la bandera americana, las 13 barras blancas y rojas representan las 13 colonias originales que existían en el territorio antes de conseguir la independencia de Inglaterra. en 1776. Las 50 estrellas blancas sobre el cuadrado azul representan los 50 estados que forman actualmente los EE UU. De hecho, son 49 estados y un distrito, el Distrito de Columbia, que es donde queda la capital del país, Washington.

Delicatessen o **deli:**

Ofrecen un menú más fresco y variado que las cadenas de comidas rápidas. Tienen un amplio menú de sandwiches **made to order** (hechos bajo pedido), como el **club sandwich** (hecho con **white bread** / pan blanco), **ham** (jamón), **turkey** (pavo), **cheese** (queso), **bacon** (tocino) y **mayonnaise** (mayonesa). El **pastrami sandwich** (fiambre hecho con carne de res ahumada y pimienta) también es típico de estos lugares. Así mismo se pueden comprar aquí **cold cuts** (fiambres), **salads** (ensaladas), **cookies** (galletas dulces), **pastries** (tartas y pasteles para el desayuno) y **bagels** (roscas).

Coffee store, café:

Son lugares donde se puede beber **coffee** (café), **tea** (té) y comer **sandwiches** y **cakes** (tortas/ pasteles).

Cookout:

Es una comida al aire libre, en el jardín de una casa, organizada muchas veces para una fiesta.

Expanding your vocabulary

Let's practice

A

¿«Pick», «break» o «come»? Elige el verbo adecuado para cada espacio en blanco.

1) Oh, my God! I ________ three dishes!
2) They _________ him to play soccer on the university team.
3) She fell down from the stairs and ______ a leg.
4) Are you _________to the party?
5) They ________ the shortest way.
6) Brad didn't _______ to the office yesterday.

B

Une los verbos compuestos con su significado en español. El primer caso te sirve de ejemplo:

1) come from (*f*)	**a)** levantar algo
2) pick up (__)	**b)** regresar
3) come on (__)	**c)** elegir
4) pick out (__)	**d)** apurarse
5) break down (__)	**e)** romper
6) come back (__)	**f)** venir de
7) break up (__)	**g)** pasar a buscar
8) pick up (__)	**h)** terminar una relación

C

Coloca los verbos compuestos del ejercicio B en la oración adecuada:

1) He ________________ the most romantic restaurant in town.
2) They __________________ Rio de Janeiro, a beautiful city in Brazil.
3) The washing machine __________, so I have to call the repairman.
4) _________! We're going to miss the train!
5) I'll talk to her when I ____________ home in the evening.
6) I _______________with my boyfriend last summer.
7) She _______________ her clothes and put them in the closet.
8) Oh my God! I forgot to _________ Annie from the shopping mall!

D

Completa el espacio en blanco con el lugar adecuado para cada situación:

1) You want to eat a **hamburguer**, so you go to a_________________.
2) You want to eat good **pasta**, so you go to an _______________.
3) You want to eat a **club sandwich**, so you go to a ____________.
4) You want to eat **surf and turf**, so you go to a _________________.
5) You want to **invite friends over** for your birthday, so you organize a ______________.
6) You want to **eat at home**, so you buy food at a ________________.
7) You are **driving home**, and you decide to buy some food at a ____________________.
8) You want to drink **a cup of good coffee**, so you go to a __________.

SOLUCIONES

A. **1**-broke, **2**-picked, **3**-broke, **4**-coming, **5**-picked, **6**-come.
B. **2**-a/g, **3**-d, **4**-c, **5**-e, **6**-b, **7**-h, **8**-g/a.
C. **1**-picked out, **2**-come from, **3**-broke down, **4**-Come on!, **5**-come back, **6**-broke up, **7**-picked up, **8**-pick up.
D. **1**-fast food restaurant, **2**-Italian restaurant, **3**-deli, **4**-steak house, **5**-cookout, **6**-take-out, **7**-drive-thru, **8**-café/coffee store.

ADVANCED UNIT 33

En esta unidad estudiaremos:

DIALOGUES: *WORK AND FAMILY / El trabajo y la familia*

LET'S SPEAK ENGLISH

VERBS AND MULTI-WORD VERBS: *FIGURE – TURN – WORK – HELP - DROP*

EXPANDING YOUR VOCABULARY: *CHILD CARE / El cuidado de los niños*

Diálogo

Alyson le cuenta a Esteban sus problemas para organizar sus horarios de trabajo y el horario escolar de su hijo.

Esteban: Alyson! **How are you doing?**

Alyson: **Not too bad**. I like my new job and the people here are very nice.

Esteban: You look worried. **Is anything wrong?**

Alyson: No ...it's just that... **Forget it**. I don't want to bother you. I'll **figure out what to do.**

Esteban: Come on, you **can** count on me. **What's the matter?**

Alyson: It's about my work schedule. It clashes with my son's preschool schedule.

Esteban: **I see.** What are your hours of work?

Alyson: I have to get to work at 9 and I finish at 5. I have to **drop** Charlie **off** at 9 too. I´m worried that I´ll **turn up** late. It's hard **to juggle** work and family!

Esteban: Maybe your parents **can help** you **out**.

Alyson: Well, **actually**, my mother picks him up at 5 everyday, but she is busy in the morning. And besides, they also work, so I don't want to cause them any problems. Sometimes I think **I won't be able to make it.**

Esteban: **Take it easy**. Why don't you ask your supervisor for a flexible work schedule?

Alyson: Flexible work schedule? What's that?

Esteban: It means you **can** choose the time you arrive and leave. For example, you **can** start working between 9 and 10. If you get to work at 9.15, then you **have to** leave at 5.15.

Alyson: Oh, that's just what I need! Thanks a lot for your advice. I'll go and talk to the supervisor right now.

Esteban: Well, **you see, things always have a way of working themselves out.**

Diálogo

(traducción)

«Father of the Common School»

Horace Mann (1796 – 1859) fue un reformador de la educación estadounidense. Sus propuestas se dirigieron a promover la escuela pública como modo de crear una república de ciudadanos. Consiguió respaldo para construir edificios escolares y muchos estados adoptaron su sistema educativo.

Esteban: *¡Alyson! **¿Cómo te va?***

Alyson: ***Bastante bien.** Me gusta mi trabajo y la gente es muy agradable.*

Esteban: *Te ves preocupada. **¿Te sucede algo?***

Alyson: *No ... es solo que... **Olvídalo.** No quiero molestarte. Ya lo **resolveré.***

Esteban: *Vamos, puedes **confiar en** mí. **¿Qué te pasa?***

Alyson: *Tiene que ver con mi horario de trabajo. Se superpone con el horario del preescolar de mi hijo.*

Esteban: ***Entiendo.** ¿Cuál es tu horario de trabajo?*

Alyson: *Tengo que llegar a las 9 y termino a las 5. He de **llevar** a Charlie también a las 9. ¡Me preocupa que voy a **llegar** tarde! ¡No es fácil **hacer malabares** entre el trabajo y la familia!*

Esteban: *Quizás tus padres puedan **ayudarte**.*

Alyson: *Bueno, **en realidad,** mi madre lo va a buscar a las 5 todos los días, pero por la mañana está ocupada. Y, además, ellos también trabajan, así que no quiero causarles ningún problema. ¡A veces pienso que **no voy a poder con todo**!*

Esteban: ***Tómalo con calma.** ¿Por qué no le pides a tu supervisor un horario de trabajo flexible?*

Alyson: *¿Horario de trabajo flexible? ¿De qué se trata?*

Esteban: *Significa que **puedes** elegir el horario en que llegas y te vas. Por ejemplo, **puedes** comenzar a trabajar entre las 9 y las 10. Si llegas a las 9:15, **tienes que** salir a las 5:15.*

Alyson: *¡Eso es justo lo que necesito! Muchas gracias por tu consejo. Iré a hablar con el supervisor ahora mismo.*

Esteban: *Bueno, **ves, las cosas siempre se pueden solucionar de alguna manera.***

Hablemos inglés

Let's speak English

1 *Para **reconfortar o calmar a alguien**, puedes usar estas frases:*

-**Take it easy.**
Tómalo con calma.

-**Things always have a way of working themselves out.**
Las cosas siempre se pueden solucionar de alguna manera.

2 *Para expresar posibilidad (**possibility**) puedes usar estos auxiliares:*

can - may - might - could

She **may** come later
*Ella **puede** venir más tarde / **Quizás** ella venga más tarde.*

He **might** get an athletic scholarship.
*Él **puede** obtener una beca para atletas.*

I **could** talk to him.
*Yo **podría** hablar con él.*

Maybe they **can** come tomorrow.
*Quizás **puedan** venir mañana.*

3 *Para **saludar informalmente** se pueden utilizar las siguientes expresiones:*

Hi Alyson, / *Hola Alyson,*

- **how are you?** *¿cómo estás?*
- **how are you doing?** *¿cómo estás?*
- **how's it going?** *¿cómo te va?*
- **how are things?** *¿cómo van las cosas?*

-Y puedes contestar con las siguientes frases:

Not too bad. / *Bastante bien. (literalmente: no demasiado mal)*

Fine, thanks. / *Bien, gracias.*

I'm all right. / *Estoy bien.*

Very well, and you? / *Muy bien, ¿y tú?*

Let's speak English

4 *El verbo* ***«make»*** *puede reemplazar a cualquier acción que se haya mencionado antes:*

I won´t be able to **make it.**
No podré ***lograrlo/ terminarlo/llegar/ganar.***

The movie starts in ten minutes.
If you don't hurry, we won't **make it**.
La película comienza en diez minutos. Si no te apuras, no ***llegaremos****.*

5 *Cuando quieres saber si hay* ***algún problema****, puedes preguntar:*

Is anything wrong?
¿Algo anda mal?

What's wrong?
¿Qué pasa?

What's wrong with you?
¿Qué te sucede?

What's the matter?
¿Qué pasa?

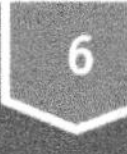

6 *Para expresar obligación (****obligation****) o necesidad (****necessity****), puedes usar el auxiliar* ***«have to»****:*

I **have to** pick him up at 5.
Tengo que *pasar a buscarlo a las 5.*

Do you **have to** work on Saturdays?
*¿****Tienes que*** *trabajar los sábados?*

2009 SPECIAL ISSUE
Forbes
THE WORLD'S BEST COMPANIES

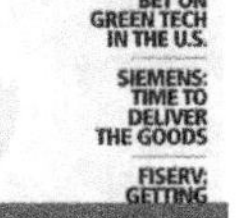

Forbes

La revista Forbes se publica en Estados Unidos y está especializada en el mundo de los negocios y las finanzas. Fundada en 1917 por B. C. Forbes, cada año publica su lista de las personas más ricas del mundo. Su sede central se encuentra en la Quinta Avenida de Nueva York.

7 *Fíjate en las siguientes expresiones:*

Cuando algo no es importante o es imposible:
Forget it. / *Olvídalo.*

Para mostrar que has comprendido:
I see! / *Entiendo.*

Para mostrarle a alguien que todo no es tan difícil:
You see. / *¿Ves?*

Cuando estás discutiendo y desafías:
So what? / *¿Y qué?*

Para reafirmar una idea:
Actually... / *En realidad...*

Verbos y verbos compuestos

Veamos los significados de los siguientes verbos:

Verbs and multi-word verbs

Figure (figured/figured):

- Esperar, creer o pensar (que algo va a suceder de una determinada manera):	They **figured** she was not coming. *__Pensaron / Se imaginaron__ que ella no vendría.*

Turn (turned/turned):

- Doblar o cambiar de dirección.	They **turned** right at the corner. *__Doblaron__ a la derecha en la esquina.*
- Transformarse, volverse.	The tree leaves **turn** yellow in the fall. *Las hojas de los árboles __se vuelven__ amarillas en el otoño.*

Work (worked/worked):

- Trabajar.	She **works** in a hospital. *Ella __trabaja__ en un hospital.*
- Funcionar (artefacto o plan, etc.).	This telephone doesn't **work**. *Este teléfono no __funciona.__* The plan **worked** as we expected. *El plan __funcionó__ como esperábamos.*

Help (helped/helped):

- Ayudar.	My parents **help** me a lot. *Mis padres me __ayudan__ mucho.*
- Servir (a uno mismo o a alguien).	**Help yourself** to some coffee. *__Sírvete__ café.*

Drop (dropped/dropped):

- Hacer caer, tirar.	He **dropped** the bottle of wine! *¡__Hizo caer / tiró__ la botella de vino!*

Verbs and multi-word verbs

A continuación estudiaremos verbos compuestos con los anteriores:

Figure

Figure out:

Comprender algo.

I can´t **figure out** what she wants.
*No **comprendo** qué quiere.*

Comprender a alguien.

I could never **figure** Barbara **out.**
*Nunca pude **comprender** a Barbara.*

Resolver una situación.

I'll **figure** it **out**, don't worry.
*Lo **resolveré**, no te preocupes.*

Work

Work out:
Desarrollar (un plan).

Stacey's is **working out** a new benefits plan.
*Stacey's está **desarrollando** un nuevo plan de beneficios.*

Funcionar/resultar (una situación).

They started dating but it didn't **work out.**
*Comenzaron a salir pero no **funcionó.***

Calcularse en (una cantidad).

The interest rate **works out** at 7% per year.
*La tasa de interés **se calcula** en un 7% anual.*

Hacer ejercicio físico.

Sharon **works out** in the gym twice a week.
*Sharon **hace ejercicios** en el gimnasio dos veces por semana.*

Help

Help out:
Ayudar a alguien con trabajo o prestándole dinero.

My parents **help me** out by taking care of my son.
*Mis padres me **ayudan** cuidando a mi hijo.*

Public Ivy

Se trata de una expresión coloquial para denominar una serie de universidades públicas de gran prestigio académico en los Estados Unidos. El concepto fue utilizado por primera vez por Richard Moll en 1985. Más tarde, en 2001, la Greene's Guides amplió el listado de instituciones.

Life in the US

El sistema escolar en EE UU no es único para todo el país, sino que varía según el estado. No obstante, varía poco y básicamente se divide en: Pre-school: para niños menores de 5 años. Kindergarten: para niños de 5 años. Elementary School (Grade School): grados 1 a 6 (de 6 a 12 años). Middle School: grados 7 y 8 (13 a 14 años). High School: grados 9 a 12 (de 15 a 18 años). La escuela pública es gratuita y obligatoria hasta los 16 años.

Verbs and multi-word verbs

Drop

Drop off: *Llevar y dejar a alguien en algún lugar.*

I **dropped** him **off** at the movie theater.
*Lo **llevé** al cine / Lo **dejé** en el cine.*

Drop in: *Ir a visitar a alguien sin haberlo planeado.*

I was very near her house, so I just **dropped in.**
*Estaba muy cerca de su casa, así que **pasé a visitarla.***

Drop out:
Abandonar los estudios.

He **dropped out** after he failed his math test.
***Abandonó los estudios** después de que no aprobó el exámen de matemáticas.*

Turn

Turn up:
Llegar a un lugar.

She **turned up** late to the party.
***Llegó** tarde a la fiesta.*

Encontrar algo o a alguien.

My cell phone hasn´t **turned up** yet!
*¡Mi celular no ha **aparecido** todavía!*

Turn on:
Encender.

Turn on the lights, please.
***Enciende** las luces, por favor.*

Abrir (una llave de paso)
Did you **turn on** the gas?
*¿**Abriste** la llave de gas?*

Turn off:
Apagar.

Turn off the TV if you're not watching.
***Apaga** el televisor si no lo estás mirando.*

Cerrar (una llave, grifo).
Turn off the water faucet.
***Cierra** el grifo.*

Turn out: *Resultar.*

The movie **turned out** to be very funny.
*La película **resultó** ser muy divertida.*

Expanding your vocabulary

Child Care / El cuidado de los niños

Care: Cuidado

Child Care Resource Centers (CCR&C): Centro de Recursos y Referencias sobre el Cuidado de Niños. En estos centros le proporcionan toda la información necesaria para el cuidado de los niños.

Child care centers: Centros de cuidado de niños.

Day care center: Guardería infantil. Se aceptan niños desde que nacen hasta los 5 años. La mayoría de ellas tienen también programas de preescolar.

Preschool/Pre-K: Preescolar: Pueden comenzar a ir a estos lugares los niños **over 3 years old** (mayores de tres años), que ya no usan **diapers** (pañales), y se los llama **potty trained**. Existen, por lo general, dos aulas: **Pre-K 3**, para niños de tres años y **Pre-K 4**, para los de 4 años. Los niños aprenden letras, números, juegan y disfrutan de actividades didácticas.

Principal: Director/a.

Teacher: Maestro/a.

Caregiver: Responsable del cuidado de los niños.

Family child care: Servicios familiares de cuidado de niños. Los niños son llevados a la casa de una familia que los cuida.

In-home caregivers: Cuidado de niños a domicilio.

Care provided by relatives, friends or neighbors: Cuidado proporcionado por familiares, amigos o vecinos.

After school care programs: Cuidado de los niños después del horario escolar. Está dirigido a padres que trabajan y lo ofrecen muchas escuelas por un precio adicional.

The Nanny

La famosa sitcom norteamericana -conocida en español como «La niñera»- se emitió durante seis temporadas en la cadena CBS. Fue protagonizada por Fran Drescher, quien interpretó a Fran Fine, una excéntrica residente de Queens que, por accidente, se convierte en la niñera de tres niños de clase alta de Nueva York.

Education / La educación

Public education:
Educación pública.
Es gratuita y ofrece un servicio de transporte y alimentación.

Homeschool:
Educación en el hogar.
Se educa a los niños en sus propios hogares y los maestros pueden ser los propios padres.

Private education:
Educación privada.
Tiene un costo elevado.

Charter schools:
Escuelas charter. Son escuelas públicas administradas por autoridades diferentes de los distritos escolares.

Expanding your vocabulary

Elementary and High School / La escuela primaria y la escuela secundaria.

Kindergarten:
Primer grado de la educación formal. El niño debe tener 5 años cumplidos.

Elementary or Primary school:
Escuela elemental /primaria (desde kindergarten hasta quinto grado).

Junior or Middle school:
Escuela intermedia (desde sexto hasta octavo grado).

Secondary or High school:
Escuela secundaria (desde noveno hasta duodécimo grado).

Senior year:
Último año de la escuela secundaria.

School district: Distrito escolar.

Sign up: Inscribir.

Enroll: Inscribir.

Fee: Tasa.

Tuition:
Arancel que se paga por la enseñanza en las escuelas privadas.

School year:
Año escolar (desde que comienzan hasta que terminan las clases).

Report card:
Boletín de calificaciones.

Grades:
Calificaciones. A or A+: excellent (excelente), B: good (bueno), C: passing (suficiente), D: poor (pobre), F: failing (suspenso/desaprobado).

Let's practice

A

Decide si las oraciones son verdaderas (true/T) o falsas (false/F).

1) If you **turn on** the radio, you'll miss the 8 o'clock news. (___)

2) If you **figure out** a problem, you solve it. (___)

3) If you **work out** everyday, you become healthier. (___)

4) If you **turn up** late to pick up your kid from school, you have to pay a fine. (___)

5) If the trip **turned out** to be good, you wasted your time. (___)

B

Completa con el verbo o verbo compuesto que sea adecuado:

1) My sister ______________________9 to 5.

2) I ___________________the air conditioner because it was very cold.

3) I couldn't______________________what she was saying. She speaks very quickly.

4) The sky is _______________________ dark. I think it's going to rain.

5) I have to_________him ________at 9:15 and pick him up at 12:15.

C

Completa los espacios en blanco con expresiones del diálogo de la unidad:

Brenda: Hi, Jack! _______________________(1)
Jack: ____________________________(2)
B: You look worried._____________________(3)
J: Yes, I lost my wallet and my driving license.
B: Well,_____________________________(4).
J: The problem is I have to travel to San Antonio tomorrow for a job interview!
B: _________(5) Listen, my friend Annie is traveling there too! I could ask her to give you a ride!
J: That would be great!
B: You see,____________________________. (6)

D

Elige el auxiliar que corresponda para completar las siguientes oraciones. Fíjate si debes expresar **possibility**, **obligation** o **necessity**.

1) Maybe he _______talk to you later. (**possibility**)

2) She__________talk to the supervisor. (**necessity**)

3) Do you___________take your kid to school at 8:00? **(necessity)**

4) I_________ work from 9:00 to 6:00. (**obligation**)

5) Maybe I__________invite them for dinner. **(possibility)**

6) She ____________accept the job. **(possibility)**

SOLUCIONES

A 1-F, 2-T, 3-T, 4-T, 5-F. **B** 1-works, 2-turned off, 3-figure out, 4-turning, 5-drop ...off. **C** Respuestas posibles: 1-How are you (doing)?, 2-Fine, thanks, 3-Is anything wrong?, 4-Take it easy, 5-I see, 6-things always have a way of working themselves out. **D** 1-can/could, 2-has to, 3-have to, 4-have to, 5-can/could, 6-can/could/may/might.

ADVANCED UNIT 34

En esta unidad estudiaremos:

DIALOGUES:
GO FOR IT! / ¡Tienes que intentarlo!

LET'S SPEAK ENGLISH

VERBS AND MULTI-WORD VERBS:
CUT – ASK - LOOK

EXPANDING YOUR VOCABULARY:
JOBS / Trabajos

Diálogo

Barbara presiona a Tom para que pida un aumento de salario. Tienen una discusión.

Barbara: Tom, sweetheart, it's time to **go for it.**

Tom: What are you talking about?

Barbara: I think you should talk to your boss and **ask** him **for** a raise.

Tom: I'm not sure this is a good moment.

Barbara: **You never know until you try.**

Tom: I know, but yesterday he **went through** the accounts and as the store **cut down** its prices because of the competition, profits have gone down.

Barbara: **So what**?

Tom: If they're **cutting back**, they're not going to increase my salary right now!

Barbara: You can tell him you've started **looking for** another job.

Tom: Looking for another job? That's not true. **I mean I could see** if I weren't **making my ends meet, but** I can perfectly **live on** my salary!

Barbara: Are you going to spend the rest of your life at Stacey's? Well, I'm not! We talked about going on a cruise to the Greek Islands when we get married. Did you forget that?

Tom: I didn't mean it seriously! We were daydreaming!

Barbara: But Tom, it's my dream vacation! You promised we would go! Many famous actors and actresses have spent their honeymoons there.

Tom: Barbara, sweetie, let me remind you we are not famous stars and we certainly don't earn even 10% of what they get for an hour on a movie set.

Barbara: Oh, babe, show me how much you care for me. **It's now or never**! **What have you got to lose!**

Tom: My job! Listen, Barbara, **cut it out! Give me a break!**

Barbara: OK, but there's one more thing you might lose: me!

Diálogo

(traducción)

Barbara: *Tom, cariño, es hora de que lo* ***intentes****.*

Tom: *¿De qué estás hablando?*

Barbara: *Creo que deberías hablar con tu jefe y* ***pedirle*** *un aumento de sueldo.*

Tom: *No estoy seguro de que este sea un buen momento.*

Barbara: ***Si no lo intentas, nunca lo sabrás.***

Tom: *Ya lo sé, pero ayer él* ***revisó*** *las cuentas, y como la tienda* ***redujo*** *los precios debido a la competencia, las ganancias han bajado.*

Barbara: ***¿Y qué?***

Tom: *Si están* ***reduciendo*** *gastos, ¡no van a aumentarme el salario justo ahora!*

Barbara: *Puedes decirle que has empezado a* ***buscar*** *otro trabajo.*

Tom: *¿Buscar otro trabajo? Eso no es cierto.* ***Quiero decir, lo entendería*** *si no pudiera* ***llegar a fin de mes, pero*** *mi sueldo me alcanza perfectamente para vivir.*

Barbara: *¿Vas a pasar el resto de tu vida en Stacey's? Bien, ¡yo no! Hablamos de viajar en un crucero a las islas griegas cuando nos casáramos. ¿Te has olvidado?*

Tom: *¡No estaba hablando en serio! ¡Estábamos soñando despiertos!*

Barbara: *Pero, Tom, ¡son las vacaciones que siempre soñé! ¡Tú me prometiste que iríamos! ¡Muchos actores y actrices famosos pasaron su luna de miel allí!*

Tom: *Barbara, cariño, déjame recordarte que no somos estrellas famosas y por supuesto no ganamos ni el 10% de lo que ellos cobran por estar una hora en un plató.*

Barbara: *Vamos, cariño, muéstrame cuánto me quieres.* ***¡Es ahora o nunca!*** ***¿Qué puedes perder****?*

Tom: *¡Mi trabajo! Escucha, Barbara,* ***¡termina ya! ¡Dame un respiro!***

Barbara: *Está bien, pero hay una cosa más que puedes perder: ¡a mí!*

Flapper

Es un término que se utilizaba en los años 20 para referirse a un tipo de mujeres jóvenes que usaban faldas cortas, no llevaban corsé, lucían el corte de cabello «bob cut» y escuchaban y bailaban jazz. Este comportamiento era un desafío a lo que se consideraba socialmente correcto en aquella época.

Hablemos inglés

Let's speak English

1

Las siguientes palabras se pueden usar para dirigirnos cariñosamente a la persona con la que tenemos una relación romántica y son equivalentes a «Cariño»:

Sweetheart

Babe

Sweetie

Love

Honey

Hi, **babe**, I have a present for you.
*Hola, **cariño**, tengo un regalo para ti.*

2

*Las siguientes expresiones se usan para alentar o dar ánimo (**encourage**) a alguien para que haga una determinada cosa:*

You never know **until you try.**
Nunca puedes saberlo si no lo intentas.

It's now or never. / *Es ahora o nunca.*

What have you **got to lose?**
¿Qué pierdes?

Go for it! / *¡Inténtalo!*

3

*Fíjate esta frase con el verbo **«make»**:*

I can't make ends meet. I'll have to look for another job!

No puedo llegar a fin de mes con mi sueldo.
¡Tendré que buscar otro trabajo!
(lit: no puedo unir ambos extremos).

4

*Para expresar frustración (**frustration**) o enojo (**anger**), puedes decir:*

Cut it out! / *¡Termina de una vez!*

Give me a break! / *¡Dame un respiro!*

Let's speak English

Life in the US

Los Estados Unidos no tienen fiestas oficiales dictadas por el gobierno federal. Son los estados y las empresas quienes tienen el derecho de elegir sus días de fiesta. No obstante, se siguen en casi todos los casos las propuestas por el gobierno:

1 de enero
Año Nuevo

Tercer lunes de enero
Día de Martin Luther King

Tercer lunes de febrero
Día de los Presidentes

Cuarto lunes de mayo
«Memorial Day», conmemora a los caídos en batallas.

4 de julio
Día de la Independencia

Primer lunes de septiembre
Día del Trabajo

Segundo lunes de octubre
Día de Cristobal Colón

11 de noviembre
Día de los Veteranos de Guerra

Cuarto jueves de noviembre
Día de Acción de Gracias

25 de diciembre
Navidad, el único feriado religioso del año

Adicionalmente a estos feriados, hay otros de carácter estatal o local que también se celebran.

Verbs and multi-word verbs

Verbos y verbos compuestos

Veamos los significados de los siguientes verbos:

Cut (cut/cut):

-Cortar. I **cut** my finger with a knife.
*Me **corté** el dedo con un cuchillo.*

Ask (asked/asked):

-Preguntar. I **asked** her about her son.
*Le **pregunté** por su hijo.*

Look (looked/looked):

-Mirar. He **looked** at her and said hello.
*La **miró** y la saludó.*

Learning tips

Busca un libro, un periódico o una revista y lee un párrafo o artículo que te interese, sin consultar un diccionario. Puede ser que por el contexto puedas lograr descifrar lo que dice. Ahora toma papel y lápiz y trata de traducirlo. Al terminar, consulta el diccionario, usándolo para aquellas palabras que no entiendas o no estés seguro de saber y compara el resultado. Este truco para aprender más rápido puede parecer un poco laborioso pero los resultados son impresionantes. ¡Aprenderás muchísimo! Además, con el tiempo se convierte en un pasatiempo, igual que si fuera un crucigrama, pero más divertido.

Verbs and multi-word verbs

A continuación estudiaremos verbos compuestos con los anteriores:

Ask

Ask for:
Pedir, solicitar.

They **asked for** advice.
Pidieron *consejo.*

Ask out:
Invitar a salir.

At last! He **asked** her **out**.
Por fin! La ***invitó a salir.***

Look

Look for: *Buscar*

I'm **looking for** my keys.
Estoy ***buscando*** *mis llaves.*

Look after: *Cuidar.*

Alyson has to **look after** her son.
Alyson tiene que ***cuidar*** *a su hijo.*

Look around: *Recorrer*

We **looked around** the city.
Recorrimos *la ciudad.*

Cut

Cut down:
Reducir.

They **cut down** their staff.
Redujeron *su personal.*

Cut off:
Cortar un servicio (gas, electricidad).

They **cut off** my phone line.
Cortaron *mi línea de teléfono.*

Cut back:
Reducir (gastos).

They are **cutting back** their budget.
Están ***reduciendo*** *su presupuesto.*

Jobs / Trabajos

Expanding your vocabulary

actor: actor

actress: actriz

accountant: contador

administrative officer: empleado administrativo

administrative staff: personal administrativo

attorney: abogado

auditor: auditor

architect: arquitecto

bricklayer: albañil

baby sitter: niñera

baker: panadero

bank clerk: empleado bancario

builder: constructor

butcher: carnicero

carpenter: carpintero

cashier: cajero

chef: chef

clerk/assistant: asistente/ ayudante.

construction inspector: inspector de construcciones

construction worker: obrero de la construcción

contractor: contratista

counselor: asesor/consultor

customs officer: empleado de la aduana.

cook: cocinero

driver: chofer

Expanding your

electrician: electricista

employee: empleado

engineer: ingeniero

fireman: bombero

facilitator: instructor

farmer:agricultor/granjero

flight attendant: auxiliar de vuelo

florist: florista

foreman: capataz

gardener: jardinero

greengrocer: verdulero

hairdresser: peluquero

housekeeper: empleada doméstica

house painter: pintor de casas

instructor: instructor

interpreter: intérprete

judge: juez

lifeguard: guardavidas

nanny: niñera

newspaper boy: repartidor de diarios

manufacturer: fabricante

manicurist: manicura

massage therapist/masseuse: masajista

mechanic: mecánico

office clerk: empleado de oficina

park ranger: guardaparques

personal assistant: asistente personal

Kryptos

Kryptos es una escultura instalada en el exterior de las oficinas de la CIA en Langley, Virginia, desde 1990. Fue encargada al escultor Jim Sanborn. Está realizada en bronce y tiene 4 metros de altura. Contiene cientos de caracteres en los que se ocultan cuatro mensajes cifrados. Hasta 2005, sólo tres de los cuatro mensajes han sido descifrados.

Learning tips

Algo muy importante es saber cómo deletrear las palabras, ya que se realiza muy frecuentemente. Por tanto, practica mucho cómo se dicen las letras del abecedario porque las vas a usar mucho. Por ejemplo, ¿sabrías deletrear tu nombre completo? ¡Pruébalo! Un truco para ponerlo en práctica: llama a tu compañía de teléfonos o a cualquier servicio que requiera dar tu nombre por teléfono y practícalo con el operador que te atienda.

Expanding your vocabulary

pharmacist: farmacéutico

photographer: fotógrafo

pilot: piloto

plumber: plomero / fontanero

podologist: pedicuro

politician: político

postman: cartero

programmer: programador

police officer: agente de policía

receptionist: recepcionista

reporter: reportero

teacher: maestro / profesor

tailor: sastre

taxi driver: taxista

technician: técnico

telephone operator: telefonista

tour guide: guía de turismo

translator: traductor

travel agent: agente de viajes

truck driver: camionero

salesperson / salesclerk / sales associate: vendedor

skincare therapist: cosmetóloga

security guard: guardia de seguridad

waiter: camarero

veterinarian/vet: veterinario

waitress: camarera

Let's practice

Indica la opción que no corresponde, según el significado del verbo. *Ej: You can cut, a- your nails , b- a piece of paper, c- the phone*

1) You can **ask** a- a question b- a raise c- the time
2) You can **look** a- great b- TV c- at a flower
3) You can **cut down:** a- your hair b- on prices c- on ice-cream
4) You can **ask for** a- a loan b- a raise c- a question
5) You can **ask** a girl a- her e-mail address b- off c- out
6) They can **cut off** a- vacations b- the electricity c- medical aid
7) You can **look after** a- your mother b- your keys c- a baby
8) You can **look for** a- TV b- your wallet c- your brother
9) You can **look around** a- the shops b- the city c- a picture
10) They can **cut back** a- on investment b- on expenses c- on a friendship

B

Completa cada columna con algunas de las palabras que has aprendido en el vocabulario:

Construction	Beauty	Food / restaurants	Professions	Occupations

C

¿Qué frases usas en estos casos?

1) When your salary is not enough, you say ______________________!
2) To encourage somebody, you say ______________________!
3) When you feel frustrated, you say ______________________!
4) When you want to show affection, you can call your partner______________

SOLUCIONES

A. 1-b, 2-b, 3-a, 4-c, 5-b, 6-a, 7-b, 8-a, 9-c, 10-c. B. Controla con la lista de «Expanding your Vocabulary». C. 1-I can't make my ends meet. 2-Go for it! / It's now or never / You never know until you try!, 3-Give me a break!, 4-sweetie/ babe/sweetheart/ honey.

ADVANCED UNIT 35

En esta unidad estudiaremos:

DIALOGUES:
MONEY PROBLEMS / Problemas de dinero

LET'S SPEAK ENGLISH

VERBS AND MULTI-WORD VERBS:
BE – GIVE - RUN

EXPANDING YOUR VOCABULARY:
MONEY MATTERS / Cuestiones de dinero

Diálogo

Barbara y Tom se encuentran para ir al cine. Discuten porque él descubre que ella compró nuevamente más de lo que puede pagar.

Tom: Hi, there! You **look like a million bucks**!

Barbara: Hi! Well, thank you! Do you like my new jacket? And look at my new shoes! Aren't they amazing? And my purse is new too.

Tom: I like *you*.

Barbara: You're so sweet! But look at this watch! I **couldn't help** buying it when I saw it.

Tom: Let's buy the tickets. The movie starts in 15 minutes. Oh, no! I'm afraid I left my wallet at home. Can you lend me the money for the tickets? I'll **give** it **back** to you tomorrow.

Barbara: I'm sorry but I **ran out** of cash.

Tom: What? It's only the 5th of the month and you'**re out of** money already? Well, can you pay with your credit card?

Barbara: I'm afraid I can't either. I charged my credit card over the limit.

Tom: Again! This is unbelievable. We **went through** this last month and the month before last. I told you you **can't** spend more than you earn!

Barbara: Not now, Tom, please! **It's no big deal** anyway.

Tom: **No big deal?** This is crazy! You have to stop using your credit cards until you finish paying the bills. Make a budget and control your expenses so you can save some money.

Barbara: I buy things just to look more attractive to you...

Tom: Thank you, but those things don't matter to me. Stop wasting your money! I'm sorry, I'm getting carried away. All I'm trying to say is that **money doesn't grow on trees**.

Barbara: If I promise to stop buying things, will you help me to make the minimum monthly payment?

Tom: No, I'm sorry. Not this time. I have to pay for our weekend trip to New York.

Barbara: Well, it seems I'll have to ask somebody else for help.

Tom: Barbie, please...

Diálogo

(traducción)

Brother, can you spare a dime?

En EE UU se denomina «dime» a la moneda de diez centavos de dólar. En el anverso aparece el presidente Franklin D. Roosevelt y en el reverso aparecen una antorcha, una rama de roble y otra de olivo junto a la leyenda «E pluribus unum» y el valor de la moneda.

Tom: *¡Hola! ¡**Estás hermosa**!*

Barbara: *¡Hola! Bueno, ¡gracias! ¿Te gusta mi nueva chaqueta? ¡Y mira mis nuevos zapatos! ¿No son espectaculares? Y mi cartera es nueva también.*

Tom: *Me gustas tú.*

Barbara: *¡Eres tan dulce! ¡Pero mira este reloj! **No pude evitar** comprarlo cuando lo vi.*

Tom: *Compremos las entradas. La película comienza en 15 minutos. ¡Ah, no! Me temo que me olvidé la billetera en casa. ¿Puedes prestarme el dinero para las entradas? Te lo **devolveré** mañana.*

Barbara: *Lo lamento, pero me **quedé sin** efectivo.*

Tom: *¿Qué? ¿Estamos en el quinto día del mes y ya te **quedaste sin** dinero? Bueno, ¿puedes pagar con tu tarjeta de crédito?*

Barbara: *Me temo que tampoco. Excedí el límite de compra.*

Tom: *¡Otra vez! Esto es increíble. Ya **pasamos por esto** el mes pasado y el anterior. ¡Ya te dije que no puedes gastar más de lo que ganas!*

Barbara: *¡No empieces, Tom, por favor! **No es para tanto**, de todas maneras.*

Tom: *¿**No es para tanto**? ¡Esto es una locura! Tienes que dejar de usar tu tarjeta de crédito hasta que pagues las cuentas. Haz un presupuesto y controla tus gastos; así puedes ahorrar un poco de dinero.*

Barbara: *Compro cosas para que tú me veas más atractiva...*

Tom: *Gracias, pero esas cosas no me importan. ¡Deja de malgastar tu dinero! Disculpa, estoy perdiendo el control. Lo que intento decirte es que **el dinero no sale de la nada**.*

Barbara: *Si te prometo dejar de comprar cosas, ¿me ayudarás con el pago mensual mínimo?*

Tom: *No, lo siento. Esta vez no. Tengo que pagar nuestro viaje de fin de semana a New York.*

Barbara: *Bueno, parece que tendré que pedirle ayuda a alguna otra persona.*

Tom: *Barbie, por favor...*

Hablemos inglés

Let's speak English

1

*Las siguientes expresiones se pueden usar como **cumplido** cuando alguien te gusta mucho o se ve muy bien:*

You look like a million bucks.
Luces increíblemente bien / Estás hermosa. (lit: como un millón de dólares)

You look great!
Te ves fantástico/a.

It looks wonderful!
Se ve maravilloso.

2

*Fíjate en estas expresiones relacionadas con **el dinero:***

Money doesn't grow on trees.
El dinero no sale de la nada. (lit: no crece en los árboles)

Save/keep money for a rainy day.
Ahorrar dinero para cuando lo necesites inesperadamente.

To be rolling in money:
Tener mucho dinero.

Time is money:
El tiempo es oro.

Big money:
Mucho dinero.

Let's speak English

3

Cuando quieres decir que ***no puedes evitar*** *o* ***dejar de hacer algo:***

I **couldn't help** buying it!
No pude evitar comprarlo.

I **can't help** eating chocolate!
No puedo dejar de comer chocolate.

4

Cuando quieres ***señalar que algo no es importante****, puedes decir:*

- I'm sorry, I couldn't bring you the book.
Lo siento. No pude traerte el libro.

- Don't worry, it's **no big deal**.
No te preocupes. ***No es importante.***

Shopaholic

Este término coloquial se aplica a las personas que sufren «desorden de compra compulsiva» (CBD - compulsive buying disorder), también conocido como «oniomanía».

5

Las siguientes expresiones significan ***«ir de compras sin control»:***

go on a buying binge | **go on a shopping spree**

My mother went on **a buying binge** / **a shopping spree** again, and my father is furious!

Mi madre se fue de nuevo a despilfarrar en compras y mi padre está furioso.

Verbos y verbos compuestos

Veamos los significados de los siguientes verbos:

Verbs and multi-word verbs

Be (am/is/are) (was-were/been):

-Ser.	**I'm** Canadian.	***Soy** canadiense.*
	She**'s** happy.	*Ella **es** feliz.*
	We **were** friends.	***Éramos** amigos.*
-Estar.	I **was** at home.	*Yo **estaba** en mi casa.*
	They **were** alone.	***Estaban** solos.*

Give (gave/given):

-Dar: Could you **give** her these CDs?
*¿Podrías **darle** estos CD?*

Run (ran/run):

-Correr. **I run** 10 kilometers every day.
***Corro** 10 kilómetros al día.*

Verbs and multi-word verbs

A continuación estudiaremos verbos compuestos con los anteriores:

Be

Be out of: *No tener más algo.*

He**'s out of** work.
*Él **no tiene** trabajo.*

Be up to:

Ser responsable de decidir.

If you don't want to talk to her, it**'s up to you.**
*Si no quieres hablar con ella, **es tu decisión/problema.***

Be over: *Terminar.*

The show **is over.**
*El espectáculo **ha terminado.***

Give

Give back: *Devolver.*

He **gave** me **back** the money.
*Me **devolvió** el dinero.*

Give up:

Dejar de hacer.

He **gave up** smoking
***Dejó de** fumar.*

Darse por vencido.

I don't know the answer; I **give up**.
*No sé la respuesta; **me doy por vencido.***

Give in:

Aceptar, conceder.

He insisted so much that finally I **gave in**.
*Insistió tanto que al final **acepté**.*

Outlaw country

Se trata de una variante de la música «country», creada a finales de los años 60. También se conoce como «The outlaw movement» o «Outlaw music», ya que sus referentes se consideran «fuera de la ley» por oponerse al estilo Nashville, más suave y cercano al pop. Algunos artistas del outlaw movement son: Johnny Cash, Waylon Jennings y Willie Nelson.

Learning tips

En EE UU, muchos teléfonos de atención al cliente ofrecen la opción de ser atendido en español, pero, para practicar el lenguaje telefónico, te recomendamos elegir la opción de idioma inglés. Al principio te costará un poco, pero no lo tomes como un examen, disfruta y practica. Además, los operadores telefónicos suelen estar acostumbrados a atender a personas con acento. ¡Así que aprovecha para practicar tu inglés!

Verbs and multi-word verbs

Run

Run out of: *Acabarse, terminarse.*

We **ran out of** butter.
*Se nos **terminó** la mantequilla.*

Run away: *Escapar*

The thief **ran away** from jail.
*El ladrón se **escapó** de la prisión.*

Run into: *Encontrarse con alguien por casualidad.*

I **ran into** Meg at the café.
*Me **encontré por casualidad** con Meg en el café.*

Run over: *Atropellar*

A bus **ran over** her dog.
*Un autobús **atropelló** a su perro.*

Go

Go through:

Tener una experiencia difícil.

She **went through** hard times when her husband died.
*Ella lo **pasó mal** cuando su marido murió.*

Revisar/controlar

She **went through** the statement.
*Ella **revisó** el extracto bancario.*

Go for:

Pedir, intentar, conseguir o lograr.

If you want a raise, **go for** it!
*Si quieres un aumento de sueldo, **¡pídelo!***

Expanding your vocabulary

Money matters / Cuestiones de dinero

bills: cuentas, facturas

amount: cantidad, suma

bucks: dólares

borrow: pedir prestado

be in debt: estar endeudado

be in the black: no tener deudas.

be in the red: estar en numeros rojos (endeudado)

budget: presupuesto

cash (verb): cobrar/cambiar por efectivo un cheque

charge: cargar (una suma de dinero)

debt: deuda

earn: ganar dinero

expenses: gastos

get a loan: conseguir un préstamo

get out of debt: pagar las deudas

go into debt: endeudarse

income: ingreso

interest: interés

Two bucks

El billete de dos dólares muestra el retrato del presidente Thomas Jefferson, cuyo diseño, adoptado en 1929, es el más antiguo de todos los billetes de curso legal en EE UU. Este billete es uno de los menos usados y su baja circulación ha suscitado toda serie de mitos urbanos.

Life in the US

Hay que tener cuidado con las tarjetas de crédito. Si bien te permiten pagar más adelante, los intereses que cobran son muy caros y, si luego no puedes pagarlos, ello aparece en tu historial de crédito (las deudas son reportadas al Buró de crédito) y tu futuro financiero en el país se te complicará mucho. Solicita en tu banco una «debit card» o tarjeta de débito. Es gratis y te debita automáticamente de tu cuenta sin cobrar intereses. Cuando de verdad necesites que te presten dinero (para comprar una casa, por ejemplo) obtendrás las mejores condiciones, ya que una «debit card» te sirve para crear tu historial de crédito.

Expanding your vocabulary

lend: prestar

loan: préstamo

overshop: comprar de más (innecesariamente)

owe: deber, tener una deuda

pay back: pagar un préstamo

pay with / by credit card: pagar con tarjeta de crédito

pay with cash/pay cash: pagar en efectivo

payment: pago

repay: pagar un préstamo

save: ahorrar

shopaholic: adicto a las compras

spend: gastar

waste: malgastar

write down expenses: anotar los gastos.

Let's practice

A

Elige el verbo compuesto adecuado.

go for
go through
give back
run out of
run over
give up
give in
be up to
run away
be over

1) We__________________gas very near her house.
2) I lent him $50, but he never __________ them ____________ to me.
3) You shouldn't be worried about your exam. Just ____________ it!
4) Sandy ______________trying to learn Japanese.
5) I _________________ a very difficult moment when I lost my job.
6) He asked me for a new pair of shoes so many times, that finally I ______________________.
7) They are planning to __________________to get married.
8) A horse was _____________by a train yesterday.
9) It___________________to you to forgive her.
10) After the movie_____________, we went to a restaurant.

B

Decide si la explicación es verdadera (true - **T**) o falsa (false - **F**):

1) **Money doesn't grow on trees** *means* you have to work hard to earn it. (__).

2) **You look like a million bucks** *means* you are rich. (__).

3) **I couldn't help** buying this new dress *means* you bought it. (__).

4) No **big deal** *means* very important. (__).

5) **To go on a buying binge** *means* to buy many things without control. (__)

6) He´s **rolling in money** *means* he can't make ends meet. (__).

C

Relaciona la palabra en inglés con su significado en español. El caso número 1 te sirve de ejemplo:

1) Be in the red (*d*)	**a)** ganar dinero
2) Expenses (__)	**b)** prestar
3) Waste (__)	**c)** malgastar
4) Budget (__)	**d)** estar endeudado
5) Lend (__)	**e)** cuentas, facturas
6) Earn (__)	**f)** gastos
7) Owe (__)	**g)** gastar
8) Save (__)	**h)** pedir prestado
9) Income (__)	**i)** deber
10) Bills (__)	**j)** ingresos
11) Spend (__)	**k)** presupuesto
12) Borrow (__)	**l)** ahorrar

SOLUCIONES

A. **1**-ran out of, **2**-gave...back, **3**-go for it!, **4**-gave up, **5**-went through, **6**-gave in, **7**-run away, **8**-run over, **9**-´s up to, **10**-was over. B. **1**-T, **2**-F, **3**-T, **4**-F, **5**-T, **6**-F. C. **2**-f, **3**-c, **4**-k, **5**-b, **6**-a, **7**-i, **8**-l, **9**-j, **10**-e, **11**-g, **12**-h.

APRENDE INGLÉS

LIBRO 8

Units 36 to 40

ADVANCED UNIT 36

En esta unidad estudiaremos:

DIALOGUES: *PERSONAL FINANCES / Las finanzas personales*

LET'S SPEAK ENGLISH

VERBS AND MULTI-WORD VERBS: *KEEP – PAY - BRING*

EXPANDING YOUR VOCABULARY: *FINANCIAL MATTERS / Cuestiones financieras*

Diálogo

Alyson está conversando con Tom sobre un préstamo que ha pedido.

Tom: Hi, Alyson! How are you?

Alyson: Oh, hi! You **took me by surprise**! I'm fine, thanks.

Tom: Are you **getting used** to your work schedule?

Alyson: Oh, yes. I had some problems at first but **I'm** pretty **used to** it by now.

Tom: Look, it's **almost** 1 PM. Are you going out for lunch?

Alyson: No, I'm not really hungry and, besides, I have to go to the bank.

Tom: To pick up your new credit card?

Alyson: No, I applied for a personal loan and they called me an hour ago. They said my income and my credit report are OK, so they've granted it.

Tom: That's very good news! Don't forget to read the fine print before signing the contract!

Alyson: No, I always do. I'm very careful with money matters. You know, I have a child to **bring up**. I always pay my bills on time. I almost never use my credit card. I prefer to pay with a debit card. This way you can **keep track** of your expenses better. And I'll **pay back** this loan as soon as I can.

Tom: Well... **that makes a lot of sense.** I wish everybody thought like you!

Alyson: I'm just being sensible, like most people, **I guess**.

Tom: Well, I know some people who have a different idea. You're so mature and responsible, and you're very careful with your expenses. You're a hard worker and a good mother. And yet you're so young!

Alyson: You're very kind. **I'll take that as a compliment**!

Tom: It is! Listen, I hate to break this up, but **I'm supposed to** be at a lunch meeting in ten minutes.

Alyson: Well, if you don´t want to **be late** for your meeting, **you'd better get going**! Bye!

Tom: **See you later!**

Diálogo

(traducción)

Tom:	*Hola, Alyson. ¿Cómo estás?*
Alyson:	*¡Hola! ¡**Que sorpresa**! Estoy bien, gracias.*
Tom:	*¿Te **estás acostumbrando** a tu horario de trabajo?*
Alyson:	*Ah, sí. Tuve algunos problemas al principio, pero ahora ya **estoy** bastante **acostumbrada**.*
Tom:	*Mira, es casi la 1. ¿Sales a almorzar?*
Alyson:	*No, no tengo hambre realmente, y ,además, tengo que ir al banco.*
Tom:	*¿A retirar tu nueva tarjeta de crédito?*
Alyson:	*No; solicité un préstamo personal y me llamaron hace una hora. Me dijeron que mis ingresos y el informe de mi historial crediticio están bien, así que me lo han concedido.*
Tom:	*¡Son muy buenas noticias! No te olvides de leer la letra pequeña antes de firmar el contrato.*
Alyson:	*No, siempre lo hago. Soy muy cuidadosa con los asuntos de dinero. Sabes, tengo que criar a un hijo. Siempre pago mis cuentas antes de su vencimiento. Casi nunca uso la tarjeta de crédito; prefiero pagar con tarjeta de débito. De esa manera puedes **controlar** mejor tus gastos. Y **devolveré** el dinero del préstamo lo antes posible.*
Tom:	*Bueno... **eso es muy razonable**. ¡Ojalá todos pensaran como tú!*
Alyson:	*Sólo uso el sentido común, como la mayoría de la gente, **creo**.*
Tom:	*Bueno, conozco a algunas personas que tienen ideas diferentes. Tú eres tan madura y responsable, y muy cuidadosa con tus **gastos**. Eres una trabajadora incansable y una buena madre. ¡Y eres todavía tan joven!*
Alyson:	*Eres muy amable. ¡**Lo tomaré como un cumplido**!*
Tom:	*¡Es un cumplido! Oye, no me gustaría tener que interrumpir esto, pero **tengo que** estar en un almuerzo de trabajo en diez minutos.*
Alyson:	*Si no quieres llegar tarde, ¡**es mejor que te vayas ya**! ¡Hasta luego!*
Tom:	*¡**Te veo más tarde**!*

Graham bread

El pan de Graham fue desarrollado por el ministro presbiterano Sylvester Graham en 1829 para su dieta vegetariana. Es un alimento alto en fibra, elaborado con harina de trigo integral, de molienda fina y gruesa.

Hablemos inglés

Let's speak English

1 Cuando estás apurado por irte, puedes decir:

I'd better get going!
¡Mejor me voy!

I've got to go!
¡Tengo que irme!

2 Fíjate el significado de «be late»:

I´m sorry, **I´m late.**
Disculpa, ***llegué tarde****.*

If you don't hurry, you'**ll be late** for school!
Si no te apuras, ***llegarás tarde*** *a la escuela.*

3 Estudiemos el significado de estas dos expresiones:

Get used to: Acostumbrarse. Se enfatiza el proceso de acostumbramiento.

I'm **getting used to** working at night.
Me estoy acostumbrando a *trabajar de noche.*

I **got used to** speaking English all day.
Me acostumbré a *hablar inglés todo el día.*

Be used to: Estar acostumbrado. Se describe una actitud ya asumida.

They'**re used to** studying at night.
Ellos ***están acostumbrados a*** *estudiar de noche.*

Alyson **is used to** her work schedule.
Alyson ***está acostumbrada a*** *su horario de trabajo.*

4

*Cuando **te despides de alguien**, puedes decir:*

See you later!
¡Hasta luego!

See you soon!
¡Hasta pronto!

See you in an hour!
Te veo dentro de una hora.

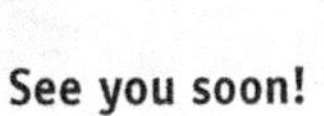

Let's speak English

5

*Cuando te sientes **halagado** por algo que te han dicho, puedes decir:*

-You're so responsible and mature.
Eres tan madura y responsable.

- Thank you!
I'll take that as a compliment!
*¡Gracias! **¡Lo tomaré como un cumplido!***

Say a little prayer for me

La música gospel o espiritual surgió de las iglesias afroamericanas en el siglo XVIII y se hizo popular en la década de 1930. La palabra original es «Godspell», que en español se traduce como «Dios anuncia». Las letras suelen reflejar los valores de la vida cristiana.

6

*Cuando se espera que actúes o hagas algo de una manera determinada usas la expresión **«be supposed to»:***

I'm **supposed to** arrive at 5.
***Se supone que** debo llegar a las 5.*

We'**re supposed to** finish early.
***Se supone que debemos** terminar temprano.*

Where **are** we **supposed to** go?
*¿Dónde **tenemos que** ir?*

7

*El verbo **«guess»** puede significar:*

-Creer, pensar:

I **guess** you're right.
***Creo** que tienes razón.*

She's 34, I **guess.**
*Tiene 34 años, **creo.***

-Adivinar:

She **guessed** where I came from.
*Ella **adivinó** de donde venía yo.*

8

*Cuando **algo te resulta razonable**, puedes decir:*

- I think it's important to save money when you're young.
- Yes, **that makes a lot of sense.**
- Creo que es importante ahorrar dinero cuando eres joven.
*- Sí, **eso tiene sentido.***

Verbos y verbos compuestos

Veamos los significados de los siguientes verbos:

Verbs and multi-word verbs

Keep (kept/kept):

-Quedarse con algo.

Can I **keep** these photographs?
*Puedo **quedarme con** estas fotos?*

-Mantener, guardar.

Keep your door closed.
***Mantén** la puerta cerrada.*
Keep your checks in a safe place.
***Guarda** tus cheques en un lugar seguro.*

-Permanecer de determinada manera.

Keep quiet!
*¡**Permanezcan** callados!*

-Continuar, seguir (+verb-ing).

Don't stop. **Keep** moving!
*No te detengas. ¡**Sigue** moviéndote!*

Pay (paid/paid):

-Pagar:

She **paid** the phone bill.
*Ella **pagó** la factura del teléfono.*

-Prestar (atención):

They were not **paying** attention.
*No estaban **prestando** atención.*

Bring (brought/brought):

-Traer.

Next time you come, **bring** the photos.
*La próxima vez que vengas, **trae** las fotos.*

Life in the US

Los estadounidenses viven pendientes del reloj. Desde primera hora del día todas las actividades están programadas al minuto. Debes tenerlo en cuenta si quieres relacionarte bien con ellos, sea socialmente o por trabajo. No llegues tarde a tus citas porque es considerado una falta de respeto o de profesionalidad. Por lo tanto, ¡a ser puntual!

Verbs and multi-word verbs

A continuación estudiaremos verbos compuestos con los anteriores:

Pay

Pay back:

Devolver el dinero que nos han prestado.

You can **pay** me **back** when you want.
*Puedes **devolverme** el dinero cuando quieras.*

Pay for:

Tener que pagar las consecuencias.

He had to **pay for** all his mistakes.
*Tuvo que **pagar por** todos sus errores.*

Pay off:

Resultar beneficioso:

If you work hard it'll **pay off**.
*Si trabajas mucho, **verás los beneficios**.*

Bring

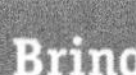

Bring up: *Criar*

She has to **bring up** two children.
*Tiene que **criar** a dos hijos.*

Keep

Keep track of:

Hacer un seguimiento, controlar.

You have to **keep track of** your credit card statements.
*Tienes que **controlar** los extractos de tu tarjeta de crédito.*

Keep up with:

Mantenerse la velocidad o el ritmo:

It's hard to **keep up with** Tom when we go jogging.
*Es difícil **seguir el ritmo de** Tom cuando salimos a correr.*

Mantenerse al día, entender.

She **keeps up with** English watching TV.
*Ella se **mantiene al día** con el inglés viendo la televisión.*

I can't **keep up with** Esteban when he speaks Spanish.
*No puedo **entender a** Esteban cuando habla español.*

Financial matters / Cuestiones financieras

Expanding your vocabulary

application: solicitud

apply for: solicitar

ATM = automatic teller machine: cajero automático

balance: saldo

bank account: cuenta bancaria

cancel: cancelar (tarjetas en caso de robo)

check/debit card: tarjeta de débito

check-cashing services: servicios de cambio de cheques por efectivo

checking account: cuenta corriente

cost: costos

credit bureau: agencia que recopila información crediticia y redacta los informes

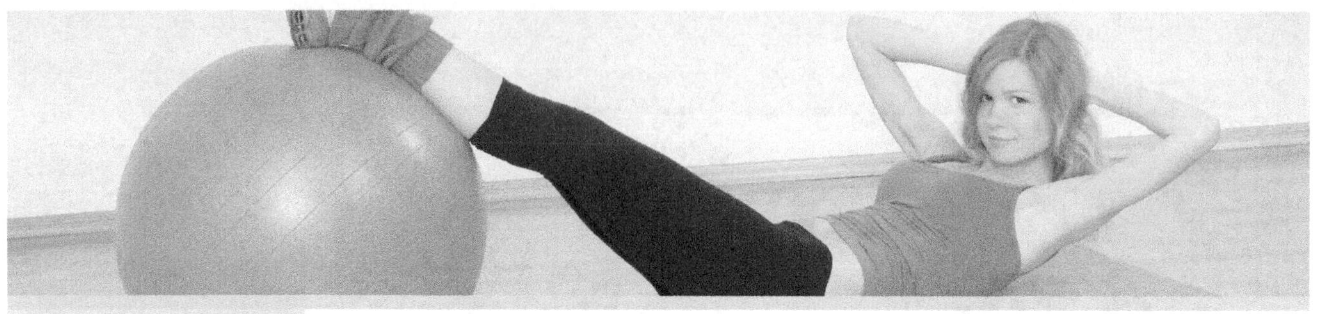

Expanding your

credit history:
historial crediticio

credit report:
informe del historial crediticio

credit score/rating:
puntaje para obtener crédito

deposit: depósito, depositar

fees: honorarios del banco

FICO score:
puntaje que califica
el historial crediticio

fine print:
letra pequeña (de los contratos)

get an account:
obtener una cuenta

account holder:
titular de la cuenta

interest rate: tasa de interés

joint account:
cuenta conjunta (con otra persona)

lender: prestamista

loan application: formulario
de solicitud de un préstamo

minimum amount:
monto mínimo (a pagar, de
una tarjeta de crédito)

John Doe

El nombre «John Doe» es usado en la jerga legal y policial de EE UU para nombrar a un varón cuya identidad es desconocida, de la misma forma que en español se usa «NN». También se aplica en casos donde no se pueda referir a la persona por su nombre o a pacientes hospitalarios que no han sido identificados.

Learning tips

Alquila o compra un vídeo de ejercicios físicos y escucha lo que dicen en él. Practica los ejercicios a medida que escuchas atentamente y memoriza lo que van diciendo. De este modo aprenderás no sólo las partes del cuerpo, sino también cómo se dicen los ejercicios y los movimientos. ¡Y hasta te pondrás en forma! Puedes aprender también mucho vocabulario sobre deportes escuchando las transmisiones deportivas.

Expanding your vocabulary

open an acount:
abrir una cuenta

personal check:
cheque personal

PIN = personal identification number:
número de identificación personal (para operar con los cajeros automáticos)

pre-approved:
pre-aprobado

requirements: requisitos

savings account:
caja de ahorros

statement:
extracto bancario

take money out = withdraw:
retirar dinero de la cuenta

withdrawal form:
formulario para retirar dinero del banco

write a check:
completar un cheque

Let's practice

A

Elige el verbo o verbo compuesto que tenga el mismo significado que la expresión en negrita:

1) I don't need the books, you can **have** them.
a-pay **b**-guess **c**-keep

2) She's his girlfriend, I **think.**
a-guess **b**-see **c**-take

3) I have to start training hard if I want to **run as quickly** as you.
a-keep track of
b-keep up with
c-keep up

4) She is working hard to **repay** the loan money to the bank.
a-pay off **b**-pay for **c**-pay back

5) If you drink too much when you're young, you'**ll suffer the consequences** later.
a-pay back **b**-pay for it **c**-pay off

6) Monica always **checks** her credit card charges.
a-keeps track of
b-keeps up with
c-pays back

B

Une las mitades para que tengan sentido, y márcalas como en 1:

1) (_b_)I'm supposed	**a)** tomorrow!
2) (___) I'd better be going!	**b)** to call her tonight.
3) (___) I'm used	**c)** they're right.
4) (___) I guess	**e)** I'll take that as a compliment!
5) (___) You're not supposed	**f)** I'm late!
6) (___) I'm sorry	**g)** I have a meeting in 10 minutes.
7) (___) See you	**h)** to answer.
8) (___) You are very sensible.	**i)** to playing tennis every Saturday.

C

Tacha la palabra que no sea similar al resto, como en el primer ejemplo.

1)	a-checking account	~~b-cost~~	c-savings account
2)	a-take out	b-withdraw	c-cancel
3)	a-fee	b-credit card	c-debit card.
4)	a-get an account	b-get a loan	b-open an account
5)	a-statement	b-balance	c-fine print
6)	a-personal check	b-lender	c-holder

SOLUCIONES

A. 1-c, 2-a, 3-b, 4-c, 5-b, 6-a.
B. 2-g, 3-i, 4-c, 5-h, 6-f, 7-a, 8-e.
C. 2-c, 3-a, 4-b, 5-c, 6-a.

ADVANCED UNIT 37

En esta unidad estudiaremos:

DIALOGUES: *GETTING READY FOR COLLEGE / Preparándose para la universidad*

LET'S SPEAK ENGLISH

VERBS AND MULTI-WORD VERBS:
TAKE – PUT - APPLY

EXPANDING YOUR VOCABULARY:
HIGHER EDUCATION / La educación superior

Diálogo

Alyson, Esteban y Tom están en su hora de almuerzo. Esteban le cuenta a sus amigos los proyectos de su hijo mayor.

Esteban: I'm beat! I spent my lunchtime surfing the web.
Alyson: Like a teenager!
Esteban: Oh, no! **The thing is** ....
Alyson: **We're all ears.**
Esteban: ...my son wants to study engineering.
Tom: Your son Eric?
Esteban: No, Eric is finishing high school next year; he's 16. I'm talking about Victor, my eldest son.
Alyson: So Victor **might** be 18, right?
Esteban: Yes, that's right.
Tom: Are you looking for a college?
Esteban: Well, first I'm looking for information about financial aid.
Tom: Have you **put aside** some money for tuition?
Esteban: Yes, I've saved some money but it's not enough.
Tom: Maybe he can **apply for** an academic scholarship. There's also a work-study program or maybe you can **take out** a loan.
Esteban: Yes, I think he **may** be eligible for a scholarship. He attended Lincoln High School and got excellent grades.
Alyson: You **must be** proud of your son.
Esteban: Of course I am.
Tom: Listen, was he a good athlete at school?
Esteban: He is very good at playing soccer.
Tom: So he **might get** an athletic scholarship.
Esteban: That **would be** great for him! **Not only** attend college but **also** play on the soccer team!
Tom: Check the deadlines. They're usually early in the year.
Esteban: I'll find out as soon as possible. Thank you, Tom! You've come up with a great idea.
Tom: No problem. I'm happy to help you out.

Diálogo

(traducción)

The University of Chicago

University of Chicago

La Universidad de Chicago fue fundada en 1890 y es una de las universidades de investigación más prestigiosas del mundo. Se destaca en economía y por su aulas han pasado un total de 85 premios Nobel.

Esteban: *¡Estoy cansadísimo! Me pasé la hora del almuerzo navegando por internet.*
Alyson: *¡Como un adolescente!*
Esteban: *No,* ***el tema es que…***
Alyson: *Somos todo oídos.*
Esteban: *…mi hijo quiere estudiar ingeniería.*
Tom: *¿Tu hijo Eric?*
Esteban: *No, Eric terminará la escuela secundaria el año que viene; tiene 16 años. Estoy hablando de Víctor, mi hijo mayor.*
Alyson: *Víctor* ***debe de*** *tener 18 años, ¿verdad?*
Esteban: *Sí, así es.*
Tom: *¿Estás buscando una universidad?*
Esteban: *Bueno, primero estoy buscando información sobre ayuda económica.*
Tom: *¿****Ahorraste*** *algo de dinero para pagar sus estudios?*
Esteban: *Sí, ahorré algo, pero no es suficiente.*
Tom: *Quizás pueda* ***solicitar*** *una beca académica. Está también el programa trabajo-estudio o a lo mejor puedes* ***pedir*** *un préstamo.*
Esteban: *Sí, creo que puede llegar a cumplir con los requisitos para una beca. Fue al Colegio Secundario Lincoln y tuvo excelentes calificaciones.*
Alyson: ***Debes de*** *estar orgulloso de tu hijo.*
Esteban: *Por supuesto.*
Tom: *Oye, ¿fue un buen deportista en la escuela?*
Esteban: *Es muy bueno jugando al fútbol.*
Tom: *Entonces* ***puede llegar a*** *obtener una beca para deportistas.*
Esteban: *Eso sería fantástico para él. ¡No solo ir a la universidad, sino también jugar en el equipo de fútbol!*
Tom: *Averigua cuándo es el cierre de la inscripción. Por lo general, es a principios del año.*
Esteban: *Lo averiguaré lo antes posible. ¡Gracias, Tom! Se te ha ocurrido una gran idea.*
Tom: *No hay de qué. Estoy contento de poder ayudarte.*

Hablemos inglés

Let's speak English

1

*Cuando introduces **un tema** puedes usar:*

The thing is, I'm looking for another job.

La cosa es/La cuestión es *que estoy buscando otro trabajo.*

2

*Cuando estás **ansioso por escuchar** lo que alguien va a contarte, puedes decir:*

I'm all ears.

- Do you want to know what happened?
- **I'm all ears.**

- ¿Quieres saber qué sucedió?
*- **Soy todo oídos.***

Let's speak English

3

*Para expresar suposiciones (**assumptions**) puedes usar los siguientes auxiliares, normalmente acompañados por el verbo "**to be**":*

must
have (got) to
may
might
could

\+ be

Affirmative sentences:

You **must be** proud of your son.
You've **got to be** proud of your son.
Debes (de) estar orgulloso de tu hijo.

That **may be** my father.
Debe (de) ser mi padre.

You **might be** right.
Debes (de) tener razón

He **could be** the doctor.
Debe (de) ser el doctor.

Negative Sentences:

That **can´t/couldn´t be** true.
*Eso no **debe (de)** ser verdad.*

He **must not be** her husband.
*Él no **debe (de)** ser su marido.*

They **may not be** ready.
*Ellos no **deben (de)** estar listos*

Interrogative Sentences:

Can he **be** a doctor? / *¿**Será** doctor?*

Could he **be** right? / *¿**Tendrá** razón?*

Life in the US

En EE UU hay gran interés por seguir los espectáculos deportivos. Los tres deportes con más seguidores son: béisbol, fútbol americano y baloncesto. La temporada de béisbol coincide con el buen tiempo. Se disputan 162 partidos, que arrancan a principios de abril y terminan con las "World Series" o Series Mundiales a mediados o finales de octubre, al mejor de siete encuentros. El fútbol americano (football) es un deporte de invierno, que empieza en otoño y termina a finales de enero, con la disputa del "Super Bowl", que es el evento más visto por televisión. El baloncesto es el deporte más practicado en las calles y colegios de EE UU y su versión profesional, la NBA, despierta pasiones en todo el mundo. Es un deporte de invierno que concluye con los "play-offs", que se disputan en abril y mayo, y duran alrededor de cuarenta días. La final, entre el ganador de la Conferencia Oeste y el ganador de la Conferencia Este, se juega al mejor de siete partidos.

Verbos y verbos compuestos

Veamos los significados de los siguientes verbos:

Verbs and multi-word verbs

Take (took/taken):

-Llevar

You can **take** my car if you want.

*Puedes **llevarte** mi auto si quieres.*

Don't **take** money to the beach.

*No **lleves** dinero a la playa.*

-Tomar (un medio de transporte).

He **took** the bus at 8.

***Tomó** el autobús a las 8.*

-Tomar (algo con las manos).

They **took** the bag and left.

***Cogieron** el bolso y partieron.*

-Necesitar (un tiempo).

It **takes** five minutes to get to the supermarket.

***Lleva** cinco minutos llegar al supermercado.*

Verbs and multi-word verbs

Put (put/put):

- Poner.

Don't **put** your feet on the table!
*¡No **pongas** tus pies sobre la mesa!*

Where did I **put** my glasses?
*¿Dónde **puse** mis lentes?*

He **put** her in a difficult situation.
*La **puso** en una situación difícil.*

You can **put** one chair next to the other.
*Puedes **poner** una silla al lado de la otra.*

Apply (applied/applied):

- Presentarse (para un trabajo):

He **applied** to join the army.
*Se **presentó** para entrar en el ejército.*

- Solicitar formalmente (un trabajo, un préstamo, una beca).

He **applied for** a job/a loan/a grant.
***Solicitó** un trabajo/un préstamo/una beca.*

- Ser aplicable o válida (una ley, disposición, parte de un documento, etc.):

This part of the form doesn't **apply** to foreigners.
*Esta sección del formulario **no es válida** para los extranjeros.*

- Aplicar (sobre una superficie):

Apply the lotion all over your body.
***Aplica** la loción sobre todo tu cuerpo.*

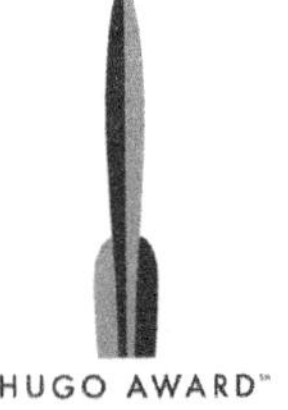
HUGO AWARD™

Hugo Awards

Los Premios Hugo son unos galardones que se otorgan a obras de ciencia ficción, así como a artistas gráficos, guionistas y editores del género. Reciben su nombre en honor a Hugo Gernsback, fundador de la revista Amazing Stories y autor del témino «ciencia ficción».

Los Angeles Memorial Coliseum

También conocido como "The Grand Old Lady", es un estadio ubicado en el centro de Los Ángeles (CA). Fue diseñado por los arquitectos John y Donald Parkinson y tiene capacidad para albergar a más de 90.000 espectadores. Fue sede de los Juegos Olímpicos de 1932 y 1984. Actualmente se utiliza como estadio local de los USC Troyans (equipo de fútbol americano de la University of Southern California) y para recitales de música.

Verbs and multi-word verbs

A continuación estudiaremos verbos compuestos con los anteriores:

Put

Put aside:

Ahorrar para un propósito específico.

Alyson is **putting aside** some money to buy a house.
*Alyson está **ahorrando** dinero para comprar una casa.*

Put away:

Guardar en el lugar que corresponde.

Please, **put away** your clothes.
*Por favor, **guarda** tu ropa.*

Put on: *Ponerse (ropa).*

I think I'll **put on** the blue jacket.
*Creo que **me pondré** la chaqueta azul.*

Put out:

Apagar, extinguir algo encendido.

The firemen **put out** the fire very quickly.
*Los bomberos **apagaron** el fuego rápidamente.*

Put up with: *Tolerar, soportar.*

They can't **put up with** this situation any longer.
*Ellos no pueden **soportar** esta situación por más tiempo.*

Take

Take out:

Obtener (un préstamo, una póliza, etc.).

Alyson **took out** a loan from the bank.
*Alyson **obtuvo** un préstamo del banco.*

Quitar, sacar.

The dentist **took out** the tooth.
*El dentista le **sacó** el diente.*

He **took** a wallet **out** of his pocket.
***Sacó** una billetera de su bolsillo.*

Sacar (dinero de un banco).

I'll **take** $200 **out** to pay for the hotel.
***Sacaré** $200 **del banco** para pagar el hotel.*

Take off:

Despegar (un avión).

The plane **took off** one hour later.
*El avión **salió** una hora más tarde.*

Quitarse (ropa).

She **took off** her raincoat and put it on a chair.
*Se **quitó** el impermeable y lo puso sobre la silla.*

Take after:

Parecerse (a alguien).

Tom **takes after** his mother.
*Tom se **parece** a su madre.*

Expanding your vocabulary

Higher education / La educación superior

admission: admisión

adult education: educación para adultos

adult secondary education (ASE): es un sistema alternativo a la escuela secundaria, para quienes no han podido terminarla

athletic scholarship: beca para deportistas

career: carrera, profesión

college: universidad

community college: institución comunitaria

counselor: consejero, guía

deadline: fecha límite

ESL = English as a second language: inglés como segunda lengua

financial aid: ayuda económica

general education development (GED): certificado que otorga el sistema escolar. Es una alternativa al diploma secundario.

grade: calificación

grant: beca

loan: préstamo

president: rector

NIH

«National Institutes of Health» es el nombre de un grupo de instituciones del gobierno de los EE UU dedicadas a la investigación médica. El grupo, fundado en 1887, tiene sus oficinas centrales en Bethesda, Maryland. Está integrado por 27 centros e institutos y son, en conjunto, una de las ocho agencias del Servicio Público de Salud.

Learning tips

Una manera muy práctica para aprender a pronunciar bien es grabar una entrevista de la radio. Elige, por ejemplo, un minuto de conversación y trata de escribir lo que dicen. Ahora grábate a ti mismo leyendo lo que has escrito y compara tu pronunciación con el audio original. Marca en rojo aquello que veas que has de mejorar y vuelve a intentarlo, hasta que consigas grabarte con una pronunciación parecida a la que grabaste de la radio.

Expanding your vocabulary

private college: universidad privada

public college: universidad pública

scholarship: beca

self-assessment test: examen de orientación vocacional

student: estudiante

student aid: ayuda económica para el estudiante

submit: presentar una solicitud

teacher: profesor/a

teacher aid: asistente del profesor

technical college: universidad técnica

trade schools: escuelas que enseñan oficios

tuition: pago por la enseñanza

university: universidad

work-study program: programa de algunas universidades que dan trabajo para que el estudiante pague sus estudios.

Let's practice

A

Completa los espacios en blanco con un verbo compuesto de la lista y colócalo en el tiempo que corresponda:

put up with **put on**
take out **take off**
put out **take after**
apply for **take**

1) He____________________a loan to buy a car.
2) She_________her coat and left without saying goodbye.
3) Sharon ______________an athletic scholarship.
4) It ________________three hours to get to the beach.
5) Please, ____________your cigarette. You can't smoke here.
6) He______________his grandmother. The same blue eyes and dark hair.
7) They stayed at the airport until the plane _____________.
8) I can't _______________this noise any longer.

B

Expresa suposiciones (assumptions) en las siguientes oraciones, como en el ejemplo. Usa diferentes auxiliares cada vez.

Ej: Whose is that red Mercedes? *It might be her sister's*. (be/sister's)

1) Look at Sheryl over there! Who's the man she's talking to?
_____________________________(be/husband)
2) What´s that strange noise on the roof?
_________________________________(be/cat)
3) What´s this black thing in my soup?
_____________________________(be/a cockroach)
4) Who´s knocking on the door?
_____________________________(be/neighbor)
5) She's not at her desk.
__________________________(be having lunch)
6) He looks sad.
_________________________(miss/his girlfriend)

C

Escribe otra palabra que tenga el mismo significado:

1) University _________________
2) Scholarship_________________
3) Financial aid _______________

D

Marca el significado que corresponda:

1) Universidad técnica:
a-technical college **b**-trade schools
2) Pago por la enseñanza:
a-admission **b**-tuition
3) Presentar: **a**-submit **b**-apply

SOLUCIONES

A. **1**-applied for/took out, **2**-put on, **3**-applied for/took out, **4**-takes, **5**-put out **6**- takes after, **7**-took off, **8**-put up with. B. Respuestas posibles: **1**-He must be her husband, **2**-It has to be a cat, **3**-It might be a cockroach, **4**-It could be our, neighbor, **5**-She may be having lunch, **6**-He might miss her girlfriend. C. **1**-College, **2**-Grant, **3**-Student Aid. D. **1**-a, **2**-b, **3**-a.

ADVANCED UNIT 38

En esta unidad estudiaremos:

DIALOGUES: *A NEW CAR / Un automóvil nuevo*

LET'S SPEAK ENGLISH

VERBS AND MULTI-WORD VERBS:
THINK – SHOP – END - ADD

EXPANDING YOUR VOCABULARY:
THE CAR / El automóvil; BUYING A CAR / Comprar un auto; DRIVING / Conducir, manejar

Diálogo

Barbara, Tom, Alyson y Esteban charlan sobre la compra de un auto nuevo.

Barbara: Tom! Guess what I bought for you. **Take a look!**.
Tom: A new car? Hey, a magazine about cars! Just what I was looking for! Thank you!
Alyson: **Are you going to** get a new car?
Tom: Yeah, I'm **thinking about** buying a **better** car. My car is too old already. I can't pay more than $18,000, but I think I can get a good car with standard equipment for that money.
Esteban: **Are you going to** buy a used car or a new one? You can find out about makes, prices and conditions in the newspapers or on the Internet too. I bought a very good used car last year.
Barbara: Yeah, but I think there's nothing **better than** the way a new car smells... the leather seats... the colors... (*scanning the magazine*).
Tom: Used cars are **cheaper** and you can get a good one, but **on the other hand**, they generally don't have a warranty, and if they break down, you have to pay a lot of money for repairs. So, **in the long run**, you may **end up** paying much more.
Esteban: Anyway, **shop around** to get the best quote. You can always make an offer and negotiate to get discounts.
Barbara: Tom, sweetie, look at this convertible! Isn't it terrific?
Tom: Wow, yeah...incredible! But a bit too expensive for my budget, I guess.
Barbara: But you **don't have to** pay for the total amount. You can take out a loan at the same car agency, or at a credit union...
Tom: ...that you have to pay back every month. And besides, you almost always have to make a 20% down payment when you get a new car. And then you have to pay for insurance, registration...
Barbara: I've got an idea! You can lease it instead of buying it!
Alyson: That's an alternative, but don't forget that while leases are usually lower than loans, you never actually own the car.
Barbara: But you can use it anyway, right?
Esteban: Yeah, but you have to consider **the pros and cons**. A lease might be cheaper but you have to pay charges if you drive more miles than what was agreed in the contract. And it can many times **add up to** a lot of money!
Tom: I'm going to **think over** what's best for me. Thanks a lot for your help!

Diálogo

(traducción)

Barbara: *¡Tom! Adivina lo que compré para ti.* ***¡Mira!***

Tom: *¿Un auto nuevo? ¡Una revista sobre autos! ¡Justo lo que estaba buscando!¡Gracias!*

Alyson: *¿* ***Vas a comprarte*** *un auto nuevo?*

Tom: *Sí, estoy* ***pensando en*** *comprar un auto* ***mejor****. Mi auto ya es demasiado viejo. No puedo pagar más de $18.000, pero pienso que por ese dinero puedo conseguir un buen auto con el equipamiento básico.*

Esteban: *¿* ***Vas a comprarte*** *un auto nuevo o usado? Puedes averiguar precios y condiciones en los diarios o en internet también. Yo me compré un auto usado muy bueno el año pasado.*

Barbara: *Sí, pero creo que no hay nada* ***mejor que*** *el olor de un auto nuevo... los asientos de cuero...los colores...(ojeando la revista).*

Tom: *Los autos usados son* ***más baratos*** *y puedes conseguir uno bueno, pero* ***por otro lado****, generalmente no tienen garantía, y, si se averían, tienes que pagar mucho dinero por las reparaciones.* ***A largo plazo****,* ***terminas*** *pagando mucho más.*

Esteban: *De todas maneras,* ***averigua precios en*** *varios lugares para conseguir la mejor cotización. Siempre puedes hacer una oferta y negociar para conseguir descuentos.*

Barbara: *Tom, cariño, ¡mira este convertible! ¿No es espectacular?*

Tom: *¡Guau, sí! ...¡Increíble! Pero es demasiado caro para mi presupuesto, me imagino.*

Barbara: *Pero* ***no tienes que*** *pagar por el monto total. Puedes pedir un préstamo en la misma agencia o en una cooperativa de crédito...*

Tom: *...por el que tienes que pagar una cuota todos los meses. Y además, casi siempre tienes que pagar el 20% por adelantado cuando compras un auto nuevo. Y después tienes que pagar por el seguro, la inscripción...*

Barbara: *¡Tengo una idea! ¡Puedes arrendarlo en vez de comprarlo!*

Alyson: *Esa es una alternativa, pero no te olvides de que, si bien los arrendamientos son más baratos que los préstamos, nunca eres en realidad dueño del auto.*

Barbara: *Pero puedes usarlo igual, ¿verdad?*

Esteban: *Sí, pero debes considerar* ***los pros y los contras****. Un arrendamiento puede ser más barato, pero debes pagar recargos si excedes las millas que se acordaron en el contrato. ¡Y muchas veces* ***suma*** *mucho dinero!*

Tom: *Voy a* ***pensar detenidamente*** *qué es lo mejor para mí. ¡Gracias por la ayuda!*

NAIAS

El "North American International Auto Show" es una exposición del sector de la automoción que se celebra cada enero en la ciudad de Detroit (sede de las principales empresas automovilísticas del país). La primera edición tuvo lugar en 1907 y hoy es considerada como la muestra más importante del sector.

Hablemos inglés

Let's speak English

1 *Estudiemos algunas expresiones con el verbo **«take»**:*

Take a look: *Mirar.*

Do you want to **take a look** at the new store?
*¿Quieres **mirar** la nueva tienda?*

Take the bull by the horns: *Tomar el toro por los cuernos.*

I'll **take the bull by the horns** and tell her I love her.
***Tomaré el toro por los cuernos** y le diré que la amo.*

Take for granted: *Dar por sentado.*

I **took** it **for granted** he was going to invite me.
***Di por sentado** que me iba a invitar.*

2 *Cuando quieres decir que algo **no es necesario**, usas el auxiliar **«have to»** en negativo:*

You **don't have to** call her. I did it already.
***No tienes que** llamarla. Yo ya lo hice.*

They **don't have to** come. It's not necessary.
***No tienen que** venir. No es necesario.*

3 *Cuando quieres expresar intención (**intention**), puedes usar **«be going to»***

I'**m going to** call her tonight.
***Voy a** llamarla esta noche.*

They'**re** not **going to** travel.
*No **van a** viajar.*

Let's speak English

Yankee Doodle

Se trata de una canción muy conocida en EE UU, que ha llegado a ser un símbolo del país y que sigue siendo una referencia de patriotismo hoy día. Su origen se remonta a la época prerevolucionaria, donde era cantada por los oficiales británicos para burlarse de los desorganizados "yanquis" coloniales.

4

*La siguiente expresión se usa cuando **debas evaluar las ventajas y desventajas** de algo:*

You should think about **the pros and cons** of buying a new car.
*Deberías pensar en **los pros y los contras** de comprar un auto nuevo.*

5

*Fíjate en estas oraciones donde hay **comparaciones:***

good: *bueno*
better: *mejor*
(the) best: *(el) mejor*

cheap: *barato*
cheaper: *más barato*
(the) cheapest: *(el) más barato*

bad: *malo*
worse: *peor*
(the) worst: *(el) peor*

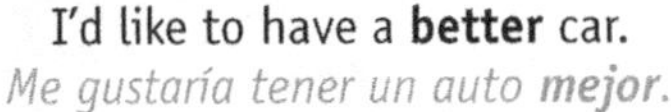

I'd like to have a **better** car.
*Me gustaría tener un auto **mejor**.*

Used cars are **cheaper**.
*Los autos usados son **más baratos**.*

Leasing is **cheaper than** buying.
*Arrendar es **más barato que** comprar.*

There's nothing **worse than** a very old car.
*No hay nada **peor que** un auto muy viejo.*

You are my **best** friend.
*Tú eres mi **mejor** amiga.*

This is **the worst** movie I've ever seen.
*Esta es **la peor** película que he visto en mi vida.*

6

*Cuando tengas que **mencionar alternativas**, puedes usar estas expresiones:*

On the one hand: *Por un lado.*

On the other hand: *Por otro lado.*

On the one hand, used cars are cheaper, but, **on the other hand**, they break down more.
__Por un lado__, los automóviles usados son más baratos, pero, __por otro lado__, se averían más.

7

Fíjate en estas expresiones:

In the long run: *A largo plazo.*

Maybe it's not very expensive in the beginning, but **in the long run**, you pay more.
*Quizás no sea muy caro al comienzo, pero **a largo plazo**, pagas más.*

In the short run: *A corto plazo.*

If you work hard, you'll see the results **in the short run.**
*Si trabajas mucho, verás los resultados **a corto plazo**.*

Verbos y verbos compuestos

Veamos los significados de los siguientes verbos:

Verbs and multi-word verbs

Think (thought/thought):

-Pensar: I **think** she's right.
__Pienso__ que ella tiene razón.
I'm **thinking about** my vacation.
Estoy __pensando en__ mis vacaciones.
She still **thinks of** him.
Ella todavía __piensa en__ él.

Shop (shopped/shopped):

-Ir de compras: I always **shop** in the neighborhood.
Siempre __voy de compras__ en el vecindario.

End (ended/ended):

-Terminar: The party **ended** at 2. / *La fiesta __terminó__ a las 2.*

Add (added/added):

-Agregar: She **added** mayonnaise to the salad.
Ella le __agregó__ mayonesa a la ensalada.
He didn't **add** anything to what we already knew.
No __agregó__ nada a lo que ya sabíamos.

-Sumar: **Add** 2589 and 4673, please.
__Suma__ 2589 más 4673, por favor.

Life in the US

En EE UU, la licencia de conducir es el documento que más vas a necesitar a diario. Dicho documento no se limita a darte el permiso de conducir, sino que cada vez que debas presentar un documento de identidad con foto, éste será el mas apropiado. Si no sabes manejar, acude igualmente a un centro donde den licencias para que te emitan una identificación con foto para las personas que no saben o no pueden manejar.

Verbs and multi-word verbs

A continuación estudiaremos verbos compuestos con los anteriores:

Add

Add up:

Tener lógica, ser razonable.

Her answers don't **add up.**
*Sus respuestas no **tienen lógica /** no **son razonables.***

Sumar, aumentar el precio.

Some accessories are not very expensive, but it all **adds up**.
*Algunos accesorios no son muy caros, pero todo **suma**.*

End

End up:
Terminar en un lugar o situación que no estaba prevista.

I always **end up** buying something I don't need.
*Siempre **termino** comprando algo que no necesito.*

After walking for two hours, we **ended up** at Pam's house.
*Después de caminar durante dos horas, **terminamos** en la casa de Pam.*

Shop

Shop around:
Recorrer lugares averiguando precios antes de comprar algo.

Why don't you **shop around** before buying the digital camera?
*¿Por qué no **averiguas precios** antes de comprar la cámara digital?*

Think

Think over:
Pensar cuidadosamente antes de tomar una decisión.

I'll **think** it **over** before making a decision.
*Lo **pensaré muy bien** antes de tomar una decisión.*

The car / El automóvil

Expanding your vocabulary

radiator: radiador

hood: capó

windshield wipers: limpiaparabrisas

license plate: placa, matrícula

fender: paragolpes

headlight: faro

wheel: rueda

mirror: espejo

door: puerta

trunk: maletero

accelerator: acelerador

automatic transmission: dirección automática

battery: batería

tire: goma / neumático

brake: freno

clutch: embrague

engine: motor

gear shift: caja de cambios

make: marca de un automóvil

model: modelo

parking brake: freno de mano

parts: repuestos

steering wheel: volante.

Expanding your vocabulary

Buying a car / Comprar un auto

black/blue book:
libro que contiene precios de autos usados

car dealer/dealer:
agencia concesionaria, agente de un concesionario

department of motor vehicles:
oficina gubernamental que administra todo lo relacionado con los automóviles

driver: conductor

extended warranty:
garantía adicional, extendida

fine/ticket: multa

mechanic: mecánico

garage:
taller mecánico

lease:
arrendar/arrendamiento

miles: millas

parking lot: parqueo

preowned car: auto usado

registration:
inscripción, matrícula

rent: alquilar/alquiler

tag (license tag): etiqueta que sirve como comprobante del pago de impuestos al Departamento de Tránsito

ticket:
multa, infracción

towing:
servicio de grúa

traffic light:
semáforo

upgrades:
mejoras, equipamiento adicional

used car: auto usado

vehicle history:
historial de un auto

VIN (vehicle identification number):
número de identificación del automóvil

warranty: garantía

Indy 500

La carrera de las 500 millas de Indianá-polis es una competición de monoplazas que se celebra anualmente en el circuito Indianapolis Motor Speedway, Indiana. La primera edición tuvo lugar en 1911.

Learning tips

Hay dos maneras muy prácticas de aprender el inglés que se usa con los automóviles: una es leer los avisos clasificados de los periódicos o revistas gratuitas de compraventa; la otra es conseguir una revista de autos o folletos publicitarios que dan en las tiendas de autos nuevos y marcar todas las palabras que quieres aprender. Toma tu libreta y anótalas, buscando en el diccionario su significado.

Driving / Conducir, manejar

collision: colisión, choque

crash: colisionar, chocar

blood alcohol level: nivel de alcohol en la sangre

blood alcohol limit: límite de alcohol en la sangre

driving under the influence (DUI): conducir bajo la influencia del alcohol o las drogas

driving while intoxicated (DWI): conducir intoxicado por drogas o alcohol

drunk driving: conducir ebrio

hit and run: accidente en el que el culpable huye

impaired driver: persona no apta para conducir por estar afectada por el alcohol o las drogas

pedestrian: peatón

injury: lesiones

pull over: detener un vehículo a un lado de la carretera

speed limit: límite de velocidad

Let's practice

A

Elige la expresión adecuada para cada oración. Una de ellas no puede usarse en ninguna oración.

- on the other hand
- take it easy
- the pros and cons
- take a look
- take the bull by the horns
- in the long run
- on the one hand
- take it for granted

1) Don´t ______________that you'll pass the test.
2) Why don't you ________________at my new car? It's on the driveway.
3) _________________(a) it's a good idea, but ______________(b) I think it's not very practical.
4) I´ll ________________and look for another job.
5) You always have to think about ______________ before making a decision.
6) Maybe you can't see the results now, but _________________ you'll see the benefits.

B

Añade los verbos que correspondan según se trate de **«intention»** (am/is/are going to) o **«not necessary»** (don´t/doesn´t have to).

1) I________go out tonight. I'm tired.
2) She_________travel to San Francisco next weekend.
3) You________bring anything to the party. Everything's organized.
4) They___________change their minds.
5) He__________ call them. They'll send her an e-mail.
6) I ________pay for insurance. My company takes care of that.

C

Elige la expresión que tenga el mismo significado que la que aparece en **negrita**.

1) Before buying a car, you should **compare prices.**
a-end up / **b**-shop around / **c**-add up

2) There´s something here that **is not reasonable.** I don't understand.
a- doesn't add up / **b**- doesn't end up / **c**- think about.

3) If you don't go to the doctor right now, you'll ________in bed.
a-add up to / **b**-end up / **c**-end

4) I´m going to___________and give you an answer next Monday.
a-end up / **b**-think of / **c**-think it over

D

Completa los espacios en blanco con la palabra adecuada:

1) When you want to buy a car, you can go to _________________.
2) A preowned car is the same as a________.
3) When you park your car on an uphill street, you have to put on the __________.
4) If you have a big family, it's important that you car has a large _____________.
5) An alternative to buying a car is ______ _________it.
6) If you go through a red traffic light, you'll get a ____________________.

SOLUCIONES

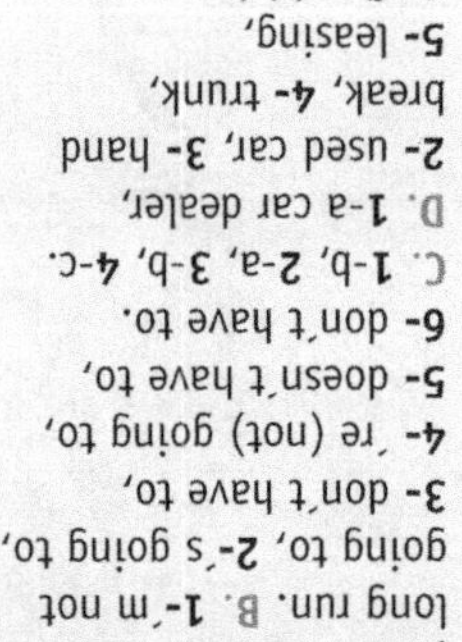

A. **1**- take it for granted, **2**- take a look, **3**- a) On the one hand, b) on the other hand, **4**- take the bull by the horns, **5**- the pros and cons, **6**- in the long run. B. **1**-´m not going to, **2**-´s going to, **3**- don´t have to, **4**-´re (not) going to, **5**- doesn´t have to, **6**- don´t have to. C. **1**-b, **2**-a, **3**-b, **4**-c. D. **1**-a car dealer, **2**- used car, **3**- hand break, **4**- trunk, **5**- leasing, **6**- fine/ticket.

ADVANCED UNIT 39

En esta unidad estudiaremos:

DIALOGUES: *FINDING ABOUT INSURANCE / Buscando información sobre seguros*

LET'S SPEAK ENGLISH

VERBS AND MULTI-WORD VERBS:
PLAY – MIX - PROVIDE

EXPANDING YOUR VOCABULARY:
INSURANCE / Seguros; CAR INSURANCE / Seguro del automóvil; HEALTH INSURANCE / Seguro de salud

Diálogo

Alyson, Esteban, Barbara y Tom están hablando sobre las diferentes clases de seguros.

Tom: Alyson, you're very interested in your reading!
Esteban: What are those brochures?
Alyson: Oh, I'm **going through** the different health insurance plans.
Tom: The store doesn't give you coverage?
Alyson: The benefit is not for employees who get low salaries.
Barbara: Health insurance? Why bother! It doesn't **make any difference**.
Tom: Don't **play down** the importance of insurance, you never know when things can happen.
Alyson: I have to **provide for** my son's medical care.
Esteban: Have you **made up your mind**?
Alyson: Not really. I'm **mixing** all of them **up**. Can you help me?
Esteban: When choosing a health insurance plan, you should take into account the monthly fee you have to pay and the services covered, like doctor visits and prescription drugs. Another point to consider is how many doctors accept the plan, and which are the hospitals included in the program. And also, check how much is the co-payment required for each doctor visit and how much you have to pay yourself.
Alyson: That **seems** to be good advice. **I'll keep it in mind.**
Barbara: I really can't see **what's the use of it** .
Tom: Barbie, **you'd better** be careful and buy a renter's insurance policy.
Barbara: **What for**? The landlord has homeowner's insurance.
Tom: Because it doesn't cover your possessions in case of a theft.
Barbara: If so, I'd go shopping to replace them! It would be more fun!
Esteban: Tom, what about your car insurance?
Tom: I'll get liability insurance.
Esteban: If you take out a loan you may have to provide collision and comprehensive coverage as well.
Tom: Does the law require that coverage?
Esteban: No, your lender does.
Tom: Smart guy!

Diálogo

(traducción)

Tom:	*Alyson, ¡estás muy concentrada en tu lectura!*
Esteban:	*¿Qué son esos folletos?*
Alyson:	*Ah, estoy* ***analizando*** *los diferentes planes de seguros médicos.*
Tom:	*¿La empresa no te da cobertura?*
Alyson:	*Los beneficiarios no son los empleados que tienen salarios bajos.*
Barbara:	*¿Seguros médicos? ¿Para qué preocuparse?* ***No cambian mucho las cosas.***
Tom:	*No le* ***restes importancia*** *a los seguros, nunca sabes cuándo puede sucederte algo.*
Alyson:	*Yo tengo que* ***proporcionar*** *un seguro sanitario a mi hijo.*
Esteban:	*¿Ya te has decidido?*
Alyson:	*En realidad, no. Los estoy* ***mezclando*** *todos. ¿Pueden ayudarme?*
Esteban:	*Cuando tienes que elegir un plan de seguro médico, debes* ***tener en cuenta*** *la cuota mensual que debes pagar y los servicios que cubre, como la atención médica y las medicinas. Otro tema a considerar es la cantidad de médicos que aceptan el plan y los hospitales que están incluidos. Y también debes fijarte en cuánto debes aportar como co-pago por visita médica y cuánto tienes que pagar por tu cuenta.*
Alyson:	***Parecen*** *buenos consejos. Los* ***tendré en cuenta.***
Barbara:	*Yo, en realidad,* ***no veo para qué sirven.***
Tom:	*Barbie,* ***sería mejor*** *que fueras previsora y pagaras por un seguro de arrendatario.*
Barbara:	***¿Para qué?*** *El arrendador tiene seguro de la vivienda.*
Tom:	*Porque no cubre tus bienes personales en caso de robo.*
Barbara:	*Si eso pasara, me iría de compras para reponerlos. ¡Sería más divertido!*
Esteban:	*Tom, ¿qué sucede con el seguro de tu auto?*
Tom:	*Contrataré un seguro de responsabilidad civil.*
Esteban:	*Si pides un préstamo también tendrás que contar con un seguro a terceros y a todo riesgo.*
Tom:	*¿Lo requiere la ley?*
Esteban:	*No, quien te presta el dinero.*
Tom:	*¡Qué astuto!*

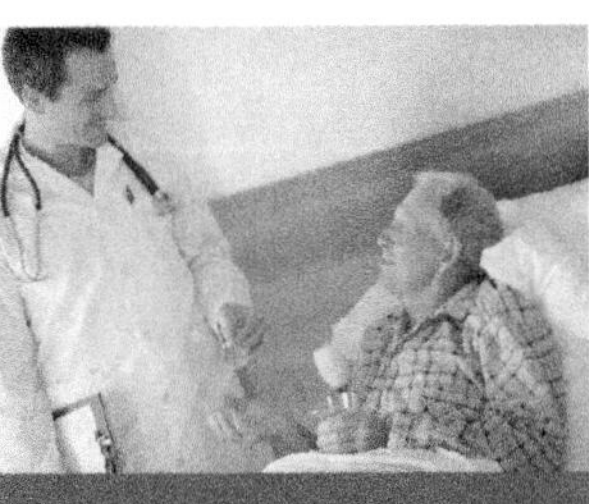

Medicare

Es un programa de cobertura de seguridad social que administra el gobierno de EE UU y que proporciona atención médica a personas mayores de 65 años. El programa también financia la formación de médicos residentes. Fue aprobado como ley en 1965 por el presidente Lyndon B. Johnson.

Hablemos inglés

Let's speak English

1 *Veamos la siguiente expresión con el verbo **«make»**:*

Not make any difference:
No cambiar las cosas / Ser lo mismo

Whether he comes or not **doesn't make any difference.**
*Si viene o no, **no cambia las cosas.***

2 *Fíjate en las siguientes expresiones con **«mind»**:*

Make up one's mind:
Decidirse.

I **made up my mind** and got the blue raincoat.
***Me decidí** y me llevé el impermeable azul.*

Keep/Bear in mind:
Tener en cuenta.

I'll **keep** your advice **in mind** when I choose the insurance plan.
***Tendré en cuenta** tu consejo cuando elija un plan de seguro.*

3 *Estudiemos estas expresiones que sirven para **suavizar la manera de dar información y no ser categórico:***

(It) seems/appears (that)/to:
Parece que.

It seems/appears (that) we finally agreed.
***Parece que** finalmente nos pusimos de acuerdo.*

The weather **seems/appears to** be better.
***Parece que** el tiempo está mejor.*

Davy Crockett

David Stern Crockett (1786 – 1836) fue un héroe popular de Estados Unidos, también conocido por su apodo: "King of the Wild Frontier" ("Rey de la salvaje frontera"). Representó a Tennessee en el Congreso de los Estados Unidos, luchó en la independencia de Texas y murió a los 49 años de edad en la Batalla de El Álamo.

Let's speak English

4

Cuando quieras saber ***para qué sirve algo*** *puedes hacer estas preguntas:*

What for?
¿Para qué?

What do you use it for?
¿Para qué lo usas?

- What's it used for?
¿Para qué se usa?

- I got this new gadget
Me compré este nuevo aparato.
- What's it used for?
¿Para qué se usa?

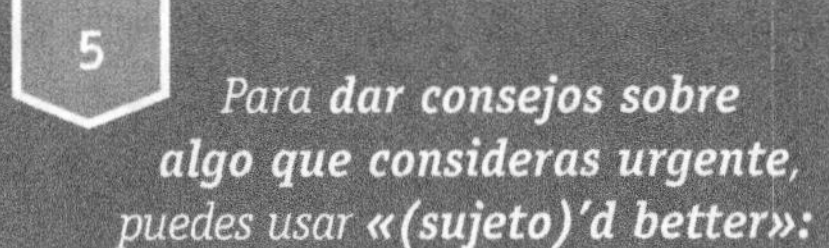

5

Para ***dar consejos sobre algo que consideras urgente,*** *puedes usar* ***«(sujeto)'d better»:***

You'd better call her right now.
Te aconsejo que *la llames ahora mismo.*

We'd better leave now if we want to arrive on time**.**
Será mejor que *salgamos ahora si queremos llegar a tiempo.*

6

Aprendamos la siguiente expresión con el sustantivo ***«use»:***

What's the use of it?
¿De qué sirve?

Take it easy!,
What's the use of worrying?
Tómalo con calma,
¿De qué sirve *preocuparse?*

Verbs and multi-word verbs

Verbos y verbos compuestos

Veamos los significados de los siguientes verbos:

Play (played/played):

-Jugar. The children were **playing** basketball.
*Los niños estaban **jugando** al baloncesto.*

-Tocar un instrumento. She **plays** the piano very well.
*Ella **toca** muy bien el piano.*

Mix (mixed/mixed):

-Mezclar: If you **mix** yellow and blue, you get green.
*Si **mezclas** el amarillo con el azul obtienes el verde.*

Provide (provided/provided):

-Proveer, dar, proporcionar:

The company **provides** many benefits to its employees.
*La empresa **proporciona** muchos beneficios a sus empleados.*

Learning tips

Para familiarizarse con el vocabulario que se usa en los bancos y en cuestiones relativas al dinero, un truco muy sencillo es tomar los folletos de los bancos donde informan sobre los distintos servicios que ofrecen. Todos estos folletos suelen estar en inglés y en español. Pide ambos (inglés y español) y familiarízate con las palabras y expresiones, así como con su significado.

Verbs and multi-word verbs

A continuación estudiaremos verbos compuestos con los anteriores:

Provide

Provide for:
proveer a una persona de lo necesario, mantener, proporcionar

Alyson has a child to **provide for**.
*Alyson tiene que **mantener** a su hijo.*

Mix

Mix up:

confundir, no diferenciar

I always **mix up** the names of his sisters.
*Siempre **confundo** el nombre de sus hermanas.*

desordenar, mezclar

You've **mixed up** all my papers!
*¡**Mezclaste** todos mis papeles!*

Play

Play off:
jugar los partidos eliminatorios de un torneo

His team will **play off** next weekend.
*Su equipo **jugará las eliminatorias** el próximo fin de semana.*

Play down:
no darle importancia a algo

She **played down** the seriousness of her accident.
*Ella le **restó importancia** a la gravedad de su accidente.*

Play up:
hacer que algo parezca más importante de lo que es

The ad **plays up** the benefits of the flat screen, but doesn't mention the cost.
*El anuncio **destaca** los beneficios de la pantalla plana, pero no menciona el costo.*

Play back:
volver a ver o escuchar algo que ha sido grabado

He **played back** the song a hundred times!
*¡**Volvió a escuchar** la canción cien veces!*

Insurance / Seguros

Expanding your vocabulary

Homeowner's insurance / Seguros de la vivienda

coverage: cobertura

policy: póliza

premium: prima

deductibles: franquicia, suma que debe pagar una persona antes de que su seguro pague el resto

file a claim: presentar una reclamación ante una compañía de seguros

flood insurance: seguro contra inundaciones

homeowner: propietario

tenant: inquilino

renter: inquilino

landlord/landlady: arrendador/a, quien alquila una propiedad

homeowner's insurance: seguro de la vivienda

property damage coverage: cobertura contra daños a la propiedad

Expanding your vocabulary

medical payments coverage: cobertura por gastos médicos

additional living expenses: gastos de vida adicionales

claim: reclamo, reclamación

policyholder: titular de una póliza

insurance agent/broker: agente de seguros

renter's insurance: seguro del arrendatario

personal possessions coverage: cobertura de bienes personales

personal liability coverage: cobertura de responsabilidad personal

insurer: asegurador

Skyscraper

El Manhattan Life Insurance Building fue uno de los rascacielos más antiguos del mundo. Fue primer edificio en superar la marca de los 100 metros de altura (1894), seguido al año siguiente por el Milwaukee City Hall. Estaba situado en Manhattan y fue demolido en 1930.

Car Insurance / Seguro del automóvil

bodily injury liability coverage: cobertura de responsabilidad personal por lesiones corporales

comprehensive coverage: cobertura contra a riesgo/amplia (excepto colisión)

liability: responsabilidad civil

insurance card: tarjeta del seguro

liability coverage: seguro de responsabilidad civil

personal injury protection (PIP): protección contra lesiones personales

Liberty Bell

La Campana de la Libertad, que se encuentra en Filadelfia, Pensilvania, es uno de los grandes símbolos de la independencia, la abolición de la esclavitud, el carácter de la nación y la libertad en los Estados Unidos. Con su toque más famoso, el 8 de julio de 1776 convocó a los ciudadanos de Filadelfia para la lectura de la Declaración de Independencia. Luego fue adoptada por la Sociedad Americana Antiesclavitud como un símbolo del movimiento abolicionista.

Expanding your vocabulary

underinsured motorist coverage: cobertura contra un automovilista con seguro insuficiente.

uninsured motorist coverage: cobertura contra un automovilista no asegurado

collision coverage: cobertura contra colisión.

property damage coverage: cobertura por daños a la propiedad

Health Maintenance Organization (HMO): organización para el mantenimiento de la salud

co-payment: co-pago, suma que se debe abonar cada vez que visita a un médico

primary care physician: médico de cabecera

physician: médico

network: médicos afiliados a la HMO

not network: médicos no afiliados a la HMO.

over the counter (OTC): medicinas que se pueden comprar sin receta.

prescription: receta.

medicaid: programa de asistencia que cubre los gastos médicos de personas de cualquier edad cuyos ingresos son bajos

medicare: programa de seguro de salud para ciudadanos o residentes mayores de 65 años, o personas jóvenes con discapacidades.

Let's practice

A

Une estas mitades de oraciones para que tengan sentido.

1) I´ve made up my mind. (__)
2) It seems (__)
3) Everything will be OK, (__)
4) Keep it in mind (__)
5) It makes no difference (__)
6) You´d better (__)

a) it's going to rain.
b) hurry or you'll miss the bus.
c) when you choose your insurance company.
d) I´m going to travel to Canada.
e) where you put that couch.
f) what's the use of crying?

B

Une los verbos compuestos de la columna izquierda con su significado en español.

1) Provide for (__)
2) Play back (__)
3) Mix up (__)
4) Play down (__)
5) Play off (__)
6) Play up (__)

a) Confundir.
b) Dar más importancia.
c) Volver a ver o escuchar.
d) Restar importancia.
e) Proveer de.
f) Jugar eliminatorias.

C

Completa las siguientes oraciones con los verbos compuestos del ejercicio B:

1) I always_______________Robert De Niro and Al Pacino.

2) The brochure__________________ the comfort of the hotel, but doesn't mention the location.

3) _______________________that song, please. I love it.

4) Don´t _________the importance of speaking many languages.

5) He has to__________________ his son's education.

6) They____________________for the championship tonight.

D

Completa las explicaciones con el vocabulario correcto:

1) If you own your house, you need ________________ insurance.

2) If you rent an apartment, you need__________________ insurance.

3) The person who sells insurance is called ________ ____________.

4) If you want to insure yourself against collisions, you need __________________ insurance.

5) If you are insured, you have to pay a ___________ every month.

6) If a driver doesn't have insurance, he/she is called ________________.

7) The medicines that can be bought without prescription are called ________________.

SOLUCIONES

A. **1**-d, **2**-a, **3**-f, **4**-c, **5**-e, **6**-b. B. **1**-e, **2**-c, **3**-a, **4**-d, **5**-f, **6**-b.
C. **1**-mix up, **2**-plays up, **3**-Play back, **4**-play down, **5**-provide for, **6**-play off.
D. **1**-homeowner's, **2**-renter's, **3**-insurance agent/broker, **4**-collision, **5**-premium, **6**-uninsured, **7**- OTC (over the counter).

ADVANCED UNIT 40

En esta unidad estudiaremos:

DIALOGUES: *BUYING OR RENTING / ¿Comprar o alquilar?*

LET'S SPEAK ENGLISH

VERBS AND MULTI-WORD VERBS: *DREAM – MOVE - CLEAR*

EXPANDING YOUR VOCABULARY: *HOUSING / La vivienda*

Diálogo

Tom, Esteban y Alyson están conversando después del trabajo. Barbara interrumpe la conversación.

Barbara: Come on, Tom. Let's go home! I **can't wait** to go swimming in the pool!

Alyson: Do you have a swimming pool at home?

Barbara: Yes, I rented an apartment in a building that has many fantastic amenities.

Alyson: That must be great!

Esteban: How much are you paying for those amenities?

Barbara: I pay **around** $2,000 for the rent and I can make use of everything I want.

Alyson: That's a lot of money! How many rooms does your apartment have?

Barbara: A living room, a bedroom, a small kitchen and a bathroom.

Alyson: I **dream of** buying a small townhouse in a quiet neighborhood.

Barbara: I love the **hustle and bustle** of the city.

Tom: Alyson, are you in good financial shape?

Alyson: Yes, **I think so**. I have a job and my credit is in good standing. And as I told you, I'm very organized.

Tom: Then you can take out a mortgage.

Esteban: Yes, I bought my house with a mortgage. It's the most affordable way.

Tom: You make a down payment at the beginning, and then you pay the installments every month.

Barbara: I think renting is much better.

Alyson: Why?

Barbara: Because paying a mortgage now to own the house 30 years later sounds crazy to me! And besides, what if you want to change neighborhoods, or **move away** from the city?

Alyson: In my opinion, buying a house is a way of making an investment for the future.

Tom: A real estate agent can help you **clear up** your doubts. They always know all the tips and tricks to buying or selling homes. So, why are you waiting to **make your dream come true?**

Diálogo

(traducción)

Barbara: *¡Vamos, Tom, vayamos a mi casa! ¡**Estoy deseando** ir a nadar en la piscina!*

Alyson: *¿Tienes una piscina en tu casa?*

Barbara: *Sí, alquilé un apartamento en un edificio que tiene muchos servicios fantásticos...*

Alyson: *¡Eso debe de ser muy bueno!*

Esteban: *¿Cuánto pagas por esos servicios?*

Barbara: *Pago **alrededor** de $2,000 por el alquiler, y puedo usar todo lo que quiera.*

Alyson: *¡Eso es muchísimo dinero! ¿Cuántas habitaciones tiene tu apartamento?*

Barbara: *Una sala de estar, un dormitorio, una pequeña cocina y un baño.*

Alyson: ***Yo sueño con** comprarme una pequeña casa en un vecindario tranquilo.*

Barbara: *A mí me encanta **el movimiento** de la ciudad.*

Tom: *Alyson, ¿tienes una buena situación económica?*

Alyson: *Sí, **creo que sí**. Tengo un trabajo y mi crédito está en buena situación. Y como te dije, soy muy organizada.*

Tom: *Entonces puedes pedir una hipoteca.*

Esteban: *Sí, yo compré mi casa con una hipoteca. Es la manera más accesible.*

Tom: *Pagas un adelanto al principio y luego pagas cuotas todos los meses.*

Barbara: *Yo pienso que alquilar es mucho mejor.*

Alyson: *¿Por qué?*

Barbara: *Porque pagar una hipoteca ahora para ser dueño de una casa dentro de 30 años me parece una locura. ¿Qué haces si quieres cambiar de vecindario o **mudarte** de ciudad?*

Alyson: *En mi opinión, comprar una casa es una manera de hacer una inversión para el futuro.*

Tom: *Un agente inmobiliario te puede ayudar a aclarar tus dudas. Ellos siempre conocen todos los secretos de la compra y venta de casas. ¿Qué estás esperando para **hacer realidad tu sueño**?*

The Hamptons

Con este nombre se conoce a una zona al este de Long Island, en el estado de Nueva York. El sector comprende 24 villas y aldeas donde se ubican las exclusivas residencias de verano de la clase alta estadounidense.

Hablemos inglés

Let's speak English

1 *Esta expresión puede usarse cuando estás ansioso/a **(eager)** o entusiasmado/a **(excited)** por hacer algo:*

I **can't wait to** + verb:

I **can't wait to** see the new Brad Pitt movie.
***Estoy deseando** ver la nueva película de Brad Pitt.*

I **can't wait** to call her!
*¡**Estoy ansioso por** llamarla!*

2 *Para **confirmar o contestar una pregunta**, puedes decir:*

Is that the restaurant? **I think so.**
*¿Es aquel el restaurante? **Creo que sí.***

Is she coming? **I don't think so.**
*¿Ella viene? **Creo que no.***

3 *Estudiemos esta expresión con la palabra **«dream»**:*

Why are you waiting **to make your dreams come true**?
*¿Qué estás esperando **para hacer realidad tus sueños**?*

Fíjate en estas otras expresiones:

-**Dream on**!
¡Sigue soñando!
Lo dices cuando no crees que algo que te han dicho suceda.

- I hope I'll get a raise!
¡Creo que me darán un aumento!
- **Dream on**!
¡Sigue soñando!

-Hacer algo **like a dream** es hacerlo muy bien:

Dinner went **like a dream**.
*La cena resultó **como lo había soñado**.*

Let's speak English

The American dream

Se entiende como «el sueño americano» a la la igualdad de oportunidades y libertad que permite a los habitantes de EE UU lograr sus objetivos en la vida. Esta idea fue expresada por primera vez en 1931 por James Truslow Adams, refiriéndose a que la prosperidad depende de las habilidades propias y del trabajo personal, y no por un sentido rígido de jerarquía social.

-The American dream:
El sueño americano.
Pensar que en los Estados Unidos todo los sueños se pueden hacer realidad.

Buying a house is part of **the American dream.**
Comprar una casa es parte del ***sueño americano.***

-Wouldn't dream of something/doing something:
Se usa para decir que no harías algo porque consideras que está equivocado

I wouldn't dream of moving to a different city.
Ni se me ocurriría *mudarme a una ciudad diferente.*

-Dream team:
Un equipo de gente (profesionales, deportistas, etc.) que son los mejores en su trabajo.

A **dream team** of basketball players.
Un ***equipo con los mejores*** *jugadores de básquetbol.*

4

Fíjate en esta expresión para indicar ***actividad y movimiento:***

I like the **hustle and bustle** of the city.
Me gusta ***la actividad/el movimiento*** *de la ciudad.*

5

Para indicar ***aproximación,*** *usamos estas palabras:*

Around: Alrededor de

The rent is **around** $650.
El alquiler cuesta ***alrededor de*** *$ 650.*

Approximately: Aproximadamente.

The trip took **approximately** 2 hours.
El viaje duró ***aproximadamente*** *2 horas.*

About:
Alrededor de, aproximadamente.

There were **about** 30 people at the party.
Había ***alrededor de*** *30 personas en la fiesta.*

Verbos y verbos compuestos

Veamos los significados de los siguientes verbos:

Verbs and multi-word verbs

Dream (dreamt/dreamed-dreamt/dreamed):

-Soñar. I **dreamt** I was on vacation!
Soñé que estaba de vacaciones.

Move (moved/moved):

-Mover. Can you **move** this table to the right, please?
Puedes mover esta mesa hacia la derecha, por favor?

-Mudarse. They **moved** to Santa Barbara two years ago.
Se mudaron a Santa Barbara hace dos años.

Clear (cleared/cleared):

-Aclarar (pensamientos).

I'm very confused. I need to **clear** my head.
Estoy confundido, necesito aclarar mis pensamientos.

Verbs and multi-word verbs

A continuación estudiaremos verbos compuestos con los anteriores:

Move

Move away:

mudarse a otro lugar

She **moved away** to the South.
*Se **mudó** al sur.*

Move in:

comenzar a vivir en un lugar nuevo

They **moved in** last week.
*Se **mudaron** la semana pasada.*

Move out:

mudarse de un lugar

I **moved out** of my parents' house last year.
***Me mudé de** la casa de mis padres el año pasado.*

Dream

Dream about/of:

imaginar algo que nos gustaría que suceda

I **dream of/about** living by the sea!
*¡**Sueño con** vivir al lado del mar!*

Dream up:

imaginar una idea o plan por lo general no muy fácil de concretar

John is always **dreaming up** ways to win a million dollars!
*John siempre está **soñando con** nuevas maneras de ganar un millón de dólares.*

Life in the US

En Estados Unidos, la educación pública ofrece a los alumnos servicio de transporte y de alimentación (desayuno y almuerzo) a un coste bajo. Para los padres que trabajan y no pueden llevar a sus hijos a su casa existen programas organizados que llevan a los niños a sitios especiales donde practican deportes, hacen las tareas de la escuela y tienen espacio para actividades de recreo tras concluir la jornada escolar.

Clear

Clear up:

mejorar (el tiempo)

I hope the weather **clears up** for tomorrow.
*Espero que el tiempo **mejore** para mañana.*

mejorar (una enfermedad)

If my sore throat doesn't **clear up**, I won't go to class tomorrow.
*Si mi dolor de garganta no **mejora**, no iré a clase mañana.*

aclarar (dudas, una situación, etc.)

Her explanation **cleared up** the situation.
*Su explicación **aclaró** la situación.*

Clear out:

irse / retirar pertenencias de un lugar

The landlady asked him to **clear out** as soon as possible.
*La arrendadora le pidió que **retirara todas sus cosas** lo antes posible.*

Verbs and multi-word verbs

Expanding your vocabulary

Housing / La vivienda

real estate agency:
agencia inmobiliaria

real estate agent or realtor:
agente inmobiliario/
de bienes raíces

agreement: contrato, acuerdo

adjustable rate mortgage:
hipoteca con tasa de interés ajustable.

apartment building:
edificio de apartamentos.

apartment: apartamento.

approval: aprobación.

buy: comprar.

commission: comisión.

closing:
cierre de una transacción.

comparative market analysis:
análisis comparativo del mercado.

condominium or condo:
condominio, edificio de apartamentos.

contract: contrato

counter offer: contraoferta

deposit:
depósito (para reservar algo que se va a comprar)

down payment:
adelanto, cuota inicial

fixed rate mortgage:
hipoteca con tasa de interés fijo

homeowner: propietario

landlady:
arrendadora, mujer que alquila una propiedad.

landlord:
arrendador, hombre que alquila una propiedad.

loan: préstamo.

mortgage: hipoteca.

offer: oferta.

pre-approval:
preaprobación.

principal: capital

HUD

El Edificio Federal Robert C. Weaver, ubicado en Washington DC, es la sede del «Departamento de Vivienda y Desarrollo Humano de Estados Unidos». Fue diseñado por el arquitecto Marcel Breuer, un maestro de la arquitectura moderna, bajo las lineas del movimiento conocido como «brutalismo».

Learning tips

Cuando quieras hablar inglés y dar lo máximo de tu nivel es bueno que practiques unos «minutos de calentamiento». Esta técnica consiste en «calentar» o acostumbrar el oído y tu conversación al idioma inglés y no arrancar de pronto en un idioma que no es tu lengua materna. Para hacerlo, escucha radio en inglés o los audio CDs del curso y habla tú también en inglés, para de ese modo prepararte bien.

Expanding your vocabulary

qualify: reunir los requisitos para recibir un préstamo

rates: tasas

real estate: bienes raíces, inmuebles

rent: alquilar - alquiler

roommate: persona con la que compartes una casa o un apartamento

sell: vender

single family home: casa unifamiliar

studio: estudio, habitación con cocina y baño

tenant: inquilino

townhouse: casa pequeña unida por su construcción a otra

walk-through: inspección que hace quien está por comprar casa antes del cierre de la operación

Let's practice

A

Completa estos ejercicios usando expresiones con «dream»:

1) T: Next year I'll buy a Mercedes. You: ______________________________

2) I _______ buying such an expensive car. I prefer smaller and economical ones.

3) Buying your own house and a good car is part of the _________________.

4) The surprise birthday party for Jenny went ___________. She was so happy!

5) There are no more tickets to see the ____________. We'll have to watch the match on T.V.

B

Une los verbos compuestos con su significado en español.

1) move away (__)
2) clear up (__)
3) move in (__)
4) clear up (__)
5) dream up (__)

a) Mejorar (el tiempo).
b) Aclarar dudas.
c) Comenzar a vivir en un lugar.
d) Imaginar algo que nos gustaría que suceda.
e) Mudarse a otro lugar o ciudad.

C

Completa los espacios en blanco con los verbos del ejercicio B en el tiempo que corresponda:

1) He used to______________plans to earn money without working.

2) I have to ask the teacher some questions to ______________my doubts.

3) I ___________meeting him again! He's so good looking!

4) If the weather _______________ I'll go jogging in the park.

5) My best friend ______________when we were in high school. We chat every night on the Internet.

6) My new neighbor is Japanese. She ______________last weekend.

D

Completar con el vocabulario que corresponda:

1) When you want to buy a house, you can go to a ______________________.

2) The person who owns a house is called a ___________________________.

3) The loan to buy a house is called a ___________________________.

4) The money you pay the realtors for their services is called________________.

5) A small house in the suburbs is called a ___________________________.

SOLUCIONES

A. 1-Dream on!, 2- don't dream of, 3-American dream, 4-like a dream, 5-dream team. B. 1-e, 2-b, 3-c, 4-a, 5-d / C. 1-dream up, 2-clear up, 3-dream of, 4-clears up, 5-moved away, 6-moved in. D. 1-real estate agent/ agency, 2-homeowner, 3-mortgage, 4-commission, 5-townhouse.

APRENDE INGLÉS

LIBRO 9

Units 41 to 45

ADVANCED UNIT 41

En esta unidad estudiaremos:

DIALOGUES: *A PACKAGE FROM MEXICO / Un paquete de México*

LET'S SPEAK ENGLISH

VERBS AND MULTI-WORD VERBS:
FILL – TRY - TURN

EXPANDING YOUR VOCABULARY:
SHIPPING OF PACKAGES AND ENVELOPES / Envío de paquetes y sobres

Diálogo

Alyson y Esteban hablan sobre diferentes formas de pago.

Alyson: I just got a letter from Mexico.
Esteban: What's up?
Alyson: Everything´s OK. My uncle wants to send me the photos of grandma's birthday and some of the crafts he makes...
Esteban: Mexican crafts are very nice.
Alyson: Oh, yes. I love them. But shipping is expensive and he can't spend money unless it's absolutely necessary.
Esteban: Your uncle doesn't have to pay for it. He may use the COD service. All the shipping companies offer it.
Alyson: Oh, now that you mention it, I think my father told me about it.
Esteban: He only has to take the package to one of their offices and **fill out** a form. Then you pay the cost of postage here when you get it.
Alyson: That **seems to be** a good solution. I could **try it out**.
Esteban: Yes, and besides, COD offers free insurance for items valued up to $100.
Alyson: **By the way**, yesterday I watched a home shopping program on TV...
Esteban: Home shopping! I always watch these programs in my spare time!
Alyson: **You´re pulling my leg**! I know you don´t even watch TV! Well, the thing is they were **talking about** a special offer: the new Star Wars Episode III toys. I'd like to buy an Obi-Wan Kenobi figure for Charlie.
Esteban: You can pay for that with a money order. You don't have to pay in advance and the seller is not at risk of check fraud.
Alyson: Yes, I know, and I can understand why many stores **turn down** checks. Money orders are much safer for both the customer and the seller.
Esteban: Yes, it´s better to use money orders than checks to pay bills through the mail. You just go to the nearest gas station, supermarket, or convenience store and you buy them.
Alyson: Well, I'm going to call the phone number to place my order right now!
Esteban: Good luck!

Diálogo

(traducción)

Inverted Jenny

Una de las curiosidades más famosas de los sellos estadounidenses fue la edición de 1918, donde aparecía un avión Curtiss JN4 Jenny invertido. Esta rareza convirtió al sello postal en una codiciada pieza de colección, llegando a costar 525 mil dólares, cuando su valor nominal era de tan solo 24 centavos.

Alyson: *Acabo de recibir una carta de México.*

Esteban: *¿Qué hay de nuevo?*

Alyson: *Está todo bien. Mi tío quiere enviarme las fotos del cumpleaños de mi abuela y alguna de las artesanías que hace...*

Esteban: *Las artesanías mexicanas son muy bonitas.*

Alyson: *Ah, sí. A mí me encantan. Pero enviarlas es caro y él no puede gastar dinero, a menos que sea absolutamente necesario.*

Esteban: *Tu tío no tiene que pagar por el envío. Puede usar el servicio contra reembolso. Todas las empresas de transporte lo ofrecen.*

Alyson: *Ahora que lo mencionas, creo que mi padre me comentó algo sobre eso.*

Esteban: *Sólo tiene que llevar el paquete a una de las oficinas y rellenar un formulario. Luego tú pagas el costo del envío aquí cuando lo recibes.*

Alyson: ***Parece ser** una buena solución. Podría **probar**.*

Esteban: *Sí, y además te ofrecen un seguro gratis para objetos que tengan un valor de hasta $100.*

Alyson: ***Dicho sea de paso**, ayer vi un programa de telecompras.*

Esteban: *¡Telecompras! ¡Siempre veo esos programas en mi tiempo libre!*

Alyson: *¡**Estás tomándome el pelo**! ¡Sé que ni siquiera ves la televisión! Bien, el tema es que **hablaban sobre** una oferta especial: los nuevos juguetes de Star Wars Episode III. Me gustaría comprarle a Charlie el muñeco de Obi-Wan Kenobi.*

Esteban: *Puedes pagarlo con un giro postal. No tienes que pagar por adelantado y el vendedor no corre el riesgo de recibir un cheque sin fondos.*

Alyson: *Sí, lo sé, y ahora entiendo por qué tantas tiendas **rechazan** cheques. Los giros postales son mucho más seguros tanto para el cliente como para el vendedor*

Esteban: *Sí, es mejor usar giros postales en vez de cheques para pagar las cuentas por correo. Sólo tienes que ir a la gasolinera, el supermercado o la tienda más cercana y los adquieres.*

Alyson: *¡Bueno, ya mismo llamo al número telefónico para hacer el pedido!*

Esteban: *¡Buena suerte!*

Hablemos inglés

Let's speak English

1

*Cuando quieres **saber qué sucede** puedes usar las siguientes preguntas:*

What's up? / *¿Qué ocurre?*

What's going on? / *¿Qué sucede?*

2

*Cuando lo que dice una persona te hace **recordar algo**, se puede decir:*

Now that you mention it, I remember I saw her at the supermarket last week.
***Ahora que lo mencionas**, recuerdo que la vi en el supermercado la semana pasada.*

3

*Cuando alguien te dice **algo que no es cierto, especialmente para hacerte una broma**, puedes usar esta expresión:*

Pull my leg

A: I told the manager I was leaving my job.
A: Le dije al gerente que dejaba mi trabajo.

B: Are you **pulling my leg**?
*B: **¿Estás hablando en serio? / ¿Me estás tomando el pelo? / ¿Estás bromeando?***

Taos Pueblo

El pueblo de Taos, situado en Nuevo México, EE UU, tiene unos 1000 años de antigüedad. Su arquitectura, basada en casas de adobe marrón rojizo, es única. Los nativos de Taos conforman una de las comunidades más misteriosas y celosas de sus tradiciones. Por su relevancia histórico-arqueológica, el pueblo fue nombrado Patrimonio de la Humanidad por la Unesco en 1992.

Let's speak English

4

*Cuando quieres decir **algo que no está necesariamente relacionado** con el tema de la conversación:*

By the way,
do you have my phone number?

Dicho sea de paso/
A propósito,
¿tienes mi número de teléfono?

5

*Los verbos **«talk»** y **«tell»**:*

Talk (talked-talked): *Conversar, hablar.* Puedes usarlo con la palabra **about** (sobre).	**Tell** (told-told): *Decir, contar.* Puedes usarlo con la palabra **about** (sobre).
We were just **talking.** *Sólo estábamos **conversando**.* We were **talking about** her new house. *Estábamos **hablando sobre** su nueva casa.*	He didn't **tell** me his name. *No me **dijo** su nombre.* My sister **told** me **about** her new boyfriend. *Mi hermana me **contó sobre** su nuevo novio.*

Verbs and multi-word verbs

Verbos y verbos compuestos

Veamos los significados de los siguientes verbos:

Fill (filled/filled):

-Llenar:

Angie **filled** the glass with wine.
*Angie **llenó** el vaso con vino.*

-Cubrir, ocupar (un trabajo o puesto):

They **filled** the supervisor position in a week.
*Ellos **cubrieron** el puesto de supervisor en una semana.*

Try (tried/tried):

-Intentar:

Tom **tried** to talk to his boss.
*Tom **intentó** hablar con su jefe.*

-Probar:

Why don't you **try** this shampoo?
*¿Por qué no **pruebas** este shampoo?*

Learning tips

En la biblioteca de tu barrio encontrarás unos libros que usan una cantidad limitada de palabras y que suelen estar acompañados de ilustraciones. Son libros para personas que se van adentrando en el estudio y la práctica del inglés. Si deseas ver cuánto has avanzado, toma uno de esos libros y léelo para ver con qué rapidez te desenvuelves ya en la lectura y comprensión del inglés.

Verbs and multi-word verbs

A continuación estudiaremos verbos compuestos con los anteriores:

Turn

Turn down:

rechazar

They offered her the job but she **turned** it **down**.
*Ellos le ofrecieron el trabajo pero ella lo **rechazó**.*

Try

Try out:

probar cómo funciona algo

You have to **try out** used cars.
*Tienes que **probar** los autos usados.*

Try on: *probarse ropa*

You can **try on** those jeans.
*Puedes **probarte** esos jeans.*

Fill

Fill out:

completar, rellenar por escrito (un documento, formulario, solicitud, etc.)

You have to **fill out** this form, please.
*Tiene que **completar** este formulario, por favor.*

Fill in:

completar, rellenar (espacios en blanco)

Fill in the blanks with the correct verb.
***Complete** los espacios en blanco con el verbo correcto.*

Fill up:

llenar completamente

Fill up the tank, please.
***Llene** el tanque, por favor.*

Shipping of packages and envelopes / Envío de paquetes y sobres

Expanding your vocabulary

cash: efectivo

check: cheque

money order: giro postal

ship: enviar

shipping: transporte

package: paquete

envelope: sobre

COD - Cash On Delivery: método de pago en el que el producto o servicio comprado se paga cuando se recibe / contra reembolso.

transaction: transacción, operación comercial

payment: pago

delivery: entrega

purchaser: comprador

return: devolver

Expanding your vocabulary

seller: vendedor

customer: cliente

certified check:
cheque certificado

shipping company:
empresa de transporte

door-to-door:
puerta a puerta

working day:
día laborable

money back guarantee
garantía de reembolso

pick-up:
retirada / recolección

buyer: comprador

fraud: fraude

Castaway

En la película «Náufrago», Tom Hanks interpreta a un ejecutivo de la empresa postal FedEx. Uno de los estímulos que mantiene durante la odisea que le toca vivir es la oportunidad de entregar algún día el único paquete cerrado que recupera del naufragio. Curiosamente, nunca se revela el contenido.

Life in the US

El US Post Office (Correos) es una agencia federal que funciona muy bien. Hay muchas formas de enviar tu correo. El servicio común tarda dos o tres días para llegar a cualquier punto del país y cuesta relativamente poco. Hay otros envíos más caros pero son más rápidos y pueden darte certificación de entrega. Pregunta en la oficina de correos que tengas más próxima cuál es el servicio postal que más te conviene para cada envío.

Expanding your vocabulary

default: incumplimiento

pay upfront:
pagar por adelantado

pay in advance:
pagar por adelantado

cashier's check: cheque

package size:
medida del paquete

package weight:
peso del paquete

Let's practice

A

Coloca las expresiones correctas en el siguiente diálogo:

By the way

told

Now that you mention

talk ... about

What's up

pulling my leg

Sarah: ______________________________(1)?

Kate: Well, you won't believe me, but I won two million dollars in the lottery.

S: You're ____________________________!(2)

K: No, I'm not. I_________________________(3) you I had bought a ticket.

S:______________________(4), yes, you're right.

K: __________________(5), don't _____________ to Bill __________________(6) this. I want to give him a surprise.

S: I promise.

B

Fíjate si las siguientes oraciones son verdaderas (T - True) o falsas (F - False):

1) If you **fill up** the tank, you don't fill it completely. (__)

2) If they **turn down** your application, they don't accept it. (__)

3) If you **try** a car **out**, you want to know the price. (__)

4) If you **try on** a shirt, you want to see if it fits you. __)

C

Tacha la palabra no relacionada con la serie:

1) a-Pay in advance	b-Pay cash	c-Pay upfront
2) a-Payment	b-Package	c-Envelope
3) a-Money order	b-Check	c-Delivery
4) a-Buyer	b-Seller	c-Purchaser
5) a-Working day	b-Pick-up	c-Delivery

SOLUCIONES

A. 1-What's up?, 2-pulling my leg!, 3-told, 4-Now that you mention it, 5-By the way, 6-talk ... about / B. 1-F, 2-T, 3-F, 4-T / C. 1-b, 2-a, 3-c, 4-b, 5-a

ADVANCED UNIT 42

En esta unidad estudiaremos:

DIALOGUES: *SURFING THE INTERNET / Navegando por internet*

LET'S SPEAK ENGLISH

VERBS AND MULTI-WORD VERBS: *LOG - HANG - MAKE - CALL*

EXPANDING YOUR VOCABULARY: *INTERNET / Internet*

Diálogo

Tom y Esteban ayudan a Alyson a buscar información por Internet.

Esteban: Hey, Alyson, are you leaving?
Alyson: Yes, it's my lunchtime; **I'm off** to the Mexican consulate.
Tom: Are you planning a trip to Mexico?
Alyson: I'd love to! It´s been a long time since my last visit.
Esteban: **Have** you **ever been** there with Charlie?
Alyson: No, never. My relatives can't wait to see him! I was going to travel three years ago but I had to **call off** the trip because Charlie got sick.
Tom: Listen, why don't you **look up** the information you need on the Internet? Let's go to my office and I'll show you how to do it. Here, look... first, you **log on** to the site, you click on this icon and there you go!
Alyson: You may think I'm stupid, but I haven't made friends with the Internet yet! Even Charlie gets by better than I do.
Esteban: Don't worry, you'll soon get used to it.
Alyson: Do I need a tourist card to enter Mexico?
Esteban: I don't know, but we can check.
Tom: This is the Mexican consulate site, let's see, we have to **log in**...
Esteban: ...it says here that ... yes, but you can get it at the airport, with your valid passport or your birth certificate.
Alyson: What about Charlie?
Tom: **Hang on** a second, here it is... you must show a legal proof of custody.
Alyson: Oh, where do I get that?
Esteban: You should ask a notary public. We can download this file.
Alyson: I'd also like to know about flight tickets. Can we check?
Tom: Sure. You can reserve your tickets online to save time. Look at this banner: «Links to best values and great deals on airline tickets» And maybe there are discounts for children.
Alyson: Sounds good!
Tom: I will add these links to «Favorites», so we can browse them later. Now you **log off**, and that's it.
Alyson: The Web is amazing! I'll ask Charlie to **teach me the ropes**. I need to **make up for** lost time!

Diálogo

(traducción)

Esteban:	*Alyson, ¿te vas?*
Alyson:	*Sí, es mi hora del almuerzo.* ***Me voy*** *al consulado mexicano.*
Tom:	*¿Estás planeando un viaje a México?*
Alyson:	*¡Me encantaría! ¡Ha pasado mucho tiempo desde mi última visita!*
Esteban:	*¿Has viajado allí alguna vez con Charlie?*
Alyson:	*No, nunca. ¡Mis parientes no ven la hora de conocerlo! Iba a viajar hace tres años, pero tuve que* ***cancelar*** *el viaje porque Charlie se puso enfermo.*
Tom:	*Oye, ¿por qué no* ***buscas*** *la información que necesitas en internet? Vayamos a mi oficina y te mostraré cómo hacerlo. Aquí, mira,... primero debes* ***conectarte*** *con el sitio, haces click en este icono... ¡y ya está!*
Alyson:	*Debes de pensar que soy estúpida, pero todavía no me he familiarizado con internet. ¡Hasta Charlie se las arregla mejor que yo!*
Esteban:	*No te preocupes, pronto te acostumbrarás.*
Alyson:	*¿Necesito una tarjeta de turista para entrar en México?*
Esteban:	*No creo, pero podemos verlo.*
Tom:	*Éste es el sitio del consulado mexicano,... veamos, tenemos que* ***registrarnos****...*
Esteban:	*...Aquí dice que... sí, pero puedes obtenerla en el aeropuerto, con tu pasaporte válido o tu certificado de nacimiento.*
Alyson:	*¿Y Charlie?*
Tom:	*Espera un minuto, aquí está... Debes presentar una prueba legal de custodia.*
Alyson:	*Ah, ¿dónde la consigo?*
Esteban:	*Debes consultar con un escribano. Podemos bajar este archivo.*
Alyson:	*También quisiera averiguar los pasajes de avión. ¿Podemos mirar?*
Tom:	*Claro. Puedes reservar tus pasajes por internet para ahorrar tiempo. Mira este aviso: «Enlaces para los mejores precios y oportunidades en pasajes de avión». Y quizás haya descuentos para niños.*
Alyson:	*¡Qué bien!*
Tom:	*Agregaré estos enlaces a mis «Favoritos», así podemos navegar por ellos más tarde. Ahora* ***sales****, ¡y eso es todo!*
Alyson:	*La Web es fascinante. Le pediré a Charlie que me* ***enseñe las cosas básicas****. Tengo que* ***recuperar el tiempo perdido****.*

@

«At» sign

En 1971, el programador estadounidense Ray Tomlinson buscaba un símbolo que indicara «localizado en» para el formato de mensajes entre computadoras. La arroba fue el signo elegido para el primer e-mail de la historia.

Hablemos inglés

Let's speak English

1 *Cuando le pides a alguien que **te enseñe a hacer algún trabajo** puedes decir:*

Show/Teach me the ropes

The manager spent the whole morning **showing me the ropes.**
*El gerente se pasó toda la mañana **enseñándome el trabajo**.*

2 *Para **preguntar si alguien hizo algo alguna vez** usas el **«pretérito perfecto + ever»**:*

Have you **ever eaten** snails?
*¿**Has comido** caracoles **alguna vez**?*

Have you **ever seen** a U.F.O?
*¿**Has visto** un ovni **alguna vez**?*

*-para contestar negativamente puedes usar **«never»** (nunca):*

-**Have** you **ever seen** a U.F.O?

-No, **never.** / *No, **nunca**.*

No, **I've never seen** one.
*No, **nunca he visto** uno.*

-para contestar afirmativamente puedes usar:

Simple past:
Yes,I **saw** one last weekend.
*Sí, **vi** uno la semana pasada.*

Present perfect:
Yes, **I've seen** them many times.
*Sí, los **he visto** muchas veces.*

Verbs and multi-word verbs

Verbos y verbos compuestos

Veamos los significados de los siguientes verbos:

Log (logged/logged):

-Talar árboles: They've been **logging** these forests for a long time.
*Han estado **talando** estos bosques durante mucho tiempo.*

-Registrar: The police **logged** the names of the suspects.
*La policía **registró** los nombres de los sospechosos.*

Hang (hung/hung):

-Colgar: He **hung** the coat from the coat hanger.
*Él **colgó** su abrigo del perchero.*

-Doblar (coloquialmente)**:**
Hang a left at the corner.
***Dobla** a la izquierda en la esquina.*

Life in the US

Si tienes acceso a Internet, una manera muy rápida para aprender cómo dar direcciones es entrar en cualquier sitio web disponga del servicio de guía para llegar a un lugar. Por ejemplo, Yahoo te ofrece este servicio cuando pides que te ubique una dirección. Si le escribes la dirección desde donde vas a salir a ese lugar, te da las instrucciones paso a paso de cómo llegar. En cada instrucción tienes un ejemplo buenísimo y muy práctico de cómo dar direcciones en inglés para llegar a un lugar. Si no tienes Internet, puedes acudir a cualquier oficina de la AAA (American Automobile Association), donde si pides la misma información te la darán impresa en un papel junto al mapa del recorrido.

Verbs and multi-word verbs

Make (made/made):

-Hacer, fabricar, tomar, cometer, lograr:

She **made** two pizzas for dinner. / *Ella* ***hizo*** *dos pizzas para la cena.*
Don't **make** noise! / *No* ***haga****s ruido.*
She has to **make** a decision. / *Tiene que* ***tomar*** *una decisión.*
You're **making** a mistake. / *Estás* ***cometiendo*** *un error.*
Jack is **making** progress with English.
Jack está ***logrando*** *progresos con el inglés.*

Call (called/called):

-Poner un nombre: They **called** their son Steve.
Ellos ***llamaron*** *Steve a su hijo.*

-Llamar por teléfono: I´ll **call** the police. / ***Llamaré*** *a la policía.*

-Llamar para que venga:
Can you **call** your brother? He's in his bedroom.
¿Puedes ***llamar*** *a tu hermano? Está en su dormitorio.*

Verbs and multi-word verbs

A continuación estudiaremos verbos compuestos con los anteriores:

Make

Make up for:

compensar

She has to **make up for** the hours she left early.
*Ella tiene que **compensar por** las horas que se fue temprano.*

Make up (with):

arreglarse con alguien.

They argue a lot, but they always **make up**.
*Ellos discuten mucho, pero siempre **se arreglan**.*

Make out:

ver, escuchar o entender con dificultad.

I can't **make** women **out**.
*No puedo **entender** a las mujeres.*

Call

Call back:

llamar por teléfono a alguien que te ha llamado, devolver la llamada

He **called** me **back** but I had left already.
*Él me **devolvió la llamada**, pero yo ya me había ido.*

Call off:

cancelar algo planeado.

They **called off** their trip.
*Ellos **cancelaron** su viaje.*

Life in the US

Las escuelas y universidades disfrutan de tres períodos vacacionales al año: las vacaciones de verano (summer vacation), que por lo general van desde finales de mayo o principios de junio hasta agosto; las vacaciones de primavera (spring break), que suele ser una semana en marzo o abril y las vacaciones de invierno (winter break), que corresponden a las últimas dos semanas de diciembre.

Verbs and multi-word verbs

Log

Log in/on/on to:

Entrar, comenzar una sesión, conectarse con un sitio de internet mediante una contraseña.

Log out/off:

Salir, terminar la sesión en un sitio de internet.

Hang

Hang on: *esperar*

Hang on, she'll be with you in a minute.
Espera, *ella estará contigo en un minuto.*

Hang up: *colgar, finalizar una conversación telefónica*

She **hung up** when he came in.
*Ella **colgó** cuando él entró.*

Hang around:
dar vueltas/estar en un lugar sin un fin específico

They were just **hanging around** the store.
*Estaban **dando vueltas** por la tienda.*

Aprendamos otras expresiones con look (ver Advanced Unit4) y be (ver Advanced Unit5)

Be

Be off: *irse, salir*

I'm off to see the doctor.
*Me **voy** a ver al médico.*

Look

Look up:
buscar información

I'm **looking up** the word in the dictionary.
*Estoy **buscando** la palabra en el diccionario.*

Expanding your vocabulary

The Internet

blog: diario personal disponible en Internet

broadband: banda ancha

browser: navegador

cyberspace: ciberespacio

browse: navegar

database: base de datos

download: bajar archivos

e-mail: correo electrónico

favorites: favoritos

FAQ - Frequently Asked Questions: preguntas frecuentes

firewall: filtro protector

freeware: software gratis

home (page): página de inicio

web surfer: quien navega por internet

mailing list: lista de correo

navigate: navegar

news groups: grupos de noticias

network: red

page: página

password: contraseña

Google

Google-me

Google comenzó en marzo de 1996 como un proyecto de investigación de Larry Page y Sergey Brin, estudiantes de doctorado en filosofía en la universidad Stanford. El proyecto resultó tan exitoso que solo diez años después el verbo «to google» fue oficialmente incorporado al Merriam Webster Collegiate Dictionary y al Oxford English Dictionary.

Open source

Ubuntu es un sistema operativo bajo licencia libre y código abierto (es decir, gratis y modificable por programadores independientes) de Linux. Por su estilo simplificado y su gran estabilidad operativa su eslogan es «Linux for Human Beings» (Linux para seres humanos) y su nombre proviene de la ideología sudafricana Ubuntu, que significa «humanidad hacia otros».

portal: portal

provider: proveedor

scam: fraude informático

sign up: registrarse

site: sitio.

spam: correo basura

search engine: motor de búsqueda

virus: virus informático

spyware: software espía

surf: navegar

upload: subir archivos

user Id: nombre del usuario

Let's practice

A

Coloca el verbo compuesto que corresponda en el tiempo verbal correcto:

hang around
make out
looking up
log in/on
call off
hung up
made up
make up for
be off
call back

1) They were bored, just___________________in the park.

2) I have to work hard to ____________the time I was sick.

3) I__________________. I have classes at 2.

4) He can't ______________ a single word when she speaks Portuguese.

5) She´s _________________information about Italy in the encyclopedia.

6) To browse the site, you just ___________here.

7) I was talking to him on the phone but he suddenly ____ ________________________.

8) They didn't talk to each other for five years, but now they've ________________________.

9) She________________the appointment with the doctor.

10) I _________________ but he had left.

B

Une las palabras de la columna izquierda con su significado en español:

1) Download (__)	**a)** Software gratis
2) Password (__)	**b)** Correo basura
3) Page (__)	**c)** Motor de búsqueda
4) Firewall (__)	**d)** Sitio
5) Spam (__)	**e)** Nombre de usuario
6) Search engine (__)	**f)** Bajar un archivo
7) Browser (__)	**g)** Contraseña
8) Freeware (__)	**h)** Navegador
9) User ID (__)	**i)** Filtro protector
10) Site (__)	**j)** Página

SOLUCIONES

A. **1**-hanging around, **2**-make up for, **3**-´m off, **4**-make out, **5**-looking up, **6**-log in/on, **7**-hung up, **8**-made up, **9**-called off, **10**-called back. B. **1**-f, **2**-g, **3**-j, **4**-i, **5**-b, **6**-c, **7**-h, **8**-a, **9**-e, **10**-d

ADVANCED UNIT 43

En esta unidad estudiaremos:

DIALOGUES: *PLANNING THE WEEKEND / Los planes para el fin de semana*

LET'S SPEAK ENGLISH

VERBS AND MULTI-WORD VERBS: *FEEL – BACK - TAKE*

EXPANDING YOUR VOCABULARY: *THE WEEKEND / El fin de semana; ACTIVITIES / Actividades; HOBBIES / Aficiones*

Diálogo

Alyson, Esteban, Tom y Barbara están hablando sobre los planes para el fin de semana.

Barbara: **Thank God,** it's Friday!

Tom: Yes! **At last**! I had a very busy week.

Alyson: What are you guys doing this weekend?

Tom: I've **taken up** cycling, so I'm going to go for a ride with a friend of mine on Sunday morning.

Alyson: Sounds good! I'd love **to be good at** a hobby!

Barbara: But Tom, we planned to have dinner at the new Thai restaurant. Did you forget it?

Tom: **I'd prefer** a quiet Saturday evening at home. I **feel like** watching a movie, relaxing, going to bed early...

Barbara: Well, **you'd better change your mind**. I've just made a reservation. You can't **back out** now.

Tom: Okay, okay.

Alyson: And you, Esteban?

Esteban: In the morning, I'll go to the supermarket and then I have the «Saturday afternoon dog bathe ritual».

Barbara: How about you Alyson? Are you going to do anything special this weekend?

Alyson: Yes, I'm going to spend it with my son, at home, I guess. Or maybe I'll go to the park so he can play with other kids.

Barbara: Is that all?

Alyson: Well, I don't see Charlie a lot during the week, so spending time with him **makes my day.**

Esteban: **Take advantage** of the years when your child wants to be with you. It doesn't last long, you know.

Alyson: Yes, you're right. **Time flies!**

Diálogo

(traducción)

Barbara: *¡**Gracias a Dios** es viernes!*

Tom: *¡Sí, **por fin**! Tuve una semana muy ocupada.*

Alyson: *¿Qué hacen este fin de semana?*

Tom: *Yo **empecé** a andar en bicicleta, así que voy a salir a dar una vuelta con un amigo mío el domingo por la mañana.*

Alyson: *¡Qué bien! ¡Me encantaría **que se me diera bien** alguna afición!*

Barbara: *Pero Tom, nosotros planeamos ir a cenar al nuevo restaurante tailandés, ¿te olvidaste?*

Tom: *Yo **preferiría** pasar un sábado tranquilo en casa. **Tengo ganas** de ver una película, descansar, ir a dormir temprano...*

Barbara: *Bueno, **será mejor que cambies de opinión**. Acabo de hacer una reserva. No puedes **echarte atrás** ahora.*

Tom: *De acuerdo, de acuerdo.*

Alyson: *¿Y tú, Esteban?*

Esteban: *Por la mañana iré al supermercado y luego tengo el «ritual del baño del perro de los sábados por la tarde».*

Barbara: *¿Y tú, Alyson? ¿Vas a hacer algo especial este fin de semana?*

Alyson: *Sí, lo voy a pasar con mi hijo, en casa, supongo. O quizás vaya al parque, así puede jugar con otros niños.*

Barbara: *¿Eso es todo?*

Alyson: *Bueno, yo no veo mucho a Charlie durante la semana, así que pasar el tiempo con él **me alegra el día.***

Esteban: ***Aprovecha** los años en los que tu hijo quiere estar contigo. No dura mucho, ya sabes.*

Alyson: *Sí, tienes razón. ¡**El tiempo vuela**!*

GATS

El «Great American Train Show» fue durante 20 años el espectáculo de trenes a escala más grande de los Estados Unidos. Durante los años '90, la compañía llevó a cabo no menos de 90 espectáculos cada año en 40 estados diferentes.

Hablemos inglés

Let's speak English

1 *Cuando algo **te haga muy feliz** puedes decir:*

Taking my kid to the park on Sundays **makes my day.**

*Llevar a mi hijo al parque los domingos **me alegra el día.***

2 *Fíjate en la siguiente expresión:*

Take advantage of the end-of-season sale period. You can get good things at a very low price.

***Aprovecha** las ofertas de fin de temporada. Puedes comprar cosas buenas a precios muy bajos.*

3 *Estudiemos la expresión **«be good at».** Si está seguida por un verbo, éste debe terminar en **«–ing».***

He**'s** very **good at playing** soccer.
*Él **es** muy **bueno jugando** al fútbol.*

I**'m** not very **good at** playing soccer.
*No **soy** muy **bueno** jugando al fútbol.*

Let's speak English

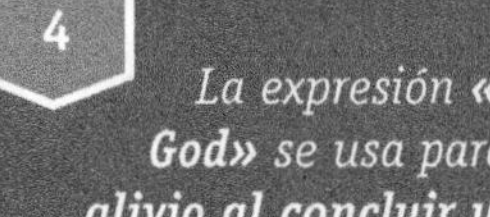

4

*La expresión **«Thank God»** se usa para mostrar **alivio al concluir una acción** o **cuando algo malo no sucedió.***

Thank God I arrived on time!
*¡**Gracias a Dios** llegué a tiempo!*

Thank God I found my watch.
*¡**Gracias a Dios** encontré mi reloj!*

*Otra expresión muy común es **«Oh, my God!»**, que se usa para **enfatizar una reacción:***

Oh, my God! I lost my keys!
*¡**Oh, Dios mío!***
¡Perdí mis llaves!

*También escucharás **«Gosh!»**, que se usa del mismo modo.*

Gosh! I forgot my keys!
*¡**Dios mío!** ¡Olvidé mis llaves!*

5

*Con la palabra **«last»** encontramos las siguiente expresiones:*

At last!: ¡Por fin!/Finalmente.

I could talk to her **at last**!
*¡**Por fin** pude hablar con ella!*

At last, she said she was coming.
***Finalmente** dijo que iba a venir.*

The last minute: El último momento.

She always leaves things until **the last minute.**
*Siempre deja las cosas para **el último momento.***

Last but not least:
No por mencionarse último deja de ser importante.

I really enjoy swimming, cycling, and **last but not least**, fishing.
*Realmente disfruto nadando, andando en bicicleta, y **no por último menos importante**, pescando.*

6

Para expresar preferencias, puedes decir:

I prefer romantic movies.
***Prefiero** las películas románticas.*

I'd prefer to go home now.
***Preferiría** ir a mi casa ahora.*

I'd rather read a book.
***Prefiero** leer un libro.*

7

*Para expresar que alguien **cambia de opinión**, se usa **«change (my, your...) mind»**:*

I was going to go jogging, but I **changed my mind**. I'll watch a movie instead.

*Iba ir a correr, pero **cambié de opinión**. Mejor miraré una película.*

8

*Para hablar del **paso del tiempo** se pueden usar estas expresiones:*

Your son is 18?
Oh, my God! **Time flies**!
¿Tu hijo tiene 18 años?
*¡Dios mío! ¡**El tiempo vuela!***

Time will tell if we were right.
***El tiempo dirá** si teníamos razón.*

Verbs and multi-word verbs

Verbos y verbos compuestos

Veamos los significados de los siguientes verbos:

Feel (felt/felt):

-Sentir:

I don't **feel** very well today.
*Hoy no me **siento** muy bien.*

Back (backed/backed):

-Apoyar, respaldar.

The teacher always **backs** her students' ideas.
*La maestra siempre **apoya** las ideas de sus alumnos.*

Learning tips

Para mejorar tu pronunciación puedes ayudarte con el espejo. Mírate en él y repite palabras lentamente, con claridad y estudiando cómo usas tus labios y dientes. Verás como consigues mejorar tu pronunciación con esta técnica tan sencilla.

Verbs and multi-word verbs

A continuación estudiaremos verbos compuestos con los anteriores:

Feel

Feel like: *tener ganas*

I **feel like** eating pasta today.
Tengo ganas de *comer pasta hoy.*

I don't **feel like** going out.
No ***tengo ganas de*** *salir.*

Take

Take up: *comenzar a hacer una actividad, especialmente como un hobby*

I've **taken up** chess and I love it.
Empecé *a jugar al ajedrez y me encanta.*

Back

Back out:
echarse atrás, no cumplir con algo que se aseguró

They promised to come, but they **backed out** at the last minute.
Ellos prometieron venir, pero se ***echaron atrás*** *a última hora.*

Back up:

hacer copias de seguridad de los archivos de una computadora

I **back up** my files everyday.
Yo ***hago una copia de seguridad*** *de mis archivos todos los días.*

apoyar, respaldar

They **back up** our plan.
Ellos ***respaldan*** *nuestro plan.*

The weekend / El fin de semana

Expanding your vocabulary

Activities / Actividades

chat online: chatear por Internet

go to the gym: ir al gimnasio

go camping: ir de campamento/acampada

do yoga: hacer yoga

go cycling: andar/montar en bicicleta

go dancing: ir a bailar

go fishing: ir a pescar

go jogging: salir a correr

go out for dinner: salir a cenar

go out: salir

go to a recital: ir a un recital

go shopping: ir de compras

go to the casino: ir al casino

go to amusement parks: ir a parques de atracciones

go to the supermarket: ir al supermercado

go to the movies: ir al cine

Expanding your vocabulary

go to the theater:
ir al teatro

play a sport:
practicar un deporte

play bingo:
jugar al bingo

stay at home:
quedarse en casa

go to theme parks:
ir a parques temáticos

surf the Internet:
navegar por Internet

visit friends:
visitar amigos

visit relatives:
visitar familiares

indoor activities:
actividades bajo techo

outdoor activities:
actividades al aire libre

Life style

Martha Stewart (1941) es una empresaria estadounidense que ha levantado un imperio con su negocio de «estilo de vida y cocina». Su fortuna se estima en 628 millones de dólares. El original sentido comercial y la visión creativa de Martha son la base de un éxito que reúne a fans de todo el mundo.

Hobbies / Aficiones

board games:
juegos de mesa

brain-teasers, riddles:
adivinanzas

billiards: billar

card games:
juegos de cartas

candlemaking: hacer velas

checkers: juego de damas

chess: ajedrez

Life in the US

Si dispones de automóvil propio, ten en cuenta que en casi todos los estados la ley exige contar con un seguro (al menos, contra terceros). En caso de tener un accidente y no tener un seguro vigente, no importa quien sea el culpable, te tocará correr con todos los gastos del accidente, tanto del automóvil, como de las personas que pudieran precisar atención médica.

Expanding your vocabulary

collect coins: coleccionar monedas

collect stamps: coleccionar sellos postales

cooking: cocinar

crossword puzzle: crucigrama

dice: dados

dancing: baile

darts: dardos

domino: dominó

engraving: grabado (en piedra o metal)

embroidery: bordado

hiking: excursionismo

jigsaw puzzle: rompecabezas

gardening: jardinería

knitting: tejer

painting: pintura

photography: fotografía

pool: billar americano

pottery: cerámica

singing: canto

read books: leer libros

sewing: coser

table tennis: tenis de mesa

video games/play station: juegos electrónicos

Let's practice

A

Completar las oraciones con las expresiones correctas en la forma verbal que corresponda:

´d rather
thank God
time flies
prefer
last but not least
time will tell
change my mind
good at
take advantage
at last
make my day

1) I love romantic stories, biographies and __________, thrillers.

2) ________________I found my glasses.

3) ________________! I thought you were not going to come!

4) I didn't like the plan at first, but now I've ________________.

5) 3 o'clock already! ________________! I've got to get going!

6) You have to ____________of this opportunity.

7) His daughter is very ______________skating.

8) I´d______________to go to a Thai restaurant.

9) Taking a walk early in the morning ____________________.

10) I don't know if he'll come back ________________________.

11) I ______________________to study at night.

SOLUCIONES

A. **1**-last but not least, **2/3** Thank God, At last, **4**-changed my mind, **5**-Time flies, **6**-take advantage, **7**-good at, **8**-prefer , **9**-makes my day, **10**-Time will tell, **11**-prefer. B. **1**-feel like eating, **2**-back up, **3**-taken up, **4**-backed out

B

Reemplaza la explicación en negrita por el verbo compuesto que corresponda:

1) **I'd like to eat** a chocolate cake.
____________________________.

2) He didn't **make a copy** of the files so he lost all the information.
____________________________.

3) I've **started** swimming and I feel much better.
____________________________.

4) I thought he was going to accept the plan, but he **didn't keep his promise**
____________________________.

C

Completa la tabla con diez actividades y aficiones al aire libre (outdoors) y diez en espacios cerrados (indoors):

Outdoor Activities

____
____
____
____
____

Indoor Activities

____
____
____
____
____

ADVANCED UNIT 44

En esta unidad estudiaremos:

DIALOGUES: *THE DAY AFTER / El día después*

LET'S SPEAK ENGLISH

VERBS AND MULTI-WORD VERBS:
PASS – FALL - TAKE

EXPANDING YOUR VOCABULARY:
MOODS AND FEELINGS / Estados de ánimo y sentimientos

Diálogo

Alyson, Esteban y Tom hablan sobre el fin de semana.

Esteban: Well, it's Monday **once again**!
Alyson: After all too short a weekend.
Esteban: It was fun, though.
Alyson: Hi, Tom! How are you?
Tom: **Just between you and me**, I'm not feeling that great today.
Esteban: You look tired.
Tom: Well...I couldn't relax as I intended, actually. But I won't **take** it **out on** you, don't worry!
Alyson: Did you go cycling? You said you wanted to get more exercise.
Tom: Not exactly. I didn't feel like going cycling. Saturday night **put me in a bad mood**.
Alyson: How about the Thai restaurant? Was it good?
Tom: Not really. I don't like Asian food very much. And besides, they **took me to the cleaners!**
Alyson: Really? I see.
Tom: And **the last straw** was that Barbara decided to go dancing downtown. I hate those crammed discos!
Alyson: I know the feeling. I **pass on** going to these places, if I can. And you, Esteban, how was your weekend?
Esteban: My sister dropped in last night.
Alyson: She did? You must have been very happy.
Esteban: I really was. We had dinner in and stayed up until midnight.
Tom: So, you didn't watch the basketball match on TV.
Esteban: No, I didn't. We watched a horror movie.
Tom: Was it scary?
Esteban: Well, **off the record**, I was **scared stiff**!
Tom: Alyson, you didn't say anything about your weekend.
Alyson: Yesterday Charlie and I went to the park. And he rode his new bicycle.
Esteban: **Can** Charlie ride a bike well?
Alyson: He's learning, actually. He **fell down** a couple of times, but we had a great time.
Tom: Well, I'm happy for both you guys. In my case, I wasted my money and I was bored to death!
Esteban: Fun doesn't have to cost money. Most of «fun» is in the attitude.
Tom: In my case, that's **easier said than done**!

Diálogo

(traducción)

Esteban: *Bueno, ¡lunes,* ***otra vez****!*
Alyson: *Después de un fin de semana demasiado corto.*
Esteban: *Pero fue divertido.*
Alyson: *¡Hola, Tom! ¿Cómo te va?*
Tom: ***Entre nosotros****, no me siento estupendamente hoy.*
Esteban: *Pareces cansado.*
Tom: *Bueno... no pude descansar como quería, en realidad. Pero no me voy a* ***desquitar*** *con ustedes, ¡no se preocupen!*
Alyson: *¿Fuiste a andar en bicicleta? Dijiste que querías hacer más ejercicio.*
Tom: *No exactamente. No estaba de ánimo para ir a andar en bicicleta. El sábado por la noche* ***me puso de mal humor****.*
Alyson: *¿Y qué tal el restaurante tailandés? ¿Era bueno?*
Tom: *En realidad, no. A mí no me gusta mucho la comida asiática; y, además, ¡****me dejaron sin un centavo****!*
Alyson: *¿En serio? Ya veo.*
Tom: *Y* ***la gota que colmó el vaso*** *fue que Bárbara decidió ir a bailar al centro. ¡Odio esas discotecas atestadas de gente!*
Alyson: *Entiendo como te sientes. Yo* ***evito*** *ir a esos lugares, si puedo. Y tú Esteban, cómo pasaste el fin de semana?*
Esteban: *Mi hermana nos visitó por sorpresa el sábado por la noche.*
Alyson: *¿No me digas? Te debes haber alegrado mucho.*
Esteban: *Sí, la verdad es que sí. Cenamos en casa y nos quedamos levantados hasta la medianoche.*
Tom: *Entonces no viste el partido de baloncesto por televisión.*
Esteban: *No, no lo vi. Vimos una película de terror.*
Tom: *¿Te dio miedo?*
Esteban: *Bueno, en confianza, ¡estaba* ***aterrado****!*
Tom: *Alyson, no dijiste nada sobre tu fin de semana.*
Alyson: *Ayer Charlie y yo fuimos al parque y él anduvo en su nueva bicicleta.*
Esteban: *¿****Sabe*** *Charlie andar bien en bicicleta?*
Alyson: *Está aprendiendo, en realidad. Se* ***cayó*** *un par de veces, pero lo pasamos muy bien.*
Tom: *Bueno, estoy muy contento por ustedes dos, amigos. En mi caso, malgasté mi dinero y me morí de aburrimiento.*
Esteban: *La diversión no tiene por qué costar dinero. Por lo general la «diversión» está en la actitud.*
Tom: *En mi caso,* ***es más fácil decirlo que hacerlo.***

Masa

Es un pequeño restaurante de Nueva York, considerado como el más caro del país, ya que el precio por persona suele rondar los 500 dólares. Tiene capacidad para apenas 26 personas y en él se sirve casi exclusivamente sushi.

Hablemos inglés

Let's speak English

1

*Cuando quieres que **se mantenga en secreto** lo que vas a decir, puedes usar estas frases:*

Between you and me: Entre nosotros.

Between you and me, I don't like my job very much.
__Entre nosotros__, no me gusta mucho mi trabajo.

Off the record: En confianza.

There are many changes in the company and, **off the record**, they're going to hire a new manager.
Hay muchos cambios en la empresa y, __en confianza__, van a contratar a un nuevo gerente

2

*Estudiemos algunas **expresiones de tiempo:***

Once again: Otra vez.

The computer broke down **once again.**
La computadora se rompió __otra vez.__

Once more: Una vez más.

I want to see her **once more** before she leaves.
Quiero verla __una vez más__ antes de que se vaya.

Once and for all: De una vez por todas.

This will solve our problem **once and for all.**
Esto resolverá nuestro problema __de una vez por todas.__

At once: Inmediatamente.

You have to finish this **at once.**
Tienes que terminar esto __inmediatamente.__

3

*Para expresar habilidad (**ability**) se usa el auxiliar **«can»:***

Can you speak Spanish?
Yes, I **can.** And a little English too.

¿__Puedes__ hablar español?
Sí, __puedo.__ Y un poco de inglés también.

Let's speak English

In the mood

Alton Glenn Miller (1904 – 1944) fue un reconocido músico de jazz estadounidense. Como arreglista y compositor, lideró una de las bandas de swing más famosas de su época. De allí salieron temas inolvidables como: «In the Mood», «American Patrol», «Chatta-nooga Choo Choo», «String of Pearls» y «Pennsyl-vania 6-5000».

4

*Fíjate en las siguientes expresiones con la palabra **«mood»**:*

Put somebody in a good/bad mood:
Poner a alguien de buen/mal humor.

Seeing her **put me in a good mood.**
*Verla **me puso de buen humor**.*

Be in a good/bad mood:
Estar de buen/mal humor.

He**'s** always **in a bad mood** in the morning.
*Él siempre **está de mal humor** por la mañana.*

5

*Para **expresar miedo** se pueden usar estas expresiones:*

I was **scared stiff / scared to death.**
*Estaba **paralizado por el miedo/muerto de miedo**.*

The story was **hair-raising.**
*La historia fue **espeluznante**.*

Talking about that house **makes my hair stand on end.**
*Hablar sobre esa casa **me pone los pelos de punta**.*

6

*Cuando describes **algo que colmó tu paciencia**, puedes decir:*

The last/final straw:
La gota que colmó el vaso.

I worked harder than ever this week, and **the last straw** was when he said I had to work overtime.
*Trabajé más que nunca esta semana, pero **la gota que colmó el vaso** fue que dijo que tenía que trabajar horas extra.*

7

*Cuando algo **es más fácil de decir que de hacer** se puede usar esta expresión:*

Convincing Barbara **is easier said than done!**
*¡Convencer a Barbara **es más fácil de decir que de hacer!***

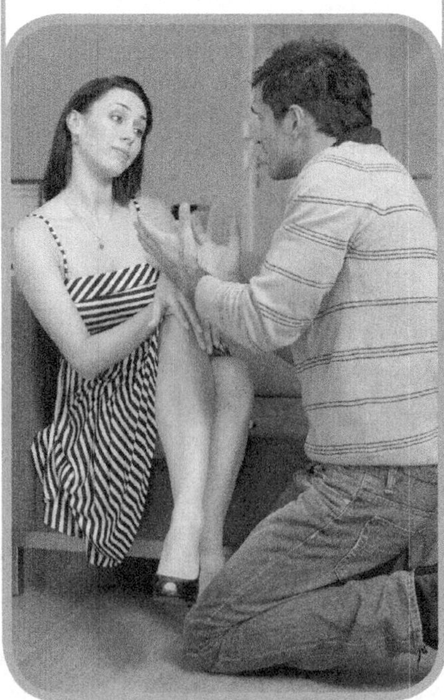

Verbs and multi-word verbs

Verbos y verbos compuestos

Veamos los significados de los siguientes verbos:

Pass (passed/passed):

-Pasar (transcurrir):

Time **passes** very quickly.
*El tiempo **pasa** muy rápido.*

-Pasar (atravesar):

The train **passes** near my house.
*El tren **pasa** cerca de mi casa.*

-Pasar (dar):

Pass me the salt, please.
***Pásame** la sal, por favor.*

Fall (fell/fallen):

-Caerse:

He **fell down** the stairs.
***Se cayó** por la escalera.*

-Bajar, disminuir:

Prices **fell** during the winter.
*Los precios **bajaron** durante el invierno.*

Verbs and multi-word verbs

A continuación estudiaremos verbos compuestos con los anteriores:

Pass

Pass on:

no hacer algo

I think I'll **pass on** lunch.
*Creo que **no voy** a almorzar.*

Pass away:

morir

Her grandfather **passed away** two years ago.
*Su abuelo **murió** hace dos años.*

Pass out:

desmayarse

When they told her the bad news, she **passed out**.
*Cuando le dijeron la mala noticia, **se desmayó**.*

Fall

Fall for:

enamorarse de

He **fell for** her the first time they met.
*Él **se enamoró de** ella la primera vez que la vio.*

Fall out:

caerse de un lugar

The pages **fell out** of his book.
*Las páginas **se cayeron** de su libro.*

Learning tips

Cuando estás es una reunión en la que se habla en inglés, a veces puedes sentir lo que se llama el «pánico al idioma». La sensación es que crees que no entiendes nada de lo que se habla y que no te van a entender cuando hables. En esos momentos tu mente se desconcentra y te sientes perdido. Lo que tienes que hacer es volver al control de la situación mediante el autoconvencimiento de que tú puedes entender y tú puedes hablar en inglés y lograr que te entiendan. Verás como, pasados unos instantes, sientes que vuelves a entenderlo todo y a participar de la conversación.

Verbs and multi-word verbs

Aprendamos otra frase con take (ver Unit 7):

Take

Take out on:

descargar el mal humor en otra persona que no es culpable, desquitarse

I know you're angry but don't **take** it **out on** me.

*Sé que estás enojado, pero no te **desquites** conmigo.*

Expanding your vocabulary

Moods and feelings / Estados de ánimo y sentimientos

angry: enojado

annoyed: molesto

amazed: sorprendido

ashamed: avergonzado

anxious: ansioso

bad-tempered: de mal carácter

bewildered: perplejo

confident: con confianza en sí mismo

confused: confundido

depressed: deprimido

doubtful: dubitativo

embarrased: incómodo/ avergonzado

enthusiastic: entusiasmado

energetic: enérgico

envious: envidioso

excited: excitado/emocionado

disappointed: desilusionado

fascinated: fascinado

to feel down: estar deprimido

friendly: amigable

frightened: asustado

frustrated: frustrado

gloomy: desalentado

furious: furioso

glad: contento

guilty: culpable

happy: feliz

to be mad: enojarse mucho

in a good mood: de buen humor

in a bad mood: de mal humor

Feelings

El cantante Morris Albert fue quien grabó por primera vez e hizo famoso este tema musical en 1975. Más adelante fue interpretado por grandes artistas como Ella Fitzgerald, Nina Simone y Frank Sinatra. Sin embargo, el tema fue posteriormente considerado como parodia de las baladas melosas, hasta considerarlo un «party killer».

Life in the US

Para viajar por los EE UU, además de los aviones se puede hacer uso de los autobuses y los trenes. La compañía más grande de autobuses es GREYHOUND y la de trenes, AMTRAK. Los estadounidenses se desplazan mucho por el país los días festivos, siendo el Día de Acción de Gracias la jornada en la que más se viaja. El estadounidense tiene mucha movilidad y suele vivir en muchos lugares del país a lo largo de su vida, lo que puede implicar recorrer muchos kilómetros para poder estar juntos a los suyos cuando se produce alguna reunión familiar.

Expanding your vocabulary

irritated: irritado

jealous: celoso

let down: desilusionado

to lose your temper: perder el control

mood swings: cambios de humor

optimistic: optimista

nervous: nervioso

puzzled: perplejo

pessimistic: pesimista

relaxed: relajado

relieved: aliviado

sad: triste

reluctant: reticente

resentful: resentido

satisfied: satisfecho

shocked: conmocionado

skeptical: escéptico

surprised: sorprendido

terrified: aterrorizado

touchy: susceptible

unhappy: infeliz

upset: enfadado, disgustado

worried: preocupado

Let's practice

A

Completa los espacios en blanco con las expresiones correctas. Una de las expresiones no es usada en ninguna frase.

a good mood
once and for all
the last straw
once again
between you and me
scared stiff
easier said than done
once more

1) __________________ I think she's in love with him.

2) My boss is__________today. He invited us for lunch.

3) My scanner broke down _________________. This is the third time I have to call the technician.

4) I have to solve this problem ______________.

5) I was ________________________when I heard the news about the hurricane.

6) Trying to make my son understand that he has to study instead of surfing the Internet is _____________.

7) I was already mad, but _____________was when she forgot my birthday.

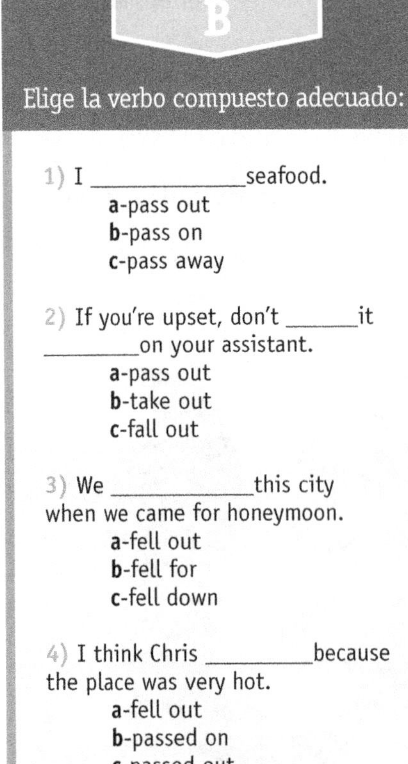

B

Elige la verbo compuesto adecuado:

1) I ____________seafood.
   - **a**-pass out
   - **b**-pass on
   - **c**-pass away

2) If you're upset, don't ______it ________on your assistant.
   - **a**-pass out
   - **b**-take out
   - **c**-fall out

3) We ____________this city when we came for honeymoon.
   - **a**-fell out
   - **b**-fell for
   - **c**-fell down

4) I think Chris _________because the place was very hot.
   - **a**-fell out
   - **b**-passed on
   - **c**-passed out

C

Escribe 10 estados de ánimo que sean positivos y 10 negativos:

Positive moods

____
____
____
____
____

Negative moods

____
____
____
____
____

SOLUCIONES

A. **1**-Between you and me, **2**-in a good mood, **3**-once again, **4**-once and for all, **5**-scared stiff, **6**-easier said than done, **7**- the last straw.
B. **1**-b, **2**-b, **3**-b, **4**-c

ADVANCED UNIT 45

En esta unidad estudiaremos:

DIALOGUES: *READER'S CORNER / El rincón de los lectores*

LET'S SPEAK ENGLISH

VERBS AND MULTI-WORD VERBS:
REMIND-REMEMBER-BE-LOOK

EXPANDING YOUR VOCABULARY:
READING BOOKS / Leer libros; SUBJECTS / Temas; GENRE / Género; PLACES TO GET BOOKS / Lugares para conseguir libros

Diálogo

Alyson, Tom y Esteban hablan sobre las diferentes opciones para obtener libros.

Alyson: Tom, I was reading a book yesterday, and the main character **reminded** me a lot **of** you.

Tom: Why? What was the book about?

Alyson: It was about an American man bored **to death** in Japan. Does it **strike a chord**?

Tom: Ha, ha! I didn't know you **were keen on** reading novels.

Alyson: Oh, yes…I'**m** really **into** reading. I always **look forward to** the next book! I go to the library twice a week with my son. I borrow some beautiful children's books for him, and he doesn't fall asleep until I read him a story.

Esteban: I've just joined the Whitman Reading Circle.

Tom: What's a reading circle exactly?

Esteban: It's like a club, but just for readers. If you become a member, you can get five bestsellers **for peanuts**, for just one buck.

Alyson: Sounds interesting. I read more than five books a year, though. Can you get some more?

Esteban: Yes, of course. The circle publishes around seventeen catalogs each year and sends them to their members **free of charge**. There you can find interesting reviews and a wide selection of different books.

Alyson: Do you have to place an order to get the books?

Esteban: There's a main selection of books on the cover of the catalog which they deliver to your home automatically, unless you tell them not to. Then, you have ten days to give the books back or keep them. If you keep them, you get them with a big discount. You can also pick out any other book you want.

Tom: Very interesting. But then, members have some obligations, don't they? **What's the catch?**

Esteban: All you have to do is buy four books in two years from them. **It's a piece of cake**. You can do it online.

Alyson: I still prefer public libraries. They're everywhere and they're **for free**. Every single district has one.

Esteban: Well, you see, **one way or another**, there are no excuses for not reading.

Tom: I guess I'm not much of a reader. If I want to read something, I just go to the nearest bookstore and pick out a bestseller.

Alyson: But books are pretty expensive these days.

Esteban: Yes, but you can always pay by credit card.

Tom: Thank God Barbara doesn't like reading at all!

Diálogo

(traducción)

Alyson: *Tom, ayer estaba leyendo un libro y el personaje principal me* ***recordaba*** *mucho* ***a*** *ti.*

Tom: *¿Por qué? ¿Sobre qué era el libro?*

Alyson: *Era sobre un estadounidense* ***muerto de aburrimiento*** *en Japón. ¿Te* ***resulta familiar?***

Tom: *¡Ja, ja! No sabía que te* ***interesaba*** *leer novelas.*

Alyson: *Sí,... realmente me* ***encanta*** *leer. ¡Siempre* ***espero ansiosamente*** *el próximo libro! Voy a la biblioteca dos veces por semana con mi hijo. Pido algunos libros infantiles bonitos para él, y no se queda dormido hasta que le leo un cuento.*

Esteban: *Yo acabo de hacerme socio del Círculo de Lectores Whitman.*

Tom: *¿Qué es exactamente un círculo de lectores?*

Esteban: *Es como un club, pero solo para lectores. Si te haces socio, puedes comprar cinco bestsellers* ***por muy poco dinero****; sólo por un dólar.*

Alyson: *Parece interesante. Pero yo leo más de cinco libros por año. ¿Puedes comprar más?*

Esteban: *Sí, por supuesto. El círculo publica alrededor de diecisiete catálogos por año y se los envía a los socios* ***sin cargo****. Allí puedes encontrar reseñas interesantes y una amplia selección de diferentes libros.*

Alyson: *¿Tienes que hacer un pedido para comprar los libros?*

Esteban: *Hay una selección principal de libros en la tapa del catálogo, que ellos envían a tu casa automáticamente, a menos que les pidas que no lo hagan. Luego, tienes diez días para devolver los libros o quedártelos. Si te los quedas te hacen un muy buen descuento. También puedes elegir cualquier otro libro que quieras.*

Tom: *Muy interesante. Pero los socios también deben de tener algunas obligaciones, ¿verdad?* ***¿Dónde está la trampa?***

Esteban: *Todo lo que tienes que hacer es comprarles cuatro libros en dos años.* ***¡Es muy fácil!*** *¡Puedes hacerlo por Internet!*

Alyson: *Yo sigo prefiriendo las bibliotecas públicas. Están por todas partes y* ***son gratis****. Todos los barrios tienen una.*

Esteban: *Bueno, como ven,* ***de una manera u otra****, no hay excusas para no leer.*

Tom: *Yo no leo mucho. Si quiero leer algo, voy a la librería más cercana y me compro un «bestseller».*

Alyson: *Pero los libros son bastante caros hoy en día.*

Esteban: *Sí, pero los puedes pagar con tarjeta de crédito.*

Tom: *¡Gracias a Dios a Barbara no le gusta nada leer!*

Library of Congress

La Biblioteca de Congreso es la institución cultural nacional más antigua de EE UU. Contiene millones de libros, grabaciones, fotografías, mapas y manuscritos en sus colecciones. En su sitio web se puede acceder a material de todo tipo, especialmente al de la historia estadounidense, en soporte digital y gratis.

Hablemos inglés

Let's speak English

1 *Cuando **algo que oyes o ves te parece familiar**, puedes usar esta expresión:*

Her name **strikes a chord with** me.
*Su nombre **me resulta conocido**.*

The beach in the picture **strikes a chord with** me.
*La playa de la foto **me resulta familiar**.*

*También puedes usar la expresión **«strike a chord with»** cuando **algo te emociona o te interesa** porque lo relacionas con algo vivido.*

The music in the movie **struck a chord with me** and I started crying.
*La música de la película **me conmovió** y comencé a llorar.*

His novel **struck a chord with** women.
*Su novela **caló hondo en** las mujeres.*

*Otra expresión que se usa también especialmente para **algo que escuchaste y te parece haberlo escuchado antes**, es **«ring a bell»**:*

Andy Carson? It **rings a bell.**
*¿Andy Carson? **Me resulta conocido**.*

2 *Veamos las siguientes expresiones con **«to death»**:*

He was scared **to death.**
*Estaba **muerto de** miedo.*

She was bored **to death.**
*Estaba **muerta de** aburrimiento.*

The children were frightened **to death.**
*Los niños tenían **mucho** miedo.*

Their mother was worried **to death.**
*Su madre estaba **muy** preocupada.*

Let's speak English

3 *Para decir que* ***algo es muy fácil*** *puedes usar la expresión* ***«a piece of cake»:***

Answering the interview questions was **a piece of cake.**
Contestar las preguntas de la entrevista fue ***muy fácil.***

4 *Fíjate en estas expresiones con la palabra* ***«free»:***

Free of charge / For free:
Gratis, sin tener que pagar.

You can receive the newspaper in your e-mail box **for free/free of charge.**
Puedes recibir el diario en tu casilla de correo ***gratis.***

5 *Veamos algunas expresiones con la palabra* ***«way»:***

One way or another:
De una manera u otra.

You can get books for free, **one way or another.**
Puedes conseguir libros gratis, ***de una manera u otra.***

No way: imposible, no hay forma / manera de

There's **no way** we can convince him.
No hay manera *de convencerlo.*

No way:
decir que no, de forma enfática

Can I talk to you?
¿Puedo hablar contigo?
No way!
¡De ninguna manera!

6 *La expresión* ***«for peanuts»*** *significa* ***por muy poco dinero:***

They wanted us to do the job **for peanuts.**
Querían que hiciéramos el trabajo ***por muy poco dinero.***

7 ***«To be keen on»*** *se usa cuando se quiere decir que* ***algo interesa o gusta mucho:***

am/is/are keen on

She**'s** very **keen on** languages.
A ella ***le interesan mucho*** *los idiomas.*

Tom **is** very **keen on** cycling.
A Tom ***le gusta mucho*** *andar en bicicleta.*

8 *Cuando algo que te ofrecen te parece que* ***tiene algún problema oculto o una desventaja,*** *puedes usar esta frase:*

I don't think anybody gives things for free. **What's the catch?**
No creo que nadie regale cosas.
¿Cuál es la trampa?

Verbos y verbos compuestos

Veamos los significados de los siguientes verbos:

Verbs and multi-word verbs

Remind (reminded/reminded):

- Recordar (hacer acordar).

Remind me **to** call her in the afternoon.
__Recuérdame__ que la llame a la tarde.

He **reminded** me **that** I have an appointment with the doctor.
Me __recordó__ que tengo una cita con el médico.

His voice **reminded** me **of** his father.
Su voz me __recordó__ a su padre.

Remember (remembered/remembered):

- Acordarse, recordar.

They couldn't **remember** her last name.
No pudieron __recordar__ su apellido.

I **remember that** he arrived late.
Me __acuerdo que__ llegó tarde.

Do you **remember** when we first met?
¿__Recuerdas__ cuando nos conocimos?

Learning tips

Una manera muy rápida de aprender inglés es tomar un diccionario y anotarte en tu libreta todas aquellas palabras que se dicen igual o casi igual en español que inglés; por ejemplo: humor, construction, transportation, urgent, etc. Tu vocabulario se multiplicará casi sin esfuerzo.

Verbs and multi-word verbs

Aprendamos otras expresiones con be (ver Unit 5/12) y look (ver Unit 4/12):

Be

Be into:

hacer algo regularmente o disfrutar algo

She**'s** really **into** swimming.
*Ella **disfruta** nadar.*

He**'s into** watching movies.
*Él **mira** películas **regularmente**.*

Look

Look forward to:

tener muchas ganas de hacer algo, esperar ansiosamente

I'm **looking forward** to meeting him.
***Tengo muchas ganas de** conocerlo.*

She's **looking forward to** traveling to the Caribbean.
*Ella **tienen muchas ganas de** viajar al Caribe.*

Expanding your vocabulary

Reading books / Leer libros

Subjects / Temas

art(s): arte

photography: fotografía

architecture: arquitectura

crafts and hobbies: artesanías y aficiones

games: juegos

humor: humor

music: música

education: educación

travel: viajes

philosophy: filosofía

politics: política

entertainment: entretenimiento

biography: biografías

children and young adults: niños y jóvenes

cooking: cocina

food and wine: comida y vinos

health, mind and body: salud, mente y cuerpo

history: historia

home and garden: vivienda y jardinería

crime and mystery: crimen y misterio

Expanding your vocabulary

horror: terror

thriller: suspenso, intriga

religion and spirituality: religión y espiritualidad

science: ciencia

nature: naturaleza

writing and language: escritura e idiomas

sex and relationships: sexo y relaciones

sports and adventure: deportes y aventura

self-improvement: autoayuda

transportation: transporte

business: negocios

medicine: medicina

computing: computación, informática

law: derecho

professional: profesional

technical: técnico

science fiction: ciencia ficción

romance: romance

reference books: material de consulta

dictionaries: diccionarios

encyclopedias: enciclopedias

Poe

Edgar Allan Poe (1809 – 1849) fue un escritor, poeta, crítico y periodista estadounidense, reconocido como uno de los maestros universales del relato corto. Fue un renovador de la denominada novela gótica y es recordado especialmente por sus relatos de terror.

Life in the US

Las bibliotecas públicas de Estados Unidos son un fabuloso servicio que te ofrece la comunidad y son totalmente gratuitas. Una vez registrado, puedes pedir libros prestados, ir cuantas veces lo desees a leer y estudiar y usar las computadoras que están al servicio del público de manera gratuita. Además, te ofrecerán un entorno acogedor donde poder leer y estudiar tranquila y cómodamente. ¡No desaproveches esta oportunidad!

Expanding your vocabulary

Genre / Género

prose: prosa

nonfiction: no ficción

novel: novela

short story: cuento

poetry: poesía

poem: poema

drama: drama

play: obra de teatro

fiction: ficción

tale: cuento

Places to get books / Lugares para conseguir libros

bookstore: librería

library: biblioteca

reader circle: círculo de lectores

secondhand books: libros usados

used bookstore: librería de libros usados

online book-selling company: empresa de venta de libros por Internet

bookstore chain: cadena de librerías

Let's practice

Completa los espacios en blanco con la expresión que corresponda en la forma adecuada:

remind
what's the catch
to death
look forward to
it's a piece of cake
strike a chord
for peanuts
no way
for free
ring a bell
keen on
free of charge
one way or another
be into

1) He wanted the painter to do the job____________________.

2) I was bored __________________ during the entire ceremony.

3) Eddie isn't very __________________playing sports.

4) I _________________to reading the new Harry Potter book.

5) If you buy two T-shirts, you get on more __________________.

6) Where´s she from? Her name_________________.

7) Could you _____________________me to take the tickets for the show?

8) The tourist agent said we can stay 15 days for the price of ten. _________________________?

9) Listening to this song ______________________ with me. It reminds me of my childhood.

10) Don´t be afraid of the job interview. ____________________!

11) My father _________________________golf.

12) I´m going to convince her ___________________________.

13) There´s ______________________ we can accept your offer.

14) I never _______________________ his name.

B

Completa las oraciones con los términos correspondientes:

1) Books about people's lives are called _______________________________ .

2) Stories about the future are called _______________________________ .

3) If you want to borrow a book, you go to a _____________________________ .

4) If you need to look up information, you'll get a/an _______________________.

5) A book that has sold many copies is called a ___________________________.

6) If you don't want to spend a lot of money on a book, you can go to a ______________________________.

7) If you read a lot, you can become a member of a__________________________.

8) «Romeo and Juliet» is a _______________________________.

SOLUCIONES

A. **1**- for peanuts, **2**- to death, **3**- keen on, **4**- look forward to, **5**-for free, **6**-rings a bell, **7**-remind, **8**-What's the catch?, **9**-strikes a chord, **10**-It's a piece of cake!, **11**- is into, **12**-one way or another, **13**-no way, **14**-remember.

B. **1**-biographies, **2**-science-fiction, **3**-library, **4**-dictionary/encyclopedia, **5**-bestseller, **6**-used bookstore, **7**-readers circle, **8**-play

APRENDE INGLÉS

LIBRO 10

Units 46 to 50

ADVANCED UNIT 46

En esta unidad estudiaremos:

DIALOGUES: *SPORT FANS / Fanáticos por el deporte*

LET'S SPEAK ENGLISH

VERBS AND MULTI-WORD VERBS:
WARM - BUILD - CALL - COME

EXPANDING YOUR VOCABULARY:
SPORTS / Los deportes

Diálogo

Tom y Esteban hablan sobre deportes.

Tom: Did you watch the NBA finals?

Esteban: Oh, yes. It was an amazing game last weekend. During those playoffs I became a Spurs fan.

Tom: I'm a Pistons fan, but this time, they **came in** second. The game **slipped through their fingers**. The Spurs battled on until the game was over, and they had the home court advantage...

Esteban: Come on! They may **have** had **an edge**, but they gave an incredible performance. They **bent over backwards.** That guy, the Argentine player, just goes hard to the basket again and again; he's a key player.

Tom: Yes, and his teammates are great too. They **went to great lengths** to get the trophy. They **came through** with a great victory.

Esteban: Well, Argentines are also very good at soccer. Soccer is my favorite sport. Do you like it?

Tom: Not so much, but after the 1994 World Cup I started **warming up to it** a bit more. My brother is a great player.

Esteban: Which position does he play?

Tom: He's a forward. He was **called up** by a very important professional team. What about your son?

Esteban: He's the goalkeeper of an amateur team. I think he will be a very good player. He's **building up** his confidence.

Tom: Do you like baseball?

Esteban: I really can't seem to make it out completely.

Tom: I used to be a good pitcher back in high school, but that was a long time ago.

Esteban: Have you ever gone to a World Series match?

Tom: No, but when I was a kid my father used to take me to the Texas Rangers stadium. I loved the hot dogs, the smell of the grass and the excited fans. But now, I go **once in a blue moon**.

Esteban: I'd like to go some day... Why don't we go together this spring?

Tom: That would be great. I'll get the tickets and you buy the hot dogs.

Esteban: **That's a deal!** Should we invite Alyson and Barbara?

Tom: Forget about it! Barbara will start cheerleading as if she were in high school.

Diálogo

(traducción)

Tom: *¿Viste los partidos de la serie final de la NBA?*

Esteban: *Sí, claro. El partido del fin de semana pasado fue sorprendente. Durante esas eliminatorias, me hice hincha de los Spurs.*

Tom: *Yo soy hincha de los Pistons, pero esta vez* ***terminaron*** *segundos. El partido* ***se les fue de las manos.*** *Los Spurs dieron batalla hasta que terminó el partido, y tenían la ventaja de ser locales...*

Esteban: *¡Vamos! Pueden haber* ***tenido*** *un poco de* ***ventaja****, pero jugaron de una manera increíble. Se* ***esforzaron muchísimo****. Ese chico, el jugador argentino, va al aro continuamente; es un jugador fundamental.*

Tom: *Sí, y sus compañeros de equipo son muy buenos también.* ***Hicieron todo lo posible*** *para ganar el trofeo.* ***Lograron*** *una gran victoria.*

Esteban: *Bueno, los argentinos son también muy buenos en el fútbol. El fútbol es mi deporte favorito. ¿A ti te gusta?*

Tom: *No tanto, pero después del mundial de 1994* ***comencé a interesarme*** *un poco más. Mi hermano es un gran jugador.*

Esteban: *¿En qué posición juega?*

Tom: *Es delantero. Lo* ***convocaron*** *de un equipo profesional muy importante. ¿Y tu hijo?*

Esteban: *Es arquero de un equipo amateur. Creo que va a ser un muy buen jugador. Está* ***ganando*** *confianza.*

Tom: *¿Te gusta el béisbol?*

Esteban: *Nunca termino de entenderlo.*

Tom: *Yo era un buen lanzador en la escuela secundaria, pero eso fue hace mucho tiempo.*

Esteban: *¿Has ido alguna vez a un partido de la Serie Mundial?*

Tom: *No, pero cuando era pequeño mi padre solía llevarme al estadio de los Texas Rangers. Me encantaban los perritos calientes, el olor del césped y el entusiasmo de los fans. Pero ahora voy* ***muy de vez en cuando.***

Esteban: *Un día me gustaría ir... ¿Por qué no vamos juntos esta primavera?*

Tom: *Eso sería fantástico. Yo compro las entradas y tú los perritos calientes.*

Esteban: ***¡Trato hecho!*** *¿Y si las invitamos a Alyson y a Barbara?*

Tom: *¡Olvídalo! Barbara va a comenzar a hacer de animadora como si estuviera en la escuela secundaria.*

His Royal Airness

Michael Jordan (NY, 1963), es un ex jugador de baloncesto estadounidense, considerado por la mayoría de los aficionados y especialistas como el mejor jugador de baloncesto de la historia. Ganó seis anillos de la NBA con Chicago Bulls, promediando 30,1 puntos por partido en toda su carrera. Se retiró definitivamente en 2003.

Hablemos inglés

Let's speak English

1

*Para decir que **una oportunidad se escapó por falta de suerte, cuidado o esfuerzo** se puede usar esta expresión:*

Slip through my fingers:
Irse de las manos.

The chance to win the contest **slipped through her fingers.**
*La oportunidad de ganar el concurso **se le fue de entre las manos.***

2

*Estas expresiones se usan para denotar **esfuerzo:***

Go to great lengths / Bend over backwards:
Hacer un gran esfuerzo / Hacer todo lo posible.

He **went to great lengths** to get a raise.
*Él **hizo todo lo posible** para conseguir un aumento de sueldo.*

They **bent over backwards** to pay back the loan.
*Ellos **hicieron un gran esfuerzo** para devolver el préstamo.*

3

*Para decir **que algo sucede muy pocas veces** puedes usar esta expresión:*

Once in a blue moon:
Muy de vez en cuando

I travel by train **once in a blue moon.**
*Viajo en tren **muy de vez en cuando.***

Learning tips

Lee todos los anuncios que veas por todos lados; por ejemplo, en los autobuses, en sus paradas, en la carretera y en el metro. Trata de entenderlos y memorizar el vocabulario para poder reproducir lo que dicen en las situaciones adecuadas. Suelen usar expresiones muy cotidianas, en las que con muy pocas palabras dicen muchas cosas.

Let's speak English

4

*Para decir que **alguien o algo tiene una ventaja sobre otra persona o sobre algo**, puedes usar la expresión **«have an edge»**:*

This new printer **has an edge over** the older model: it's faster and more economical.

*Esta nueva impresora **tiene una ventaja** sobre la anterior: es más rápida y económica.*

5

*Cuando **aceptas algo que te han propuesto** se puede usar esta expresión:*

It's a deal! / That's a deal!
Trato hecho.

I'll prepare the pizzas and you can bring the beer. **It's a deal**!
*Yo prepararé las pizzas y tu traes la cerveza. **¡Trato hecho!***

Verbs and multi-word verbs

Verbos y verbos compuestos

Veamos los significados de los siguientes verbos:

Warm (warmed/warmed):

- **Calentar:**

He turned on the heater to **warm** the house.
*Él encendió el calefactor para **calentar** la casa.*

Build (built/built):

- **Construir**

They are **building** a new mall by the highway.
*Están **construyendo** un nuevo centro comercial cerca de la autopista.*

Verbs and multi-word verbs

A continuación estudiaremos verbos compuestos con los anteriores:

Build

Build up:

aumentar, fortalecer

She **built up** her reputation as a designer.
*Ella **fortaleció** su reputación como diseñadora.*

Build on:

construir sobre la base de (un logro, valor, etc)

Friendship is **built on** trust.
*La amistad se **construye sobre** la confianza.*

Warm

Warm up:

calentar algo

We could **warm up** the water to make some coffee.
*Podríamos **calentar** el agua para hacer café.*

entrar en calor, calentar (antes de comenzar una actividad)

The coach told the players to start **warming up**.
*El entrenador le dijo a los jugadores que comenzaran a **calentar**.*

Warm up to:

comenzar a agradar una persona o una idea

At first he didn't like the city, but then he **warmed up to** it.
*Al principio no le gustaba la ciudad, pero luego **comenzó a gustarle**.*

Life in the US

En Estados Unidos viven casi 300 millones de personas. Es tres veces la población de México y siete veces la de Colombia. También es un país muy extenso. De este a oeste hay 4,500 kilómetros (distancia que tomaría 5 días recorrerla en automóvil) y cuatro zonas horarias.

Verbs and multi-word verbs

Aprendamos otras expresiones con come (ver ADVANCED Unit 2) y call (ver ADVANCED Unit 11):

Call

Call up:

convocar para formar parte del ejército o de un equipo deportivo.

He was **called up** to play for the American National Team.
*Él fue **convocado** para jugar en la selección nacional americana.*

Come

Come out:

terminar en la posición mencionada o de una manera determinada

They **came out** as the leaders of the championship.
*Ellos **terminaron** como líderes del campeonato.*

Come through:

lograr atravesar una situación difícil con éxito

They **came through** the accident with no injuries.
***Lograron salir** del accidente sin heridas.*

Sports / Los deportes

aerobics: ejercicios aeróbicos

archery: arquería, tiro con arco

athletics: atletismo

baseball: béisbol

basketball: baloncesto

(bi)cycling: ciclismo

billiards: billar

bowling: bolos

boxing: boxeo

canoeing: canotaje

car racing: automovilismo

diving: buceo

fishing: pesca

fencing: esgrima

football: fútbol americano

golf: golf

gymnastics: gimnasia

hang gliding: aladeltismo

hockey: hockey

horse racing: carrera de caballos

horseback riding: equitación

hunting: caza

ice hockey: hockey sobre hielo

jogging: salir a correr

ice skating: patinaje sobre hielo

karate: karate

martial arts: artes marciales

motorboat racing: carrera de lanchas

mountaineering: alpinismo

parachuting / sky-diving: paracaidismo

Skate

Fue inventado en 1963 en Malibú, California, por Mickey Muñoz y Phil Edwards, como sustituto terrestre a la tabla de surf. Ellos quitaron las ruedas a unos patines, se las pusieron a una tabla de madera y llamaron a su invento Surf Roll.

X Games

Los «X Games» son un certamen regular que reúne a los profesionales de deportes extremos. Hay dos modalidades: la convencional (surf, skate, roller, BMX, rally, motocross) y los X Games de invierno (snowboard, esquí extremo, snowmobile). La mayoría de los participantes son estadounidenses o australianos.

Expanding your vocabulary

ping-pong: tenis de mesa

polo: polo

rowing: remo

rugby: rugby

sailing: navegación a vela

skating: patinaje

soccer: fútbol

skiing: esquí sobre nieve

swimming: natación

surfing: surf

volleyball: vóleibol

target shooting: tiro al blanco

tennis: tenis

water skiing: esquí acuático

weight lifting: halterofilia, levantamiento de pesas

wrestling: lucha libre

windsurfing: windsurf

Let's practice

A

Completa la siguiente conversación con las expresiones adecuadas:

Jack: I'm really let down. The match__________________(1).
George: Yeah, they really _______________(2) to win it. They never gave up!
J: We could say the other team________________(3) because they were playing in their own field.
G: Yeah, but anyway, scoring the winning goal one minute before the end of the match happens__________________(4)
J: You're right, and when that happens, it doesn't matter that they ________ ___________________________(5) for the other 89 minutes. There's nothing you can do. It's a question of luck! That's what bothers me!

B

Coloca cada verbo compuesto en el espacio adecuado y en el tiempo verbal correcto.

build up
come through
warm up
come out
build on
warm up to

1) I think human relationships are _______________ respect and trust.

2) She´s _____________her hands by the fire.

3) Your speech__________ really well.

4) I didn't like my new co-worker at first, but now I'm ______________ her.

5) She ________________ the experience but it was difficult.

6) The traffic__________________in the area as a result of the fire.

C

Adivina el nombre del deporte de acuerdo con las pistas:

1) To practice this sport you need a rod, a hook and a bait: ________________

2) To practice this sport you need a board with a sail: ________________

3) To practice this sport you need a racket and a ball: ________________

4) To practice this sport you need an oval ball: ________________

5) To practice this sport you need a small ball and a club: ________________

6) To practice this sport you need skates and a stick: ________________

7) To practice this sport you need a boat and oars: ________________

8) To practice this sport you need a horse: ________________

SOLUCIONES

A. **1**-slipped through their fingers., **2**-went to great lengths, **3**-had an edge., **4**-once in a blue moon., **5**-bent over backwards. B. **1**-built on, **2**-warming up, **3**-came out, **4**-warming up to, **5**-came through, **6**-is building up. C. **1**-fishing, **2**-windsurfing, **3**-tennis, **4**-football/rugby, **5**-golf, **6**-ice hockey, **7**-rowing, **8**-horse racing/polo.

ADVANCED UNIT 47

En esta unidad estudiaremos:

DIALOGUES: *THE LUNCH BREAK / La hora del almuerzo*

LET'S SPEAK ENGLISH

VERBS AND MULTI-WORD VERBS: *SLOW – HEAT – WASH – CATCH – PUT – GET*

EXPANDING YOUR VOCABULARY: *RECIPES / Recetas de cocina*

Diálogo

Alyson, Esteban, Tom y Barbara se encuentran a la hora del almuerzo.

Esteban: Alison, we'll be waiting for you at the cafeteria.
Alyson: OK, I'm coming.
Esteban: I wish I could **call it a day**, but in fifteen minutes I have to **get down to** work.
Tom: Me too. I worked hard the whole morning and I worked overtime the last three days. I think I'm **biting off more than I can chew**.
Alyson: Here I am! I'm starving!
Tom: I need to **slow down**. Besides, I'm becoming a «desk diner.»
Alyson: What?
Tom: I eat a sandwich in front of my computer five times a week! I don't even take my lunchtime to unwind.
Esteban: A real break is very important to **recharge your batteries**.
Alyson: Hey, **you eat like a bird**!
Tom: Not really, I eat quite a bit and I'm **putting on** weight.
Alyson: I'm going to put my chicken in the microwave oven. Esteban, do you have anything **to heat up?**
Esteban: Yes, thank you. I've got some homemade spaghetti. «Al dente»; the way I like it!
Tom: Do you always bring lunch from home?
Alyson: Yes, when I get home from work I do all the cooking.
Tom: Are you a good cook?
Alyson: I manage quite well. I enjoy cooking, really. For me, it's a way of unwinding.
Esteban: I'm not good at cooking but my wife prepares my lunchbox every day.
Tom: My lunch is usually a poor peanut butter and jelly sandwich, and orange juice to **wash it down.**
Barbara: Hi, guys!
Tom: Hi, Barbie. What are you having for lunch today?
Barbara: I'm having sushi.
Alyson: I've never tried sushi. Is it good?
Barbara: Never? How come! It's delicious! You can order it from the Japanese restaurant a few blocks from here. It's a bit expensive, but it's well worth the price.
Esteban: Well, I could spend the whole afternoon here, but I have a lot of work to **catch up on**! Have a good lunch, guys!

Diálogo

(traducción)

Esteban: *Alyson, te esperamos en la cafetería.*

Alyson: *Bueno, ya voy.*

Esteban: *Ojalá pudiera* ***dar por terminado el día****, pero en diez minutos tengo que* ***ponerme a*** *trabajar.*

Tom: *Yo también. Trabajé mucho toda la mañana y estuve trabajando horas extras los últimos tres días. Creo que estoy* ***haciendo más de los que puedo****.*

Alyson: *¡Aquí estoy! ¡Me estoy muriendo de hambre!*

Tom: *Necesito* ***parar*** *un poco. Además, me estoy volviendo un «comensal de escritorio».*

Alyson: *¿Qué?*

Tom: *Como un sandwich delante de mi computadora cinco días a la semana. Ni siquiera me tomo la hora del almuerzo para* ***relajarme****.*

Esteban: *Un descanso real es muy importante para* ***recargar las baterías.***

Alyson: ***¡Tú comes como un pajarito!***

Tom: *No tanto; como bastante y estoy* ***aumentando*** *de peso.*

Alyson: *Voy a poner mi pollo en el horno microondas. Esteban, ¿tienes algo para* ***calentar****?*

Esteban: *Sí, gracias. Tengo unos espagueti caseros. «Al dente»; ¡como a mí me gustan!*

Tom: *¿Siempre te traes el almuerzo de tu casa?*

Alyson: *Sí, cuando vuelvo a casa del trabajo preparo toda la comida.*

Tom: *¿Eres buena cocinera?*

Alyson: *Me las arreglo bastante bien. Disfruto cocinando, en realidad. Para mí, es una manera de* ***relajarme.***

Esteban: *Yo no soy bueno cocinando pero mi esposa prepara mi lonchera todos los días.*

Tom: *Mi almuerzo es, por lo general, un sandwich de manteca de maní y mermelada, y jugo de naranja para* ***bajarlo****.*

Barbara: *¡Hola, amigos!*

Tom: *Hola, Barbie. ¿Qué vas a almorzar hoy?*

Barbara: *Voy a comer sushi.*

Alyson: *Nunca he comido sushi. ¿Está rico?*

Barbara: *¿Nunca? ¡Cómo es posible! ¡Es delicioso! Puedes pedirlo en el restaurante japonés que está a unas pocas cuadras de aquí. Es un poco caro, pero vale la pena pagar ese precio.*

Esteban: *Bueno, podría quedarme aquí toda la tarde, pero tengo que* ***ponerme al día*** *con mucho trabajo. ¡Que tengan un buen almuerzo, amigos!*

King's choice

El «Sandwich Elvis» es típico de algunas zonas de EE UU. Era el favorito de Elvis Presley y se prepara con mantequilla de cacahuete, mantequilla, tocineta, rodajas de plátano y miel. Se suele comercializar en P.B. Loco y Peanut Butter & Co.

Hablemos inglés

Let's speak English

1

La siguiente expresión se usa para decir que se quiere ***terminar de trabajar:***

I'm beat!
I think **I'll call it a day.**
¡Estoy muerto de cansancio!
*¡**Terminaré por hoy**!*

2

Cuando se cree que algo es ***difícil de abarcar****, se puede decir:*

I think **I'm biting off more than I can chew** in my new job.

Creo que estoy ***haciendo más de lo que puedo*** *en mi nuevo trabajo.*

3

Cuando alguien ***come muy poco*** *se le puede decir:*

She **eats like a bird.**
Ella ***come como un pajarito.***

4

Cuando ***se necesita un descanso para recuperar energía****, se puede decir:*

I needed a short vacation to **recharge my batteries.**
Necesitaba unas vacaciones cortas para ***recargar las baterías.***

Verbos y verbos compuestos

Veamos los significados de los siguientes verbos:

Slow

-Disminuir la marcha o el desarrollo:

The car **slowed** at the intersection.
*El automóvil **bajó la marcha** en la intersección.*

Heat

-Calentar un lugar para que resulte agradable:

We'd better **heat** this house or we'll freeze to death!
*¡Será mejor que **calentemos** esta casa o nos vamos a congelar!*

Wash

-Lavar:

I have to **wash** my white shirt.
*Tengo que **lavar** mi camisa blanca.*

I'd like to **wash** my hands before dinner.
*Me gustaría **lavarme** las manos antes de la cena.*

Life in the US

Buena parte de los presupuestos familiares se va en las compras en el supermercado. Los alimentos son muy caros en Estados Unidos, por lo que hay que estar siempre atento a las ofertas que dan los supermercados y los fabricantes. Una manera en que se puede ahorrar bastante es con los cupones de descuento que se entregan de forma gratuita con el periódico local o en el correo. Si quieres ahorrar y comprar a mejores precios en el supermercado, no olvides planificar tus compras antes de ir y recortar los cupones de descuento de lo que vayas a comprar. Cupón a cupón son centavos, pero al final de mes suma mucho dinero.

Verbs and multi-word verbs

Catch (caught/caught):

-Agarrar, atrapar (especialmente algo en movimiento):

The player **caught** the ball and scored a point.
*El jugador **atrapó** la pelota y marcó un punto.*

-Atrapar a alguien (que se está escapando):

The police **caught** the thief who had run away from jail.
*La policía **atrapó** al ladrón que se había escapado de la prisión.*

-Entender lo que alguien dice:

I couldn't **catch** what he said.
*No pude **entender** lo que dijo.*

-Contraer una enfermedad:

I **caught** a cold.
*Me **contagié** un resfriado.*

Verbs and multi-word verbs

A continuación estudiaremos verbos compuestos con los anteriores:

Catch

Catch up on / Catch up with:

hacer algo para lo que no se tuvo tiempo antes / ponerse al día con

I have to **catch up on** my English.
*Tengo que **ponerme al día con** el inglés.*

She needs **to catch up on** her paperwork.
*Tiene que **ponerse al día con** sus papeles.*

Catch on:

tener éxito, hacerse popular

His novel didn't **catch on** with women.
*Sus novelas no **tuvieron éxito** con las mujeres.*

Heat

Heat up:

calentar un alimento o bebida

I'll **heat up** the pot roast for dinner.
***Calentaré** el estofado para la cena.*

Seven-layer salad

La «ensalada de siete capas» es un plato estadounidense que incluye una colorida combinación de ingredientes: lechuga, tomate, pepino, cebolla, guisantes, huevo duro, queso cheddar y trozos de panceta. Se cubre con un aliño sobre una base de mayonesa y, a veces, se añade nata agria. Se sirve en un bol de cristal, de forma que las capas puedan verse.

Verbs and multi-word verbs

Aprendamos otras expresiones con put (ver ADVANCED Unit 7) y get (ver ADVANCED Unit 1):

Wash

Wash down: *beber un líquido para bajar la comida*

He ate fish and **washed** it **down** with white wine.
*Comió pescado y lo **bajó** con vino blanco.*

Slow

Slow down:

disminuir la marcha

The bus **slowed down** and stopped at the bus stop.
*El autobús **disminuyó la marcha** y se detuvo en la parada.*

disminuir el nivel de actividad

The doctor told him to **slow down.**
*El médico le pidió que se **tranquilizara**.*

Put

Put on: *aumentar, agregar*

She **put on** a lot of weight when she was pregnant.
*Ella **engordó** mucho cuando estaba embarazada.*

Get

Get down to:

comenzar a hacer algo seriamente

I have to **get down to** doing more exercise.
*Tengo que **comenzar seriamente a** hacer más ejercicio.*

Recipes / Recetas de cocina

add: agregar

al dente: punto de cocción de la pasta, tierna pero firme

bake: hornear

blend: mezclar

boil: hervir

braise: cocinar lentamente con líquido en una cacerola tapada

beat: batir

caramelize: caramelizar

chop: picar

cook: cocinar

directions: instrucciones

dissolve: disolver

dough: masa

dice: cortar en cubos

dry ingredients: ingredientes secos

fat: grasa

fill: rellenar

fold: mezclar suavemente con espátula de madera

fry: freír

garnish: decorar

grate: rallar (queso, verduras, especias)

ingredients: ingredientes

lumps: grumos

marinade: marinar

melt: derretir

mince: picar (carne)

mix: mezclar

mixture: mezcla

oven: horno

pit: quitar las semillas de una fruta o verdura

poach: cocinar al baño María

preheat: precalentar (el horno)

Cookbook

«The Joy of Cooking» es el libro de cocina más publicado en los Estados Unidos. Fue escrito por Irma S. Rombauer en 1931. Ediciones posteriores fueron realizadas por su hija Marion Rombauer Becker.

Chicago-style pizza

La auténtica pizza estilo Chicago tiene una base de pan gruesa y crujiente cubierta de queso y salsa de tomate. Se cocina en un molde circular. Existen dos variantes: la que es abierta y posee una base gruesa, llamada «deep-dish pizza», y la que se cierra como un calzone, o «stuffed pizza».

Expanding your vocabulary

proof: levar (dejar que la levadura aumente su tamaño)

recipe: receta

reduce: reducir (dejar que un líquido se evapore)

roast: cocinar carne o verduras al horno

sear: freír rápidamente un trozo de carne para dorarlo

serve: servir

sift: tamizar

simmer: cocinar en un líquido que no hierve

sprinkle: espolvorear

steam: cocinar al vapor

stir: revolver, remover

stuffed: relleno

stuff: rellenar

thicken: espesar

toast: tostar

whip: batir enérgicamente

Let's practice

SOLUCIONES

A. **1**-b, **2**-c, **3**-a, **4**-c, **5**-b, **6**-a, **7**-c, **8**-a, **9**-c.

B. **1**-Stuffed, **2**-Directions, **3**-Preheat, **4**-boil, **5**-Chop, **6**-mince, **7**-cook, **8**-Add, **9**-simmer, **10**-Stir, **11**-fill, **12**-mixture, **13**-Bake, **14**-Sprinkle, **15**-Serve

A

Elige la expresión o palabra adecuada en cada caso:

1) When I accepted the job, I thought I was going to manage, but I guess I ___________
a-´ll call it a day / **b**-´m biting off more that I can chew / **c**-´ll slow down

2) Sammy has ____________ weight a lot since the last time I saw him.
a-got down to / **b**-caught on / **c**-put on

3) I couldn't quite ______________ what the announcer said on the loudspeakers.
a-catch / **b**-catch on / **c**-catch up on

4) This kind of music didn't ___________in Europe.
a-catch up with / **b**-put on / **c**-catch on

5) I need a two-week vacation to ________ ___________.
a-eat like a bird / **b**-recharge my batteries / **c**-call it a day

6) Let´s _____________. We already finished our job.
a-call it a day / **b**-get down to work / **c**-catch up with this

7) He drank a lot of wine to ___________the meal.
a-slow down / **b**-catch on / **c**-wash down

8) Let´s _______________work. Our deadline is at 4.
a-get down to / **b**-slow down / **c**-catch on

9) Andy _______________ the flu.
a-caught on / **b**-put / **c**-caught

B

Completa correctamente los espacios en blanco de esta receta con las palabras de la lista.

cook	sprinkle
serve	mince
bake	mixture
fill	simmer
add	chop
stuffed	boil
stir	preheat
directions	

(1) _____________ Sweet Peppers

(2) ______________________ :

(3) _______________ oven to 300 degrees.

Place the peppers in boiling water and (4)__ ________for 3 minutes. (5)_____________ the onion and (6) ______________ the meat. In a large frying pan, (7) _________ _________ pork, beef, onion, and garlic until the meat is brown and the onions are tender. (8) _______ ___________tomatoes, water, basil, oregano, rice, salt and pepper to the meat. Reduce heat and (9) _____________for 15 to 20 minutes or until rice is tender. (10)______________ in 3/4 cup of the cheese.

Place the peppers in a baking dish and (11) ______________ them with the meat and rice (12)______________.

(13) ____________ for 15 to 20 minutes or until heated.

(14) ________________ the remaining cheese on top and

(15) ________________ hot.

ADVANCED UNIT 48

En esta unidad estudiaremos:

DIALOGUES: *BECOMING A CITIZEN / Hacerse ciudadano*

LET'S SPEAK ENGLISH

VERBS AND MULTI-WORD VERBS: *CALM – STAY – CHECK – TAKE*

EXPANDING YOUR VOCABULARY: *NATURALIZATION / La naturalización*

Diálogo

Esteban le cuenta a Alyson que estuvo ayudando a su sobrino con las preguntas de la entrevista para conseguir la ciudadanía.

Alyson: Hey, you look pale!

Esteban: Yes, I'm worn out. I **burnt the midnight oil** yesterday.

Alyson: Why? What happened?

Esteban: I **stayed up** very late helping my cousin Pablo with the questions of his naturalization test. We **checked off** the answers he knew and we **went over** the questions he didn't know until he felt confident. I think he'll end up doing well.

Alyson: Oh, he's lucky! With a teacher like you, the test **should be a breeze**!

Esteban: Thank you. I **hope so**. He was very nervous in the beginning, but then he **calmed down**. It took him hard work to get to this point.

Alyson: So, why does he want to get the citizenship?

Esteban: Mainly because he wants to go to college, and most scholarships are available only if you are a US citizen. Also, if you're a citizen they can't **take away** your right to remain here. You can help your relatives get their Green Cards and Pablo wants to sponsor his brother's application.

Alyson: What are the requirements for naturalization now? They may have changed since my father went through the process.

Esteban: Basically, if you have been here for a good amount of time and you don't have a police record, you can apply.

Alyson: And then you have to take the test?

Esteban: Yes, that's the next step. The US Citizen and Immigration Service gives you an appointment. There you have to show that you understand the English language, and that you know the most important facts about US history.

Alyson: So if he passes the test he becomes a naturalized citizen?

Esteban: First, he must take the oath of allegiance.

Alyson: What's that?

Esteban: You swear to support the Constitution and obey the laws of the US.

Alyson: I'm sure he'll **keep his promise**!

Diálogo

(traducción)

Alyson: *Oye, te ves pálido.*

Esteban: *Sí, estoy cansadísimo. Me **acosté muy tarde** ayer.*

Alyson: *¿Por qué? ¿Qué ocurrió?*

Esteban: *Me **quedé despierto** hasta muy tarde ayudando a mi primo Pablo con las preguntas de su test de naturalización. **Marcamos** todas las repuestas que sabía y **estudiamos** las que no sabía hasta que se sintió seguro. Creo que le va a ir bien.*

Alyson: *¡Ah, pero tiene suerte! Con un profesor como tú, el test **va a ser muy fácil**.*

Esteban: *Gracias. Eso espero. Él estaba muy nervioso al principio, pero luego se **calmó**. Ha tenido que esforzarse mucho para llegar a este punto.*

Alyson: *¿Por qué quiere obtener la ciudadanía?*

Esteban: *Principalmente, porque quiere ir a la universidad y la mayoría de las becas se otorgan solo si eres ciudadano estadounidense. También, si eres ciudadano, no pueden **quitarte** el derecho a permanecer aquí. Además, te permite ayudar a que tus familiares obtengan la Tarjeta Verde y Pablo quiere solicitar la residencia de su hermano.*

Alyson: *¿Cuáles son los requisitos para nacionalizarse ahora? Deben de haber cambiado desde que mi padre hizo los trámites.*

Esteban: *Básicamente, si has vivido aquí durante un cierto tiempo y no tienes antecedentes penales, la puedes solicitar.*

Alyson: *¿Y luego tienes que hacer el examen?*

Esteban: *Sí, ese es el siguiente paso. El Servicio de Ciudadanía e Inmigración de los Estados Unidos te da una cita. Allí tienes que demostrar que entiendes el idioma inglés y que conoces los hechos más importantes de la historia estadounidense.*

Alyson: *Entonces, si aprueba el test, ¿se convierte en un ciudadano naturalizado?*

Esteban: *Primero tiene que realizar el juramento de lealtad a la bandera.*

Alyson: *¿Qué es eso?*

Esteban: *Debes prestar juramento a la Constitución y obediencia a las leyes de los Estados Unidos.*

Alyson: *¡Estoy segura que **cumplirá su promesa**!*

Citizen Kane

«El Ciudadano Kane» es una película dirigida, escrita, producida y protagonizada por el estadounidense Orson Welles, considerada como una de las obras maestras de la historia del cine. Ganó un Oscar al mejor guion original, el único conseguido por Welles en toda su carrera.

Hablemos inglés

Let's speak English

1 *Estudiemos las siguientes expresiones con el verbo* ***«burn»:***

Burn the midnight oil:
Quedarse haciendo alguna actividad hasta altas horas de la noche.

This book is so exciting that **I'll be burning the midnight oil** tonight.
Este libro es tan interesante que ***me quedaré despierto hasta muy tarde*** *esta noche.*

Burn the candle at both ends:
Dormir pocas horas por estar muy ocupado

He's been **burning the candle at both ends** studying for his exam.
Ha estado ***durmiendo muy poco*** *para preparar su examen.*

2 ***«Keep a promise»*** *significa* ***mantener una promesa:***

He said he will arrive on time.
I hope he **keeps his promise.**
Él dijo que llegará puntualmente. Espero que ***cumpla con su promesa.***

3 *La expresión opuesta es* ***«break a promise»:***

She's not reliable at all.
She always **breaks her promises.**
Ella no es confiable en absoluto. Siempre ***rompe sus promesas.***

Great Lakes Waterway

La hidrovía de los Grandes Lagos es un sistema de canales que permite que los buques oceánicos accedan a todos los Grandes Lagos que se ubican en la frontera entre EE UU y Canadá. Sus principales obras de ingeniería son el Canal Welland y las Esclusas Soo.

Let's speak English

4

La siguiente expresión se usa cuando ***se espera que algo resulte de una determinada manera:***

- So you're leaving on vacation tomorrow?
- **I hope so!**

- ¿Así que te vas de vacaciones mañana?
*- **¡Eso espero!***

5

Cuando se dice que ***a partir de un determinado momento algo se vuelve fácil****, se pueden usar:*

You won't have any problems with the interview. **It should be a breeze**!
No tendrás ningún problema con la entrevista. ***Todo irá bien.***

If you find a good job, **the rest is smooth sailing.**
Si encuentras un buen trabajo, ***el resto será fácil.***

Verbos y verbos compuestos

Veamos los significados de los siguientes verbos:

Verbs and multi-word verbs

Calm (calmed/calmed):

-Calmar:

She tried **to calm** the little child.
*Ella intentó **calmar** al niño.*

Stay (stayed/stayed):

-Quedarse:

Please **stay**! We can make some pasta for lunch.
*Por favor, **quédate.** Podemos preparar pasta para el almuerzo.*

-Estar alojado temporariamente en un lugar:

Our friends **are staying** with us for the weekend.
*Nuestros amigos **se quedan** con nosotros durante el fin de semana.*

Check (checked/checked):

-Chequear, controlar:

I **check** my e-mails three times a day.
*Yo **chequeo** mi correo electrónico tres veces al día.*

Life in the US

En Estados Unidos, el 8 de enero se celebra el «Jackson Day». Este día se conmemora la batalla de Nueva Orleans, un episodio de la lucha por la independencia. La victoria americana, liderada por el comandante Andrew Jackson, forzó a los británicos a reconocer las pretensiones de los Estados Unidos sobre Louisiana y la parte occidental de Florida, lo que dio origen al fin de la Guerra de Independencia.

Verbs and multi-word verbs

A continuación estudiaremos verbos compuestos con los anteriores:

Calm

Calm down: *calmar, serenar*

Calm down! There's nothing to be afraid of!
*¡**Cálmate**! ¡No hay nada que temer!*

Stay

Stay up:

quedarse despierto hasta tarde

We **stayed up** to watch the recital.
*Nos **quedamos despiertos hasta tarde** para ver el recital.*

Check

Check off: *marcar como vistos o correctos nombres o artículos en una lista*

The teacher **checked off** the students names before they left for the trip.
*La maestra **marcó en la lista** los nombres de los alumnos antes de que partieran de viaje.*

Check in: *registrarse, presentar documentación (en un hotel o aeropuerto)*

They **checked in** at 10.
*Se **registraron** a las 10.*

Check out: *pagar la cuenta al irse de un hotel*

After **checking out**, they took a taxi to the airport.
*Después de **pagar la cuenta**, tomaron un taxi al aeropuerto.*

Check over: *examinar, revisar*

I **checked over** the bank statement.
***Revisé** mi extracto bancario.*

The doctor will **check** me **over** to see if I'm OK.
*El doctor me **examinará** para ver si estoy bien*

Verbs and multi-word verbs

Aprendamos otras expresiones con take (ver ADVANCED Unit 7, 13, 14):

Take

Take away:

quitarle algo a una persona o a una organización

The State cannot **take away** our right to education.
*El Estado no nos puede **quitar** el derecho a recibir educación.*

Learning tips

Otra forma de practicar tu inglés es anotar la lista de tu compra para el supermercado en este idioma. Por ejemplo, en lugar de escribir manzana escribe «apple» o en lugar de naranja, «orange».
Sin darte cuenta, empezarás a acostumbrarte no solo a referirte a los alimentos en inglés, sino también a escribirlos correctamente. Para ello, compara cómo lo has anotado en tu lista y cómo está escrito en el supermercado.
Así, ni siquiera has de consultar el diccionario.
Si te has equivocado, fíjate en tu error y corrígelo para que te ayude a mejorar tu inglés.

Expanding your vocabulary

Naturalization / La naturalización

adjustment of status: ajuste de estatus

alien: extranjero

asylee: asilado

attachment to the Constitution: apoyo a la Constitución

background check: verificación de antecedentes

border: frontera

Bureau of Citizenship and Immigration Services, USCIS: Servicios de Ciudadanía e Inmigración de EE UU

certificate of citizenship: certificado de ciudadanía

citizen: ciudadano

citizenship: ciudadanía

civics test: examen de cultura cívica

conditional resident: residente condicional

Constitution: Constitución

continuous resident: residente continuo

country of birth: país de nacimiento

country of citizenship: país de nacimiento o naturalización

country of former allegiance: país de ciudadanía anterior

country of last residence: país de última residencia

country of nationality: país de nacionalidad

deny: denegar

department of justice: departamento de justicia

deportable alien: extranjero deportable

elections: elecciones

eligibility requirements: requisitos de eligibilidad

employer: empleador

fail: reprobar

foreign national: extranjero

fraud: fraude

hearing: audiencia

immediate relative: pariente cercano

immigration attorney: abogado de inmigración

GobiernoUSA.gov
Información oficial en español

US on the web

GobiernoUSA.gov es el portal oficial del Gobierno de los Estados Unidos en español. Brinda un punto central de acceso a información gratis y confiable sobre programas y servicios (inmigración, empleo, salud, educación y más).

immigration judge:
juez de inmigración

immigration officer:
empleado del servicio de ciudadanía e inmigración

inadmissible:
persona que no cumple los requisitos para ser admitida en algún territorio

interview: entrevista

labor certification:
certificación laboral

lawful permanent resident:
residente permanente legal

lawyer: abogado

national anthem:
himno nacional

naturalization: naturalización

nonresident alien:
extranjero no residente

notify: notificar, informar

oath ceremony:
ceremonia de juramento

oath of allegiance:
juramento de lealtad a la bandera

penalty fee: multa

pending application:
solicitud pendiente

permanent resident card:
tarjeta de residente permanente

permanent resident:
residente permanente

port of entry:
punto de entrada

priority date: fecha tope de presentación de la solicitud

procedure: procedimiento

reapply: volver a solicitar

re-entry permit:
permiso de reingreso

referral: recomendación

refugee: refugiado

reschedule: concertar una nueva cita o entrevista

review: revisión

right to vote: derecho al voto

rights: derechos

selective service:
servicio selectivo

special consideration:
consideración especial

supporting documents:
documentos que acompañan a una solicitud

swear loyalty: jurar lealtad

work permit:
permiso de trabajo

Expanding your vocabulary

Let's practice

A — Completa con la expresión adecuada:

1) He said he was going to come, but he didn't show up. This is not the first time he ________________________________.
2) We had to hand in the report at 8 o'clock so we ______________________.
3) She works in the morning and studies at night. I guess she's _______ ________________________and she'll get stressed.
4) Is your cousin coming to the party? ______________________________.
5) Once you've passed the interview, ____________________________________.

B — Une las distintas partes para que formen una oración con sentido:

1) We checked in (__)
2) I stayed up (__)
3) You should check over (__)
4) When they divorced, (__)
5) Could you stay (__)
6) When they were checking out, (__)
7) A police officer can take away (__)
8) They checked (__)

a) he came off worse.
b) until 6?
c) somebody stole their bags.
d) your driver's license.
e) your answers before handing in the test.
f) studying until 4.
g) that they had all their papers.
h) and went to the beach right away.

C — Completa los espacios en blanco con el vocabulario adecuado:

Time in district or state
eligible
apply for
Physical presence
Attachment to the Constitution
English and Civics
Continuous residence
naturalization
citizen
immigration attorney
Good moral character

1) To become a_________________, you must be willing to swear your loyalty to the United States.
2) The process of becoming a US citizen is called_________________.
3) You can _________naturalization once you meet certain requirements.
4) You have to live in the US as a permanent resident for a specific amount of time (_____________ ________________________).
5) You have to be present in the US for specific time periods (______________________).
6) Spend specific amounts of time in your state or district (____________________________).
7) Behave in a legal and acceptable manner (_____________________).
8) Know English and information about US history and government (________________________).
9) Understand and accept the principles of the US Constitution (__________________________).
10) To see if you are _________________to apply for naturalization, see Form M-480.
11) You may also wish to consult an ___________.

SOLUCIONES

A. **1**-breaks his promise, **2**-burned the midnight oil, **3**-burning the candle at both ends, **4**-I hope so!, **5**-the rest is smooth sailing / should be a breeze.
B. **1**-h, **2**-f, **3**-e, **4**-a, **5**-b, **6**-c, **7**-d, **8**-g.
C. **1**-citizen, **2**-naturalization, **3**-apply for, **4**-Continuous residence, **5**-Physical presence, **6**-Time in district or state, **7**-Good moral character, **8**-English and Civics, **9**-Attachment to the Constitution, **10**-eligible, **11**-immigration attorney

ADVANCED UNIT 49

En esta unidad estudiaremos:

DIALOGUES:
PAYING TAXES / Pagar los impuestos

LET'S SPEAK ENGLISH

VERBS AND MULTI-WORD VERBS:
KNOCK – DO

EXPANDING YOUR VOCABULARY:
TAXES / Los impuestos

Diálogo

Alyson, Barbara, Tom y Esteban hablas sobre los diferentes tipos de impuestos.

Alyson: Why does Barbara look so upset? She's in a very bad mood.

Tom: **Don't pay attention, she makes a fuss every month when she sees the discounts in her paycheck.**

Alyson: Why?

Barbara: Because somebody is taking almost a third of my salary away from me without any reason or authorization.

Alyson: But, Barbara, that money goes to Social Security, Medicare...

Barbara: **What good** is paying all those taxes **if** I don't have money to pay for my credit card? I could **do without** taxes! I'm going to move away to another state!

Tom: **That's not a very clever idea, babe. This is one of the few states where you don't have to pay personal income taxes.**

Esteban: Besides, you should be glad you don't have any property of your own because homeowners have to pay property taxes.

Barbara: **You're kidding**, right? The rent is killing me. If I were Governor, I would **do away with** taxes! **No wonder** we can't afford to go on vacations this summer!

Alyson: But, Barbara, taxes are the price we have to pay for a civilized society. They pay for public schools, city streets, county roads, police and fire protection, and many other services. In the end, all the money you pay comes back to you in the form of a service.

Barbara: I just need cash. I **knock** myself **out** to be able to spend my money as I want, not for public benefit.

Tom: **You'd be better off if you stopped wasting your salary on installment payments and credit card bills as if you had so much money to burn.**

Barbara: I'd rather pay high interests rates for things I want than taxes for things I don't. Alyson, you should follow my example and get some trendy clothes instead of paying your taxes with such punctuality.

Alyson: Well, I'm afraid I don't **see eye to eye** with you here.

Diálogo

(traducción)

Alyson: *¿Por qué está tan disgustada Barbara? Está de muy mal humor.*

Tom: *No le prestes atención. Todos los meses **arma un escándalo** cuando ve los recortes en su sueldo.*

Alyson: *¿Por qué?*

Barbara: *Porque alguien me está sacando casi un tercio de mi salario sin ninguna razón o autorización.*

Alyson: *Pero Barbara, ese dinero se destina a Seguridad Social, al Programa del Seguro de Salud...*

Barbara: *¿**Para qué sirve** pagar todos esos impuestos **si** no tengo dinero para pagar mi tarjeta de crédito? Yo podría **prescindir** de los impuestos. ¡Me voy a mudar a otro estado!*

Tom: *Esa no es una idea muy inteligente, cariño. Este es uno de los pocos estados donde no tienes que pagar impuestos por los bienes personales.*

Esteban: *Además, deberías alegrarte de que no eres dueña de ninguna propiedad, porque los dueños tienen que pagar impuestos sobre la propiedad.*

Barbara: *¿**Estás bromeando**, verdad? El alquiler me está matando. Si yo fuera gobernador, **eliminaría** todos los impuestos. ¡**No me sorprende** que no tengamos dinero para ir de vacaciones este verano!*

Alyson: *Los impuestos son el precio que tenemos que pagar por vivir en una sociedad civilizada. Son los que pagan las escuelas públicas, las calles de la ciudad, las carreteras, la policía, los bomberos y muchos otros servicios. Al final, todo el dinero que pagas vuelve a ti como servicio.*

Barbara: *Yo todo lo que necesito es el dinero en efectivo. **Me mato** trabajando para poder gastar mi dinero como quiero, no para el beneficio público.*

Tom: ***Estarías mucho mejor** si dejaras de malgastar tu salario pagando cuotas y cuentas de tarjetas de crédito como si **tuvieras dinero para derrochar**.*

Barbara: *Preferiría pagar un interés alto por cosas que quiero antes que impuestos por cosas que no quiero. Alyson, deberías seguir mi ejemplo y comprarte alguna ropa de moda en vez de pagar tus impuestos con tanta puntualidad.*

Alyson: *Bueno, me temo que en este tema **no estoy de acuerdo contigo**.*

IRS

El Servicio de Impuestos Internos (Internal Revenue Service o IRS) es la agencia federal del gobierno de EE UU encargada de la recaudación fiscal y del cumplimientos de la leyes tributarias. Es responsable de la interpretación y aplicación de las leyes fiscales de carácter federal.

Hablemos inglés

Let's speak English

1

*Para mostrar **enojo** se puede usar la expresión:*

He always **makes a fuss** when somebody arrives late.

*Él siempre **arma un escándalo** cuando alguien llega tarde.*

2

*Para expresar **acuerdo** entre algunas personas podemos usar:*

My brother and I don't **see eye to eye** on money matters.
*Mi hermano y yo no **estamos de acuerdo** en temas de dinero.*

3

*Para decir que **algo no te sorprende** se puede usar **«No wonder»**:*

No wonder my nephew is happy; he's got a new play station.
***No me sorprende** que mi sobrino esté contento; tiene una nueva* play station.

Let's speak English

4 *Las siguientes expresiones versan sobre **el derroche de dinero:***

It seems that my neighbor **has money to burn.** He bought a new Mercedes.
*Parece que mi vecino **tiene dinero para derrochar.** Acaba de comprarse un nuevo Mercedes.*

I've never seen anybody **throw money around** like his girlfriend.
*Nunca vi a nadie que **derroche/malgaste dinero** como su novia.*

5 *Fíjate en esta expresión:*

What good is... if...?
¿Cuál es la ventaja de... si...?

What good is having a garden **if** I can't take care of it?
*¿**Cuál es la ventaja de** tener un jardín **si** no puedo cuidarlo?*

What good is learning to drive **if** you don't have a car?
*¿**Para qué sirve** aprender a manejar **si** no tienes auto?*

6 *Para decir que alguien **está en una mejor situación económica** se puede usar esta expresión:*

I know you liked your previous job, but now you'll **be better off.**
*Sé que te gustaba tu trabajo anterior, pero ahora estarás **mejor económicamente**.*

7 *Para **mostrar sorpresa** por algo que te dicen puedes usar la siguiente expresión:*

– Oh, I forgot my wallet!
– You're kidding!
– ¡Me olvidé la billetera!
– ¡Estás bromeando!

Verbos y verbos compuestos

Veamos los significados de los siguientes verbos:

Verbs and multi-word verbs

Do (did/done):

-Hacer:

What did you **do** last weekend?
*¿Qué **hiciste** el fin de semana pasado?*

She's **doing** an exercise.
*Está **haciendo** un ejercicio.*

Knock (knocked/knocked):

-Golpear algo repetidamente:

Somebody is **knocking** at the door.
*Alguien está **golpeando** la puerta.*

Learning tips

Otra manera de enriquecer y practicar tu vocabulario en inglés sobre alimentos es ver en televisión los programas de cocina, en los que muestran cómo elaborar platos variados. Verás en la práctica no solo cómo se llaman los alimentos que se utilizan, sino que conocerás también los verbos que se usan al cocinar.

Boston Strong Boy

John Lawrence Sullivan (1858-1918) fue el primer boxeador campeón de peso pesado con guantes. Fue el primer deportista norteamericano que se convirtió en una celebridad nacional y el primero en ganar casi un millón de dólares.

Verbs and multi-word verbs

A continuación estudiaremos verbos compuestos con los anteriores:

Do

Do without:

prescindir de algo o alguien

I couldn't **do without** your help.
*No podría **prescindir** de tu ayuda.*

Do away with:

eliminar, deshacerse de

We should **do away with** these old regulations.
*Nosotros deberíamos **eliminar** esas viejas normas.*

Knock

Knock out:

trabajar duro para conseguir algo

If I want to buy a house, I have to **knock** myself **out** to save enough money.
*Si quiero comprarme una casa, tengo que **trabajar duro** para ahorrar suficiente dinero.*

dejar a alguien fuera de combate

The young boxer was **knocked out** in the fifth round.
*El joven boxeador fue **noqueado** en el quinto round.*

Knock down:

hacer caer, derribar

The car **knocked down** the fence.
*El auto **derribó** la cerca.*

demoler, destruir

They are **knocking down** the old factory to build a big mall.
*Están **demoliendo** la vieja fábrica para construir un centro comercial.*

Expanding your vocabulary

Taxes / Los impuestos

ability to pay: capacidad de pago

accrued taxes: impuestos devengados/acumulados

adjustments: ajustes

assessment of tax: determinación de la contribución

allowances: descuentos

annual income: ingreso anual

arrears: atrasos

back taxes: impuestos atrasados

collect: recaudar, cobrar

deduction: deducción

deferred payment: pago a plazos

excise taxes: impuesto sobre el uso y consumo

face value: valor nominal

federal income tax: impuestos federales sobre los ingresos

file the tax return: presentar la declaración de impuestos

fiscal year: año fiscal

grace period: período de gracia

gross income: ingresos brutos

Expanding your vocabulary

income tax:
impuesto sobre los ingresos

income: ingreso

individual income:
ingreso personal

Individual Taxpayer Identification Number (ITIN):
número de identificación del contribuyente individual

internal revenue service:
servicio de rentas internas

low income:
bajos ingresos

medical tax:
impuesto médico

net income:
ingresos netos

property tax:
impuesto sobre la propiedad

refund:
reembolso

sales tax:
impuesto a las ventas

The Untouchables

Eliot Ness (1903-1957) fue un agente del tesoro estadounidense, líder de un equipo legendario apodado «Los intocables», famoso por sus esfuerzos por hacer cumplir la «ley seca» en Chicago. Fue el encargado de detener a Al Capone, quien fue apresado por evasión de impuestos.

Happy Halloween!

«Halloween» es una celebración típica de EE UU que se festeja el 31 de octubre. Los niños se disfrazan y visitan las casas de los vecinos para pedir dulces con la frase «trick or treat». Muchas casas son decoradas con esqueletos, tumbas, calabazas, etc. Este día se celebra la víspera del Día de Todos los Santos. Al principio se festejaba en países anglosajones, pero la fuerza de la cultura de EE UU ha hecho que se popularice en otros países occidentales.

Expanding your vocabulary

social security tax: impuesto del seguro social

tax evasion: evasión de impuestos

tax exemption: exención de impuestos

tax policy: política tributaria

tax: impuesto

treasury department: departamento del tesoro

W-2 form: formulario W-2, necesario para presentar la declaración de impuestos

Let's practice

A

Completa el diálogo con las expresiones correspondientes en la forma correcta:

see eye to eye
make a fuss
what good
have money to burn
no wonder
throw money around

Rachel: I don't know why you're__________(1)!
John: ____________(2) you don't understand. Your main hobby is ____________________(3)!
Rachel: Don't talk to me like that. These skis are so beautiful!
John: ______________(4) is a set of skis if you don't know how to ski!
Rachel: But I'll learn next winter. You have to buy things when you see them. Otherwise you miss the opportunity.
John: It seems we don't ______________ (5) on this either. And you behave as if you ____________________(6)!
Rachel: Not me, honey... The cashier is waiting for you to pay...

B

Reemplaza la expresión **en negrita** por el verbo compuesto adecuado:

1) I´m a realtor, so I can't **manage without** a car. ____________________.
2) The stone hit his head and **made** him **unconscious.**__________________.
3) I think he will have to **demolish** those old buildings.________________.
4) The company has to **stop using** some discriminatory policies. ________________.
5) They are **working hard** to travel to El Salvador next summer.____________.
6) The truck hit a tree when it was backing out of the construction site and **made it fall over.** ____________________________.

C

Señala el significado en español de las siguientes frases:

1) **Income tax:** a-ingresos netos b-impuesto sobre los ingresos
2) **Low income:** a-bajos ingresos b-ingresos brutos
3) **Tax return:** a-declaración de impuestos b-reembolso de impuestos
4) **Annual income:** a-ingresos netos b-ingresos anuales
5) **Arrears:** a-descuentos b-atrasos
6) **Accrued taxes:** a-impuestos acumulados b-exención de impuestos

SOLUCIONES

A. **1**-making a fuss, **2**-No wonder, **3**-throwing money around, **4**-What good, **5**-see eye to eye, **6**-have money to burn.
B. **1**-do without, **2**-knocked…out, **3**-knock down, **4**-do away with, **5**-knocking themselves out, **6**-knocked it down.
C. **1**-b, **2**-a, **3**-a, **4**-b, **5**-b, **6**-a

ADVANCED UNIT 50

En esta unidad estudiaremos:

DIALOGUES: *FAMILY IN TROUBLE / Problemas en la familia*

LET'S SPEAK ENGLISH

VERBS AND MULTI-WORD VERBS: *SPIT – COME – BRING – MAKE*

EXPANDING YOUR VOCABULARY: *PHONE CARDS / Tarjetas telefónicas; MONEY TRANSFERS / Transferencias de dinero*

Diálogo

Alyson les cuenta a sus amigos que tiene que enviar dinero a México para ayudar a un tío suyo que debe ser operado.

Tom: Alyson, we're going out for dinner tonight. Do you want to **come along**?

Alyson: No, thank you, guys...

Tom: Come on! A friend of mine is opening a new restaurant and he invited me and told me to **bring along** a couple of friends. It's **on the house**!

Alyson: Well... I don't know... maybe...

Tom: Is there anything wrong? If there is, please **spit it out**!

Alyson: Unfortunately, yes. My uncle needs an operation and he doesn't have enough money to pay for the cost, so I'm going to send him some money to help him out.

Tom: Is there anything I could do? How are you sending the money?

Alyson: I'll see what's the best option: a bank or a money transfer agency.

Esteban: If it's urgent, maybe you should try an agency. Your relatives will be able to pick up the money right away. A bank transfer may take a couple of days.

Barbara: **It's none of my business**, but why are you going to make such an effort? You said you were saving up to buy a house. Isn't there any other relative who can help him?

Alyson: You see, Barbara, he's my uncle and he's going through a difficult moment. Every cent I can save will go straight to Mexico.

Esteban: Do you speak with your uncle very often?

Alyson: I've been calling him several times in the last weeks because I knew they were in trouble. Phone cards are great; I can talk for many hours for just 5 dollars.

Esteban: Yeah, and you can get them everywhere.

Alyson: That's what I have to do right now! Go and get a phone card! Bye!

Barbara: Poor Alyson... she's so naive! I think her relatives are taking advantage of her.

Tom: I think she has a **heart of gold** and she's very generous. You should learn from her.

Barbara: What? **Look who's talking**! The **good Samaritan**! When I asked you to help me pay my credit card, you **made up** so many excuses! **Did it slip your mind** that you weren't willing to help me then?

Tom: **No comment**.

Diálogo

(traducción)

Tom: *Alyson, esta noche salimos a cenar. ¿Quieres **venir con nosotros**?*

Alyson: *No, gracias, amigos...*

Tom: *¡Vamos! Un amigo mío abre un restaurante nuevo, me invitó a mí y me dijo que **llevara** a un par de amigos. ¡**Paga la casa**!*

Alyson: *Bueno... no sé... quizás...*

Tom: *¿Te sucede algo? Si es así, ¡por favor, **cuéntalo**!*

Alyson: *Lamentablemente, sí. Tienen que operar a mi tío y él no tiene el dinero suficiente para pagar los gastos, así que voy a enviarle algo de dinero para ayudarlo.*

Tom: *¿Puedo hacer algo? ¿Cómo le envías el dinero?*

Alyson: *Voy a ver cuál es la mejor opción: un banco o una agencia de transferencia de dinero.*

Esteban: *Si es urgente, quizás deberías intentar con la agencia. Tus familiares podrán retirar el dinero inmediatamente. Una transferencia bancaria puede tardar unos días.*

Barbara: ***No es asunto mío**, pero ¿por qué vas a hacer semejante esfuerzo? Dijiste que estabas ahorrando para comprarte una casa. ¿No hay otro pariente que pueda ayudarlo?*

Alyson: *Mira, Barbara, él es mi tío y está atravesando un momento difícil. Cada centavo que yo pueda ahorrar va a ir para México.*

Esteban: *¿Hablas a menudo con tu tío?*

Alyson: *Lo he estado llamando varias veces en las últimas semanas porque sabía que estaban en problemas. Las tarjetas telefónicas son fantásticas; puedo hablar muchas horas solo por 5 dólares.*

Esteban: *Sí, y las puedes comprar en cualquier lugar.*

Alyson: *¡Eso es lo que tengo que hacer en este preciso momento! ¡Ir a comprar una tarjeta telefónica!*

Barbara: *Pobre Alyson... ¡Es tan ingenua! Creo que sus parientes se están aprovechando de ella.*

Tom: *Yo creo que tiene un **corazón de oro** y es muy generosa. Deberías aprender de ella.*

Barbara: *¿Qué? ¡**Mira quién habla**! ¡El **buen samaritano**! Cuando yo te pedí que me ayudaras a pagar la tarjeta de crédito, ¡**inventaste** tantas excusas! ¿**Te olvidaste** que no tenías interés en ayudarme?*

Tom: ***Sin comentarios**.*

Family ties

«Lazos familiares» fue una comedia estadounidense que se emitió en la NBC durante siete temporadas, desde 1982. El programa obtuvo varios premios, entre los que se encuentran tres Emmys consecutivos a Michael J. Fox, como «mejor actor en una serie de comedia».

Hablemos inglés

Let's speak English

1 *Estas expresiones se usan para indicar que **alguien paga la cuenta:***

Let's celebrate!
Drinks are **on the house**!
*¡Celebremos! ¡Las bebidas las **paga la casa!***

You paid last time,
so today is **my treat!**
*Tú pagaste la última vez, así que hoy **pago yo**!*

Dinner is **on me.**
*La cena la **pago yo.***

2 *Cuando quieres decir que una persona tiene **buen corazón** puedes usar la siguiente expresión:*

heart of gold: un corazón de oro

Carl is a bit bad-tempered but
he has a **heart of gold.**
*Carl es un poco malhumorado, pero tiene un **corazón de oro**.*

3 *Las siguientes expresiones se usan cuando **alguien olvida algo:***

Oh my God, it was her birthday
yesterday and I didn't call her!
It slipped my mind!
*Dios mío, ayer fue su cumpleaños y no la llamé. **¡Se me fue de la mente!***

What's his name?
It's on the tip of my tongue!
*¿Cuál es su nombre? **¡Lo tengo en la punta de la lengua!***

I can't remember his birthday!
I'm drawing a blank!
*No puedo recordar su cumpleaños. **¡Se me borró de la mente!***

Let's speak English

4 *Esta frase se puede usar* ***cuando alguien critica algo que también hace:***

- How can you be so untidy?
- **Look who's talking!**

- ¿Cómo puedes ser tan desordenado?
*- **¡Mira quién habla!***

5 *Cuando quieres* ***evitar ser muy directo****, puedes usar estas expresiones:*

It's none of my business but, do you live near here?
***No es asunto mío** pero, ¿vives cerca de aquí?*

I was wondering if you'd like to come over for dinner one day.
***Me pregunto** si te gustaría venir a cenar a mi casa algún día.*

6 *La siguiente expresión se usa cuando* ***no se quiere contestar una pregunta:***

No comment: sin comentarios

- Did your client steal the diamond?
- **No comment.**

- ¿Su cliente robó el diamante?
*-**Sin comentarios**.*

7 *De* ***una persona que está siempre dispuesta a ayudar a los demás*** *se puede decir:*

My neighbor is **a good Samaritan**. She helps me a lot with my son.
*Mi vecina es **una buena samaritana**. Siempre me ayuda con mi hijo.*

Verbs and multi-word verbs

Verbos y verbos compuestos

Veamos los significados de los siguientes verbos:

Spit (spat/spat):

- Escupir:

The player drank some water and **spat** it out.
*El jugador bebió un poco de agua y la **escupió**.*

Life in the US

Un método fácil para enriquecer tu vocabulario es fijarse y recordar los títulos de las películas y programas de televisión.
Los comerciales son también una buena fuente para escuchar el inglés cotidiano, pues en ellos se utilizan expresiones de uso muy común.

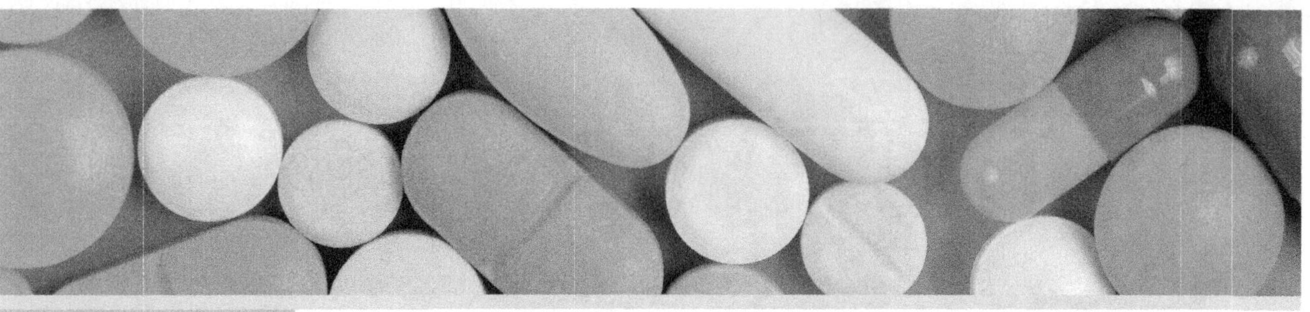

Verbs and multi-word verbs

A continuación estudiaremos verbos compuestos con los anteriores:

Spit

Spit out:

largar, contar

What's worrying you? Come on, **spit it out**, I'm your friend.
*¿Que te está preocupando? Vamos **cuéntalo**, soy tu amigo.*

Spit up: *vomitar*

The baby **spat up** on my sweater.
*El bebé **vomitó** sobre mi suéter.*

Aprendamos otras expresiones con come (ver ADVANCED Unit 2), bring (ver ADVANCED Unit 6) y make (ver ADVANCED Unit 12):

Come

Come along:

ir a algún lugar con alguien

We went to see the soccer match and Josh **came along**.
*Fuimos a ver el partido de fútbol y Josh **vino con nosotros**.*

Come out:

hacerse público,

conocerse, salir a la luz

His new novel is **coming out** in the summer.
*Su nueva novela **saldrá** en el verano.*

Come up:

suceder inesperadamente

An urgent matter **came up** and I couldn't leave the office early.
***Surgió** un tema urgente y no pude irme temprano de la oficina.*

Life in the US

No te sorprendas si muchas de las medicinas de venta libre en tu país solo se puedan obtener con receta en EE UU. Como la consulta médica es bastante costosa, conviene buscar algún tipo de plan médico que te cubra la mayor parte de los gastos, que en este país son muy altos.

Verbs and multi-word verbs

Bring

Bring along:

traer algo o a alguien

Don't worry about the wine, I'll **bring** it **along**!
*No te preocupes por el vino, ¡lo **traeré** yo!*

Bring up:

hablar sobre algo

He always **brings up** his money problems.
*Siempre **habla** de sus problemas de dinero.*

Make

Make up: *inventar*

(una excusa, una historia)

He always **makes up** funny stories.
*Él siempre **inventa** historias cómicas.*

Make off with:

robar

Somebody **made off with** my purse and my coat.
*Alguien **robó** mi cartera y mi abrigo.*

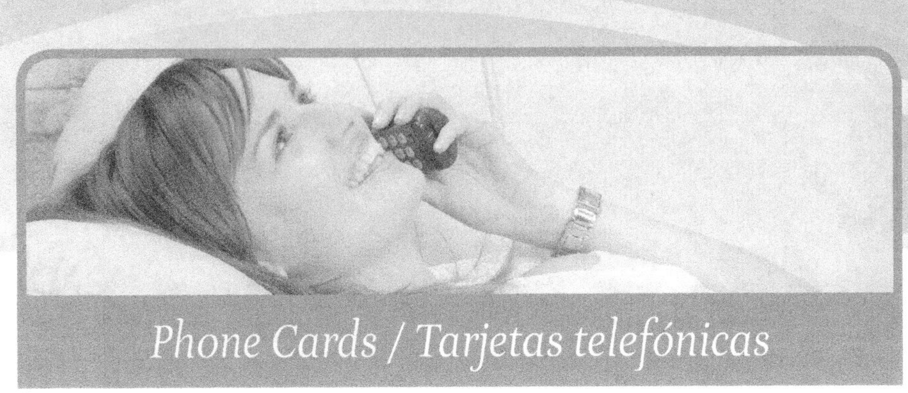

Phone Cards / Tarjetas telefónicas

PIN (Personal Identification Number): número de identificación personal

rechargeable: recargable

prepaid: prepago

calling cards: tarjetas telefónicas

domestic calls: llamadas nacionales

international calls: llamadas internacionales

auto-recharge: autorecargables

rates: tarifas

activate: activar

deactivate: desactivar

maintenance fee: costo de mantenimiento

connection fee: costo de conexión

password: contraseña

toll-free number: número gratuito

refill: recargar

account: cuenta

balance: saldo

call history: historial de llamadas

billing history: historial de facturación

dial: discar, marcar

country code: código de país

area code: código de área

Mobile phone

Martin Cooper (1928, Illinois) es considerado el padre del teléfono móvil. Cooper fue el director corporativo de investigación y desarrollo de Motorola.

US$ 100,000

El billete de cien mil dólares fue creado en 1930 para uso exclusivo de los bancos de EE UU, así como para su Reserva Federal. Se imprimieron cuarenta y dos mil billetes, en los que aparece la imagen del presidente Woodrow Wilson. Estos ejemplares nunca se utilizaron de forma comercial.

Expanding your vocabulary

Money Transfers / Transferencias de dinero

transfer money: transferir dinero

send money and messages: enviar dinero y mensajes

send payments: enviar pagos

receiving agent location: oficinas del agente receptor

transfer funds online: transferir fondos por internet

transfer money over the telephone: transferir dinero por teléfono

transaction: transacción

receiver: receptor

pick-up location: oficinas donde se retira el dinero

sender: remitente

money order: giro postal

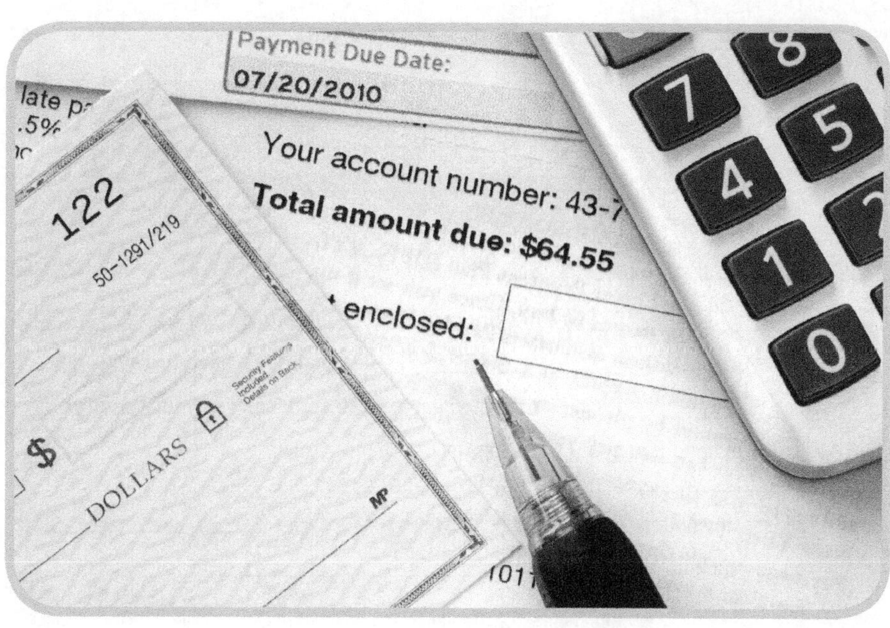

Let's practice

A

Completa las oraciones con la expresión adecuada en la forma que corresponda:

draw a blank
it's my treat
I was wondering
no comment
look who's talking
it's slipped my mind
it's none of my business

1) ¿Is it true that you got divorced?____________.

2) _________________________ if you could lend me your car.

3) A: Your hair looks terrible!
B: ____________________________!

4) J: Excuse me, could you bring me the bill please?
T: Please, Jack, this time _________________.

5) What was her cellphone number?
______________________!

6) ________________________ but, where did you get those wonderful shoes?

7) I´m afraid I failed the test. When I had to answer the questions, I _____________________.

B

Unir para completar las oraciones:

1) We're going to a Chinese restaurant; (__)
2) Why are you so upset? Come on, (__)
3) When she has to finish an urgent task, (__)
4) She said I could (__)
5) When people get older (__)
6) Three men (__)

a) bring my boyfriend along.
b) made off with several digital cameras.
c) they always bring up their health problems.
d) do you want to come along?
e) spit it out!
f) she always makes up an excuse.

C

Completa estas oraciones con el vocabulario correcto:

1) ____________________ cards are cards you´ve paid for before using.

2) When you call a __________________ number, you don't have to pay.

3) A ____________________ call is when you call somebody in your country.

4) When you send money by the Internet or a bank, you're __________________________ money.

5) The person who receives money or a message is called a ______________________.

6) You can pick up the money at the ________________ _________ location.

SOLUCIONES

A. **1**-No comment, **2**-I was wondering, **3**-Look who's talking, **4**-it's my treat, **5**-It's slipped my mind, **6**-It's none of my business, **7**-drew a blank. B. **1**-d, **2**-e, **3**-f, **4**-a, **5**-c, **6**-b. C. **1**-Prepaid, **2**- toll-free, **3**-domestic, **4**-transferring, **5**-receiver, **6**-receiving agent / pick-up

APRENDE INGLÉS

LIBRO 11

Units 51 to 55

ADVANCED UNIT 51

En esta unidad estudiaremos:

DIALOGUES: *THE HOLD-UP / El atraco*

LET'S SPEAK ENGLISH

VERBS AND MULTI-WORD VERBS:
SET – SHUT – TIP – HAND – PUT – COME - KEEP

EXPANDING YOUR VOCABULARY:
TYPES OF CRIME / Tipos de delito;
CRIMINALS / Delincuentes

Diálogo

Dos ladrones asaltan la tienda. Han entrado armados y son muy peligrosos.

Esteban: (*In a low voice*) Don't worry, Tom. I **set off** the alarm under the counter before they ordered us to **put** our hands **up.** Oh, no! They're pointing a gun at Alyson's head!

Tom: **Keep away from** her! **If** you touch her, you**'ll** be in trouble!

Esteban: **Watch out,** Tom! Oh, my God! Tom got knocked on the head!

Barbara: Tom's so stupid! Why didn't he simply **shut up** and **mind his own business**?

(The thieves hear a patrol car siren. They realize somebody must have ***tipped*** *the police* ***off****. They ask everybody to* ***hand over*** *their wallets. The police come in and ask the thieves to* ***put*** *their guns* ***down.*** *One of the thieves* ***runs away****).*

Barbara: Oh, no! They've made off with my new watch and my necklace!

Alyson: Tom's bleeding. Please, call an ambulance! Tom, talk to me!

Tom: I'm... all... right...

Alyson: Thank God, he's **coming around**! Barbara, please call 911 and ask for an ambulance.

Barbara: I can't! I can't! I'm shocked. I'm going to the restroom...

Esteban: I'll call them, don't worry. Stay with him. Hi? 911? There's been a hold-up at Stacey's Department Store and a person is hurt.

Alyson: Tom, you were so brave...you shouldn't have tried to stop them...

Tom: They were... pointing the... gun... at you. Aah, Gosh, it hurts. What **else** could I do?.

Esteban: I already reported everything to 911. They're sending an ambulance. It'll be here in a few minutes.

Tom: Where's... Barbara, is she... OK?

Alyson: Er... yes, she went to the restroom and is coming in a minute.

Diálogo

(traducción)

Esteban: *(En voz baja) No te preocupes, Tom.* ***Activé*** *la alarma que está debajo del mostrador antes de que nos ordenaran* ***subir*** *las manos. ¡Ah, no! ¡Están apuntando con un arma a la cabeza de Alyson!*

Tom: *¡****Aléjate*** *de ella! ¡****Si*** *la tocas,* ***te verás*** *en problemas!*

Esteban: *¡****Cuidado,*** *Tom!... ¡Oh, Dios mío! ¡Golpearon a Tom en la cabeza!*

Barbara: *¡Tom es tan estúpido! ¿Por qué simplemente no cerró la boca y se ocupó de sus asuntos?*

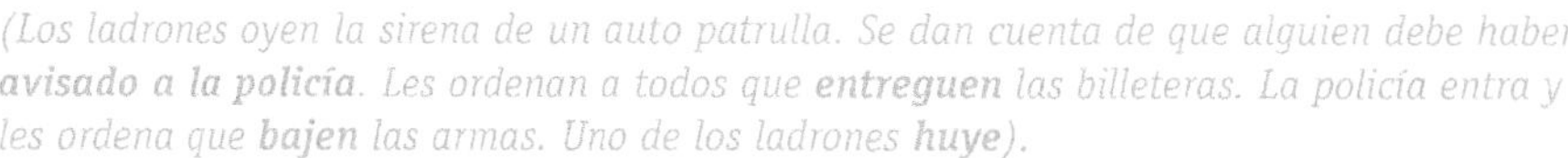

(Los ladrones oyen la sirena de un auto patrulla. Se dan cuenta de que alguien debe haber ***avisado a la policía****. Les ordenan a todos que* ***entreguen*** *las billeteras. La policía entra y les ordena que* ***bajen*** *las armas. Uno de los ladrones* ***huye****).*

Barbara: *Ay, no! ¡Me robaron mi nuevo reloj y mi collar!*

Alyson: *Tom está sangrando. Por favor, ¡llama a una ambulancia! ¡Tom, háblame!*

Tom: *Estoy... bien...*

Alyson: *¡Gracias a Dios, está* ***recuperando el conocimiento****! Barbara, por favor, llama al 911 y pide una ambulancia.*

Barbara: *¡No puedo! ¡No puedo! ¡Estoy conmocionada! Voy al baño...*

Esteban: *Yo llamo, no te preocupes. Quédate con él. ¿Hola? ¿911? Ha habido un atraco en Stacey's Department Store y una persona está herida.*

Alyson: *Tom, fuiste tan valiente,... no deberías haber tratado de detenerlos...*

Tom: *Estaban... apuntándote con... el revólver. Ay, Dios, cómo duele. ¿Qué otra cosa podía hacer?*

Esteban: *Ya informé todo al 911. Están enviando una ambulancia. Llegará aquí en unos pocos minutos.*

Tom: *¿Dónde está... Barbara? ¿Está... bien?*

Alyson: *Eh... sí, fue al baño y viene en un minuto.*

FBI

La Oficina Federal de Investigación es la principal rama de investigación del Departamento de Justicia de los EE UU. Las oficinas centrales están ubicadas en Washington, DC. Fue creado por iniciativa del fiscal general Charles Bonaparte en 1908.

Hablemos inglés

Let's speak English

1 Para expresar **condiciones que pueden llegar a cumplirse en el futuro**, se puede usar esta estructura:

If you **work** hard,
you'**ll finish** on time!
*Si **trabajas** mucho,*
__terminarás__ a tiempo.

If I **save** enough money,
I'**ll buy** a new car.
*Si **ahorro** suficiente dinero,*
__me compraré__ un auto nuevo.

I **can** visit her **if** I **finish** early.
__Puedo__ visitarla __si__
__termino__ temprano.

I'**ll send** her an e-mail **if** she
needs more information.
__Le enviaré__ un correo electrónico
__si necesita__ más información.

2 Para **dar órdenes, indicaciones o instrucciones** se usa el modo **imperativo**:

Put your guns **down**!
*¡**Bajen** las armas!*

Listen and **repeat.**
__Escucha__ y __repite.__

Shut up!
*¡**Cállate**!*

Turn on the computer and
enter your password.
__Enciende__ la computadora
y __escribe__ tu contraseña.

Close your eyes.
__Cierra__ los ojos.

Go straight ahead and
turn left on Madison.
__Sigue__ derecho y __dobla__
a la izquierda en Madison.

911

En Estados Unidos, el 911 es el número telefónico oficial y nacional para informar emergencias. Se puede llamar gratuitamente desde cualquier teléfono y te pondrán en contacto rápidamente con la policía, los bomberos o los paramédicos. Pero cuidado, no llames a este número si no es una emergencia importante, pues pueden llegar a multarte por hacer un uso indebido del 911.

Let's speak English

3

*Cuando quieres decirle a alguien que **se ocupe de sus asuntos**, puedes usar esta frase:*

George: I think you should apologize to her.

Cal: Why don't you **mind your own business**?

George: Creo que tendrías que pedirle disculpas a ella.

*Cal: ¿Por qué no te **ocupas de tus asuntos**?*

4

*Para **avisar a alguien sobre un peligro**, se pueden usar estas expresiones:*

Watch out! A car is coming!
*¡**Cuidado**! ¡Viene un auto!*

Watch your step!
The floor is slippery.
*¡**Fíjate dónde pisas**!*
El suelo está resbaladizo.

5

*Fíjate en las siguientes expresiones con la palabra **«else»**:*

What **else** can I do?
*¿Qué **más** puedo hacer?*

Anything **else**?
*¿Algo **más**?*

Nothing **else**.
*Nada **más**.*

I'd like to see something **else**.
*Me gustaría ver **otra** cosa.*

Verbos y verbos compuestos

Veamos los significados de los siguientes verbos:

Verbs and multi-word verbs

Set (set/set):

-Poner algo en una posición determinada:

He **set** the new stereo equipment in the living room.
*Él **puso** el nuevo equipo de estéreo en el salón.*

-Poner o acomodar algo para que funcione o sea usado:

I **set** the alarm clock for 7. / *Puse el despertador a las 7.*

Shut (shut/shut):

-Cerrar: Please, **shut** the door and come in.
*Por favor, **cierra** la puerta y entra.*

He **shut** his eyes and fell asleep.
*Él **cerró** los ojos y se quedó dormido.*

Tip (tipped/tipped):

-Dar, dejar propina: He **tipped** the waiter. / *Le **dejó** propina al mozo.*

Hand (handed/handed):

-Entregar algo a otra persona:

Could you **hand** me that cup, please?
*¿Podrías **alcanzarme** esa taza, por favor?*

He **handed** me the bottle. / *Me **alcanzó** la botella.*

Verbs and multi-word verbs

A continuación estudiaremos verbos compuestos con los anteriores:

Set

Set off:

activar, hacer explotar

They **set off** a bomb near the Police Department.
Hicieron explotar *una bomba cerca del Departamento de Policía.*

salir de viaje

We're **setting off** at 9 tomorrow.
Partimos *a las 9 de la mañana.*

Set out:

llevar a cabo, emprender, salir a

They **set out** to climb the mountain.
Salieron a *escalar la montaña.*

Set up:

establecer, crear, abrir (una tienda)

They **set up** a real estate agency.
Abrieron *una agencia inmobiliaria.*

Set in: *comenzar*

We were already traveling when the storm **set in.**
Ya estábamos viajando cuando ***comenzó*** *la tormenta.*

Tip

Tip off:

informar en secreto a alguien

Somebody must have **tipped off** the robbers that they weren't at home.
Alguien debe haberles ***avisado*** *a los ladrones que ellos no estaban en su casa.*

Hand

Hand over:

entregarle a alguien algo que te ha ordenado o pedido

This is a hold-up! **Hand over** your purses and wallets!
¡Esto es un atraco!
*¡****Entreguen*** *sus carteras y billeteras!*

Shut

Shut up:

cerrar la boca, callarse

If you don't **shut up** I can't study.
Si no ***te callas****, no puedo estudiar.*

Learning tips

Es muy útil llevar siempre contigo un diccionario, así cuando descubras una palabra nueva puedes consultarla. Puedes comenzar con un diccionario inglés-español y, cuando desarrolles más el idioma, usar un diccionario en inglés. Es la mejor manera de entender el significado de una palabra. Anota todas las palabras nuevas que aprendas y cuando tengas un momento libre, haz un repaso para comprobar que recuerdas su significado.

Aprendamos otras expresiones con put (ver Advanced Unit 7/17), keep (ver Advanced Unit 6) y come (ver Advanced Unit 2/16/20):

Put

Put up:

levantar algo o poner arriba

I have to **put** all these books **up** in that shelf.
*Tengo que **poner** todos estos libros **encima** de aquella repisa.*

The student **put up** his hand to answer the question.
*El alumno **levantó** la mano para contestar la pregunta.*

Put down:

apoyar en el piso,

bajar, soltar algo

She **put down** the parcel on the floor.
*Ella **puso** el paquete en el piso.*

Come

Come around:

recuperar el sentido

(tras un accidente u operación)

She **came around** one hour after the operation.
*Ella **recuperó el conocimiento** una hora después de la operación.*

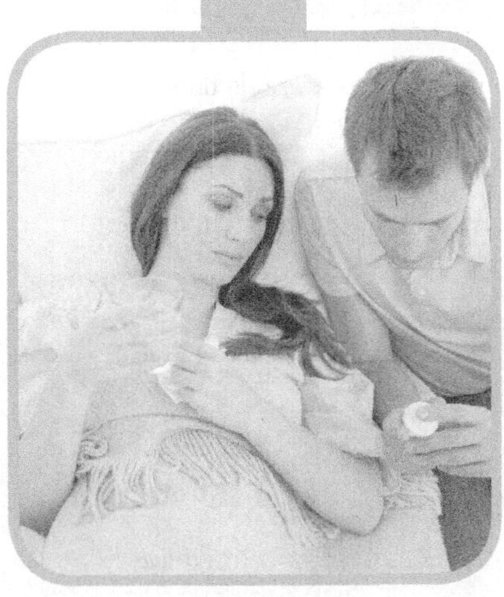

Keep

Keep away:

mantenerse alejado

Keep away from the dog.
***Mantente alejado** del perro.*

Types of crime / Tipos de delito

arson: incendio provocado

arm: arma

assault: ataque

blackmail: chantajear / chantaje

bomb threat: amenaza de bomba

bribe: sobornar / soborno

burglary: robo (en una casa)

crime: delito

drunkenness: ebriedad

death penalty: pena de muerte

drug dealing: narcotráfico

felony: delito grave

forgery: falsificación

gun: arma

homicide: homicidio

kidnap: secuestrar

kidnapping: secuestro

misdemeanor: contravención

infraction: infracción

mug: atracar / asaltar

mugging: atraco / asalto

murder: asesinar / asesinato

offense: delito penal

robbery: robo

rape: violación (ataque sexual)

set fire: incendiar

shoplifting: hurto (tiendas)

steal: robar

theft: robo

trespass: entrar ilegalmente

vandalism: vandalismo

vandalize: destrozar

violate: violar una ley

violation: violación

weapon: arma

One Police Plaza

1 Police Plaza (1PP) es el nombre del cuartel general de la policía de Nueva York. Está ubicado en Park Row, Manhattan. El edificio tiene diseño brutalista y fue realizado por los arquitectos Gruzen and Partners in 1973.

Expanding your vocabulary

Criminals / Delincuentes

arsonist: pirómano

blackmailer: chantajista

burglar: ladrón (de casas)

drug dealer: narcotraficante

mugger: asaltante

kidnapper: secuestrador

killer: asesino

murderer: asesino

rapist: violador (sexual)

robber: ladrón

shoplifter: ladrón de tiendas

thief: ladrón

trespasser: intruso

vandal: vándalo

violator: violador

Let's practice

A

Elige la mitad de la oración que corresponda para formar una condición que tenga sentido. La número 1 te sirve de ejemplo.

1) If I study hard (*c*)
2) If you call her (__)
3) If it rains(__)
4) We can go out for dinner(__)
5) I´ll send her an e-mail(__)
6) You´ll meet my brother(__)
7) We´ll buy a new computer(__)

a) if she doesn't answer my calls.
b) if you need it.
c) I'll pass the test.
d) she'll be happy.
e) we can go to the movies.
f) if you feel better.
g) if you come over tonight.

B

Une los verbos compuestos con su significado en español:

1) Keep away from (__)
2) Watch out! (__)
3) Set out (__)
4) Put down (__)
5) Come around (__)
6) Run away (__)
7) Set up (__)
8) Shut up (__)

a) Establecer
b) Escapar
c) Tener cuidado
d) Callarse
e) Emprender
f) Recuperar el conocimiento
g) Bajar
h) Alejarse

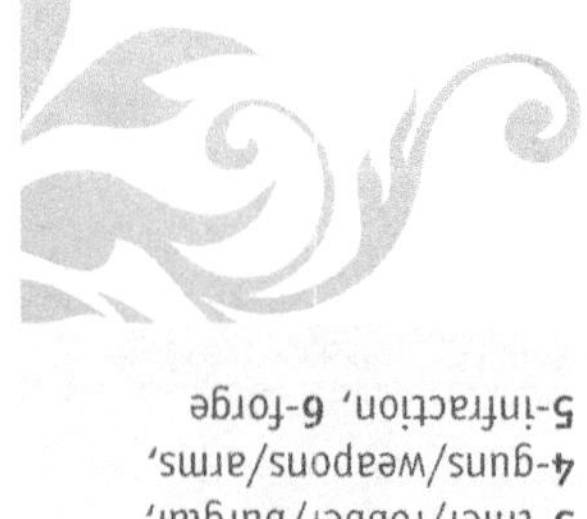

C

Coloca los verbos compuestos del ejercicio B en el lugar que corresponda:

1) ______________, you're driving me crazy.
2) They've ______________ a medical center.
3) My sister ________________ five hours after the accident.
4) We________________to finish our work.
5) ____________________! There's a hole in the sidewalk.
6) The muggers ____________with her purse.
7) Please, ___________________ the area, it's still dangerous.
8) ___________________ that knife, you're scaring me.

D

Completa el espacio en blanco con la palabra adecuada. Chequea el vocabulario.

homicide/murder
guns/weapons/arms
infraction
thief/robber/burglar
forge
arson

1) The crime of setting fire to a house or a forest is called _______________________________.
2) The crime of killing a person is called ______________________________________.
3) The person who steals something is called ______________________________.
4) Sometimes criminals carry _________________.
5) If you drive through the red light you're making an __________________________________.
6) To falsify documents or money is to ____________.

SOLUCIONES

A. 1-c, 2-d, 3-e, 4-f, 5-a, 6-g, 7-b. B. 1-h, 2-c, 3-e, 4-g, 5-f, 6-b, 7-a, 8-d. C. 1-Shut up, 2-set up, 3-came around, 4-set out, 5-Watch out, 6-ran away, 7-keep away from, 8-Put down. D. 1-arson, 2-homicide/murder, 3-thief/robber/burglar, 4-guns/weapons/arms, 5-infraction, 6-forge

ADVANCED UNIT 52

En esta unidad estudiaremos:

DIALOGUES: *GETTING BETTER / Recuperándose*

LET'S SPEAK ENGLISH

VERBS AND MULTI-WORD VERBS:
LIE – LIE – CARE – GET

EXPANDING YOUR VOCABULARY:
MINOR HEALTH PROBLEMS / Problemas menores de salud; FIRST AID KIT / Botiquín de primeros auxilios

Diálogo

Alyson y Esteban ayudan a Tom en su casa mientras se recupera del golpe que sufrió.

Esteban: Hey, there! You've **earned some brownie points**. You're a hero, man! How are you?

Tom: Well, **to be honest, I've had better days.**

Alyson: But it's true Tom, you are a hero. You **stuck your neck out** for me.

Esteban: It's true, but now you need to **lie down** and rest. And I have to go to the pharmacy.

Tom: What for?

Alyson: Well you got hurt, remember? You lost consciousness and they took you to the hospital.

Tom: OK, OK, but you're worrying so much. Thank you guys! I'll never forget this... By the way, where's Barbara?

Esteban: She told me she was coming after her gym class.

Tom: Oh, yes. Her gym class. I think she cares more about her gym class than she **cares for** me.

Alyson: Don't worry. We'll stay with you until she comes.

Esteban: I'm off to the pharmacy. I'll get some bandages, alcohol, medical tape...

Tom: Thanks a lot, Esteban. And Alyson, you should be **taking care of** your son. I can manage on my own.

Alyson: You got hurt to protect me. The least I can do is help you until you **get over** your injury.

Tom: I really appreciate what you are doing. You're so different...

Alyson: Let me change your bandages. Does it still hurt?

Tom: Just a little. Where did you learn all this?

Alyson: I attended a first aid course last summer. You're my **guinea pig**!

Tom: Well, am I an easy patient?

Alyson: **We'll see.**

Diálogo

(traducción)

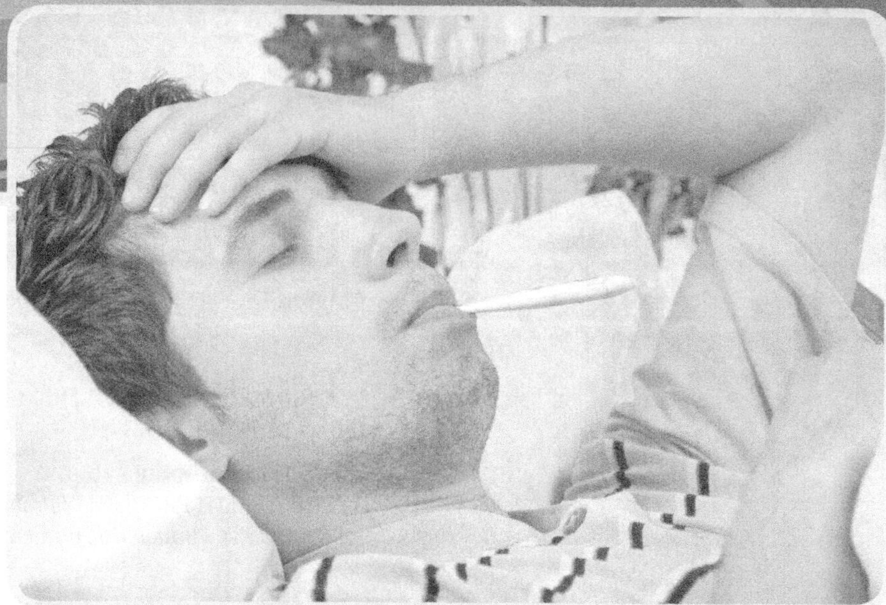

Clara Barton

Clarissa Harlowe Barton (1821 - 1912) fue una profesora pionera estadounidense, así como una enfermera dedicada a labores humanitarias. Se la catalogó como de espíritu indomable y es especialmente recordada por fundar la Cruz Roja estadounidense.

Esteban: *¡Hola! ¡Te has ganado unos puntos! ¡Eres un héroe, amigo! ¿Cómo estás?*

Tom: *Bueno, **para ser sincero, he tenido días mejores**.*

Alyson: *Pero es verdad, Tom, realmente eres un héroe. Tú te **arriesgaste** por mí.*

Esteban: *Es cierto, pero ahora necesitas **acostarte** y descansar. Y yo tengo que ir a la farmacia.*

Tom: *¿Para qué?*

Alyson: *Bueno, te hirieron, ¿lo recuerdas? Perdiste la conciencia y te llevaron al hospital.*

Tom: *Está bien, está bien, pero se están preocupando tanto. ¡Gracias, amigos! Nunca lo olvidaré... Por cierto, ¿dónde está Barbara?*

Esteban: *Me dijo que iba a venir después de la clase de gimnasia.*

Tom: *Ah, sí. Su clase de gimnasia. Creo que se **preocupa** más por su clase de gimnasia que por mí.*

Alyson: *No te preocupes. Nos quedaremos contigo hasta que venga.*

Esteban: *Me voy a la farmacia. Compraré algunas vendas, alcohol, tela adhesiva...*

Tom: *Muchas gracias, Esteban. Y tú, Alyson, deberías estar **cuidando** a tu hijo. Yo puedo arreglarme solo.*

Alyson: *Te hirieron por protegerme. Lo mínimo que puedo hacer es ayudarte hasta que te **recuperes** de la herida.*

Tom: *Te agradezco mucho lo que estás haciendo. Eres tan diferente...*

Alyson: *Déjame cambiarte las vendas. ¿Todavía te duele?*

Tom: *Un poco. ¿Dónde aprendiste esto?*

Alyson: *Hice un curso de primeros auxilios el verano pasado. ¡Tú eres mi **conejillo de Indias**!*

Tom: *Bueno, ¿soy un paciente fácil?*

Alyson: *Ya veremos.*

Hablemos inglés

Let's speak English

1

*Para expresar que alguien se **arriesga** por otra persona, se puede usar la expresión **«stick someone's neck out for»**:*

Kurt **stuck his neck out for me** and talked to the coach.

*Kurt se **arriesgó por mí** y habló con el entrenador.*

2

*La siguiente expresión la usas cuando **vas a esperar para tomar una decisión o ver el resultado de algo**:*

Sue: Do you think he's going to accept our invitation?
Gary: **We'll see.**

Sue: ¿Crees que va a aceptar nuestra invitación?
*Gary: **Ya veremos**.*

3

***«Guinea pig»** significa **«conejillo de Indias»**, es decir, una persona o animal que se usa en algún experimento, ya sea real o figurado.*

My mother tries her new recipes when she cooks dinner for me: I'm her **guinea pig.**

*Mi madre prueba sus recetas nuevas cuando me cocina la cena: soy su **conejillo de Indias**.*

Let's speak English

4

Las siguientes expresiones significan ***que algo o alguien estuvo en mejores condiciones que las actuales:***

I don't feel awful today, but **I've had better days.**

No me siento muy mal hoy, pero ***he tenido días mejores.***

These black pants **have seen better days**, I guess.

Estos pantalones negros ***han visto días mejores****, me imagino.*

5

Estudiemos estas expresiones con el verbo ***«take care»****: cuidar*

take care *(of): cuidar (a)*

Alyson has to **take care of** her little son.

Alyson tiene que ***cuidar*** *a su pequeño hijo.*

Take care!: *¡Adiós!, ¡Cuídate!*

Ann: I'm leaving!
Ben: **Take care.**

Ann: ¡Me voy!
Ben: ***Cuídate.***

6

Cuando quieres decir con humor que alguien ***«ganó puntos»*** *por haber hecho algo bien, usas esta expresión:*

He **earned some brownie points** for helping her with the computer.

Se ***ganó unos puntos*** *por ayudarla con la computadora.*

I **got some brownie points** with my boss for repairing his car.

Me ***gané unos puntos*** *con mi jefe por reparar su auto.*

7

Veamos la siguiente expresión con la palabra ***«honest»:***

To be honest, I don't think he'll pass the test.

Para ser sincero*, no creo que apruebe el examen.*

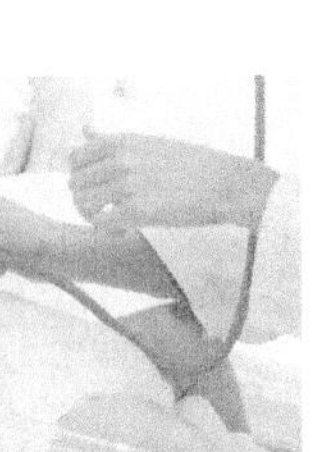

ER

El primer centro en el mundo especializado en atención de emergencia se abrió en 1911 en EE UU, más concretamente en la universidad y hospital de Louisville, Kentucky. Fue desarrollado por el cirujano Arnold Griswold durante la década de 1930.

Verbos y verbos compuestos

Verbs and multi-word verbs

Veamos los significados de los siguientes verbos:

Lie (lay/lain):

-Acostarse, recostarse, tirarse:

The dog **is lying** on the rug.
*El perro **está tirado** sobre la alfombra.*
You need to **lie** in bed. / *Debes **acostarte** en la cama.*
It was so cold that we **lay** in front of the fire.
*Hacía tanto frío que **nos recostamos** frente al fuego.*

Lie (lied/lied):

-Mentir:

I think he **lied** about his age.
*Creo que **mintió** acerca de su edad.*
I don't believe you, you're **lying**.
*No te creo, estás **mintiendo**.*

Care (cared/cared):

-Estar interesado o preocuparse por algo:

I don't **care** about his answers.
*No me **interesan** sus respuestas.*
I don't **care** what color you choose.
*No me **importa** el color que elijas.*
Who **cares?** / *¿A quién le **importa**?*

Life in the US

Para llevar una buena relación con los estadounidenses tienes que tener mucho cuidado en cómo te diriges hacia ellos. Nunca comentes aspectos físicos de las personas, como si es alta o baja, o si está con exceso o falta de peso. Ellos se preocupan mucho por su apariencia y cualquier referencia a ella se considera de muy mala educación.

Verbs and multi-word verbs

A continuación estudiaremos verbos compuestos con los anteriores:

Lie

Lie down:

acostarse

I have a headache, I think I'll **lie down** for a while.
*Me duele la cabeza, creo que me voy a **acostar** un rato.*

Lie behind:

haber detrás

I don't know what **lies behind** his words.
*No sé que **hay detrás** de sus palabras.*

Lie back:

recostarse

The child **lay back** on his mother's chest and fell asleep.
*El niño se **recostó** sobre el pecho de su madre y se durmió.*

Care

Care for:

cuidar a alguien o algo

He **cared for** the dog until its wound healed.
***Cuidó de** su perro hasta que la herida se curó.*

importar alguien o algo

I don't think she **cares for** him.
*No creo que a ella **le importe** él.*

Aprendamos otras expresiones con get (ver Advanced Unit 1):

Get

Get over: *recuperarse de una enfermedad o un hecho que te ha causado daño*

I'm not very well, I'm still **getting over** the flu.
*No estoy muy bien, todavía me estoy **recuperando** de la gripe.*

She hasn't **gotten over** her husband's death yet.
*Todavía no **se ha recuperado** de la muerte de su marido.*

Expanding your vocabulary

Minor health problems / Problemas menores de salud

aches and pains: dolores

animal bite: mordedura de animal

asthma: asma

back pain: dolor de espalda

black eye: ojo negro

bleeding: hemorragia

blister: ampolla

blood pressure: presión sanguínea

bruise: moretón, cardenal

burn: quemadura

choking: asfixia

cold: resfriado

cough: tos

chest pain: dolor de pecho

cut: corte

electrical shock: shock eléctrico

faint: desmayo

fever: fiebre

flu: gripe

fractures: fracturas

frostbite: congelación

gastroenteritis: gastroenteritis

head trauma: traumatismo de cráneo

headache: dolor de cabeza

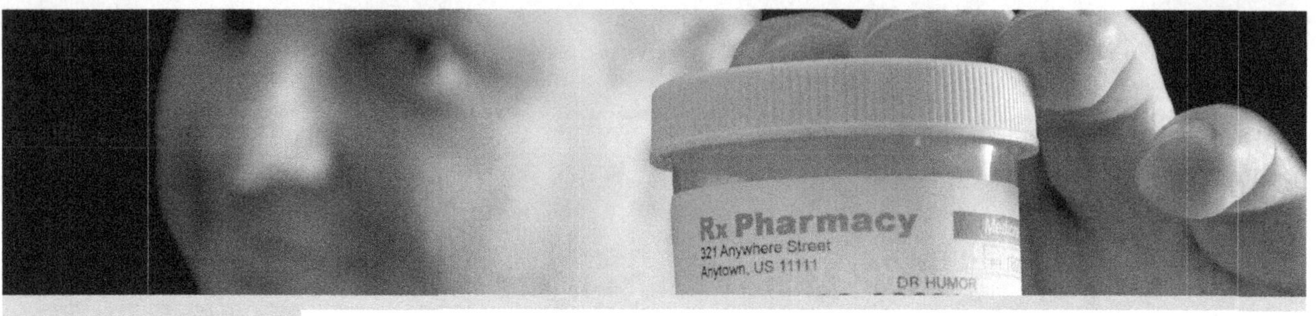

Expanding your vocabulary

heart attack:
ataque al corazón

heatstroke:
golpe de calor

hypothermia: hipotermia

insect bites and stings:
picaduras de insectos

menstrual pain:
dolor menstrual

migraine: migraña

muscular ache:
dolor muscular

nasal congestion:
congestión nasal

nausea: náuseas

nosebleeds:
hemorragias nasales

poisoning: envenenamiento

scar: cicatriz

scrapes: rasguños

sore throat:
dolor de garganta

spinal injury:
lesión en la columna

stroke:
derrame cerebral

sunburn:
quemadura de sol

sprain: esguince

toothache:
dolor de muelas

urinary pain:
dolor urinario

wart: verruga

Learning tips

En las farmacias estadounidenses encontrarás folletos con información sobre temas de salud. Estos folletos suelen estar en inglés y español. Para mejorar tu vocabulario y expresiones sobre temas médicos es muy útil practicar con estos materiales informativos, en los que ni siquiera vas a tener que buscar en el diccionario, pues la traducción está incluida.

First aid kit / Botiquín de primeros auxilios

adhesive bandages: vendas adhesivas

antacids: antiácidos

antibiotics: antibióticos

anti-diarrheal: antidiarreicos

anti-itch: antiprurítico

antiseptics: antiséptico

aspirin: aspirina

bandages: vendas

cream: crema

drops: gotas

enema: enema

eye drops: gotas oculares

gauze: gasa

gel: gel

glucose: glucosa

laxative: laxante

lotion: loción

medical tape: tela adhesiva

nasal drops: gotas nasales

pain relief: medicamento para aliviar el dolor

pill: píldora

splints: férula

spray: aerosol

syrup: jarabe

thermometer: termómetro

first aid kit: botiquín de primeros auxilios

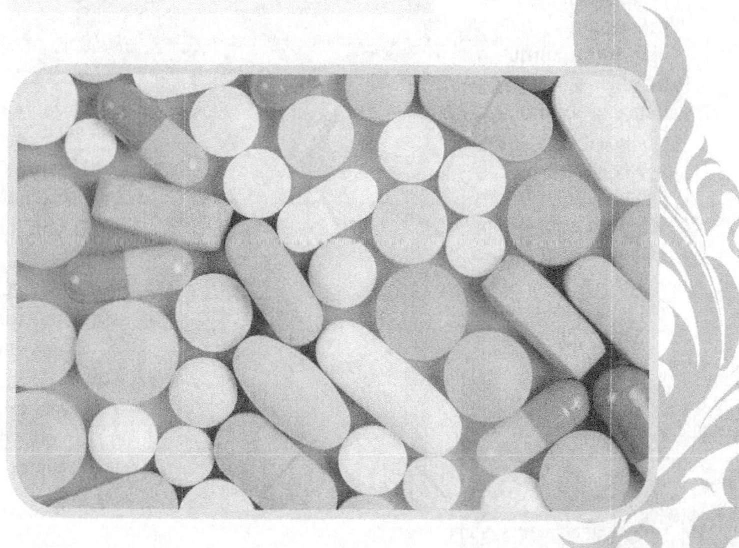

Let's practice

Elige la expresión que corresponda a cada oración y colócala en el tiempo adecuado.

- we'll see
- guinea pig
- earn some brownie points
- to be honest
- have seen better days
- stick your neck up

1) She created a wonderful design for the website. I think she ____________________ with the boss.
2) Well, ____________________, I didn't like the movie at all.
3) Thank you very much! You really ______________ ______________ for me by talking with the teacher.
4) Well, I think I'm her________________________. She tries every new hairstyle on me!
5) I guess these shoes _________________________. I can't even tell if they're black or brown.
6) I think we've done a great job. Now, he has to look over it. ______________________________.

Elige el verbo o verbo compuesto que corresponda para reemplazar la expresión en negrita:

1) She told me she doesn't **like** him because he talks about himself all the time.
   a- care for / **b**- care about / **c**- care
2) I don't feel very well, I think I'll **go to bed and rest** for a while.
   a- lie behind / **b**- lie down / **c**- lie
3) He caught the flu and stayed in bed for a week, but yesterday he **was better**:
   a- got over his illness / **b**- got up his illness / **c**- got down his illness
4) He´s **not telling the truth** about the accident.
   a- lying behind / **b**- caring for / **c**- lying
5) My boss **doesn't pay attention to** what we suggest.
   a- care about / **b**- care for / **c**- care

Completa cada oración con la palabra adecuada:

- sunburn
- antibiotics
- nasal congestion
- nausea
- sprain
- eye drops
- cough syrup
- thermometer

1) If you cannot breathe very well you might have ________________________.
2) If you're in the first trimester of your pregnancy, you may have ______________________________.
3) If you have a strong pain in your ankle, you may have a ______________________________.
4) If you spent many hours in the sun, you may be suffering from a ___________________.
5) If you have a fever, the doctor might prescribe some ______________________________.
6) If your eyes are dry, you may need some ____________.
7) If your child is coughing a lot, he may need _______.
8) To check your temperature you need a ____________.

SOLUCIONES

A. **1**-earned some brownie points, **2**-To be honest, **3**-stuck your neck out, **4**-guinea pig **5**-have seen better times, **6**- We'll see. / B. **1**-a, **2**-b, **3**-a, **4**-c, **5**-a / C. **1**- nasal congestion, **2**-nausea **3** - sprain, **4**- sunburn, **5**-antibiotics, **6**-eye drops, **7**- cough syrup, **8**-thermometer

ADVANCED UNIT 53

En esta unidad estudiaremos:

DIALOGUES: *AT THE SUPERMARKET / En el supermercado*

LET'S SPEAK ENGLISH

VERBS AND MULTI-WORD VERBS:
DRAW – STOP – SELL – SNAP – PASS – CHECK

EXPANDING YOUR VOCABULARY:
THE SUPERMARKET / El supermercado; BAKERY / La panadería; DAIRY PRODUCTS / Productos lácteos; GROCERIES / Productos de almacén; BEVERAGES / Bebidas

Diálogo

Alyson y Esteban van al supermercado y compran también comida para Tom.

Alyson: Thank you for coming with me to the supermarket.

Esteban: I want to help you, and I want to get some things for Tom too.

Alyson: Yes, he can't do anything by himself yet, and his girlfriend isn't too much help.

Esteban: I really can't understand why he's still with her. He knows she doesn't love him. She only loves herself. She's too self-centered. She always wants **to take center stage**. I know someone who would make a much better match for him.

Alyson: Oh, yeah, I'm sure. Come on, I **drew up** a long list of things I need. There's no time to waste. Can we **pass by** the produce section first?

Esteban: **Go ahead.**

Alyson: I have to get some tomatoes, carrots, lettuce, apples, pears... We could get some fruit for Tom... What kind of food does Tom like?

Esteban: Well, **off the top of my head**, I'd say meat. Let's **check out** the meat section. We could get some beef, sausages, bacon...

Alyson: Hey, too much fat may clog your arteries. Let's buy some fish, too.

Esteban: Remember Tom was hit in the head, he's not a cardiac patient...

Alyson: Let me check off my list: let's see, we could **stop by** the bakery. Charlie loves chocolate chip cookies...

Esteban: What about coffee?

Alyson: I'm trying to cut down on coffee. Maybe some tea... Look! Last Friday I **searched high and low** for this brand of tea, and now that I bought another, the shelf is full!

Esteban: At least let me buy some wine. Here, this red wine is spectacular. I'll take a bottle for Tom too.

Alyson: I wanted some crayons for Charlie, but they **sold out** of them. When there's a special offer, people **snap** those items **up** in an hour! OK, let's go to the check out counter!

Esteban: Yeah, let's **call it quits**!

Diálogo

(traducción)

Alyson: *Gracias por venir conmigo al supermercado.*

Esteban: *Quiero ayudarte, y también comprar algunas cosas para Tom.*

Alyson: *Sí, el todavía no puede hacer todo por sí solo, y su novia no ayuda demasiado.*

Esteban: *Realmente no logro entender por qué sigue con ella. Él sabe que ella no lo ama. Ella solo se ama a sí misma. Es demasiado egocéntrica. Siempre quiere* **ser el centro de atención**. *Conozco a alguien que haría mucho mejor pareja con él.*

Alyson: *Ah, sí, no me cabe la menor duda. Vamos,* **preparé** *una larga lista de cosas que necesito. No hay tiempo que perder. ¿Podemos* **pasar por** *la sección de productos frescos, primero?*

Esteban: **Adelante**.

Alyson: *Tengo que comprar algunos tomates, zanahorias, lechuga, manzanas, peras... Podríamos comprar algo de fruta para Tom... ¿Qué clase de comida le gusta?*

Esteban: *Bueno,* **lo primero que se me ocurre** *es carne.* **Pasemos a ver qué hay** *en la sección de la carne. Podríamos comprar un poco de carne de res, salchichas, tocineta...*

Alyson: *¡Oye, tanta grasa puede tapar tus arterias! Compremos algo de pescado también.*

Esteban: *Recuerda que a Tom lo golpearon en la cabeza, no es un paciente cardíaco...*

Alyson: *Déjame marcar en mi lista: veamos, podríamos pasar por la panadería. A Charlie le encantan las galletas con trocitos de chocolate...*

Esteban: *¿Y café?*

Alyson: *Estoy tratando de tomar menos café. Quizás algo de té... ¡Mira! El viernes pasado* **busqué por todos lados** *esta marca de té, y ahora que compré otra, la estantería está llena.*

Esteban: *Por lo menos déjame comprar vino. Aquí está, este vino tinto es excelente. Le llevaré una botella a Tom también.*

Alyson: *Yo quería unos lápices de colores para Charlie, pero los* **vendieron todos**. *Cuando hay alguna oferta especial, la gente* **se lleva todos** *los productos en una hora. Listo, vayamos a la caja.*

Esteban: *Sí, ¡***terminemos de una vez** *con esto!*

Pumpkin pie

El pastel de calabaza es un postre tradicional estadounidense, hecho generalmente a finales de otoño y principios de invierno, especialmente para Halloween, el Día de Acción de Gracias y la Navidad. Se sirve tradicionalmente con crema batida.

Hablemos inglés

Let's speak English

1 *La siguiente expresión se usa cuando alguien quiere ser* ***el centro de atención:***

She always wants **to take center stage** at all the parties.
Ella siempre quiere ser el ***centro de atención*** *de todas las fiestas.*

2 *La siguiente expresión se usa para decir que* ***se ha buscado mucho algo:***

I've searched **high and low** for my cell phone and I can't find it!
¡Busqué mi celular ***por todos lados*** *y no puedo encontrarlo!*

3 *Cuando quieres* ***terminar de hacer algo que ya habías empezado****, puedes usar esta expresión:*

Let's **call it quits**! We'll continue studying tomorrow.
¡Terminemos de una vez! *Continuaremos estudiando mañana.*

Cuando quieres ***terminar rápido una actividad antes de empezarla,*** *puedes usar esta otra frase:*

Let's get over with this, I have the meeting in one hour.
Terminemos con esto de una vez, tengo una reunión en una hora.

Life in the US

Para los hispanos es normal saludar en todos los lugares. En Estados Unidos las personas no están acostumbradas a saludar en los lugares públicos, como, por ejemplo, en las oficinas médicas o en los ascensores. En una ciudad grande, donde todo el mundo va acelerado, es posible que nadie te salude. No lo tomes a mal, es solo parte de la cultura.

Let's speak English

4

*Fíjate en esta manera informal de **dar permiso:***

- Can I take a look at those watches?
- **Go ahead.**

- ¿Puedo mirar esos relojes?
*- **Adelante.***

- May I use the phone, please?
- Sure, **go ahead.**

- ¿Puedo usar el teléfono?
*- Por supuesto, **adelante.***

5

*Cuando **se realizan suposiciones**, puedes usar las siguientes expresiones:*

I don't know exactly how much it costs, but **just off the top of my head I'd say** $300.
*No sé exactamente cuánto cuesta, pero **por decir algo**, debe costar $300.*

Knowing my brother, I think he'll love the idea.
***Conociendo** a mi hermano, creo que le va a encantar la idea.*

If I had to take a guess, I'd say they're going to lose the match.
***Si tuviera que apostar, diría** que van a perder el partido.*

Verbos y verbos compuestos

Veamos los significados de los siguientes verbos:

Verbs and multi-word verbs

Draw (drew/drawn):

-Dibujar: The little girl **was drawing** a picture of her family.
*La niña estaba **dibujando** a su familia.*

-Moverse en una determinada dirección, especialmente en un vehículo:
The train **drew into** the station and stopped.
*El tren **entró** en la estación y se detuvo.*

-Acercarse (junto con «closer/nearer»):
When the car **drew closer**, I could see the driver.
*Cuando el auto **se acercó**, pude ver al conductor.*
As her wedding **draws nearer**, she's getting more anxious.
*A medida que **se acerca** su boda, se está volviendo más ansiosa.*

Stop (stopped/stopped):

-Parar, detener, dejar de.
Did it **stop** raining? / *¿**Paró** de llover?*
He **stopped** the car and rushed out of it.
*Él **detuvo** el auto y salió corriendo de él.*
Could you **stop** talking like that? / *¿Podrías **dejar de** hablar así?*

Sell (sold/sold):

-Vender: They **sold** their house at a very good price.
*Ellos **vendieron** su casa a muy buen precio.*
This shop **sells** high quality sportswear.
*Esta tienda **vende** ropa deportiva de gran calidad.*

Snap (snapped/snapped):

-Hacer un sonido corto, chasquear los dedos:
He **snapped** his fingers while he was humming the song.
*Él **chasqueó** los dedos mientras tarareaba la canción.*
I **snapped** my purse shut. / *Cerré mi cartera **de golpe**.*

Learning tips

Todos los periódicos estadounidenses, en su edición del domingo, traen muchos insertos publicitarios de las cadenas y centros comerciales. Mira algunos de estos folletos y mejora tu vocabulario viendo cómo se denominan y escriben los distintos artículos anunciados.

Verbs and multi-word verbs

A continuación estudiaremos verbos compuestos con los anteriores:

Draw

Draw up: *redactar, preparar por escrito una lista o un documento*

The lawyer is **drawing up** the contract.
*El abogado está **redactando** el contrato.*

Stop

Stop by: *hacer una pausa o pasar por un lugar por un corto período*

I just **stopped by** to say hello.
*Solo **pasé** para saludar.*

Snap

Snap up: *comprar hasta que se agote*

Teenagers **snapped up** her new CD.
*Los adolescentes **compraron** su nuevo CD **hasta que se agotó**.*

Sell

Sell out: *vender todos, agotar*

The tickets for the concert **sold out** in two hours.
*Las entradas para el concierto **se agotaron** en una hora.*

Aprendamos otras expresiones con pass (ver Advanced Unit 14) y check (ver Advanced Unit 18):

Pass

Pass by: *pasar por un lugar sin detenerse demasiado*

I'd like to **pass by** the video store to see if there's anything new.
*Me gustaría **pasar** por la tienda de videos para ver si hay algo nuevo.*

Check

Check out: *investigar, pasar a mirar*

Let's **check out** the new mall on Liberty Avenue.
***Pasemos a mirar** el nuevo centro comercial en la avenida Liberty.*

Expanding your vocabulary

The supermarket / El supermercado

Fruit / La fruta

almond: almendra

apricot: damasco, albaricoque

apple: manzana

avocado: palta, aguacate

banana: plátano

blackberry: zarzamora

chesnut: castaña

coconut: coco

cherry: cereza

grape: uva

hazelnut: avellana

lemon: limón

mango: mango

melon: melón

orange: naranja

peach: melocotón

pear: pera

pineapple: piña

plum: ciruela

raspberry: frambuesa

strawberry: fresa

tangerine: mandarina

watermelon: sandía

walnut: nuez

Vegetables / Verduras (vegetales)

artichoke: alcachofa, alcaucil

asparagus: espárrago

Brussel sprouts: repollitos/coles de Bruselas

carrot: zanahoria

cabbage: repollo, col

celery: apio

chili: ají picante, chile

cucumber: pepino

garlic: ajo

lettuce: lechuga

onion: cebolla

pea: arveja, guisante

potato: papa, patata

pepper: pimiento

pumpkin: calabaza

string beans: chauchas, judías

sweet potato: batata

tomato: tomate

Meat / Carne

bacon: tocino, tocineta

beef: carne de vaca o res

chicken: pollo

duck: pato

fish: pescado

lamb: cordero

pork: cerdo

turkey: pavo

Bakery / Panadería

bread: pan

bagel: rosca

breadsticks: grisines

buns: pan para hamburguesa o perro caliente

pancake: panqueques

rolls: pan para sandwich

tarts: tartas rellenas

white bread: pan blanco

whole wheat bread: pan integral

Dairy products / Productos frescos

butter: manteca, mantequilla

cheese: queso

cream: crema, nata

egg: huevo

milk: leche

yogurt: yogur

Groceries / Productos de almacén

flour: harina

jam: mermelada

jelly: jalea

oil: aceite

pasta: pasta

peanut butter: manteca de maní

rice: arroz

salt: sal

sugar: azúcar

vinegar: vinagre

Expanding your vocabulary

Beverages / Bebidas

beer: cerveza

bottled water: aqua mineral (embotellada)

juice: jugo

soda: gaseosa

wine: vino

Let's practice

A

Completa con la expresión adecuada.

1) He´s not very shy. (__)
2) Can I ask you a question? (__)
3) If I had to take a guess, (__)
4) We´ve been working since 8 am. (__)
5) We have to clean our apartment. (__)
6) I´ve searched high and low, (__)

a) Sure, go ahead.
b) Let's get over with this.
c) but I can't find my wallet.
d) Actually, he always wants to take center stage.
e) I'd say she's 30.
f) Let's call it quits.

B

Completa las oraciones con la explicación del verbo compuesto, como en el ejemplo:

will be celebrated soon
aren't any left
just take a look
buy all the copies
very quickly
go and see what it's like
pay a short visit
preparing in writing

1) If the lawyers are **drawing up** a contract, they are *preparing it in writing.*
2) If you **stop by** your friend's house, you__________________.
3) If you **check out** the new restaurant, you________________.
4) If all the jackets are **sold out**, then there________________.
5) If you **pass by** the produce section of the supermarket, you ___________________.
6) If people **snap up** her latest book, they_________________.
7) If Thanksgiving Day is **drawing closer**, it________________.

C

Escribe seis alimentos que puedas encontrar en las secciones de un supermercado que están escritas en cada columna de la tabla:

Produce	Meat	Bakery	Grocery

SOLUCIONES

A. **1**-d, **2**-a, **3**-e, **4**-f, **5**-b, **6**-c. B. **2**-pay a short visit, **3**-go and see what it's like, **4**-aren't any left, **5**-just take a look, **6**-buy all the copies very quickly, **7**-will be celebrated soon.
C. Las respuestas pueden variar: Ejemplos: **Produce:** Apple, mango, orange, peach, carrot, onion. **Meat:** Beef, chicken, pork, bacon, turkey, fish. **Bakery:** Milk, butter, cheese, yogurt, cream, egg. **Grocery:** Oil, vinegar, salt, flour, sugar, jelly.

ADVANCED UNIT 54

En esta unidad estudiaremos:

DIALOGUES: *A BIG MISTAKE / Un gran error*

LET'S SPEAK ENGLISH

VERBS AND MULTI-WORD VERBS:
LAY – KICK – SCREW – FALL – GET - BREAK

EXPANDING YOUR VOCABULARY:
LEGAL LANGUAGE / Lenguaje legal

Diálogo

Esteban le cuenta a Alyson que han despedido a Barbara.

Esteban: Have you heard the bad news?

Alyson: No, what news?

Esteban: Barbara was **fired**.

Alyson: What?

Esteban: Well, **as far as I know**, it seems that she took advantage of the confusion **kicked off** by the hold-up, and stole all the money she found in the cashier's drawer.

Alyson: Are you sure? That **can't** be true! Oh, my God, poor Tom! How could she do something like that?

Esteban: She'd **fallen behind** with her credit card payments. Maybe she thought she could **get away with** it.

Alyson: I just... I can't believe it!

Esteban: **From what I heard**, her boss is really upset. He **flew off the handle**!

Alyson: How does he know she is guilty?

Esteban: Apparently a customer saw her. And when the police interrogated her, first she made up a story, but then she **broke down** and confessed she'd stolen the money.

Alyson: Poor Barbara! She'**s** really **in a bad spot**!

Esteban: Yeah, she really **screwed up**.

Alyson: And what's going to happen to her now?

Esteban: I think she's going to be charged with robbery and will have to go to trial.

Alyson: I'm really sorry for Tom. How is he?

Esteban: Well, you can go and find out yourself. **If I were** him, I'**d need a shoulder to cry on**!

Alyson: Oh, come on, stop it!

Diálogo

(traducción)

Esteban: ¿Te enteraste de la mala noticia?

Alyson: No, ¿qué noticia?

Esteban: **Despidieron** a Barbara.

Alyson: ¿Qué?

Esteban: Bueno, **hasta donde yo sé**, parece que aprovechó la confusión que se **originó** con el atraco y robó todo el dinero que encontró en la caja.

Alyson: ¿Estás seguro? ¡**No puede** ser cierto! ¡Dios mío, pobre Tom! ¿Cómo pudo ella hacer algo así?

Esteban: Se había **atrasado** con los pagos de su tarjeta de crédito. Quizás pensó que **podía salirse con la suya.**

Alyson: Es que... ¡No puedo creerlo!

Esteban: **Por lo que escuché**, su jefe está muy disgustado. ¡**Perdió los estribos**!

Alyson: ¿Cómo sabe que ella es culpable?

Esteban: Aparentemente un cliente la vio. Y cuando la policía la interrogó, al principio inventó una historia pero después **flaqueó** y confesó que había robado el dinero.

Alyson: ¡Pobre Barbara! ¡Está **en un verdadero aprieto**!

Esteban: Sí, la verdad es que **lo echó todo a perder**.

Alyson: ¿Y qué va a pasar con ella ahora?

Esteban: Creo que la van a acusar de robo y deberá ir a juicio.

Alyson: Lo lamento realmente por Tom. ¿Cómo está?

Esteban: Bueno, puedes acercarte y descubrirlo por tu cuenta. **Si yo estuviera** en su lugar, **necesitaría un hombro para llorar**.

Alyson: Vamos ya, ¡no sigas con eso!

Bonnie & Clide

Bonnie Elizabeth Parker (1910 – 1934) y Clyde Champion Barrow (1909 – 1934) fueron unos famosos delincuentes de EE UU durante la Gran Depresión. Captaron la atención de la prensa y fueron considerados como «enemigos públicos».

Hablemos inglés

Let's speak English

1

*Cuando **no quieres o no puedes asegurar totalmente lo que estás diciendo,** puedes usar estas expresiones:*

As far as I know,
he's not coming.
Hasta donde yo sé,
él no viene.

From what I heard,
she's the new teacher.
Por lo que escuché,
ella es la nueva maestra.

2

*Para **describir situaciones difíciles**, puedes usar la siguiente expresión:*

When she lost her job, she **was** really **in a bad spot.**
*Cuando se quedó sin trabajo, se encontró **en un aprieto**.*

Things have gone **from bad to worse** lately.
*Las cosas han ido **de mal en peor** últimamente.*

3

*Para expresar **condiciones que no son probables**, puedes usar esta estructura:*

If I **had** enough money,
I **would buy** a big house.
*Si **tuviera** el dinero suficiente,*
*me **compraría** una casa grande.*

If I **were** you, I **would tell** her the truth.
*Si yo **estuviera** en tu lugar,*
*le **diría** la verdad.*

Cry me a river

Ella Fitzgerald (1917 - 1996) fue una extraordinaria cantante estadounidense de jazz. Su repertorio musical incluye swing, blues, bossa nova, samba, gospel, calypso y pop. Estaba dotada de una voz con un rango vocal de tres octavas, destacando su clara y precisa vocalización y su capacidad de improvisación, sobre todo en el «scat», técnica que desarrolló en los años '40.

Let's speak English

4

*Para expresar **suposiciones** se pueden usar lo siguientes auxiliares negativos.*

That **can't** be her brother.
*Aquel **no puede ser** su hermano.*

He **couldn't** be serious!
***No debe** hablar en serio.*

They **must not** have the money.
***No deben** tener el dinero.*

He **may not** know the truth.
***Puede que** él **no** sepa la verdad.*

Paul **may not be** his real name.
***Puede que** Paul **no** sea su verdadero nombre.*

5

*Las siguientes expresiones se pueden usar para **expresar enojo:***

fly off the handle

get mad

drive (somebody) crazy

When he learned the news, he **flew off the handle.**
*Cuando se enteró de la noticia, **perdió los estribos**.*

My boss **got mad** at me when I asked him for a raise.
*Mi jefe **se enojó muchísimo** cuando le pedí un aumento.*

Please, stop that music, it's **driving me crazy.**
*Por favor, apaga esa música, **me está volviendo loca**.*

6

*Cuando alguien **te ofrece consuelo en un momento difícil** puedes usar esta frase:*

He was here when I **needed a shoulder to cry on** after my father's death.
*Él estaba aquí cuando yo necesité **un paño de lágrimas** después de la muerte de mi padre.*

Verbos y verbos compuestos

Veamos los significados de los siguientes verbos:

Verbs and multi-word verbs

Lay (laid/laid):

-Poner, colocar.

She **laid** the vase on the table.
*Ella **puso** el florero sobre la mesa.*
Emily **laid** her coat on the chair.
*Emily **puso** su abrigo sobre la silla.*
I'd like to **lay** this rug in my bedroom.
*Me gustaría **poner** esta alfombra en mi cuarto.*

Kick (kicked/kicked):

-Patear.

He **kicked** the ball so hard it went out of the field.
__Pateó__ la pelota con tanta fuerza, que salió del campo de juego.
The little girl shouted when her brother **kicked** her.
*La niñita gritó cuando su hermano le **dio una patada.***

Screw (screwed/screwed):

-Atornillar, enroscar.

He **screwed** the shelf to the wall.
*Él **atornilló** la repisa a la pared.*
You have to **screw** the lid on the jar.
*Tienes que **enroscar** la tapa en el tarro.*

Verbs and multi-word verbs

A continuación estudiaremos verbos compuestos con los anteriores:

Lay

Lay off: *despedir del trabajo (por lo general, por causas ajenas a la persona)*

They **laid** him **off** when they bought machines to do his job.
*Lo **despidieron** cuando compraron máquinas para hacer el trabajo.*

Screw

Screw up: *arruinar algo o hacerle daño a alguien*

I think I **screwed up.** She doesn't want to talk to me.
*Creo que **lo eché todo a perder.** Ella no quiere hablar conmigo.*

Her husband's death **screwed** her **up.**
*La muerte de su esposo le **hizo mucho daño.***

Kick

Kick off: *comenzar*

The football game **kicked off** at 5.
*El partido de fútbol **comenzó** a las 5.*

The campaign **kicked off** in June.
*La campaña **comenzó** en junio.*

Learning tips

Una manera muy rápida para aprender cómo se dicen las profesiones y los puestos de trabajo en las empresas es fijarte en los anuncios clasificados de empleo en los diarios. Allí verás cómo se denomina cada actividad y empleo, así como una breve descripción de lo que se pide para ese puesto. Aprenderás un amplio vocabulario referido a las profesiones y actividades laborales.

Aprendamos otras expresiones con fall (ver Advanced Unit 14), get (ver Advanced Unit 1/22) y break (ver Advanced Unit 14):

Get

Get away with: *salirse con la suya, escapar de una obligación o castigo*

He broke the window and thought he could **get away with** it.
*Él rompió la ventana y pensó que iba a **salirse con la suya**.*

He **won't get away with** this. He insulted me!
*No va a **salirse con la suya**. ¡Me insultó!*

Break

Break down: *flaquear, comenzar a llorar*

She **broke down** after arguing with him.
***Comenzó a llorar** después de discutir con él.*

Fall

Fall behind: *atrasarse*

He had so much work that he **fell behind** with his college assignments.
*Él tenía tanto trabajo que **se atrasó** con las tareas para la universidad.*

I don't want to **fall behind** with my loan payments.
*No quiero **atrasarme** en los pagos del préstamo.*

Legal language / Lenguaje legal

accomplice: cómplice

acquit: absolver

acquittal: absolución

alibi: coartada

appeal: apelación

appeals court: tribunal de apelación

attorney: abogado

convict: condenar, recluso

counsel: abogado defensor

court order: orden judicial

court: corte, tribunal

custody: custodia

defend: defender

defendant: acusado

evidence: prueba

fine: multar, multa

guilty: culpable

indictment: acusación formal

innocent: inocente

jail: cárcel

jury: jurado

oath: juramento

release on bail: libertad bajo fianza

release on parole: libertad bajo palabra

release on probation: libertad condicional

Life in the US

En Estados Unidos existen leyes federales que prohíben la discriminación en el mundo laboral. Se llaman leyes de igualdad de oportunidades de empleo. No está permitido hacer ningún tipo de discriminación sea por sexo, raza, religión o edad.

Expanding your vocabulary

plead guilty: declararse culpable

plead not guilty: declararse inocente

prison: prisión

prosecute: procesar

punishment: castigo

sentence: pronunciar sentencia

serve a sentence: cumplir una condena

statement: declaración

summons: citación

supreme court: suprema corte, tribunal supremo

suspect: sospechoso

testimony: testimonio

trial: juicio

witness: testigo

Let's practice

A

Elige la expresión que corresponda y colócala en el espacio en blanco.

got mad/flew off the handle
need a shoulder to cry on
as far as I know/from what I heard
from bad to worse

1) After her husband's accident, things went________________.
2) You know I'm your friend, so if you __________________ ____________I'll be here for you.
3) When he took the car without permission, his father ________ ____________________________.
4) ______________________, she's the new Assistant Manager.

B

Completa los espacios en blanco usando los auxiliares «can't», «couldn't», «must not» o «may not» para expresar suposiciones. Fíjate en el ejemplo:

She told me the restaurant was next to a movie theater. *So it can't be far*
(So, it / be far)

1) He's dark haired and has blue eyes.
____________________________.
(He / be her brother)

2) But there's a hotel on 29 West Park!
____________________________.
(This address / be Kristen's)

3) $200 is too expensive for this pair of shoes.____________________.
(That / be the price)

4) He bought a Mercedes? You've got to be joking!__________________.
(You / be serious)

C

Completa estas oraciones con un final que tenga sentido usando las palabras de la lista. La primera te sirve de ejemplo:

big house
my friend
Rome
Laura
yes
more books

1) If I were rich, I ***would buy** a big house* .
2) If they had time, they__________ ________________________.
3) If I traveled to Europe, I ________________________.
4) If he asked her out, she_____ ________________________.
5) If I needed help, I ________________________.

D

Completa con el vocabulario legal adecuado.

defendant
trial
fine
witness
released on bail

1) If you park in a forbidden area, you have to pay a ______________.
2) If you pay an amount of money before trial you are______________.
3) The person accused of a crime is the ______________________.
4) If you saw a crime or accident you are a ______________________.
5) A legal process is called a ________________________.

SOLUCIONES

A. 1-from bad to worse, 2-need a shoulder to cry on, 3-got mad/flew off the handle, 4-As far as I know / From what I heard. B. 1-He can't / couldn't /must not/may not be her brother, 2-This address must not be Kristen's, 3-That must not be the price, 4-You can't be serious. C. 2-would read more books, 3-would go to Rome, 4-would say yes, 5-would call my friend Laura. D. 1-fine, 2-released on bail, 3-defendant, 4-witness, 5-trial

ADVANCED UNIT 55

En esta unidad estudiaremos:

DIALOGUES: *A NEW HOUSE / Una casa nueva*

LET'S SPEAK ENGLISH

VERBS AND MULTI-WORD VERBS:
THROW – TEAR – SPRUCE – PUT

EXPANDING YOUR VOCABULARY:
FURNITURE AND DECORATION / Los muebles y la decoración

Diálogo

Alyson charla con Esteban sobre su nueva casa.

Alyson: I'm so excited! I've signed all the papers for my new house!

Esteban: At last! Congratulations! Tell me about it!

Alyson: It's near the school. It has two bedrooms, a bathroom, a living room and a kitchen. **It may** not be very big, **but** it's cozy. And I got it for a really good price! Once I move there, maybe I'll **tear down** a wall or **put up** another. **Opportunities knock but once**, you know. And I didn't want **to miss the boat**!

Esteban: When are you moving in?

Alyson: **It may take a while**. First, I have to **throw away** a lot of **stuff** before leaving my parents' house. And then, I need to get some furniture.

Esteban: Sure! **You want to feather your nest**!

Alyson: Yeah, I have to **spruce** it **up** and then throw a party for all my friends!

Esteban: Count me in! So now you just need to do some shopping.

Alyson: Yes, I'd like to buy a bookshelf and a TV set...

Esteban: ...and you will need a couch to watch TV...

Alyson: Yeah... and some rugs...

Esteban: What about your bed?

Alyson: Mmm... I haven't made up my mind yet. I don't know if I should get a single or a king size. **I could go either way...**

Esteban: Go with the king size. You'll need it soon.

Alyson: Oh, yeah? What are you, a fortune teller?

Esteban: Just **wait and see.** Another thing you'll need for sure is an air-conditioner. I got one last summer, and believe me, it's the best thing I've ever bought!

Alyson: Oh! I haven't thought about that. Are they very expensive?

Esteban: A little, but I'm a member of a shopping club, and you always find amazing offers there. I can order it for you and you can pay me back. After all, **a friend in need is a friend indeed**!

Alyson: Well, thanks a lot!

Diálogo

(traducción)

The Mythic City

La colección «Gottscho-Schleisner» es un trabajo realizado por los fotógrafos estadounidenses Samuel H. Gottscho [1875 - 1971] y William H Schleisner [1912 - 1962]. Con más de 29.000 piezas, se considera una de las muestras más importantes de arquitectura y paisajes urbanos de EE UU.

Alyson: *¡Estoy tan contenta! ¡He firmado todos los papeles para mi nueva casa!*

Esteban: ¡Por fin! ¡Felicitaciones! ¡Cuéntame cómo es!

Alyson: *Está cerca de la escuela. Tiene dos dormitorios, un baño, un salón y una cocina.* ***Puede que no*** *sea muy grande,* ***pero*** *es acogedora. ¡Y la conseguí por un precio muy bueno! Una vez que me mude allí,* ***demoleré*** *una pared o* ***construiré*** *otra.* ***Las oportunidades no se dan dos veces****, sabes. ¡Y no* ***quise perder ese tren****!*

Esteban: ¿Cuándo te mudas?

Alyson: ***Puede llevar un tiempo****. Primero tengo que* ***tirar*** *un montón de cosas antes de irme de la casa de mis padres. Y después necesito comprar algunos muebles.*

Esteban: ¡Por supuesto! **Quieres adornar el apartamento**.

Alyson: *Sí, tengo que* ***arreglarlo*** *y luego dar una fiesta para todos mis amigos.*

Esteban: ¡Cuenta conmigo! Así que ahora necesitas hacer algunas compras.

Alyson: *Sí, me gustaría comprar una repisa y un televisor...*

Esteban: ...y necesitarás un sillón para mirar la televisión...

Alyson: *Sí,... y algunas alfombras...*

Esteban: ¿Y la cama?

Alyson: *Mmm... Todavía no me he decidido. No sé si comprarme una cama de una plaza o de dos.* ***Me da lo mismo****...*

Esteban: Cómprate la de dos plazas. Pronto la vas a necesitar.

Alyson: *¿Ah, sí? ¿Qué eres? ¿Un adivino?*

Esteban: **Espera y verás**. Otra cosa que necesitarás casi con toda seguridad es un aparato de aire acondicionado. Yo me compré uno el verano pasado, y, créeme, ¡es la mejor compra que hice en mi vida!

Alyson: *¡Ah! No lo había pensado. ¿Son muy caros?*

Esteban: Un poco, pero soy miembro de un club de compras y siempre encuentras ofertas increíbles allí. Puedo pedirlo para ti y después me lo pagas. Después de todo, **los amigos verdaderos se ven en los momentos difíciles**.

Alyson: *Bueno, ¡muchas gracias!*

Hablemos inglés

Let's speak English

1

*Cuando quieres expresar que **una acción lleva un tiempo en realizarse**, puedes decir:*

It may take a while, but I'm going to become a doctor.
Puede llevar un tiempo, pero voy a ser médico.

2

*Cuando se le quiere decir a alguien **que tenga paciencia** se puede usar la siguiente expresión:*

Dan: Are you sure this is going to work?
Britney: **Wait and see.**
Dan: ¿Estás segura de que esto va a funcionar?
*Britney: **Espera y verás.***

3

*Para referirse a **amueblar y decorar una vivienda,** puedes usar la siguiente expresión:*

If you want **to feather your nest,** we can buy things at a discount store.

*Si quieres **decorar tu apartamento**, podemos comprar cosas en una tienda de descuentos.*

Let's speak English

4

*Las siguientes expresiones se usan para hablar de **oportunidades:***

I'm going to accept his offer. **Opportunities knock but once!**
*Voy a aceptar su oferta. **¡Las oportunidades no se dan dos veces!***

I almost **missed the boat,** but I could finally talk to her about my plans.
*Casi **me pierdo la oportunidad,** pero finalmente pude hablar con ella sobre mis planes.*

I don't want **to miss the opportunity** of traveling to Europe.
*No quiero **perderme la oportunidad** de viajar a Europa.*

5

*Cuando **se ayuda a un amigo en un momento difícil,** se puede decir:*

A friend in need is a friend indeed!
*Los amigos verdaderos se ven en los **momentos difíciles.***

6

*La palabra **«stuff»** se puede usar para **reemplazar,** en general, **a cualquier cosa, actividad o asunto:***

I've got a lot of **stuff** to do this weekend.
*Tengo muchas **cosas** que hacer este fin de semana.*

What's this **stuff**?
*¿Qué es todo **esto**?*

I have to buy new **stuff** for my apartment.
*Tengo que comprar **cosas** nuevas para mi apartamento.*

7

*Para **expresar indecisión** puedes usar esta frase:*

I don't know, **I could go either way.**
*No lo sé, **me da lo mismo.***

Leo, the Lion

El león de la Metro es la mascota del estudio de cine estadounidense Metro-Goldwyn-Mayer (MGM). Aparece rodeado por una película de celuloide en la que aparece el lema "Ars Gratia Artis" (el arte por el arte). Desde 1924 cinco leones diferentes han sido utilizados en el logotipo.

Verbos y verbos compuestos

Veamos los significados de los siguientes verbos:

Verbs and multi-word verbs

Throw (threw/thrown):

-Lanzar por el aire con fuerza.

Ben **threw** the ball so hard that he smashed the window.
*Ben **lanzó** la pelota con tanta fuerza, que hizo trizas la ventana.*

I **threw** the newspaper onto the grass.
***Arrojé** el diario sobre el césped.*

-Dar, organizar una fiesta.

They're going to **throw** a party for their grandpa's 80th birthday.
*Van a **organizar una fiesta** para el cumpleaños 80 de su abuelo.*

Tear (tore/torn):

-Rasgar, romper, cortar (tela o papel).

I fell down the stairs and **tore** my pants.
*Me caí en la escalera y me **rompí** los pantalones.*

He **tore** out some pages from the magazine.
***Cortó** algunas páginas de la revista.*

Verbs and multi-word verbs

A continuación estudiaremos los siguientes verbos compuestos:

Spruce

Spruce up: *arreglar u ordenar un lugar, arreglarse una persona*

She **spruced** herself **up** for her date.
*Ella se **arregló** para la cita.*

They **spruced up** the room for the party.
***Adornaron** la sala para la fiesta.*

Throw

Throw away/out: *tirar a la basura, deshacerse de algo*

He **threw away** old letters.
*Él **tiró** cartas viejas.*

I have to **throw out** this old suitcase.
*Tengo que **tirar** esta vieja maleta.*

Throw up: *vomitar*

The doctor asked me if my baby had **thrown up**.
*El médico me preguntó si mi bebé había **vomitado**.*

Tear

Tear up: *romper, rasgar, especialmente un papel o una tela*

He **tore up** the newspaper when he read the news.
*Él **rompió** el diario cuando leyó las noticias.*

Tear apart: *destruir una construcción*

The hurricane **tore** the houses **apart.**
*El huracán **destruyó** las casas.*

Aprendamos otras expresiones con put (ver Advanced Unit 7):

Put

Put up: *construir*

They're going to **put up** a new sports center across the street.
*Van a **construir** un nuevo centro de deportes al otro lado de la calle.*

Put back: *poner en su lugar*

Could you **put** this CD **back** in the rack, please?
*¿Podrías **poner** este CD **de vuelta** en el estante, por favor?*

Put off: *postergar, aplazar*

We had to **put off** our trip because I got sick.
*Tuvimos que **postergar** el viaje porque me enfermé.*

Harlem

El primer asentamiento en lo que hoy se conoce como Harlem fue llevado a cabo por holandeses en 1658. Bautizaron el lugar con el nombre de Nieuw Haarlem («Nueva Haarlem»). En los años 20 fue el centro del florecimiento de una cultura negra conocida como el «Renacimiento de Harlem».

Furniture and decoration / Los muebles y la decoración

armoire: armario

attic: ático

back yard: patio de atrás

balcony: balcón

basement: sótano

bathroom: baño

bedroom: dormitorio

blinds: persianas

bed: cama

bookcase: estantería, biblioteca

carpet: alfombra

ceiling: cielorraso

ceiling fan: ventilador de techo

ceiling light: lámpara de techo

chair: silla

chandelier: candelero, lámpara de araña

chest: arcón

chest of drawers: cajonera, cómoda

closet: ropero

couch / sofa: sofá

Expanding your vocabulary

coffee table: mesa de café

curtain: cortina

deck: balcón-terraza

dining room: comedor

dining set: juego de comedor

door: puerta

dresser: tocador

fireplace: hogar, estufa de leña

front door: puerta de entrada

floor: piso

garden: jardín

kitchen: cocina

lamp: lámpara

lawn: césped

living room: salón, sala

loveseat: sillón de dos cuerpos

Life in the US

Los estadounidenses celebran el día de San Patricio (St. Patrick's Day) el 17 de marzo. Aunque es una celebración irlandesa, la comunidad local lleva a cabo desfiles y muchas personas usan algo de color verde, ya sea una prenda o una joya. En ese día, en algunos lugares, es tradicional comer carne de res enlatada, así como servir repollo y tomar mucha cerveza.

Expanding your vocabulary

mirror: espejo

nightstand: mesita de noche

rocker: mecedora

roof: techo

rug: alfombra

table: mesa

terrace: terraza

stool: banqueta

staircase: escalera

swimming pool: piscina

window: ventana

wall: pared

Let's practice

A

Elige la frase que tenga el mismo significado que la expresión en negrita:

a) wait and see
b) feather my nest
c) stuff
d) it may take a while
e) I could go either way

1) I don't know whether to buy a brown or a grey couch. **I like both colors.** (___)

2) Harry: How do you know she's going to get mad? Steve: **You'll see when she comes.** (___)

3) I bought everything I needed to make the cake: flour, butter, eggs and **other things.** (___)

4) **It´s not going to happen in a short time**, but she'll be my girlfriend. (___)

5) Now that I've moved to my new apartment I want to **decorate it.** (___)

B

Completa los espacios en blanco con el verbo compuesto que corresponda:

1) She __________________her house for her son's birthday.
a-spruced up / **b**-threw away / **c**-tear down

2) Before moving, I'm going to ________________ all my old books.
a-tear up / **b**-throw away / **c**-put back

3) He had to ______________his trip one week.
a-put back / **b**-put off / **c**-throw up

4) My son is sick, he was ________________ the whole night.
a-throwing up / **b**-throwing out / **c**-throwing away

5) The big storm __________the hotel ____________.
a-tore...up / **b**-tore...apart / **c**-threw...away.

C

Escribe en cada columna muebles y adornos que puedan colocarse en estas habitaciones:

Bedroom	Kitchen	Living Room	Dining Room

SOLUCIONES

A. **1**-e, **2**-a, **3**-c, **4**-d, **5**-b. B. **1**-a, **2**-b, **3**-b, **4**-a, **5**-b.
C. Las respuestas pueden variar: **Bedroom:** Bed, nightstand, lamp, ceiling fan, rug, etc. - **Kitchen:** Table, chair, stool, curtains. - **Living room:** Bookcase, coffee table, couch, fireplace, loveseat, rug, sofa, lamp, curtains, light fixtures, carpet, etc. - **Dining room:** dining set, table, chairs, lamp, rug, light features, etc.

APRENDE INGLÉS

LIBRO 12

Units 56 to 60

ADVANCED UNIT 56

En esta unidad estudiaremos:

DIALOGUES: *BACK TO WORK / De vuelta al trabajo*

LET'S SPEAK ENGLISH

VERBS AND MULTI-WORD VERBS:
TALK – SEE – STAND

EXPANDING YOUR VOCABULARY:
PERSONALITY AND CHARACTER / Personalidad y carácter

Diálogo

Tom vuelve al trabajo después de haber pasado unos días en su casa recuperándose.

Esteban: Welcome back!
Alyson: We're very happy to see you again at work.
Esteban: Everybody missed you here.
Tom: It's nice to come back. I **couldn't stand** being at home **any longer**. And besides, I have to **see to it** that everything is ready for the Christmas sales, and **make sure** the suppliers send us all the clothes...
Esteban: OK, but how are you?
Tom: **I'm as fit as a fiddle**. The doctor tried to **talk** me **into** staying home a couple more days but I feel great.
Alyson: I see, you **had your way**...
Tom: Well, you may know by now I'm a bit hard-headed. But there's one more thing. I want to show my gratitude to you both. You **stood by** me all the time. I've bought you some presents. This is for you, Esteban.
Esteban: What's this?
Tom: Open it.
Esteban: I can't believe it! Tickets for the World Series! Thank you, man!
Tom: I bought three of them, **just in case** Alyson wants to come along.
Esteban: Oh, Tom, thank you.
Tom: But this is a special gift for you. Please. (*Giving her a small box*).
Alyson: Oh, my God... this necklace is **out of this world**! I can't accept this, you shouldn't have bought this.
Esteban: If I were you, I'd take it.
Tom: Take it please. **If you hadn't** helped me, it **would've been** much more difficult for me. This present comes from my heart. **May** I put it on you?
Alyson: Sure.
Tom: That's it! What do you think, Esteban?
Esteban: Well, a jewel for a princess...
Tom: You know, the hold-up was a **blessing in disguise**. It **opened my eyes** to how foolish I'd been. Alyson, I realized you're so reliable, so sweet, so down to earth...
Alyson: Please, Tom, you are making me **tear up**!

Diálogo

(traducción)

Esteban: *¡De vuelta al trabajo! ¡Bienvenido!*
Alyson: *Estamos muy contentos de verte nuevamente aquí.*
Esteban: *Todos te extrañamos.*
Tom: *Es bueno volver.* ***No podía soportar más*** *estar en mi casa. Y además, tengo que* ***controlar*** *que todo esté listo para las ventas de Navidad y* ***asegurarme*** *de que los proveedores nos envíen toda la ropa...*
Esteban: *Está bien, pero ¿cómo estás?*
Tom: *Estoy* ***perfectamente bien****. El médico trató de* ***convencerme*** *de que me quedara unos días más, pero yo me siento muy bien.*
Alyson: *Ya veo, te saliste con la tuya.*
Tom: *Bueno, a estas alturas ya debes saber que soy un poco testarudo. Pero hay una cosa más. Quiero mostrarles mi gratitud hacia ustedes dos.* ***Estuvieron a mi lado*** *siempre. Les compré unos regalos. Esto es para ti, Esteban.*
Esteban: *¿Qué es?*
Tom: *Ábrelo.*
Esteban: *¡No puedo creerlo! ¡Entradas para la World Series! ¡Gracias, amigo!*
Tom: *Compré tres,* ***por si acaso*** *Alyson quiere venir.*
Esteban: *Gracias, Tom.*
Tom: *Pero este es un regalo especial para ti. Por favor. (Entregándole una pequeña caja).*
Alyson: *Dios mío,... ¡este collar es* ***espectacular****! No puedo aceptarlo, no deberías haberlo comprado.*
Esteban: *Si yo estuviera en tu lugar, lo aceptaría.*
Tom: *Acéptalo, por favor.* ***Si no me hubieras ayudado, hubiera*** *sido mucho más difícil para mí. ¿****Puedo*** *ponértelo?*
Alyson: *Por supuesto.*
Tom: *¡Listo! ¿Esteban, qué piensas?*
Esteban: *Bueno, una joya para una princesa...*
Tom: *Saben, el atraco fue* ***una desgracia con suerte****. Me abrió los ojos y me hizo ver lo tonto que he sido. Alyson, me di cuenta de que eres tan confiable, tan dulce, tienes los pies sobre la tierra...*
Alyson: *Por favor, Tom, ¡se* ***me están llenando los ojos de lágrimas****!*

Tiffany & Co.

El fundador de esta famosa joyería, el estadounidense Charles Lewis Tiffany, inició su empresa en 1837 con tan solo 1.000 dólares. Después de la guerra civil se especializó en joyas y metales preciosos. A su muerte, en 1902, dejó a sus herederos un negocio de 35 millones.

Hablemos inglés

Let's speak English

1 *Para indicar que alguien* ***se sale con la suya****, se puede usar la siguiente expresión:*

No matter what her mother tells her, she always **has her way.**
No importa lo que le diga su madre, ella siempre ***se sale con la suya.***

2 *Para* ***expresar que algo o alguien te resulta insoportable****, se puede decir:*

I can't stand that noise!
*¡****No puedo soportar*** *ese ruido!*

3 *La siguiente expresión se usa para indicar que* ***algo es fantástico*** *o* ***increíble:***

This hotel is **out of this world.**
Este hotel es ***increíble.***

4 *La siguiente expresión se usa cuando* ***algo malo resultó ser bueno,*** *y puede usarse con el significado de «no hay mal que por bien no venga»:*

Changing jobs was **a blessing in disguise.**
Cambiar de trabajo ***resultó finalmente ser muy bueno.***

Let's speak English

5 *Para decir que quieres **asegurarte** de algo, usas esta frase:*

I have to **make sure** he locked the door.
*Tengo que **asegurarme de** que cerró la puerta con llave.*

Make sure you answer all the questions before handing in the test.
__Asegúrate de__ contestar todas las preguntas antes de entregar el examen.

6 *Fíjate como expresar **una condición contraria a la realidad:***

If you hadn't come, the party **would've** been so boring!
*__Si no hubieras__ venido, ¡la fiesta **habría** sido tan aburrida!*

7 *Cuando **algo o alguien te hace dar cuenta de una situación**, puedes decir:*

The accident **opened my eyes** to how dangerous this highway is.
*El accidente **me abrió los ojos** sobre lo peligrosa que es esta autopista.*

8 *Para decir que alguien **se encuentra en muy buenas condiciones físicas**, puedes usar la siguiente expresión:*

He said he was **as fit as a fiddle** and ready to participate in the playoffs.
*Dijo que estaba **en perfectas condiciones físicas** y listo para participar en las eliminatorias.*

Verbs and multi-word verbs

Verbos y verbos compuestos

Veamos los significados de los siguientes verbos:

Talk (talked/talked):

-Conversar.

They were **talking** about the trip.
*Estaban **conversando** sobre el viaje.*

See (saw/seen):

-Ver.

It was so foggy that I couldn't **see** the traffic light.
*Había tanta niebla que no podía **ver** el semáforo.*

Stand (stood/stood):

-Estar de pie, pararse.

He was **standing** in the first row.
***Estaba de pie** en la primera fila.*
Stand up, please. / ***Ponte de pie**, por favor.*

Learning tips

Si quieres saber más de los términos usados sobre el clima y ampliar tu vocabulario, puedes poner la televisión en los canales del tiempo, como, por ejemplo, «The Weather Channel». Los periodistas usan todas las expresiones populares sobre el clima y las descripciones salen escritas en la pantalla. Es una clase gratis de vocabulario. ¡Aprovéchala!

Verbs and multi-word verbs

A continuación estudiaremos verbos compuestos con los anteriores:

Stand

Stand by:

apoyar a alguien

My parents **stood by** me when I lost my job.
*Mis padres me **apoyaron** cuando me quedé sin trabajo.*

Talk

Talk into:

convencer a alguien para que haga algo

He **talked** me **into** taking up cycling.
*Me **convenció** para que empezara a practicar ciclismo.*

Talk out of:

convencer a alguien para que no haga algo

I was going to leave, but she **talked** me **out** of it.
*Me iba a ir, pero me **convenció** para que me quedara.*

See

See to:

encargarse de algo

I have to reserve a room at a hotel, could you **see to** it please?
*Tengo que reservar una habitación en un hotel, ¿podrías **encargarte**, por favor?*

See through:

lograr terminar, continuar con algo hasta el final

After all the difficulties to finish with my project, I finally **saw** it **through**.
*Después de todas las dificultades para concluir mi proyecto, finalmente **logré terminarlo**.*

See out:

Acompañar a alguien hasta la puerta.

Are you leaving? I'll **see** you **out**.
*¿Te vas? Te **acompaño hasta la puerta**.*

Expanding your vocabulary

Personality and character / Personalidad y carácter

absent-minded: distraído

aggressive: agresivo

affectionate: afectuoso

ambitious: ambicioso

anxious: ansioso

arrogant: arrogante

bossy: autoritario

brave: valiente

candid: sincero, franco

carefree: despreocupado

clever: listo

competitive: competitivo

considerate: considerado

control-freak: controlador obsesivo

creative: creativo

cruel: despiadado

determined: resuelto

Expanding your vocabulary

demanding: exigente

empathetic: comprensivo

down-to-earth: centrado

easy-going: tolerante

forgetful: olvidadizo

generous: generoso

gullible: crédulo

hypocrite: hipócrita

imaginative: imaginativo

impatient: impaciente

impolite: maleducado

irresponsible: irresponsable

indecisive: indeciso

kind: amable, bondadoso

light-hearted: alegre

loyal: leal

outgoing: extrovertido

proud: orgulloso

polite: cortés, educado

rude: maleducado

Life in the US

Si lo que deseas es abrir tu propio negocio, en Estados Unidos contarás con muchas organizaciones que te ayudarán para ello. Existen muchos planes (varían según el estado donde te encuentres) para ayudar a los emprendedores de nuevos negocios. La búsqueda en Internet es una manera simple y fácil de acceder a esa información. También puedes acudir a entidades como la Administración para Pequeños Negocios (SBA) para que te orienten.

ruthless: cruel

self-centered: egocéntrico

self-confident: seguro de sí mismo

self-conscious: inseguro

selfish: egoísta

sensible: sensato

sensitive: sensible

smart: astuto, inteligente

shy: tímido

straight-forward: directo, frontal

stubborn: terco

sympathetic: comprensivo

tactless: indiscreto

unpleasant: antipático

unreliable: poco (con)fiable

vain: presumido

Expanding your vocabulary

Let's practice

A

Señala si las siguientes oraciones son verdaderas (True) o falsas (False) según el significado de la expresión en **negrita**:

1) I **can't stand** people talking when you're watching a movie. You don't like it. (__)
2) I´m **as fit as a fiddle** and ready to play in the match. You don't feel very well. (__)
3) I didn't want to buy this car, but my wife always **has her way**. They bought the car she wanted. (__)
4) Being transferred to this city was **a blessing in disguise**. It turned out to be good after all. (__)
5) The pasta they serve at the new restaurant is **out of this world**. It's not very good. (__)

B

Une las frases para que las situaciones tengan sentido:

1) Are you leaving, so early? (__)
2) I didn't want to go to the party, (__)
3) You´re a great friend. (__)
4) He had trouble finishing his assignment, but (__)
5) She was going to cancel her trip, but (__)
6) I don't have time to call her back, (__)

a-but he talked me into it.
b-You've stood by me all the time.
c-Could you see to it, please?
d-Let me see you out, please.
e-her boyfriend talked her out of it.
f-finally he saw it through.

C

Completa estas oraciones condicionales usando las palabras entre paréntesis. Fíjate en el ejemplo: If I had finished earlier, I _would have caught the train_. (catch-train)

1) If I hadn't called her I______________________________.
(not-know about the accident)
2) I wouldn't have gone to the match if he______________________________.
(not invite me)
3) If my sister had known the truth, she______________________________.
(be-very happy)
4) The trip wouldn't have been so fun if you ______________________________.
(not come with us)
5) If they had offered her the job, she ______________________________.
(accept it)
6) What would you have done if you______________________________?
(win the lotto)

D

Completa las oraciones con el adjetivo que corresponda de la lista

down-to-earth/sensible
creative/imaginative
polite
impatient/anxious
forgetful/absent minded
sensitive/empathetic

1) Someone who always forgets things is ______________________________.
2) Someone who can't wait for a long time is ______________________________.
3) Someone who has a lot of common sense is ______________________________.
4) Someone who has very good manners is ______________________________.
5) Someone who has a lot of imagination is ______________________________.
6) Someone who is affected by other people's suffering is ______________________________.

SOLUCIONES

A. 1-T, 2-F, 3-T, 4-T, 5-F. B. 1-d, 2-a, 3-b, 4-f, 5-e, 6-c. C. 1-wouldn't have known about the accident, 2-hadn't invited me, 3-would have been very happy, 4-hadn't come with us, 5-would have accepted it, 6-had won the lotto. D. 1- forgetful/absent-minded, 2- impatient/anxious, 3-down-to-earth/sensible, 4-polite, 5-creative/imaginative, 6-sensitive/empathetic

ADVANCED UNIT 57

En esta unidad estudiaremos:

DIALOGUES: *NEWS FROM MEXICO / Noticias desde México*

LET'S SPEAK ENGLISH

VERBS AND MULTI-WORD VERBS:
BLOW – NAME – SETTLE – LOOK – TAKE

EXPANDING YOUR VOCABULARY:
THE FAMILY / La familia; THE FACE / La cara; THE BODY / El cuerpo; PHYSICAL DESCRIPTIONS / Descripciones físicas

Diálogo

Alyson les muestra a Tom y a Esteban las artesanías que le envió su tío desde México y, también, fotos de su familia.

Alyson: Hi, guys! The mail from Mexico has arrived! This is the package my uncle sent me. Let's see what's in the box.
Tom: Your uncle is a craftsman, **isn't he**?
Alyson: Yes, he makes wonderful sculptures. I've always **looked up to** him. I **used to** spend hours watching him while he was making the scuptures. Look! **Isn't that something?**
Tom: Wow, **how about that**! What are they exactly?
Alyson: They're small obsidian statues representing Mexican mythological gods. Obsidian is a dark green rock from Central America.
Esteban: And those are the photos of your family, **aren't they**?
Alyson: Yeah, I'm going to show you in a minute. Here... (*Handing them over to Tom*)
Tom: Who's this woman with long braids?
Alyson: That's my grandma. I **used to** spend my summer vacations with her. She's very warm and patient. And the one **blowing out** the candles is my grandpa, Carlos. I **named** Charlie **after** him.
Tom: I guess this girl is your cousin, **isn't she**?
Alyson: How did you know?
Tom: She looks a lot like you, with the same big brown eyes, the dark hair, and the pretty smile. Who do you **take after**?
Alyson: My mother's side of the family, I guess.
Esteban: And you Tom? Do you have any photos of your parents?
Tom: Oh, yes. I always carry this one in my wallet. Take a look. This woman with blond hair and blue eyes is my mother.
Alyson: She's a beautiful woman.
Tom: Yes, she was, and very kind too. She passed away a few years ago.
Alyson: Oh, I'm sorry, I didn't know that. You must miss her a lot.
Tom: Well, yes, actually. And this man with glasses is my father. He's very funny and has a great sense of humor. He moved to the West coast a couple of years ago. He always asks me «Hey, Tom, when are you going to find a wife and **settle down**?»
Alyson: Esteban, you didn't show us a single photo.
Esteban: That's because I don't have any with me here. Come over for dinner on Sunday and I'll show you my Salvadorean family's photos.
Tom: That sounds good. Maybe you'll prepare one of your famous barbecues for us.
Esteban: Why not?

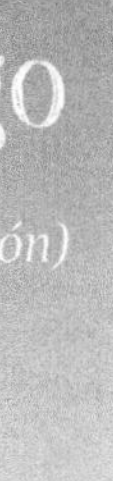

Diálogo

(traducción)

Alyson: ¡Hola amigos! ¡Llegó el correo desde México! Este es el paquete que me envió mi tío. Veamos qué hay dentro de la caja.

Tom: Tu tío es artesano, ¿**verdad**?

Alyson: Sí, hace esculturas maravillosas. Siempre lo he **admirado**. **Solía** pasarme horas observándolo mientras hacía las esculturas. ¡Miren! ¿**No son increíbles**?

Tom: ¡Guau, **qué fantásticas**! ¿Qué son exactamente?

Alyson: Son pequeñas estatuas de obsidiana que representan a dioses mitológicos mexicanos. La obsidiana es una roca verde oscuro originaria de América Central.

Esteban: Y esas son fotos de tu familia, ¿**verdad**?

Alyson: Sí, se las muestro en un minuto. Aquí tienen. (Alcanzándoselas a Tom)

Tom: ¿Quién es esa mujer con trenzas largas?

Alyson: Es mi abuela. Yo **solía** pasar mis vacaciones de verano con ella. Es muy cálida y paciente. Y el que está **soplando** las velas es mi abuelo, Carlos. **Charlie se llama así por él.**

Tom: Me imagino que esta muchacha es tu prima, ¿**verdad**?

Alyson: ¿Cómo lo supiste?

Tom: Se parece mucho a ti, con los mismos ojos grandes y marrones, el cabello oscuro y la hermosa sonrisa. ¿A quién te **pareces**?

Alyson: Creo que a la familia de mi madre.

Esteban: ¿Y tú, Tom? ¿Tienes alguna foto de tus padres?

Tom: Sí, claro. Siempre llevo esta en mi billetera. Mírala. Esta mujer con pelo rubio y ojos azules es mi madre.

Alyson: Es una mujer hermosa.

Tom: Sí, era hermosa, y muy bondadosa también. Murió hace algunos años.

Alyson: Ah, lo lamento. No lo sabía. Debes extrañarla mucho.

Tom: En realidad, sí. Y este hombre con lentes es mi padre. Es muy divertido y tiene un gran sentido del humor. Se mudó a la costa oeste hace unos años. Siempre me pregunta «¿Oye, Tom, ¿cuándo vas a encontrar una esposa y **sentar cabeza**?».

Alyson: Esteban, no nos mostraste una sola foto.

Esteban: Porque acá no tengo ninguna. Vengan a cenar a mi casa el domingo, y les mostraré fotos de mi familia salvadoreña.

Tom: ¡Muy buena idea! A lo mejor preparas unas de tus famosas barbacoas.

Esteban: ¿Por qué no?

Photo-freak

Diane Arbus (1923-1971) fue una destacada fotógrafa estadounidense. Eligió a personas marginales como sus modelos y trabajó con un estilo crudo, muy directo, para producir en el espectador un efecto de temor y vergüenza, que rompió con el estilo acartonado de su época.

Hablemos inglés

Let's speak English

1

*Para demostrar que **algo te impresiona** puedes usar estas frases:*

- He won the first prize in the swimming competition.
- How about that!
- Él ganó el primer premio en la prueba de natación.
*- **¡Qué fantástico!***

- My sister painted this picture.
- Isn't that something!
- Mi hermana pintó este cuadro.
*- **¡Qué increíble!***

- She wrote her first novel when she was 15.
- Quite impressive!
- Ella escribió su primera novela cuando tenía 15 años.
*- **¡Qué impresionante!***

2

*Para referirse a **hábitos que se tenían en el pasado** se utiliza **«used to»**:*

I **used to** smoke 20 cigarettes a day when I was younger.
*Yo **solía** fumar 20 cigarrillos por día cuando era más joven.*

She **used to** go jogging in the mornings last year.
*Ella **solía** ir a correr por la mañana el año pasado.*

I **didn't use to** travel a lot in my previous job.
*Yo **no solía** viajar mucho en mi trabajo anterior.*

We **used to** go to the disco on Saturday evenings.
***Solíamos** ir a la discoteca los sábados por la noche.*

Life in the US

En EE UU la mayoría de los negocios requieren permisos o licencias para ejercer la actividad, como es el caso de restaurantes, salones de belleza, plomeros, etc. Estos permisos son otorgados por cada estado o condado. Para saber qué requerimientos existen para cada actividad, lo mejor es acudir al City Council o gobierno de la ciudad para que te indiquen los pasos que hay que seguir.

Let's speak English

3

*Para que la persona con la que estás hablando **confirme** algo que has dicho, lo haces de la siguiente manera:*

This is your uncle, **isn't it**?
*Este es tu tío, ¿**verdad**?*

You're tired, **aren't you**?
*Estás cansada, ¿**verdad**?*

You don't like chocolate, **do you**?
*No te gusta el chocolate, ¿**verdad**?*

He travels very often, **doesn't he?**
*Él viaja muy a menudo, ¿**verdad?***

You were born in Venezuela, **weren't you**?
*Tú naciste en Venezuela, ¿**verdad**?*

The car wasn't moving very fast, **was it**?
*El auto no iba muy rápido, ¿**verdad**?*

They have a child, **don't they**?
*Ellos tienen un hijo ¿**verdad**?*

Verbos y verbos compuestos

Veamos los significados de los siguientes verbos:

Verbs and multi-word verbs

Blow (blew/blown):

-Soplar, sonarse (la nariz).

The wind started **blowing** very hard.
*El viento comenzó a **soplar** muy fuerte.*
He has a bad cold. He spent the whole day sneezing and **blowing** his nose.
*Él tiene un resfriado muy fuerte. Se pasó todo el día estornudando y **sonándose** la nariz.*

Name (named/named):

-Llamar, nombrar, designar.

They **named** the restaurant «Blue Moon».
*Ellos **llamaron** al restaurante «Blue Moon».*
The president has to **name** a new minister.
*El presidente tiene que **nombrar** a un nuevo ministro.*

Settle (settled/settled):

-Ponerse cómodo.

I never really **settled** into that apartment.
*Nunca **me sentí cómodo** en ese apartamento.*

-Solucionar, hacer desaparecer las diferencias.

We **settled** our differences and continued with the project.
***Solucionamos** nuestras diferencias y continuamos con el proyecto.*

-Establecerse en un lugar.

They **settled** on a farm near the mountains.
*Se **establecieron** en una granja cerca de las montañas.*

Verbs and multi-word verbs

A continuación estudiaremos verbos compuestos con los anteriores:

Blow

Blow up:

explotar

The bomb **blew up** before the police arrived.
*La bomba **explotó** antes de que llegara la policía.*

hacer explotar, volar

The engineers **blew up** the old bridge.
*Los ingenieros **hicieron volar** el viejo puente.*

enojarse repentinamente, perder los estribos

When I told him I had lost the key he **blew up** at me.
*Cuando le dije que había perdido la llave, **se enojó** conmigo.*

inflar

I spent two hours **blowing up** balloons for my little brother.
*Me pasé dos horas **inflando** globos para mi hermanito.*

Blow out: *soplar, apagar*

The wind **blew out** the candles.
*El viento **apagó** las velas.*

Name

Name after:

Ponerle a alguien el nombre de un familiar.

I was **named after** my mother.
*Me **pusieron el nombre** de mi madre.*

Settle

Settle down:

calmarse

The students found it difficult to **settle down** after recess.
*A los estudiantes se les hizo difícil **calmarse** después del receso.*

sentar cabeza

Someday I'll be ready to **settle down** with a wife and kids.
*Algún día estaré listo para **sentar cabeza** con una mujer e hijos.*

Settle up: *pagar las deudas*

I **settled up** my debt with the lawyer.
***Pagué** mis deudas con el abogado.*

Aprendamos otras expresiones con look (ver Advanced Unit 4/12/15) y take (ver Advanced Unit 7/13/14/18):

Look

Look up to: *admirar*

I've always **looked up to** people who can play an instrument.
*Siempre he **admirado** a la gente que sabe tocar un instrumento.*

Take

Take after:

parecerse a alguien

I think you **take after** your father.
*Creo que **te pareces a** tu padre.*

The family / La familia

Expanding your vocabulary

great-grandfather: bisabuelo

great-grandmother: bisabuela

great-grandson: bisnieto

great-granddaughter: bisnieta

grandfather/grandpa: abuelo

grandmother/grandma: abuela

grandson: nieto

granddaughter: nieta

father: padre

mother: madre

son: hijo

daughter: hija

brother: hermano

sister: hermana

uncle: tío

aunt: tía

nephew: sobrino

niece: sobrina

cousin: prima, primo

husband: esposo

wife: esposa

in-laws: parientes políticos

father-in-law: suegro

mother-in-law: suegra

brother-in-law: cuñado

sister-in-law: cuñada

Expanding your vocabulary

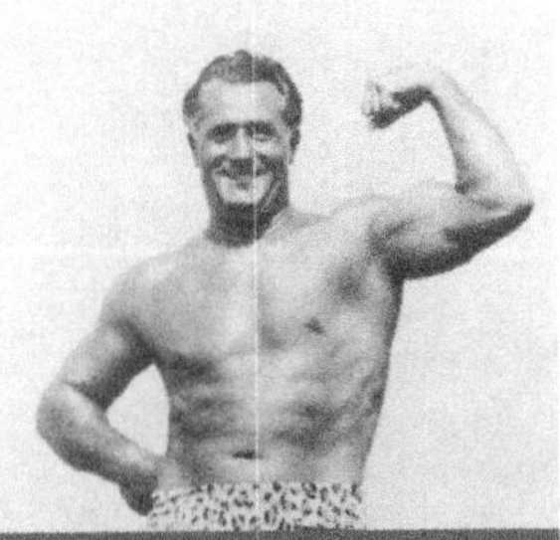

Charles Atlas

Angelo Siciliano nació en Italia, pero a los once años se mudó a Brooklyn. Era un niño pequeño y débil que sufría burlas y abusos. Para salir adelante entrenó su cuerpo hasta lograr una figura impactante. Trabajando como salvavidas fue descubierto por la prensa y allí comenzó su carrera como fisicoculturista.

The face / La cara

face: cara

hair: cabello

skull: cráneo

temple: sien

forehead: frente

ear: oreja

sideburn: patilla

eyebrow: ceja

eyelashes: pestañas

eye: ojo

nose: nariz

nostrils: fosas nasales

moustache: bigote

beard: barba

cheek: mejilla

chin: mentón

jaw: mandíbula

mouth: boca

teeth: dientes

tooth: diente, muela

tongue: lengua

throat: garganta

The body / El cuerpo

neck: cuello

shoulder: hombro

arm: brazo

elbow: codo

forearm: antebrazo

wrist: muñeca

hand: mano

finger: dedo de la mano

palm: palma

chest: pecho

breast(s): pecho(s), seno(s)

back: espalda

torso: torso

trunk: tronco

waist: cintura

abdomen: vientre

hip: cadera

pelvis: pelvis

thigh: muslo

buttock: nalga

bottom: trasero

sex organs: genitales

leg: pierna

knee: rodilla

calf: pantorrilla

ankle: tobillo

feet: pies

foot: pie

toe: dedo del pie

sole: planta del pie

Learning tips

Leer periódicos y revistas es otra manera muy sencilla para familiarizarte con el idioma inglés. Es mejor empezar con entrevistas, pues es una manera de ver en la práctica el uso de los diálogos. Elige las secciones que más te atraigan; lo importante es que el tema te interese para que te sea más fácil practicar este truco de aprendizaje.

Expanding your vocabulary

Physical Descriptions / Descripciones físicas

tall: alto

short: bajo

average height: altura media

bald: calvo

dark skin: piel oscura

fair skin: piel clara

pale: pálido

freckles: pecas

stocky: robusto

fat: gordo

obese: obeso

slim, thin: delgado, flaco

skinny: muy flaco

Hair / Cabello

straight: lacio

wavy: ondulado

curly: enrulado, rizado

fair: rubio

blond/blonde: rubio/rubia

light brown: castaño claro

brown: castaño

red haired: pelirrojo

black: negro

gray: gris

dark: oscuro

long: largo

short: corto

Let's practice

A

Completa con la expresión de confirmación adecuada, como en el ejemplo:
You prefer orange juice, **don't you**?

1) You went to Brazil last summer,__________________?
2) She works at Stacey's, _______________________?
3) They´re coming, ___________________________?
4) They weren't invited,_______________________?
5) You have a dog,___________________________?
6) It was raining that day, _____________________?

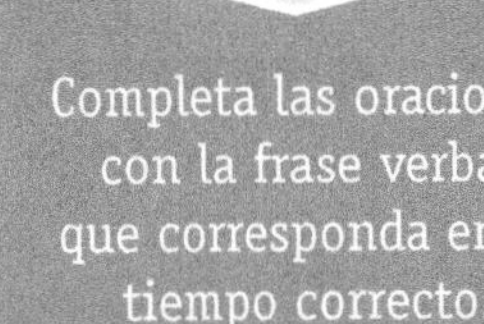

B

Completa las oraciones con la frase verbal que corresponda en el tiempo correcto.

blow out
blow up
take after
name after
settle down
look up to

1) My daughter Emily was ____________my grandmother.
2) I think it's time you find a good job and ________________.
3) Children love to _____________the candles at their birthday parties.
4) The bomb ______________when there was nobody in the building.
5) She doesn't ________________any of her parents.
6) I__________________old people who do a lot of different activities.

C

Completa la tabla con vocabulario adecuado para cada columna.

The body	The face	Organs	Description Hair	Description Face

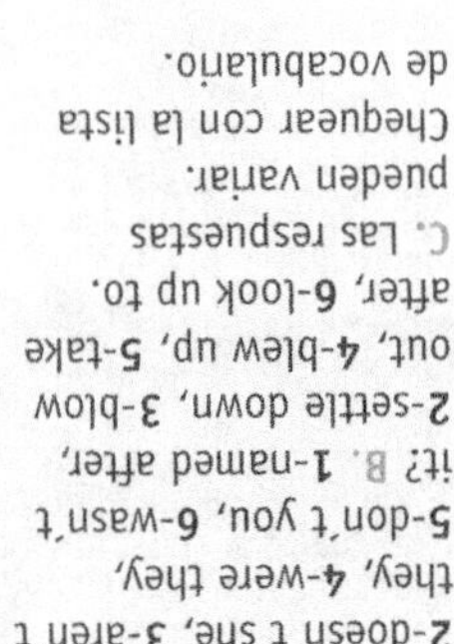

SOLUCIONES

A. **1**-didn't you, **2**-doesn't she, **3**-aren't they, **4**-were they, **5**-don't you, **6**-wasn't it? B. **1**-named after, **2**-settle down, **3**-blow out, **4**-blew up, **5**-take after, **6**-look up to. C. Las respuestas pueden variar. Chequear con la lista de vocabulario.

ADVANCED UNIT 58

En esta unidad estudiaremos:

DIALOGUES: *THE INVITATION / La invitación*

LET'S SPEAK ENGLISH

VERBS AND MULTI-WORD VERBS:
WALK – CARRY - DRESS

EXPANDING YOUR VOCABULARY:
CLOTHES / La ropa

Diálogo

Tom invita a Alyson a cenar. Alyson le cuenta sus temores a Esteban.

Tom: Alyson, would you like to go out for dinner tonight?
Alyson: You mean with Esteban?
Tom: No, just you and me.
Alyson: Oh... er... OK I guess... that would be nice.
Tom: Great! Pick you up at around eight?
Alyson: That's fine.

(Alyson is talking to Esteban about the invitation)

Esteban: Hi, Alyson! What's up? You've **got stars in your eyes!**
Alyson: Hi, Esteban. Well... it's just that Tom **asked** me **out** on a date.
Esteban: That's great! At last!
Alyson: Wait, wait... I feel like going, but I don't know...
Esteban: Come on, **get if off your chest!**
Alyson: It's my first date since Charlie's father **walked out on** me... It was hard for me to **carry on.** I don't know if I'm ready to get involved with somebody right now.
Esteban: **Cross that bridge when you come to it.** Everything will be fine. **You didn't hear it from me** but Tom really likes you.
Alyson: But then again, Barbara and he...
Esteban: Forget it! That story is over, because Tom broke up with her. He **put her on a pedestal** in the beginning, but when he got to know her better, she started to **show her true colors**, and he realized she wasn't a very good person. Tom's really a great guy!
Alyson: I hope so. I wouldn't be able to cope with disappointment again.
Esteban: You **should** stop worrying and start living. Come on!
Alyson: OK, I'll follow your advice. What **should** I wear? I don't have anything I like!
Esteban: Oh, women! I'm sure you have a simple dress, or a white blouse with pants. Don't **dress up.** Just **be yourself**, let him make the first move, and don't go too far on the first date. And, please, **try not to drink** too much.
Alyson: Yes, sir! **Wish me luck!**

Diálogo

(traducción)

Tom: *Alyson, ¿quisieras salir a cenar esta noche?*
Alyson: *¿Quieres decir, con Esteban?*
Tom: *No, solo tú y yo.*
Alyson: *Ah… eh… Podría ser,… no hay problema.*
Tom: *¡Fantástico! ¿Te paso a buscar alrededor de las ocho?*
Alyson: *Está bien.*

(Alyson está conversando con Esteban sobre la invitación)

Esteban: *¡Hola, Alyson! ¿Qué sucede? ¡Te **brillan los ojos**!*
Alyson: *Hola, Esteban. Bueno,… es que Tom me **invitó** a salir.*
Esteban: *¡Fantástico! ¡Por fin!*
Alyson: *Espera, espera… tengo ganas de ir, pero no lo sé…*
Esteban: *¡Vamos, **cuenta lo que te pasa**!*
Alyson: *Es mi primera cita desde que el padre de Charlie me **abandonó**… Fue difícil para mí **seguir adelante**. No sé si estoy lista para tener una relación con alguien en este momento.*
Esteban: ***No te adelantes a los hechos**. Todo va a salir bien. **Haz como que yo no te dije nada**, pero a Tom le gustas mucho.*
Alyson: *Sí, pero después de todo, Barbara y él…*
Esteban: *¡Olvídalo! Esa historia está terminada, porque Tom la dejó. Él la **puso en un pedestal** al principio, pero cuando empezó a conocerla bien, ella comenzó a mostrar **su verdadera personalidad** y él se dio cuenta de que no era una muy buena persona. ¡Tom es un gran tipo!*
Alyson: *Eso espero. No podría afrontar otra desilusión.*
Esteban: ***Deberías** dejar de preocuparte y comenzar a vivir. ¡Vamos!*
Alyson: *Está bien, seguiré tu consejo. ¿Qué ropa me pongo? ¡No tengo nada que me guste!*
Esteban: *¡Ah, las mujeres! Estoy seguro de que tienes un vestido simple, o una blusa blanca con pantalones. No te **vistas demasiado elegante**. **Sé tú misma**, deja que él tome la iniciativa, y no vayas demasiado rápido en la primera cita. Y, por favor, **trata de no** beber demasiado.*
Alyson: *¡Sí, señor! **¡Deséame suerte!***

Love story

«Love Story» es una película estadounidense de 1970, escrita por Erich Segal y dirigida por Arthur Hiller. Ha sido considerada una de las películas más románticas de todos los tiempos. Fue protagonizada por Ali MacGraw y Ryan O'Neal.

Hablemos inglés

Let's speak English

1 *Cuando* ***a una persona se la ve feliz, especialmente porque está enamorada****, se puede usar esta frase:*

He must be in love. **He's got stars in his eyes.**
Debe estar enamorado. ***Le brillan los ojos.***

2 *La siguiente expresión se usa para decir que* ***no hay que preocuparse por adelantado****:*

I don't know what I'll do if I fail the test. **I'll cross that bridge when I come to it.**
No sé lo que haré si no apruebo el test. ***No me preocuparé por adelantado.***

3 *Fíjate en esta otra expresión que es usada* ***cuando se sobreestima a alguien****:*

She **puts him on a pedestal** and doesn't see all the mistakes he makes.
Ella lo ***pone en un pedestal*** *y no ve todos los errores que comete.*

4 *Al dar* ***consejos*** *se suele usar el auxiliar* ***«should/ shouldn't»****:*

I think you **should** see a doctor.
Creo que ***deberías*** *ver a un médico.*

What **should** I wear for the party?
¿Qué ***debería*** *usar para la fiesta?*

I think you **shouldn't** call him.
Creo que ***no deberías*** *llamarlo.*

También se puede usar el ***imperativo****:*

Don't drink too much!
*¡****No bebas*** *tanto!*

Try to be yourself.
Trata de *ser tú misma.*

Try not to speak too much.
Trata de no *hablar mucho.*

Las Vegas Strip

«The Strip» es una sección de 6 km de la calle Las Vegas Boulevard South en las localidades de Paradise y Winchester, Nevada. Es una de las avenidas más filmadas y fotografiadas de los EE UU. Muchos de los hoteles, casinos y centros turísticos más importantes del mundo están localizados allí.

Let's speak English

5 *Cuando alguien **revela su verdadera personalidad**, podemos decir:*

He showed his true colors by refusing to help her when she lost her job.
*Él **mostró su verdadera personalidad** y se negó a ayudarla cuando ella perdió su trabajo.*

6 *Cuando se le pide a alguien que **cuente algo que le preocupa**, se puede decir:*

You look worried. Come on, **get it off your chest**!
*Te ves preocupado. ¡Vamos, **cuenta lo que te pasa**!*

7 *Cuando se desea **suerte a alguien** se pueden usar las siguientes expresiones:*

I have a blind date. **Wish me luck**!
*Tengo una cita a ciegas. **¡Deséame suerte!***

Jack: I have a job interview in two hours.
Mike: **Break a leg!**
Jack: Tengo una entrevista de trabajo dentro de dos horas.
*Mike: **¡Que tengas suerte!***

Sally: I played the lotto.
John: **Cross your fingers!**
Sally: Jugué a la lotería.
*John: **¡Cruza los dedos!***

8 *Cuando **no quieres que alguien revele lo que le estás contando** puedes usar las siguientes expresiones:*

You didn't hear it from me, but she's going to accept your offer.
***Haz como que yo no te dije nada**, pero ella va a aceptar tu oferta.*

Verbos y verbos compuestos

Veamos los significados de los siguientes verbos:

Verbs and multi-word verbs

Walk (walked/walked):

-Caminar.

He always **walks** to work. / *Él siempre **camina** a su trabajo.*
Why are you **walking** so fast?
*¿Por qué estás **caminando** tan rápido?*
She **walked** so quickly that I couldn't keep up with her.
*Ella **caminaba** tan rápido que yo no podía seguirle el ritmo.*

Carry (carried/carried):

-Llevar, transportar.

I can't **carry** this box, it's too heavy.
*No puedo **llevar** esta caja, es demasiado pesada.*
The cruise can **carry** 2000 people on board.
*El crucero puede **transportar** 2.000 personas a bordo.*

Dress (dressed/dressed):

-Vestirse.

My little daughter is learning to **dress** herself.
*Mi hijita está aprendiendo a **vestirse**.*

Learning tips

Si deseas aprender inglés para conquistar a la persona que te gusta, será útil conocer las palabras que se usan en las situaciones románticas. Para practicar, nada mejor que ver una película romántica o escuchar canciones de amor. Presta atención al vocabulario, anotando en tu libreta las palabras y frases que más te gusten.

Verbs and multi-word verbs

A continuación estudiaremos verbos compuestos con los anteriores:

Dress

Dress up:
vestirse elegantemente para una ocasión especial

He **dressed up** for the wedding.
*Él se **vistió elegantemente** para la boda.*

Walk

***Walk out on** (somebody):*
abandonar

He **walked out on** her when their child was 6.
*Él la **abandonó** cuando su hijo tenía 6 años.*

Walk out of:
retirarse antes del final

The movie was so awful that they **walked out of** it after half an hour.
*La película era tan mala que se **fueron** después de media hora.*

Carry

Carry on:
continuar, especialmente después de una dificultad, continuar hablando

I can't **carry on** without your help.
*No puedo **seguir** sin tu ayuda.*

Please, **carry on.** What did she tell you?
*Por favor, **continúa.** ¿Qué te dijo?*

Carry out:
llevar a cabo, realizar

This plan isn't easy to **carry out.**
*Este plan no es fácil de **realizar.***

Clothes / La ropa

Expanding your vocabulary

hat: sombrero

cap: gorra

glasses: anteojos, lentes

sunglasses: lentes de sol

collar: cuello

tie: corbata

scarf: bufanda

V-necked: cuello en V

round-necked: cuello redondo

T-shirt: camiseta

shirt: camisa

sleeve: manga

vest: chaleco

jacket: chaqueta

leather jacket: campera, chaqueta de cuero

blouse: blusa

dress: vestido

sweater: suéter

cardigan: sweater abotonado

suit: traje

tuxedo: smoking

coat: abrigo

overcoat: sobretodo, abrigo

trench coat: gabardina

Expanding your vocabulary

raincoat: impermeable

gloves: guantes

handkerchief: pañuelo de bolsillo

skirt: falda

belt: cinturón

pants: pantalones largos

shorts: pantalones cortos

jeans: pantalones vaqueros

socks: calcetines

shoes: zapatos

high-heeled shoes: zapatos de taco o tacón alto

low-heeled shoes: zapatos de taco o tacón bajo

boots: botas

running shoes, sneakers: zapatillas de deporte

slippers: pantuflas

pajamas: pijama

sportswear: ropa deportiva

trunks: traje de baño (hombre)

bathing suit: traje de baño (mujer)

buckle: hebilla

button: botón

zippered: con cremallera

Life in the US

Cuando se trata de conquistar a la persona que te gusta, hay que tener en cuenta que los hábitos de los americanos son distintos a los nuestros. Lo ideal es que alguien te pueda presentar a esa persona, pues el americano es desconfiado con los desconocidos. También ayuda el hecho de formar parte de un mismo grupo. Si lo que te interesa es conocer gente, lo mejor es apuntarte a grupos locales de actividades (deportes, música, etc.) y participar en ellos.

Expanding your vocabulary

Styles / Estilos:

casual: informal

formal: formal

elegant: elegante

trendy: a la moda

shabby: gastado, raído

Let's practice

A

Unir las frases para que tengan sentido:

1) Clive finally invited Emily to go out. (__)
2) We found out she had been lying all this time. (__)
3) If you're going to drive home, (__)
4) I don't think (__)
5) Come on! If you have a problem, (__)
6) I think she´s making a mistake by (__)
7) I have an important match today. (__)
8) You didn't hear it from me, but (__)

a) she's been laid off.
b) She had stars in her eyes!
c) try not to drink alcohol.
d) Wish me luck!
e) you should dress up.
f) She showed her true colors.
g) putting him on a pedestal.
h) get it off your chest!

B

Completa los espacios en blanco con el verbo compuesto adecuado:

1) That´s an interesting activity to______________________with the students.

2) He said he didn't love her anymore and ____________________________her.

3) It´s very difficult to____________________with all this noise. Let's go inside.

4) He__________________________the meeting and slammed the door.

5) I don't think you should________________________. It's an informal party.

C

Escribe cinco prendas que puedas usar en las siguientes ocasiones:

A wedding (una boda)

A friend's birthday party

A spring day

A winter day

On the beach

At work

SOLUCIONES

A. 1-b, 2-f, 3-c, 4-e, 5-h, 6-g, 7-d, 8-a. B. 1-carry out, 2-walked out on, 3-carry on, 4-walked out of, 5-dress up. C. Algunos ejemplos de respuestas: A wedding (una boda): a dress, a blouse, a long skirt, a tuxedo, a suit, high-heeled shoes, a tie, a shirt, etc. / A friend's birthday party: jeans, T-shirt, skirt, sportshoes, a sweater, boots, etc. / A spring day: a skirt, a T-Shirt, a blouse, pants, etc. / A winter day: a coat, an overcoat, a sweater, a cardigan, a scarf, gloves, socks, boots, etc. / A rainy day: a raincoat, an umbrella, boots. / On the beach: a bikini, trunks, a swimming suit, sandals, sunglasses, shorts. / At work: a simple dress, a shirt, a blouse, pants, a skirt, a suit.

ADVANCED UNIT 59

En esta unidad estudiaremos:

DIALOGUES: *THE DATE / La cita*

LET'S SPEAK ENGLISH

VERBS AND MULTI-WORD VERBS:
PLAN – HEAD – DIE – EAT – BRING – GO – PICK

EXPANDING YOUR VOCABULARY:
THE TABLE / La mesa; MAIN DISH / Plato principal; DESSERTS / Postres; DRINKS / Bebidas

Diálogo

Tom y Alyson tienen su primera cita y van a cenar a un restaurante.

Tom: Hi, Alyson. You look gorgeous! And you're wearing the necklace!

Alyson: Oh, thank you Tom. You look great too!

Tom: Did you **plan on** going somewhere special?

Alyson: Maybe we could go to Tijuana's. It's not a **top-of-the-line** place, but they serve delicious food and it's cozy.

Tom: Great! I love Mexican food! Let's **head for** Tijuana's.

(At the restaurant).

Tom: I like it! What should we order? Tacos?

Alyson: Oh, Tom, if you've only eaten tacos or enchiladas you haven't really experienced Mexican food... Let me see... You don't like fish...

Tom: Hey, **you don't forget anything**, do you? No, I'm not into fish, really. Mmm... I'd **die for** some good pork!

Alyson: So, let's have the Cochinita Pibil. It's very good. It **brings back** memories of my childhood. My great-grandma used to prepare it on Sundays. It's... **how can I explain;** it's pork cooked with orange juice, garlic, pepper... You'll **eat** it **up**!

Tom: Sounds tasty! Do you want a bottle of champagne too?

Alyson: They have an excellent blush wine here that **goes** perfectly **with** the pork...

Tom: You're the expert, I guess, ha, ha. Let's order! Waiter!

(After the meal).

Tom: Well, we talked so much that you just **picked at** the food...

Alyson: I always do. So, **how did you like** the true Mexican taste? Own up!

Tom: Well, I've had some Mexican food before, but this was the best. And the restaurant too. The golden rule: good food, good service, and good prices. I **felt at home** here, and I guess **it has something to do with you**!

Diálogo

(traducción)

Tom: *Hola, Alyson. ¡Te ves hermosa! ¡Y te pusiste el collar!*

Alyson: *Gracias, Tom. ¡Tú también te ves muy bien!*

Tom: *¿Planeaste ir a algún lugar en especial?*

Alyson: *Podríamos ir a Tijuana's. No es un lugar* ***exclusivo****, pero sirven una comida deliciosa y es muy agradable.*

Tom: *¡Fantástico! ¡Me encanta la comida mexicana!* ***Vayamos*** *a Tijuana's.*

(En el restaurante).

Tom: *¡Me encanta! ¿Qué pedimos? ¿Tacos?*

Alyson: *Ay, Tom, si solo has comido tacos o enchiladas, no conoces realmente la comida mexicana... Déjame ver... A ti no te gusta el pescado...*

Tom: *Oye,* ***tú no te olvidas de nada****, ¿verdad? No, en realidad no me gusta el pescado. Mmm...* ***Me muero por*** *un buen trozo de carne de cerdo.*

Alyson: *Entonces, pidamos Cochinita Pibil. Es muy rica. Me* ***trae*** *recuerdos de mi niñez. Mi bisabuela solía prepararla los domingos. Es,...* ***como puedo explicarlo;*** *carne de cerdo con jugo de naranja, ajo, pimienta... Vas a* ***comértela toda****.*

Tom: *¡Suena sabrosa! ¿Quieres una botella de champán, también?*

Alyson: *Aquí tienen un fantástico vino rosado que* ***va*** *perfectamente* ***con*** *el cerdo...*

Tom: *Tú eres la experta, creo, ja, ja. ¡Pidamos la comida! ¡Camarero!*

(Después de la comida).

Tom: *Bueno, conversamos tanto que apenas* ***probaste bocado****...*

Alyson: *Siempre hago lo mismo. ¿Y?* ***¿Qué te pareció*** *el verdadero sabor mexicano? ¡Confiesa!*

Tom: *Bueno, he comido comida mexicana antes, pero esta fue la mejor. Y el restaurante también. Es* ***la regla de oro****: buena comida, buen servicio y buenos precios. Me sentí como en casa aquí, ¡y creo que* ***tiene algo que ver contigo****!*

¡Viva México!

El 16 de noviembre de 2010 la gastronomía mexicana fue reconocida, junto con la cocina francesa, como Patrimonio Inmaterial de la Humanidad por la UNESCO.

Hablemos inglés

Let's speak English

1 *Para* ***saber si a alguien le gustó algo****, se pueden hacer estas preguntas:*

How did you like the movie?
*¿**Qué te pareció** la película?*

Did you like his new car?
*¿**Te gustó** su nuevo auto?*

What do you think of my new jacket?
*¿**Qué te parece** mi nueva chaqueta?*

2 *Fíjate en estas expresiones para hablar de la* ***buena o mala memoria:***

He remembers all his friend's birthdays. He **never forgets anything.**
Él se acuerda de todos los cumpleaños de sus amigos.
Nunca se olvida de nada.

He never remembers the password.
He **has a terrible memory.**
Él nunca se acuerda de la contraseña.
Tiene muy mala memoria.

Life in the US

En EE UU los meseros reciben la mayor parte de los ingresos con las propinas de los clientes. Si el servicio ha sido correcto se espera del cliente que deje un 15% de propina, y, si son grupos grandes, un 18% y hasta un 20%. Puede parecer un poco alto, pero esa es la costumbre, ya que el mesero casi no recibe salario o no recibe nada al margen las propinas.

Let's speak English

4 *Fíjate en las siguientes expresiones:*

His bad temper **has something to do with you.**
*Su mal humor **tiene que ver contigo.***

Don't worry**, it has nothing to do with you.**
*No te preocupes, **no tiene nada que ver contigo.***

5 *Cuando **no recuerdas o no encuentras la palabra adecuada**, puedes usar estas expresiones:*

It's like... **how can I explain...** like a frog.
*Es parecido a... **cómo puedo explicarlo...** a una rana.*

Well, **it's kind of hard to explain.**
*Bueno, **es un poco difícil de explicar.***

Well, **for lack of a better word**, it's like a pineapple.
*Bueno, **a falta de una palabra mejor,** es como una piña.*

It's like a bear, **I don't know what else to call it.**
*Es como un oso, **no sé de qué otra forma llamarlo.***

Verbos y verbos compuestos

Veamos los significados de los siguientes verbos:

Verbs and multi-word verbs

Plan (planned/planned):

-Planear. Did you **plan** to go anywhere this weekend?
*¿**Planeaste** ir a algún lugar este fin de semana?*

Head (headed/headed):

-Ir en una dirección especial.
We **headed back** to the office.
***Volvimos** a la oficina.*

Die (died/died):

-Morir. Her grandmother **died** five years ago.
*Su bisabuela **murió** hace cinco años.*

Eat (ate/eaten):

-Comer. They always **eat** pizza on Friday evenings.
*Siempre **comen** pizza los viernes a la noche.*

Verbs and multi-word verbs

A continuación estudiaremos verbos compuestos con los anteriores:

Head

Head for:

ir hacia un lugar

They're **heading for** the station right now.
*Están **yendo a** la estación en este momento.*

tener posibilidades de experimentar algo desagradable, especialmente como resultado de nuestras acciones

The company is **heading for** disaster if they don't do something right now.
*La empresa **va camino al** desastre si no hacen algo ya mismo.*

Go

Go with: *combinar con, ir bien con*

This hat really **goes** well **with** this dress.
*Este sombrero **va bien con** este vestido.*

Pick

Pick at: *comer muy poco*

You were just **picking at** your lunch, are you all right?
*Apenas **probaste bocado**, ¿estás bien?*

Plan

Plan on: *planear, hacer planes*

I'm **planning on** going sailing next summer.
***Planeo** ir a navegar el próximo verano.*

Eat

Eat up: *comer todo*

Please, sweetie, enjoy the meal. **Eat up**!
*Por favor, cariño, disfruta la comida. ¡**Cómetelo todo**!*

Aprendamos otras expresiones con bring (ver Advanced Unit 20) go (ver Advanced Unit 1) y pick (ver Advanced Unit 2):

Bring

Bring back: *traer a la memoria*

This song **brings** me **back** to high school.
*Esta canción me **hace recordar** a la escuela secundaria.*

Die

Die for: *querer mucho algo*

I'd **die for** a vanilla ice cream.
*Me **muero por** un helado de vainilla.*

I'm **dying for** a cup of coffee.
*Me **muero por** una taza de café.*

Expanding your vocabulary

The table / La mesa

spoon: cuchara

fork: tenedor

knife: cuchillo

dish: plato

glass: vaso

wine glass: copa de vino

cup: taza

napkin: servilleta

toothpicks: palillos

The menu / El menú

starter: entrada

baked potato: papa al horno

green salad: ensalada verde

meatballs: albóndigas de carne

cheese fondue: fondue de queso

stuffed mushrooms: champiñoñes rellenos

onion rings: anillos de cebolla

Expanding your vocabulary

Main dish / Plato principal

meat: carne

barbecue ribs: costillas asadas

fried chicken: pollo frito

pork chop: chuleta de cerdo

roast beef: carne asada

rare: poco asada

medium:
hecha a punto

well done: bien cocida

pasta: pasta

gnochi: ñoquis

lasagna: lasaña

ravioli: ravioles

spaghetti: espagueti

fish and seafood:
pescados y mariscos

lobster: langosta

octopus: pulpo

oyster: ostra

salmon: salmón

shrimp: camarón

sole: lenguado

tuna: atún

Bear claw

La «garra de oso» es un dulce de desayuno popular en los EE UU. Es un pastel con levadura, aromatizado con almendras, que se prepara como semicírculos grandes e irregulares con cortes en los bordes, recordando una garra de oso.

Life in the US

Estados Unidos es un país de inmigrantes. Lo ha sido siempre y lo es ahora. La gran mayoría de las personas que viven en este país son descendientes directos de inmigrantes. Por esta razón, si vas a EE UU no te sientas diferente a ninguno de ellos. El paso que estás dando tú al llegar a este país es el que dieron los padres y abuelos de la mayoría de los estadounidenses.

Expanding your vocabulary

Desserts / Postres

apple pie: pastel de manzana

cheesecake: torta/pastel de queso

chocolate mousse: mousse de chocolate

homemade pie: pastel casero

ice cream: helado

pecan pie: pastel de nueces

Drinks / Bebidas

bottled water: agua mineral

juice: jugo

soda: refrescos

wine: vino

red wine: vino tinto

white wine: vino blanco

blush wine: vino rosado

champagne: champán

coffee: café

tea: té

rum: ron

vodka: vodka

cognac: coñac

whiskey / whisky: whisky

Let's practice

A

Completa el diálogo con las siguientes expresiones:

- a terrible memory
- how did you like
- how can I explain
- don't know what else to call him

Annie: Hi, Lynn,__________________(1) the movie yesterday?

Lynn: It was...____________________(2)... a bit scary, really.

Annie: What was it about?

Lynn: It was about an... inventor, I __________________ (3).

Annie: Who were the main actors?

Lynn: I don't remember, you know I have _______________(4).

B

Completa las oraciones con el verbo compuesto que corresponda:

1) We´re _______________________ the hospital right now.
2) The smell of roses __________________ memories of my grandma's farm.
3) I think she's very sad. She just ____________ her dinner.
4) The blue T-shirt_______well____________the gray pants.
5) I´m so thirsty, I __________________a glass of cold water.

C

Escribe una opción adecuada en cada sección:

Starter	
Main dish	
Dessert	

SOLUCIONES

A. 1-how did you like, 2-how can I explain, 3-don´t know what else to call him, 4-a terrible memory. B. 1-heading for, 2-brings back, 3-picked at, 4-goes... with, 5-´m dying for. C. Las respuestas pueden variar. Chequea la lista de vocabulario.

ADVANCED UNIT 60

En esta unidad estudiaremos:

DIALOGUES: *PEOPLE IN LOVE / Gente enamorada*

LET'S SPEAK ENGLISH

VERBS AND MULTI-WORD VERBS:
FOCUS – SPEED – WALK

EXPANDING YOUR VOCABULARY:
RELATIONSHIPS / Las relaciones; LOVE WORDS / Palabras de amor

Diálogo

Alyson y Tom están caminando después de haber cenado.

Tom: Did you have a good time?

Alyson: This is the best evening I've had since...

Tom: ...your son's father **walked away**.

Alyson: Well, yes, after that happened, I decided I was going to **focus on** working hard and bringing up my child.

Tom: There's no doubt you are doing a great job, but what about yourself?

Alyson: That's not very important right now.

Tom: But, Alyson, you are young, beautiful, intelligent, sensitive. You deserve to find someone to love and settle down with. Are you going to wait **until the cows come home**? Sometimes happiness is just **around the corner**. Just go for it! That's the American way!

Alyson: Ha, ha... but don't forget I have Latin blood in my veins. I know, I know, **where there's a will there's a way**, but I don't want to **speed** things **up** too much.

Tom: Listen, **I've been beating around the bush,** but there's something I want to tell you...

Alyson: What?

Tom: I... think that... you know... since what happened at the store that day, I couldn't **get** you **off** my **mind**.

Alyson: Oh, Tom... I don't think...

Tom: You **make me feel ten feet tall**, Alyson. I think... I'**m in love** with you.

Alyson: Oh, Tom, I think that... you must be very confused... You had to go through a very difficult situation with... Barbara... and maybe...

Tom: Forget about her! I'm talking about you and me. I love you, Alyson, I mean it!

Alyson: Well... I think I'm... in love with you too! I can't believe I'm telling you this, but if there's something like **love at first sight**, I think I fell for you when we first met!

Tom: I'm so happy to hear that. **I can't promise you the moon**, but I'll do my best to make you happy!

Alyson: Oh, Tom, I feel I'm **on top of the world**...

(Passionate kiss)

The end.

Diálogo

(traducción)

Tom: *¿Lo pasaste bien?*

Alyson: *Esta es la mejor noche que he tenido desde que...*

Tom: *...el padre de tu hijo se* ***marchó****.*

Alyson: *Bueno, sí, después de que ocurrió eso decidí que me iba a* ***dedicar*** *a trabajar mucho y a criar a mi hijo.*

Tom: *No hay duda de que lo estás haciendo muy bien, pero ¿qué hay de ti?*

Alyson: *Eso no es muy importante en este momento.*

Tom: *Pero, Alyson, tú eres joven, bonita, inteligente, sensible. Te mereces encontrar a alguien que quieras y con quien puedas asentarte. ¿Vas a esperar* ***toda la vida****? A veces la felicidad está* ***a la vuelta de la esquina****. ¡Ve a por ella! ¡Ese es el estilo americano!*

Alyson: *Ja, ja ... pero no te olvides que yo tengo sangre latina en mis venas. Yo lo sé, yo lo sé,* ***si uno quiere, puede****, pero no quiero* ***acelerar*** *demasiado las cosas.*

Tom: *Escucha,* ***estoy dando muchos rodeos****, pero hay algo que quiero decirte.*

Alyson: *¿Qué?*

Tom: *Yo... creo que..., tú sabes..., desde lo que pasó en la tienda aquel día* ***no he podido dejar de pensar*** *en ti.*

Alyson: *Oh, Tom... no creo...*

Tom: *Tú* ***me haces sentir muy bien****, Alyson. Siento que...* ***estoy enamorado*** *de ti.*

Alyson: *Tom... pienso que... debes de estar muy confundido... Tuviste que pasar momentos muy difíciles con... Barbara... y quizás...*

Tom: *¡Olvídate de ella! Estoy hablando de ti y de mí. Te quiero, Alyson, ¡hablo en serio!*

Alyson: *Bueno... creo que... ¡yo también* ***estoy enamorada*** *de ti! No puedo creer lo que te estoy diciendo, pero si existe* ***el amor a primera vista****, ¡creo que me enamoré de ti el primer día que nos vimos!*

Tom: *Cuánto me alegra escuchar eso.* ***No te puedo prometer la luna****, ¡pero haré todo lo posible para hacerte feliz!*

Alyson: *Oh, Tom, siento que* ***estoy en las nubes****...*

(Beso apasionado)

Fin.

«It takes two to tango»

Esta expresión se utiliza para indicar que no se puede realizar una acción sin el consentimiento o la colaboración de la otra parte. Indica complicidad e interacción.

Hablemos inglés

Let's speak English

1

Para decir que ***algo dura mucho tiempo****, se puede usar esta frase:*

Is she going to wait for him **until the cows come home?**
¿Lo va a esperar ***toda la vida****?*

2

Cuando se quiere decir que ***algo está muy cerca,*** *se puede usar la siguiente expresión:*

The music store is **around the corner.**
La tienda de música está ***a la vuelta de la esquina****.*

Opportunities like this aren't usually just **around the corner**.
Las oportunidades como esta no se encuentran ***a la vuelta de la esquina****.*

3

Cuando quieres decir que ***si tienes la voluntad de lograr algo es muy posible que lo logres,*** *puedes usar esta frase:*

Brad: I dream of buying a farm one day.
Sarah: **Where there's a will there's a way.**
Brad: Sueño con comprarme una granja algún día.
Sarah: ***Querer es poder.***

4

Para expresar que se ***dan muchas vueltas para decir algo,*** *se usa la expresión:*

I've been **beating around the bush** but, would you like to go out for dinner with me?
Estoy ***dando muchos rodeos,*** *pero ¿te gustaría salir a cenar conmigo?*

Let's speak English

5

*Cuando **no se pueden prometer grandes cosas,** podemos decir:*

I can't promise you the moon, but I think that we can be very happy together.
No puedo prometerte la luna, pero creo que vamos a ser muy felices juntos.

6

*Fíjate en las siguientes expresiones para **hablar de amor:***

I'm in love with you.
***Estoy enamorado** de ti.*

I think **I'm falling in love** with you.
*Creo que **me estoy enamorando** de ti.*

In our case**, it was love at first sight.**
*En nuestro caso, **fue amor a primera vista.***

7

*Para expresar que **alguien se siente muy feliz,** se puedes decir:*

When he told her he was in love with her, she **felt on top of the world.**
*Cuando él le dijo que estaba enamorado de ella, ella **sintió que tocaba el cielo con las manos.***

8

*Para expresar que **algo hace sentir muy bien a alguien**, se puede usar:*

Getting this prize made him **feel ten feet tall.**
*Ganar este premio lo hizo **sentir muy bien.***

9

*Para expresar que **no se puede dejar de pensar en alguien**, se usa:*

He broke up with her a year ago, but he can't **get** her **off** his **mind.**
*Él rompió con ella hace un año, pero no puede **sacársela de la cabeza.***

Verbs and multi-word verbs

Verbos y verbos compuestos

Veamos los significados de los siguientes verbos:

Speed (sped/sped):

-Pasar rápido o velozmente.

The police car **sped** along the road chasing a thief.
*El auto patrulla **pasó velozmente** por la carretera persiguiendo a un ladrón.*

«Honeymoon» destinations

Estados Unidos cuenta con maravillosos lugares turísticos para disfrutar de la «Luna de miel». Estos son algunos de los destinos preferidos:

1. *Hawaii*
2. *Nueva York y Cataratas del Niágara*
3. *Florida*
4. *California*
5. *Las Vegas*
6. *Pennsylvania/Poconos*
7. *Colorado*
8. *Georgia*
9. *Virginia*
10. *Wine Country (California)*

Learning tips

Para practicar cómo se pide la comida en un restaurante es bueno escuchar cómo lo hacen los americanos. Para eso, es muy útil sentarse en la barra de un establecimiento donde, al estar más cerca de los otros clientes, podrás escuchar cómo realizan sus pedidos.

Verbs and multi-word verbs

A continuación estudiaremos verbos compuestos con los anteriores:

Focus

Focus on:
concentrarse, dedicarle mucha atención a algo

The teacher **focused on** the different ways to protect the environment.
*La maestra **se concentró en** las diferentes maneras de proteger el medio ambiente.*

Speed

Speed up:
acelerar, apurarse

I need to **speed up** if I want to meet the deadline.
*Tengo que **apurarme** si quiero cumplir con la fecha límite.*

Aprendamos otras expresiones con walk (ver Advanced Unit 28):

Walk

Walk away:
marcharse, no asumir la responsabilidad en un momento difícil

See **walked away** from him six months after their marriage.
***Ella se marchó** seis meses después de su casamiento.*

Relationships / Las relaciones

Expanding your vocabulary

husband: marido

wife: esposa

groom: novio (en la boda)

bride: novia (en la boda)

fiancée: prometido

boyfriend: novio

girlfriend: novia

lover: amante

friend: amigo

acquaintance: conocido

stranger: desconocido

enemy: enemigo

date: alguien con quien sales, cita

blind date: cita a ciegas

friendly: simpático

unfriendly: antipático

single: soltero/soltera

bachelor: soltero

spinster: solterona

married: casado

get married: casarse

divorced: divorciado

get divorced: divorciarse

love: amor

friendship: amistad

Expanding your vocabulary

Love phrases / Frases de amor

I'm crazy about him:
Estoy loca por él.

I really like him:
Él me gusta mucho.

I can't stop thinking about him:
No puedo dejar de pensar en él.

She's the love of my life:
Ella es el amor de mi vida.

She's the one I love:
Ella es la persona que amo.

I admire him very much:
Lo admiro mucho.

I'm head over heels in love:
Estoy muerta de amor.

I'm totally in love:
Estoy perdidamente enamorado.

We're living together:
Vivimos juntos.

We're going to take the plunge:
Nos vamos a casar.

We're getting engaged:
Nos vamos a comprometer.

My other half / My better half:
Mi media naranja /
Mi alma gemela.

My partner: Mi pareja.

Finish an affair:
Terminar una aventura.

Things just aren't working out between us:
Las cosas no funcionan entre nosotros.

Things keep going wrong in the relationship:
La relación sigue mal.

We're arguing about unimportant things:
Discutimos por cosas insignificantes.

My Funny Valentine

"My Funny Valentine" es una canción que pertenece al musical «Babes in Arms», creado en 1937 por Richard Rodgers y Lorenz Hart. Después de ser grabada por Chet Baker, Frank Sinatra y Miles Davis, el tema se ha convertido en un clásico del jazz. Hasta la fecha ha sido grabada por más de seiscientos artistas diferentes.

Expanding your vocabulary

He's never got any time for me:
Nunca tiene tiempo para mí.

I'm sure he's having an affair:
Estoy segura de que tiene una aventura.

I'm sure he's seeing someone else:
Estoy segura de que está viendo a alguien.

I need some time to think on my own:
Necesito tiempo para pensar.

Let's stop seeing each other:
Dejemos de vernos.

Let's practice

A

Completa las oraciones con las expresiones adecuadas en el tiempo correcto:

feel on top of the word
love at first sight
where there's a will there's a hope
ten feet tall
can't promise you the moon
till the cows come home
beating around the bush
get...off

1) I would stay here with you_________________.
2) I can't___________________________but I'll always be by your side.
3) He makes me feel ______________________.
4) I've been ___________________________, but I wanted to say I'm in love with you.
5) Believe it or not, when I met him I knew it was __________ ______________________.
6) He´s not very well, he can't ___________his last girlfriend ________his mind.
7) I know I'll finally get him because_____________________.
8) When I graduated I ______________________.

B

Une los verbos compuestos con su significado en español:

1) speed up (__) a-concentrarse en
2) focus on (__) b-marcharse
3) walk away (__) c-acelerar

C

Completa los espacios en blanco con los verbos compuestos del ejercicio B que correspondan:

1) Please, ____________________, we have to send this by midday.
2) I can't ____________________my work, I think I'm a bit stressed.
3) When I told him I was pregnant, he________________________.

D

Completa las oraciones con la opción que corresponda: *fiancée / bride / acquaintance / blind date*

1) When you have a date with somebody you've never seen it's called a _____________________.
2) A woman who's going to get married is called a _______________.
3) A person you are engaged to marry is called a ____________________.
4) Somebody you know but not as well as a friend is an_____________.

E

Completa los espacios en blanco con una palabra de la lista: *love / living / plunge / thinking / half*

1) He´s the_____________of my life.
2) We´re going to take the _______________________.
3) We´re _______________ together.
4) He´s my other_______________.
5) I can't stop _______________ about him.

SOLUCIONES

A. 1-till the cows come home, 2-promise you the moon, 3-ten feet tall, 4-beating around the bush, 5-love at first sight, 6-get...off, 7-where there's a will there's a way, 8-felt on top of the world.
B. 1-c, 2-a, 3-b.
C. 1-speed up, 2-focus on, 3-walked away.
D. 1-blind date, 2-bride, 3-fiancée, 4-acquaintance.
E. 1-love, 2-plunge, 3-living, 4-half, 5-thinking

Fotos interior:

© 4774344sean | Dreamstime.com
© Agamaphotography | Dreamstime.com
© Agata Wolszczak | Dreamstime.com
© Alessandrozocc | Dreamstime.com
© Alexander Chistyakov | Dreamstime.com
© Alexander Raths | Dreamstime.com
© Alexshalamov | Dreamstime.com
© Alyssand | Dreamstime.com
© Amy Harris | Dreamstime.com
© Anatoliy Samara | Dreamstime.com
© Anatoly Tiplyashin | Dreamstime.com
© Andreas Gradin | Dreamstime.com
© Andres Rodriguez | Dreamstime.com
© Andrew Buckin | Dreamstime.com
© Andrey Burmakin | Dreamstime.com
© Andriy Petrenko | Dreamstime.com
© Andrzej Podsiad | Dreamstime.com
© Aniram | Dreamstime.com
© Anke Van Wyk | Dreamstime.com
© Anna Baburkina | Dreamstime.com
© Anti Nõmmsalu | Dreamstime.com
© Anton Sokolov | Dreamstime.com
© Arenacreative | Dreamstime.com
© Ariwasabi | Dreamstime.com
© Arne9001 | Dreamstime.com
© Artiomp | Dreamstime.com
© Artjazz | Dreamstime.com
© Aspenphoto | Dreamstime.com
© Auremar | Dreamstime.com
© Baddboy | Dreamstime.com
© Baloncici | Dreamstime.com
© Bartosz Niedzwiecki | Dreamstime.com
© Beatrice Killam | Dreamstime.com
© Bert Folsom | Dreamstime.com
© Bora Ucak | Dreamstime.com
© Bowie15 | Dreamstime.com
© Branislav Ostojic | Dreamstime.com
© Bunyos | Dreamstime.com
© Burneingimages | Dreamstime.com
© Buurserstraat386 | Dreamstime.com
© Candybox Images | Dreamstime.com
© Carrie Chapman Catt Photographs
© Chad Mcdermott | Dreamstime.com
© Chasesmith | Wikimedia Commons
© Christopher Elwell | Dreamstime.com
© Christopher Futcher | Dreamstime.com
© Claudio Fichera | Dreamstime.com
© Claudiodivizia | Dreamstime.com
© Constantin Opris | Dreamstime.com
© Cosmin - Constantin Sava | Dreamstime.com
© Crazy80frog | Dreamstime.com
© Cseh Ioan | Dreamstime.com
© Daemys | Dreamstime.com
© Dana Bartekoske Heinemann | Dreamstime.com
© Daniel Schwen | Wikimedia Commons
© David Calicchio | Dreamstime.com
© David Lewis | Dreamstime.com
© Dean Mitchell | Dreamstime.com
© Denis Raev | Dreamstime.com
© Diego Cervo | Dreamstime.com
© Dimitri Zimmer | Dreamstime.com
© Dmitry Ersler | Dreamstime.com
© Dmitry Kudryavtsev | Dreamstime.com
© Doreen Salcher | Dreamstime.com
© dregerclock.org
© Dschwen | Wikimedia Commons
© Dtguy | Dreamstime.com
© Eastwest Imaging | Dreamstime.com
© Elena Elisseeva | Dreamstime.com
© Elena Rostunova | Dreamstime.com
© Elfphoto | Dreamstime.com
© Eli Mordechai | Dreamstime.com
© Elwynn | Dreamstime.com
© Elyssa Conley | Dreamstime.com
© Epicstock | Dreamstime.com
© Eric Gevaert | Dreamstime.com
© Erik Reis | Dreamstime.com
© Eutoch | Dreamstime.com
© Evgeniy Gorbunov | Dreamstime.com
© Evgenyatamanenko | Dreamstime.com
© Feferoni | Dreamstime.com
© Feverpitched | Dreamstime.com
© Flynt | Dreamstime.com
© Forca | Dreamstime.com
© Francesco Ridolfi | Dreamstime.com
© Franz Pfluegl | Dreamstime.com
© Frenk & Danielle Kaufmann | Dreamstime.com
© GChris 73 | Wikimedia Commons
© GearedBull | Wikimedia Commons
© Get4net | Dreamstime.com
© Getty Images
© Gianluca Nostro | Dreamstime.com
© Goldenkb | Dreamstime.com
© Goodluz | Dreamstime.com
© Gpointstudio | Dreamstime.com
© Greenland | Dreamstime.com
© Greenstockcreative | Dreamstime.com
© Gstockstudio1 | Dreamstime.com
© gutenberg.org
© Hakan Senturk | Dreamstime.com
© Hartemink | Dreamstime.com
© Haveseen | Dreamstime.com
© Henryk Sadura | Dreamstime.com
© Hongqi Zhang (aka Michael Zhang) | Dreamstime.com
© Hongqi Zhang | Dreamstime.com
© Hupeng | Dreamstime.com
© Hxdbzxy | Dreamstime.com
© Iancucristi | Dreamstime.com
© Id1974 | Dreamstime.com
© Igor Mojzes | Dreamstime.com
© Igor Terekhov | Dreamstime.com
© Ikonoklastfotografie | Dreamstime.com
© Imaging | Dreamstime.com
© Inga Ivanova | Dreamstime.com
© Interpretix | Wikimedia Commons
© Ioana Grecu | Dreamstime.com
© Ivan Grlic | Dreamstime.com
© Janke | Wikimedia Commons
© Jason Stitt | Dreamstime.com
© Jean-marie Guyon | Dreamstime.com
© Jim Mills | Dreamstime.com
© Joao Virissimo | Dreamstime.com
© JohnCub | Wikimedia Commons
© Joi Ito | Wikimedia Commons
© Joingate | Dreamstime.com
© Jonathan Ross | Dreamstime.com
© Jperagine | Dreamstime.com
© Kateleigh | Dreamstime.com
© Katharina Wittfeld | Dreamstime.com
© Kati Neudert | Dreamstime.com
© Ken Hurst | Dreamstime.com
© Keremgo | Dreamstime.com
© Kitchner Bain | Dreamstime.com
© Klotz | Dreamstime.com
© Konstantin Sutyagin | Dreamstime.com
© Konstantin32 | Dreamstime.com
© Kornilovdream | Dreamstime.com
© Kristian Sekulic | Dreamstime.com
© Kurhan | Dreamstime.com
© Larisa Lofitskaya | Dreamstime.com
© Lee Kirchhevel | Dreamstime.com
© Leo Bruce Hempell | Dreamstime.com

© Libux77 | Dreamstime.com
© Lisa F. Young | Dreamstime.com
© Ljupco Smokovski | Dreamstime.com
© Luckynick | Dreamstime.com
© Luis Louro | Dreamstime.com
© Madja | Dreamstime.com
© Magdalena Sobczyk | Dreamstime.com
© Mangostock | Dreamstime.com
© mapmaker.rutgers.edu
© Marco Lensi | Dreamstime.com
© Maria Dryfhout | Dreamstime.com
© Maria Voronina | Dreamstime.com
© Marian Mocanu | Dreamstime.com
© Marina Dyakonova | Dreamstime.com
© Marion Wear | Dreamstime.com
© Mark Hryciw | Dreamstime.com
© Martingraf | Dreamstime.com
© Martinmark | Dreamstime.com
© Masta4650 | Dreamstime.com
© Mauricio Jordan De Souza Coelho | Dreamstime.com
© Maxym022 | Dreamstime.com
© Michael Flippo | Dreamstime.
© Michal Bednarek | Dreamstime.com
© Mike2focus | Dreamstime.com
© Mimagephotography | Dreamstime.com
© Mitchell Barutha | Dreamstime.com
© Monika Adamczyk | Dreamstime.com
© Moniphoto | Dreamstime.com
© Monkey Business Images | Dreamstime.com
© Moreno Soppelsa | Dreamstime.com
© Msphotographic | Dreamstime.com
© Mykola Velychko | Dreamstime.com
© Mystock88photo | Dreamstime.com
© Nadezda Ledyaeva | Dreamstime.com
© Nagy-bagoly Ilona | Dreamstime.com
© Natalia Bratslavsky | Dreamstime.com
© Natallia Khlapushyna | Dreamstime.com
© Nejron | Dreamstime.com
© Nfsphoto | Dreamstime.com
© Nfx702 | Dreamstime.com
© Niek | Dreamstime.com
© Nikola Hristovski | Dreamstime.com
© Noam Armonn | Dreamstime.com
© Notorious91 | Dreamstime.com
© Nyul | Dreamstime.com
© Ocskay Bence | Dreamstime.com
© Oksun70 | Dreamstime.com
© Onion | Dreamstime.com
© Onlykristen | Dreamstime.com
© Onur Ersin | Dreamstime.com
© Orange Line Media | Dreamstime.com
© Pascal Eisenschmidt | Dreamstime.com
© Paul Wolf | Dreamstime.com
© Paulpaladin | Dreamstime.com
© Pavel Losevsky | Dreamstime.com
© Pawel Strykowski | Dreamstime.com
© People Magazine
© Perkus | Dreamstime.com
© Perseomedusa | Dreamstime.com
© Petar Neychev | Dreamstime.com
© Peter Kim | Dreamstime.com
© Petesaloutos | Dreamstime.com
© Phase4photography | Dreamstime.com
© Photo168 | Dreamstime.com
© Photowitch | Dreamstime.com
© Pictac | Dreamstime.com
© Piotr Adamowicz | Dreamstime.com
© Ponomarin | Dreamstime.com
© Pro777 | Dreamstime.com
© Puhhha | Dreamstime.com
© Purmar | Dreamstime.com
© Rachwal | Dreamstime.com
© Redbaron | Dreamstime.com
© Refat Mamutov | Dreamstime.com
© Richard Semik | Dreamstime.com
© Riekefoto | Dreamstime.com
© Robert Byron | Dreamstime.com
© Robert Kneschke | Dreamstime.com
© Robert Nolan | Dreamstime.com
© Roberts Ratuts | Dreamstime.com
© Robyn Mackenzie | Dreamstime.com
© Ron Chapple Studios | Dreamstime.com
© Ruth Black | Dreamstime.com
© Sandor Kacso | Dreamstime.com
© Scanrail | Dreamstime.com
© Scott Griessel | Dreamstime.com
© Sergei Bachlakov | Dreamstime.com
© Sergey Berezin | Dreamstime.com
© Sergey Rusakov | Dreamstime.com
© Serghei Starus | Dreamstime.com
© Serguei Bachlakov | Dreamstime.com
© Serrnovik | Dreamstime.com
© Shchipkova Elena | Dreamstime.com
© Shevelartur | Dreamstime.com
© Shiningcolors | Dreamstime.com
© Songquan Deng | Dreamstime.com
© Sonya Etchison | Dreamstime.com
© South12th | Dreamstime.com
© Ssuaphoto | Dreamstime.com
© Stelya | Dreamstime.com
© Stephanie Swartz | Dreamstime.com
© Stephen Coburn | Dreamstime.com
© Steve Lovegrove | Dreamstime.com
© Stocknadia | Dreamstime.
© Suprijono Suharjoto | Dreamstime.com
© Syda Productions | Dreamstime.com
© Tamas Panczel - Eross | Dreamstime.com
© Tatyana Gladskikh | Dreamstime.com
© Terry Katz | Dreamstime.com
© The Obento Musubi | Wikimedia Commons
© Thomas Biegalski | Dreamstime.com
© Tmcphotos | Dreamstime.com
© Toddtaulman | Dreamstime.com
© Tokarsky | Dreamstime.com
© Tomas Del Amo | Dreamstime.com
© Tommaso79 | Dreamstime.com
© Traveler100 | Wikimedia Commons
© Tsung-lin Wu | Dreamstime.com
© Tyler Olson | Dreamstime.com
© Ukrphoto | Dreamstime.com
© USIA | Wikimedia Commons
© Valegas | Dreamstime.com
© Valentino Visentini | Dreamstime.com
© Valua Vitaly | Dreamstime.com
© Vgstudio | Dreamstime.com
© Vlad Podkhlebnik | Dreamstime.com
© W0lfie | Wikimedia Commons
© Wangkun Jia | Dreamstime.com
© Warrengoldswain | Dreamstime.com
© Wavebreakmedia Ltd | Dreamstime.com
© Wikimedia Commons
© www.archives.gov
© Yanlev | Dreamstime.
© Yobro10 | Dreamstime.com
© Yukchong Kwan | Dreamstime.com
© Yulia Chupina |
© Yuri Arcurs | Dreamstime.
© Yurok Aleksandrovich
© Yvanovich | Dreamstime.
© Zac Wolf | Wikimedia © 4774344sean | com
© Zentilia | Dreamstime.com
Wikimedia Commons | © Hibino

Made in the USA
Middletown, DE
[illegible]

Made in the USA
Middletown, DE
17 January 2025